经以恒心
建行前景

贺教育印

毛大攻向项目

心王玉燃

季羡林

教育部哲学社會科學研究重大課題攻關項目

"十四五"时期国家重点出版物出版专项规划项目

非营利性民办学校
办学模式创新研究

RESEARCH ON THE INNOVATION
OF NON-PROFIT PRIVATE SCHOOLS'
OPERATION MODEL

周海涛

等著

中国财经出版传媒集团

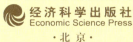
经济科学出版社
Economic Science Press
·北京·

图书在版编目（CIP）数据

非营利性民办学校办学模式创新研究/周海涛等著
. --北京：经济科学出版社，2024.1
教育部哲学社会科学研究重大课题攻关项目 "十四
五"时期国家重点出版物出版专项规划项目
ISBN 978 - 7 - 5218 - 4363 - 7

Ⅰ.①非…　Ⅱ.①周…　Ⅲ.①民办学校 - 办学模式 -
研究 - 中国　Ⅳ.①G512.74

中国版本图书馆 CIP 数据核字（2022）第 224337 号

责任编辑：孙丽丽　胡蔚婷
责任校对：隗立娜
责任印制：范　艳

非营利性民办学校办学模式创新研究

周海涛　等著

经济科学出版社出版、发行　新华书店经销

社址：北京市海淀区阜成路甲 28 号　邮编：100142

总编部电话：010 - 88191217　发行部电话：010 - 88191522

网址：www. esp. com. cn

电子邮箱：esp@ esp. com. cn

天猫网店：经济科学出版社旗舰店

网址：http：//jjkxcbs. tmall. com

北京季蜂印刷有限公司印装

787 × 1092　16 开　24.75 印张　480000 字

2024 年 1 月第 1 版　2024 年 1 月第 1 次印刷

ISBN 978 - 7 - 5218 - 4363 - 7　定价：99.00 元

课题组主要成员

首 席 专 家   周海涛

顾   问   钟秉林

主 要 成 员   景安磊   闫丽雯   郑淑超   廖苑伶
    王艺鑫   施悦琪   吴丽朦   罗 媛
    吕宜之   康永祥   马杨桦   胡万山
    于 榕   钟 玮   王 倩   袁书卷
    郝林晓

总　序

哲学社会科学是人们认识世界、改造世界的重要工具，是推动历史发展和社会进步的重要力量，其发展水平反映了一个民族的思维能力、精神品格、文明素质，体现了一个国家的综合国力和国际竞争力。一个国家的发展水平，既取决于自然科学发展水平，也取决于哲学社会科学发展水平。

党和国家高度重视哲学社会科学。党的十八大提出要建设哲学社会科学创新体系，推进马克思主义中国化、时代化、大众化，坚持不懈用中国特色社会主义理论体系武装全党、教育人民。2016 年 5 月 17 日，习近平总书记亲自主持召开哲学社会科学工作座谈会并发表重要讲话。讲话从坚持和发展中国特色社会主义事业全局的高度，深刻阐释了哲学社会科学的战略地位，全面分析了哲学社会科学面临的新形势，明确了加快构建中国特色哲学社会科学的新目标，对哲学社会科学工作者提出了新期待，体现了我们党对哲学社会科学发展规律的认识达到了一个新高度，是一篇新形势下繁荣发展我国哲学社会科学事业的纲领性文献，为哲学社会科学事业提供了强大精神动力，指明了前进方向。

高校是我国哲学社会科学事业的主力军。贯彻落实习近平总书记哲学社会科学座谈会重要讲话精神，加快构建中国特色哲学社会科学，高校应发挥重要作用：要坚持和巩固马克思主义的指导地位，用中国化的马克思主义指导哲学社会科学；要实施以育人育才为中心的哲学社会科学整体发展战略，构筑学生、学术、学科一体的综合发展体系；要以人为本，从人抓起，积极实施人才工程，构建种类齐全、梯队衔接的高校哲学社会科学人才体系；要深化科研管理体制改革，发挥高校人才、智力和学科优势，提升学术原创能力，激发创新创造活力，建设中国特色新型高校智库；要加强组织领导、做好统筹规划、营造良好学术生态，形成统筹推进高校哲学社会科学发展新格局。

哲学社会科学研究重大课题攻关项目计划是教育部贯彻落实党中央决策部署的一项重大举措，是实施"高校哲学社会科学繁荣计划"的重要内容。重大攻关项目采取招投标的组织方式，按照"公平竞争，择优立项，严格管理，铸造精品"的要求进行，每年评审立项约 40 个项目。项目研究实行首席专家负责制，鼓励跨学科、跨学校、跨地区的联合研究，协同创新。重大攻关项目以解决国家现代化建设过程中重大理论和实际问题为主攻方向，以提升为党和政府咨询决策服务能力和推动哲学社会科学发展为战略目标，集合优秀研究团队和顶尖人才联合攻关。自 2003 年以来，项目开展取得了丰硕成果，形成了特色品牌。一大批标志性成果纷纷涌现，一大批科研名家脱颖而出，高校哲学社会科学整体实力和社会影响力快速提升。国务院副总理刘延东同志做出重要批示，指出重大攻关项目有效调动各方面的积极性，产生了一批重要成果，影响广泛，成效显著；要总结经验，再接再厉，紧密服务国家需求，更好地优化资源，突出重点，多出精品，多出人才，为经济社会发展做出新的贡献。

作为教育部社科研究项目中的拳头产品，我们始终秉持以管理创新服务学术创新的理念，坚持科学管理、民主管理、依法管理，切实增强服务意识，不断创新管理模式，健全管理制度，加强对重大攻关项目的选题遴选、评审立项、组织开题、中期检查到最终成果鉴定的全过程管理，逐渐探索并形成一套成熟有效、符合学术研究规律的管理办法，努力将重大攻关项目打造成学术精品工程。我们将项目最终成果汇编成"教育部哲学社会科学研究重大课题攻关项目成果文库"统一组织出版。经济科学出版社倾全社之力，精心组织编辑力量，努力铸造出版精品。国学大师季羡林先生为本文库题词："经时济世 继往开来——贺教育部重大攻关项目成果出版"；欧阳中石先生题写了"教育部哲学社会科学研究重大课题攻关项目"的书名，充分体现了他们对繁荣发展高校哲学社会科学的深切勉励和由衷期望。

　　伟大的时代呼唤伟大的理论，伟大的理论推动伟大的实践。高校哲学社会科学将不忘初心，继续前进。深入贯彻落实习近平总书记系列重要讲话精神，坚持道路自信、理论自信、制度自信、文化自信，立足中国、借鉴国外，挖掘历史、把握当代，关怀人类、面向未来，立时代之潮头、发思想之先声，为加快构建中国特色哲学社会科学，实现中华民族伟大复兴的中国梦做出新的更大贡献！

教育部社会科学司

摘　要

非营利性民办学校是我国民办教育的基础。引导规范民办教育发展，探索和创新非营利性民办学校办学模式，既是全面贯彻落实国家政策要求和完善相关制度体系的改革创新实践，也是进一步激发非营利性民办学校办学活力、推进民办教育高质量发展的重要战略举措（见图 1）。

本书坚持将理论分析、政策引领、实践追踪紧密结合，挖掘理论根基、探寻政策依据、厘清现状特征、评估形势挑战、找准改革方略，努力回答当前我国各级各类非营利性民办学校办学实践中面临的最突出最紧迫的实践难题。在厘清非营利性民办学校办学模式创新本质内涵与发展历程的基础上，以全球非营利性私立学校办学模式有益经验与我国非营利性民办学校办学体制创新探索为参照，聚焦我国非营利性民办园、非营利性民办义务教育学校、非营利性民办高中、非营利性民办高校的办学实践，重点厘清发展现状与特征、把握发展形势与挑战、提出改革思路与举措，科学研判非营利性民办学校办学模式创新的未来走向（见图 2）。

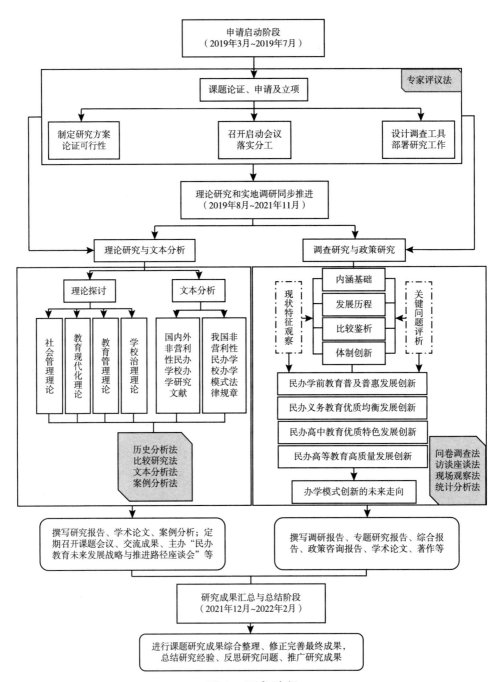

图 1 研究过程

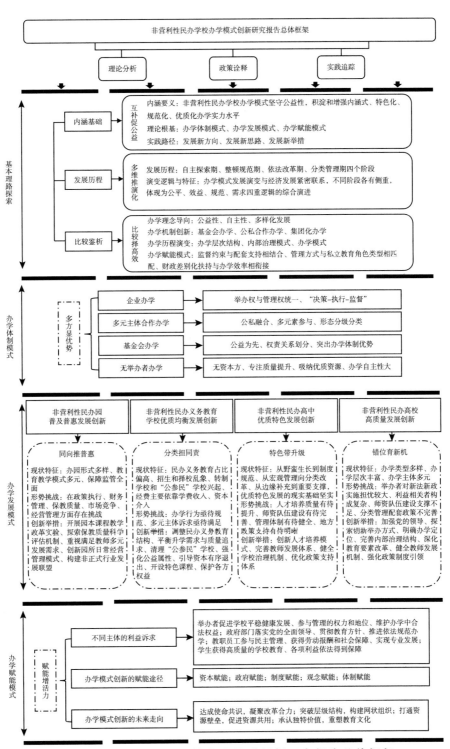

图2 非营利性民办学校办学模式创新研究报告总体框架

本书聚焦非营利性民办学校办学模式创新实践，坚持"实践导向与问题导向相结合、提炼高超论见与涵蕴实践地气相结合、汲取世界改革经验与汇聚中国本土特色相结合"的思路，组织 10 余所高校和科研机构的教育、管理、法律等领域的 50 余位专家学者开展协同攻关，在系统理论研究与实证调研的基础上，经过多轮研讨和论证。本书共 9 章，各章主要内容如下：

第一章聚焦非营利性民办学校办学模式创新的内涵与基础，互补促公益，剖析了非营利性民办学校办学模式创新的公益性、规范化、优质化、特色化、内涵式发展和办学的内涵要义，探寻了非营利性民办学校办学体制模式、办学发展模式、办学赋能模式的理论根基，考察了办学模式创新为非营利性民办学校发展指明新方向、理清新思路、明确新举措的实践路径。

第二章围绕非营利性民办学校办学模式的发展演变历程，多维推演化，在系统梳理相关专家学者卓识论见、深入分析国家政策导向特征、广泛考察民办教育发展实际的基础上，探析了自主探索时期（1978～1986 年）、整顿规范时期（1987～2002 年）、依法改革时期（2003～2016 年）、分类管理时期（2016 年至今）四个不同阶段，总结我国非营利性民办学校办学模式演进与经济发展关系紧密的整体特征和阶段性特征，以及将理论与实践相结合、国际借鉴与本土探索相结合，助力办学模式创新发展的具体特征。

第三章放眼全球非营利性私立学校办学模式创新实践，对比择高效，比较了全球非营利性私立学校公益性、自主性、多样化发展的办学理念导向，剖析了非营利性私立学校基金会办学、公私合作办学、集团化办学的办学机制创新，总结了非营利性私立学校办学层次结构、内部治理模式、学校办学模式的发展演变特点，评析了非营利性私立学校监管约束与配套支持相结合、管理方式与私立教育角色类型相匹配、财政差别化扶持与提升办学效率相衔接的办学赋能模式。

第四章紧跟我国非营利性民办学校的办学体制创新实践，多样显优势，剖析了社会资本发起的企业办学模式、资本融合的多元主体合作办学模式、公益为先的基金会办学模式、无社会资本方的无举办者办学模式四种非营利性民办学校办学体制，在办学主体构成、权责关系划分、治理体系搭建、经费筹措运营等方面，具体分析了国家相关政策制度、学校办学实践现状，并提出优化办学实践的经验与对策。

第五章～第八章分析了同向推普惠的非营利性民办园普及普惠发展、分类担同责的民办义务教育学校优质均衡发展、特色带升级的民办高中优质特色发展、错位育新机的民办高校高质量发展的目标，系统梳理了改革发展的现状与特征、科学研判了面临的形势与挑战、精准提出了改革发展的创新举措。在明确各级各类民办学校办学现状、形势、挑战等关键要素的基础上，提出了我国非营利性民办学校高质量可持续发展的改革策略。

第九章瞄准非营利性民办学校办学模式创新的未来走向，赋能增活力，剖析了各级政府、举办者、教职员工、学生等不同主体在非营利性民办学校办学过程中的利益诉求，探寻了资本赋能、政府赋能、制度赋能、观念赋能、体制赋能等非营利性民办学校办学模式创新的赋能途径，研判了观念认同、组织共创、资源共用、文化认同等非营利性民办学校办学模式创新探索的未来发展走向。

本书是对非营利性民办学校办学模式前期研究成果的体系化呈现，其中很多观点既有幸得到国家教育行政部门领导的重视，为完善我国非营利性民办学校管理的政策体系提供了直接依据，也引起了学术界很多专家学者的共鸣，促进了民办教育尤其是非营利性民办学校办学相关理论研究的深入发展。

深入推进办学模式创新必将继续是国家教育综合改革的重要领域，也是非营利性民办学校实现良性发展的理性选择。下一步，非营利性民办学校办学模式创新，宜探索更加聚焦立德树人根本任务、更加契合学校发展实际的路径措施、更加关注适当模式下的内部制度机制建设，夯实高质量发展根基。本书团队也将进一步凝聚力量、聚焦问题，重点开展非营利性民办学校内部治理机制和人才培养实践策略创新研究，为民办教育改革发展继续尽绵薄之力。

5

Abstract

Non-profit private schools are the foundation of private education in our country. Guiding and standardizing the development of private education and exploring and innovating the mode of running non-profit private schools is not only a reform and innovation practice to fully implement the requirements of national policies and improve relevant systems, but also an important strategic measure to further stimulate the vitality of non-profit private schools and promote the high-quality development of private education (see Figure 1).

This study insists on a close combination of theoretical analysis, policy leadership, and practice tracking, explores the theoretical roots, explores the policy basis, clarifies the characteristics of the current situation, assesses the challenges, and identifies reform strategies, in an effort to answer the most prominent and urgent practical problems faced in the current practice of nonprofit private school operation at all levels and in all types of schools in China. On the basis of clarifying the essential connotation and development history of the innovation of nonprofit private school operation model, and taking the beneficial experience of global nonprofit private school operation model and the exploration of the innovation of nonprofit private school operation system in China as reference, the study focuses on the operation practices of nonprofit private kindergardens, nonprofit private compulsory education schools, nonprofit private high schools, and nonprofit private colleges and universities in China, and focuses on clarifying thedevelopment status and characteristics, grasping the development situation and challenges, and identifying the reform strategies. The focus is on clarifying the development status and characteristics, grasping the development situation and challenges, proposing reform ideas and initiatives, and scientifically researching and judging the future direction of the innovation of non-profit private school operation model (see Figure 2).

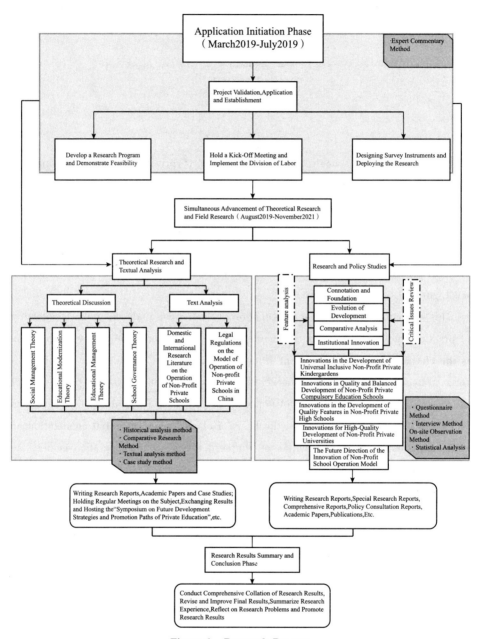

Figure 1 Research Process

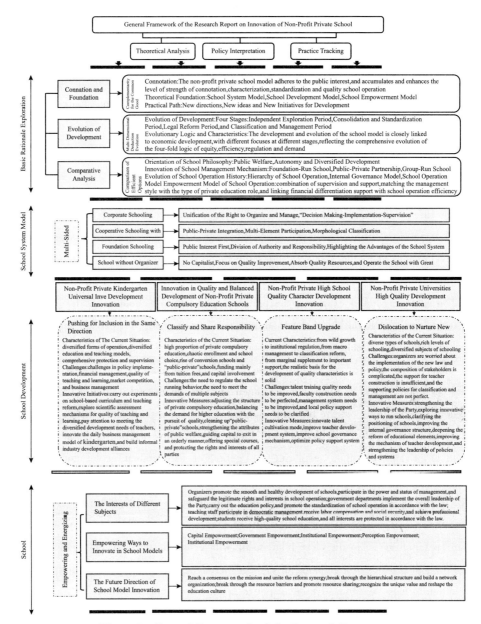

Figure 2   General Framework of the Research Report on Innovation of Non-Profit Private School

This study focuses on the innovative practice of nonprofit private school operation model, insisting on the idea of "combining practice orientation and problem orientation, refining superior theories and connoting the local atmosphere of practice, and combining world reform experience with local characteristics of China", and organizing more than 50 experts and scholars from more than 10 universities and research institutions in the fields of education, management and law to conduct collaborative research. The report is based on systematic theoretical research and empirical studies, and has been discussed and validated in many rounds. This report contains nine chapters, the main contents of each chapter are as follows.

Chapter One focuses on the connotation and foundation of the innovation of the schooling model of nonprofit private schools, complementary to promote public welfare, analyzes the connotation of the innovation of the schooling model of nonprofit private schools in terms of public welfare, standardization, quality, specialization, connotative development and schooling, explores the theoretical roots of the institutional model of nonprofit private schools, the development model of schooling, and the empowerment model of schooling, and examines the practical path of the schooling model innovation for the theoretical foundation of the institutional model of nonprofit private schools, the development model of schools, and the empowerment model of schools.

Chapter Two focuses on the evolution of the development of the non-profit private school operation model and keeps, multi-dimensional deduction and evolution, on the basis of systematically sorting out the brilliant opinions of relevant experts and scholars, in-depth analysis of national policy-oriented features, and extensive investigation of the actual development of private education, exploring the period of independent exploration (1978 – 1986), the period of rectification and regulation (1987 – 2002), the period of legal reform (2003 – 2016), and the period of classification and management (2016 to present) to summarize the overall and phased characteristics of the evolution of China's non-profit private school operation model in the close relationship with economic development, as well as the specific characteristics of combining theory and practice, international borrowing and local exploration to help the innovative development of the school operation model.

Chapter Three looks at the innovative practices of global nonprofit private school operation models and compares them with the highly efficient ones, comparing the conceptual orientation of global nonprofit private schools in terms of public welfare, autonomy, and diversified development, analyzing the innovations of school operation mechanisms of nonprofit private schools in terms of foundation operation, public-private partnership, and group operation, summarizing the evolution of nonprofit private school operation hierarchy, internal governance model, and school operation. It also summarizes the characteristics of the development of the hierarchical structure, internal governance model, and school operation model of nonprofit private schools, and evaluates the empowerment model of nonprofit private schools that combines regulatory constraints and supporting support, matches the management style with the type of private education role, and connects the financial differentiation support with the improvement of school operation efficiency.

Chapter Four follows the innovative practice of China's non-profit private school system, with various advantages, and analyzes four types of non-profit private school systems, including the enterprise school model initiated by social capital, the cooperative school model with capital integration, the foundation school model with public welfare as the first priority, and the no-organizer school model without social capital parties. In addition, we would discuss the relevant national policies and systems, the current situation of school operation practices, and the experience and countermeasures to optimize school operation practices.

Chapters Five to Eight analyze the goals of universal and inclusive development of non-profit private kindergartens in the same direction, quality and balanced development of private compulsory education schools with the same classification and responsibility, quality and characteristic development of private high schools with special features and upgrading, and high-quality development of private colleges and universities with dislocation and new opportunities, systematically sorting out the current situation and characteristics of reform and development, scientifically judging the situation and challenges faced, and precisely proposing innovative measures for reform and development. The goal of high-quality development of private colleges and universities is to systematically sort out the current situation and characteristics of reform and development, scientifically assess the situation and challenges faced, and precisely propose innovative initiatives for reform and development. On the basis of clarifying the current situation, circumstance, challenges and other key elements of private schools at all levels, the reform strategy for high-quality and sustainable development of non-profit private schools in China is proposed.

Chapter Nine aims at the future direction of the innovation of nonprofit private school operation model, empowerment to increase vitality, analyzes the interests of different subjects such as governments at all levels, organizers, faculty and staff, and students in the process of nonprofit private school operation, explores the ways of empowerment for the innovation of nonprofit private school operation model such as capital empowerment, government empowerment, institutional empowerment, conceptual empowerment, and institutional empowerment, and judges the future development of conceptual identity, organizational co-creation, resource sharing, and cultural identity. We also discuss the future development of the innovation of the non-profit private school model, such as the identification of concepts, organizational co-creation, resource sharing, and cultural identity.

This report is a systematic presentation of the previous research results on the model of non-profit private school operation. Many ideas in this report have been fortunate enough to receive the attention of the leaders of the national education administration, providing a direct basis for improving the policy system of non-profit private school management in China, and have also resonated with many experts and scholars in academia, promoting theoretical research related to private education, especially non-profit private school operation. The study has also attracted many experts and scholars in academia promoting the in-depth development of theoretical research related to private education, especially non-profit private school operation.

In-depth promotion of school model innovation will continue to be an important area of comprehensive national education reform, and a rational choice for non-profit private schools to achieve sound development. In the next step, it is advisable to explore the innovation of non-profit private schools' schooling model to focus more on the fundamental task of cultivating students' moral character, to explore pathways and measures that are more suitable for the actual development of schools, and to pay more attention to the construction of internal institutional mechanisms under the appropriate model, so as to consolidate the foundation of high-quality development. The research team will also further gather strength and focus on the problems, focusing on innovative research on internal governance mechanisms and talent cultivation practice strategies of non-profit private schools, and continue to make its modest contribution to the reform and development of private education.

目 录

Contents

Contents

第一章

非营利性民办学校办学模式
创新的内涵与基础

近年来，在我国民办教育法规及其配套政策体系不断完善的背景下，民办教育事业也取得了快速发展。尤其是随着民办学校分类管理改革的深入推进，国家对非营利性民办学校政策支持力度的不断加大，使得非营利性民办学校在整体规模不断扩大的同时，办学活力也得到了进一步地激发和释放。从改革实践看，各学段的非营利性民办学校都在充分依托国家政策优势和结合自身办学实际的基础上，不断创新和探索适合自身发展的办学模式，整体办学水平也都得到了较大的提升。从未来发展看，非营利性民办学校办学模式创新在实践中已积累了丰富生动的经验，其实质内涵也已得到了极大的丰富和拓展，办学模式创新形成了良好的理论根基、具有重要的实践价值，这都夯实了我国非营利性民办教育高质量发展的根基。

第一节　非营利性民办学校办学模式创新的内涵探略

非营利性民办学校办学模式创新是指非营利性民办学校在坚持非营利性办学属性的基础上，通过健全学校政策制度、完善内部治理机制、打造特色化学科专业体系和人才培养模式等方式，来实现高质量可持续发展的创新性探索和实践过程。这种办学模式创新，既包括学校各项政策机制等制度层面的创新，也包括学科专业建设、教师队伍建设、课程教学改革等实践层面的改革创新。

1

一、非营利性民办学校办学模式的基本内涵

从非营利性民办学校改革发展实际、内部治理机制、持续发展动能等方面来看，非营利性民办学校办学模式的内涵至少包括学校办学体制模式、办学发展模式、办学赋能模式三方面。

（一）非营利性民办学校办学体制模式

从已有相关研究看，对办学体制模式的界定可归纳为以下三种类型：第一种是要素说。该观点认为办学体制模式是由众多要素组成的，涉及办学主体、资金来源、投资体制、管理体制等多个方面。这一观点不仅关注到了要素的内涵和性质，同时也认为各要素配置应体现规范化和稳定性，形成能够促进学校健康发展的权力结构和关系。[①] 第二种是过程说。该观点以校企合作办学模式为例，强调校企合作办学是学校和企业双方相互配合、相互支持的过程，在该过程中需要重新优化专业设置及课程安排，调整人才培养计划。[②] 这一观点更为注重办学体制模式的内在变革和优化过程。第三种是模型说。该观点认为办学体制模式研究需要从管理模式入手，从整体和本质上看办学体制的内涵，办学体制模式表现为一个客观的模型，这一模型需要关注结构、关系、状态、过程等方面。[③] 综合以上三种观点，非营利性民办学校办学体制模式一般指不同主体在举办和管理民办学校时，在学校组织架构、权责划分、运行机制等方面所采用的特定架构和方式。

（二）非营利性民办学校办学发展模式

按照不同学段民办学校的办学特征，可将民办教育划分为民办学前教育、民办义务教育、民办高中教育、民办高等教育这四种类型，不同类型的民办学校在办学中呈现出了不同的办学发展模式。在学前教育阶段，我国重点构建民办非营利性普惠性学前教育体系，打破公办园和民办园的绝对隔阂，引导和支持我国已有的幼儿园直接转设或选择成为新型普惠性幼儿园。[④] 在义务教育阶段，进一步

---

① 郑军：《陕西民办高等院校办学模式研究》，西北农林科技大学，2009 年。
② 黄迎新：《关于校企合作的几点思考》，载于《中国培训》2006 年第 12 期。
③ 赵华：《教育集团发展模式与机制研究》，湖南师范大学，2005 年。
④ 傅维利、刘磊：《构建政府统一资助管理的新型普惠性学前教育体系》，载于《教育研究》2021年第 3 期。

强调教育的公平性原则，强化民办义务教育的非营利属性，在民办学校的招生、管理等方面作出明确要求，调和公办与民办学校之间的矛盾，促进教育公平发展。[①] 在高中教育阶段，重视增强民办高中的自主性，使得民办高中可以在国家课程标准的指导下，自主开设特色鲜明的课程门类，深入推进人才培养模式创新，促进民办高中特色化发展。在高等教育阶段，给予民办高等教育更多的政策支持，引导民办高校聚焦立德树人根本任务，不断完善学校内部治理机制，提高内涵式发展能力。[②] 不同学段民办学校的不同发展模式和发展任务，揭示了非营利性民办学校办学发展模式的基本内涵，即在学校现有办学条件的基础上，通过进一步完善政策机制、优化治理体系、激发办学活力等方式，促进学校教育高质量发展的顶层设计和样式。

（三）非营利性民办学校办学赋能模式

对于办学赋能模式的研究，根据关注的重点可将其分为个人赋能、组织赋能和综合赋能三种类型。一是个人赋能说。该观点认为赋能关注的对象应是个人，赋能是通过教育或培训等方式，帮助提升个体能力，促进个体发展。[③][④] 二是组织赋能说。这种主张认为赋能关注的重点在组织，赋能的目的在于不断完善组织结构，形成协调的组织发展机制。[⑤] 同时，组织赋能还在塑造文化、完善制度、强化责任、调整风格等方面提出了具体的赋能路径，提供组织赋能的充足动力。[⑥] 三是综合赋能说。该观点将个人赋能与组织赋能的观点相结合，认为赋能既需要关注到个体能力的发展，同时也需关注到组织的建构与创新。认为通过资源配置、技术支持、创新机制等途径，既要发展个体的相关能力，又要实现组织内部的不断优化。整体上看，这是一种更全面和具体的赋能主张。[⑦] 基于以上观点，非营利性民办学校办学赋能模式一般指在非营利性办学属性导向下，通过提升学校教师个人能力和内部组织运行效能来增强学校内涵式发展能力的技术路径和具体方式。

---

① 辛展：《谈谈义务教育阶段民办学校招生自主权》，载于《人民教育》2021年第11期。

② 闫丽雯：《优化与新发展格局相适应的高等教育结构——基于对民办高等教育结构的分析》，载于《中国高教研究》2021年第6期。

③ Conger J A，Kanungo R N. The Empowerment Process：Integrating Theory and Practice ［J］. *Academy of Management Review*，1988，13（3）：471–482.

④ 孙中伟：《从"个体赋权"迈向"集体赋权"与"个体赋能"：21世纪以来中国农民工劳动权益保护路径反思》，载于《华东理工大学学报（社会科学版）》2013年第2期。

⑤ 罗仲伟、李先军、宋翔等：《从"赋权"到"赋能"的企业组织结构演进——基于韩都衣舍案例的研究》，载于《中国工业经济》2017年第9期。

⑥ 郝金磊、尹萌：《员工组织公民行为影响因素研究》，载于《武汉商学院学报》2017年第3期。

⑦ 尤守东：《平台型企业价值共创实现路径》，安徽财经大学硕士学位论文，2020年。

二、非营利性民办学校办学模式创新的内涵要义

在明确非营利性民办学校办学模式基本内涵的基础上，从学校办学实践的不同角度可窥见办学模式创新的内涵要义。具体来说，从非营利性民办学校的办学属性、办学目标、办学路径、办学方式、办学方向等角度来看，非营利性民办学校办学模式创新应坚守公益性办学的宗旨，坚持内涵式、特色化、规范化、优质化办学方向，实现学校教育事业的高水平可持续发展。

（一）公益性办学导向

虽然民办教育是由社会组织或个人举办的一种教育类型，但学校教育人才培养这一根本任务决定了民办教育在本质上也具有公益性的属性。从办学实践看，非营利性民办学校的办学收益不得归举办者个人所有，而要将全部收益用于学校教育事业的持续发展，这使得非营利性民办学校符合公益性发展的基本要求。民办学校始终坚持公益性立场尤为重要，多数研究者也从公益性与营利性内在关系的角度，深入阐释了民办学校坚守公益性办学的重要意义。从产品属性上看，民办学校很大程度上属于私人产品，所以投资者追求资产保值甚至增值显然是合理的。然而，从服务属性来看，所有民办学校提供的服务仍然属于教育范畴，这就使得其具有鲜明的社会公益性质。坚持公益属性和追求资产增值这两种趋向在民办学校办学与发展中长期共存，二者并不矛盾，但坚持公益性办学应该是民办教育的基本追求，也是民办学校合法办学的基本前提。[1][2][3] 从民办学校自身长远发展的角度看，坚持公益性办学既顺应了世界私立教育发展的趋势，也符合教育发展内在规律和办学的基本价值诉求，是民办学校持续健康发展的重要源泉。[4] 非营利性民办学校公益性办学也在实践中表现出了良好的社会效益，如扩大了受教育的范围、提高了受教育者的能力水平、有效促进了教育公平、有助于文明社会的创建、有利于经济社会的快速发展等。[5]

重塑民办教育的公益性，需要政府、民办学校和社会的共同努力，通过建立科学有效的内外部保障体制，推动各主体遵循公益性办学原则。一是政府扶持指

---

① 夏冰：《民办学校的"营利性"与"公益性"》，载于《教学与管理》2006年第33期。
②⑤ 任芳：《刍议民办高等院校公益性与营利性的内在联系》，载于《中国高教研究》2011年第9期。
③ 潘懋元、别敦荣、石猛：《论民办高校的公益性与营利性》，载于《教育研究》2013年第3期。
④ 米红、李小娃：《公益性：民办高校发展的现实观照——兼论高等教育的产业属性》，载于《山西大学学报（哲学社会科学版）》2009年第3期。

向公益性。在确保民办教育公益性上，政府发挥着十分重要的作用。政府应走出对公益性理念的认识误区，矫正对公益性理念的认识偏差。公益性并非要求举办者在退出时不能获得任何回报或奖励，根据新法新政，举办者可以在民办学校终止时获取合理回报，因此政府应及时转变错误的思想观念，在社会上凝聚民办学校公益性办学的共识，增强公众对民办学校的认同度。不断完善民办教育相关的法律法规，加大对非营利性民办学校的扶持力度，保障公益性办学理念的顺利落实。二是民办学校改革指向公益性。民办学校需进一步明确公益性办学理念，理清办学思路，并在此基础上大力优化学校内部治理结构，构建多元主体共治的治理模式，发挥多主体在学校治理中的积极性和主动性。同时，还应不断完善学校的监督制度，借鉴独立监事的基本理念，结合民办学校具体的发展情况，不断优化监事会内部结构，提高监事会实际效能。监事会要以教育公益性为立足点，完善监事会内部的各项规章制度，发挥监事会在权力监督、权力制约等方面的重要作用，维护利益相关者的合法权益，保障非营利性民办学校办学的公益性。三是社会力量参与指向公益性。社会力量的有效参与是民办教育坚守公益性的重要保障。应建立非营利性的、非政府性的民办教育行业组织，保证行业组织的独立性，不受政府、高校等主体的干涉。行业组织可以制定相关管理规范，全面统筹规划，实现教育资源的优化配置。第三方组织也可强化开展高校办学质量评估等工作，加强非营利性民办学校的资金流动、学费收入、流水支出等方面的监督，助力规范各类民办学校的具体办学行为，保障办学的公益性属性。优化行业组织内部结构，严格规范招聘要求和程序，提高行业组织内部人员的专业能力，以过硬的专业素质保障行业组织发挥其最大效能，保障民办学校的公益属性。

（二）内涵式发展导向

新时代，走内涵式发展道路是我国各级各类教育改革发展的重要方向，也是非营利性民办学校需坚持的一项重要原则。非营利性民办学校坚持内涵式发展，有助于解决民办学校发展过程中的难点与堵点。非营利性民办学校实现内涵式发展的内部治理困境主要表现在四个方面：一是学校师资结构尚待优化，年龄结构、职称结构等还需调整；二是内部管理体制较为落后，学校管理、教学评价、人才培养等方面的机制仍待健全；三是专业设置不合理，与学校长远发展和区域实际情况契合度不足；四是办学层次普遍不高，办学水平有待进一步提升。[1][2][3]

---

① 刘凤泰：《民办高等教育面临的机遇与挑战》，载于《中国高教研究》2001 年第 7 期。

② 何国伟：《我国非营利性民办高校基本意涵及发展态势》，载于《现代教育管理》2016 年第 9 期。

③ 高俊华、姜伯成：《分类管理改革背景下民办学校内涵式发展的困境与突围》，载于《教育与职业》2018 年第 20 期。

鉴于此,走内涵式发展道路是非营利性民办高校解决其内部发展问题的关键所在,只有注重内涵发展才能从根本上破解学校办学质量不高、治理体制不完善、人才培养能力不强等难题,保障非营利性民办高校持续稳定发展。

加强内涵建设,是建设高质量非营利性民办学校的核心任务,也是实现非营利性民办学校高质量发展的重要抓手,具体应遵循以下几个要点:一是完善政策体系。完善非营利性民办学校财政扶持政策,并出台相应的优惠政策,给予学校更加自由、宽松的发展空间,才能打消举办者的办学顾虑,提高举办者办学积极性,促进非营利性民办学校教育的快速发展。同时,加大综合监管力度,鼓励学校师生、家长、社会组织等积极参与到民办学校内部监管中来,保障监督主体的多元化,避免决断性、盲目性监管,提升监管的科学性和合理性,以完善的政策体系为保障,促进非营利性民办学校内涵式发展。二是深化内部体制机制改革。强化课程体系建设,发挥课程育人的效能,根据人才培养的目标,革新课程体系,理顺理论课与实践课、专业课与通识课、选修课与必修课等关系,凸显课程育人的重要价值。完善内部组织结构,董事会、校长、监事会等应各司其职,做好本职工作,提高工作效率,保障学校内部治理的顺利开展。同时,完善学校内部财务管理体系。搭建财务信息公开平台,增强财务收入、支出等环节的透明度,提高财务管理科学性和公平性。提高财务管理人员专业化水平,通过严格选拔、入职培训、职业进修等方式,不断提高财务管理人员的综合素质。三是凝聚办学力量。我国应鼓励行业、社会组织等积极参与到民办学校的办学中来,激发行业、社会组织等参与办学的积极性和主动性。为社会力量的广泛参与营造良好的社会氛围,以宽松、自由的社会氛围,带动社会力量积极参与到办学行动中来。同时,不断完善社会力量参与办学的相关政策法规,减少企业、社会组织参与办学的后顾之忧,提升其积极性。不断优化教育资源配置,有效整合学校内部已有的教育资源,理性辨别、合理使用优质教育资源;深化多主体办学,完善政、企、校多主体结合的办学模式,不断挖掘新的教育资源,扩充现有的、可利用的资源。以广泛的参与主体、充足的教育资源,实现非营利性民办学校的内涵式发展。

(三)特色化发展导向

走特色化发展道路既是非营利性民办学校实现错位发展的关键所在,也是满足社会多元化教育需求的重要一环。整体上看,相比较于公办学校,民办学校对优质生源的吸引力往往更低,较低的生源质量、较差的教师福利待遇和管理机制等因素，都使得我国民办学校办学整体处于较低水平。[①] 鉴于此，特色化成为民办学校实现内涵式发展的重要抓手，其重要性主要体现在两个方面。从民办学校内部看，特色化发展有助于帮助民办学校明确办学定位，转变传统的"照搬照抄""硬性模仿"的发展理念，革新办学思想，有助于促进民办学校的可持续健康发展。[②] 从民办学校外部看，特色化发展有助于帮助学校形成较为独特的办学标识，公众能够根据自身不同需求，选择更具特色化的学校，拓展公众的选择性，提高选择的适切度，形成"特色化办学－服务社会"的良性发展格局。[③]

探索特色化发展战略、构建特色化育人模式是非营利性民办学校提升核心竞争力的关键举措，主要应从以下几个方面着手。一是发展战略特色化。非营利性民办学校要尝试探索特色化的发展战略，建设有特色的行业性高校，根据行业发展实际和人才需求情况，有目的、系统地培养高素质人才。独特的办学理念是区分不同学校的重要标志，也是非营利性民办学校可持续健康发展的重要保障。只有树立先进的、独具特色的办学理念，非营利性民办学校才会具有前进与发展的不竭动力，才能不断提高办学质量，在同类群体中脱颖而出。特色化的发展战略要明确一个核心，这也是非营利性民办学校发展的根本目的，即学校想要培养什么样的人才？这些人才与其他同类型学校培养的人才有哪些本质的不同？非营利性民办学校首先要思考这一核心问题，进而依据这一问题进行顶层设计，不断完善学校的发展战略。二是人才培养模式特色化。非营利性民办高校应明晰人才培养目标，明确人才培养所需的各项知识与技能，以及从事工作的类型。服务地方的非营利性民办学校，应基于人才培养目标，立足本地区发展，逐步优化立体式、产学研的人才培养模式。学校与优质企业建立深度联系，利用企业资源、平台等优势，为学生提供实习实践、就业入职等机会，学生在学校期间便可以拥有充足的实习机会，在此过程中不断提高自身能力和综合素质，满足区域发展对人才的实际需求。同时，基于产学研合作的人才培养需求，革新原有的人才培养模式，不断完善课程设置、实习实践、师资建设等方面的制度，保障人才培养模式的特色化发展。三是学科专业设置特色化。非营利性民办学校通过结合地方区位优势及本地区的政策号召、发展导向等，创新或调整原有专业设置，实现专业设置特色化。例如，在"一带一路"政策背景下，西南地区的非营利性民办学校可以借助地理位置的独特优势，积极将专业发展与政策导向相结合，培养物流管理

① 刘运芹：《民办高校核心竞争力构建的对策研究——以江西省为例》，载于《中国成人教育》2015年第4期。
② 杨雪梅：《转移—改造—提升：民办高校向应用科技大学转型的演进及意义》，载于《中国成人教育》2013年第12期。
③ 黄俭：《可持续发展视角下民办高校职业教育的定位思考》，载于《职教论坛》2014年第8期。

等相关专业人才，突出专业设置的特色化。根据地区发展实际设置专业，可以有效避免专业设置的盲目性，使得专业设置更加科学合理，既能实现学校培养高质量人才的目标，也能更好地服务地区经济发展，形成双赢局面。

（四）规范化办学导向

规范化办学是学校长远发展的基本要求，也是民办学校生存和发展的合法根基，坚持规范化发展有助于营造良好的发展环境，助力民办学校治理体系和治理能力现代化水平的提升。规范化发展是基于非营利性民办学校面临的治理困境提出的，当前我国非营利性民办学校面临着很多难题：一是学校内部决策机制有待完善，学校决策机构人员构成尚待优化，教职工、学生等重点群体在学校重大事项决策中缺乏必要的话语权，决策的科学性尚显不足。二是学校章程制度仍待完善，依据章程办学的意识仍然较弱，章程的约束力还有待进一步加强。同时章程对部分学校治理问题的规定较为模糊，章程内容的规范性有待进一步彰显。三是执行机制有待优化。民办学校校长遴选缺乏明确的选拔标准和规范程序，遴选机制还存在一些不足，校长的评价机制也还需健全，使得校长执行动力不强。四是监督机制尚待完善。在监督主体上，多元主体难以共同参与到非营利性民办学校的监督中，主体参与监督的积极性不强；在监督内容上，缺少与学校办学相关的资金管理与风险测评等方面的监督，导致监督实效性有待增强。[1][2][3]

非营利性民办学校实现规范化办学是破除当下发展困局，促进可持续健康发展的关键一环。健全学校内部管理体系，建立完善配套的规范标准和监督方法需要政府、社会、学校等多方支持与努力，应遵循以下原则。一是政府规范引导。政府可以颁布相关的政策法规，肯定非营利性民办学校合法、合理地位，给予其与公民办学校平等的政策待遇，在政策引导方面，为非营利性民办学校的健康发展扫清障碍，尽可能减少社会对民办学校的歧视与误解，为非营利性民办学校营造良好的发展环境，继续落实"公民同招"政策，解决民办学校生源不足、生源质量不高等问题，不断提高非营利性民办学校办学质量。二是教育主管部门规范监督。教育主管部门要发挥外部监督的重要作用，对民办学校内部人才培养情况进行依法监督与规范管理，对学校教学设施设备、教师队伍建设、课程开设情况等进行督查，进一步规范民办学校人才培养工作。同时，对民办学校的财务管理、学生收费、资金使用等情况进行督查，评价民办学校资金收入与支出的规范

---

① 王华、王一涛、樊子牛：《非营利性民办高校的四维内部治理结构研究》，载于《宁波大学学报（教育科学版）》2020年第2期。

② 杨德岭、楚英英：《非营利性民办高校财务监管的若干思考》，载于《国际商务财会》2020年第12期。

③ 吕宜之：《非营利性民办高校基金会办学模式探究》，载于《江苏高教》2020年第9期。

性，对存在违规收费或其他不良资金使用的行为，依法依规进行处理。主管部门应适时对学校的校园建设和安全保障工作进行督查，评价学校在处理重大卫生或安全事故时的应急预案，分析学校的应急处理能力，保障学校的可持续发展。三是民办学校规范办学。非营利性民办学校在优化内部管理制度等方面需要进一步明晰财务管理制度，以信息化技术为依托，建立科学的财务管理平台，明确资金收益、支出等方面的流程和规范，将资金使用等流程进一步公开，保障财务管理的科学性和公平性。提高财务管理人员的专业素质，通过专业培训等方式，提高财务管理人员办事效率，避免财务管理的无序、盲目现象，不断优化非营利性民办高校内部财务管理制度。明确内部理事会制度。健全理事会人员遴选制度，保障理事会成员结构合理，合理吸纳教职工代表、校友等群体加入，增强理事会决策的科学性。完善理事会决策流程，制定详细的理事会规范，保障合理合法行使相应权利。优化以校长为主的学校执行机构，完善校长遴选制度，根据学校发展的具体需求，在年龄、教龄、专业、工作与学习经历等方面明确选拔要求，同时明确执行机构的权责与分工，提高执行效率。

（五）优质化办学导向

实现优质发展是民办学校办学的共同追求，而当前非营利性民办学校实现优质发展还面临着诸多问题。一是未能满足教师等利益群体的基本诉求。非营利性民办学校在办学体制方面，未能考虑到多方利益群体的诉求，导致在作出某些决策时会损害教师群体的利益，影响教师教育教学的积极性。[1] 二是品牌打造力度不够。当前，优质的教育品牌仍是小范围，或局限在部分学校中，民办学校优质化的教育品牌还未形成强大的影响力，这也是影响非营利性民办学校优质化发展的重要因素。[2] 三是民办学校生源质量不高，增加了学校高质量人才输出的难度，也使得学校在竞争中优势减少，优质化难以凸显。四是学校内部管理人员缺乏改革精神。学校内部管理机制仍需进一步优化和革新，当前管理人员改革意识较为淡薄，改革动力不足，影响了非营利性民办学校优质化目标的实现。[3]

坚持优质化发展是非营利性民办学校永葆强大生命力的关键，在学校发展过程中应坚持做到以下几点：一是教育资源的系统性整合。促进非营利性民办学校的优质化发展，需要系统整合学校内外部资源。一方面，优化外部资源配置。合

---

　① 娄自强：《新时代民办高校高质量发展的问题及对策研究——以山东省为例》，载于《湖北经济学院学报（人文社会科学版）》2020年第5期。

　② 朱沁怡：《江苏民办教育发展存在的问题与策略研究》，载于《教育现代化》2020年第18期。

　③ 施立奎、郑勇：《新时代民办高等教育高质量发展刍议》，载于《山东教育（高教）》2019年第Z2期。

理挖掘外部教育资源，充分利用校友、企业、行业协会等资源，充分整合资源，将学校外部的优质资源与学校人才培养、教育教学、学校管理等环节相结合，可以为学生提供充足的实习实践机会，邀请知名校友做讲座，为学生提供更多成长发展的平台，创新更多丰富多彩有特色的活动，提高优质资源利用率。另一方面，优化内部资源配置。不断优化学校的课程资源，减少资源无用、重复、浪费使用的现象，将学校已有的课程资源进行重新整合，提高资源利用的实际效能。立足学校发展大局，将各院系的教育教学资源进行重新配置、整合，既有助于促进学科间的交叉与融合，也有助于优化学校资源配置。二是保持办学开放性。促进非营利性民办学校优质化发展，需要发挥教育合力，激发社会力量参与到民办学校的发展中来，营造全社会兴办教育的良好局面。引导企业、行业协会等参与到民办学校的人才培养过程之中，使其在有针对性地为学生提供实习机会和就业岗位的基础上，更多参与到学生考核评价、学校课程设置、培养方案优化等环节中来，发挥校企合作育人实效，提高民办学校人才培养能力。三是教师队伍改革的创新性。优质化发展离不开教育质量，教育质量的提高提不开优质的教师，因此需要有改革的勇气和魄力，不断进行教育革新，实现非营利性民办学校的优质化发展。完善教师激励机制，以优质教师带动整体办学质量的提升，可以从两方面着手。一方面，推动教师团队的整体发展，采取一帮一、教研组评选等方式，激发教师团队积极性，鼓励教师团队共同成长、共同进步。另一方面，促进教师个体的快速成长，通过强化考核评价等方式，构建能力导向的教师评价体系，避免出现"熬教龄""熬资历"现象，使得教师只要肯付出、有能力，就会得到更大的发展空间。通过提高教师队伍水平助力学校人才培养质量的提升，以此来改善学校的社会声誉，打造学校发展"金字招牌"。

第二节 非营利性民办学校办学模式创新的理论根基

已有研究尝试解释三个问题，一是不同主体是否可以参与举办民办学校，其办学形式有哪些？二是在学前教育、义务教育、高中教育、高等教育不同教育阶段中，民办学校办学和发展呈现哪些不同的特点？存在哪些难点和堵点亟待解决？三是非营利性民办学校如何才能创新办学模式、实现高质量发展？相关研究已对民办学校办学体制模式、办学发展模式、办学赋能模式进行了较为系统的理论探索，为不同类型民办学校改革发展和办学模式创新奠定了牢固的理论根基。

一、民办学校办学体制模式

办学模式是指受特定历史条件和办学思想的影响，学校在办学实践中形成的办学结构和运行机制，涉及学校兴办、人员管理、资源配置等多方面。① 民办学校办学模式研究开始于 20 世纪 90 年代，办学实践经历了由一元向多元主体办学的发展过程。有研究者分析了民办学校办学体制模式的具体内涵，已有研究在办学主体、投入模式、管理体制等方面形成了一定的共识。②③ 办学体制模式的研究侧重于民办学校的治理模式及运行机制，关注的重点在于民办学校在长期办学中形成的相对稳定并为社会广泛认同的办学特质和发展方式。

非营利性民办教育秉承公办教育有益补充的定位，在有机组成的教育体系中体现统一的整体性。非营利性民办教育独有的生机活力，拓宽了财政作为教育资源配置唯一来源的局面。民间组织、民营企业和基金会等利益相关者的增加，以及资金来源的多样化，正在打破公办教育和非营利性民办教育之间的界限，越来越发挥出"整体大于部分之和"的系统优势。社会资本参与举办非营利性民办学校的模式不断创新，呈现初级阶段向高级阶段发展的状态，体现了发展的有序性。2021 年，新《民办教育促进法实施条例》进一步明确，国家机构以外的社会组织或个人可以单独或联合举办民办学校，鼓励设立基金会依法举办民办学校，无举办者的民办学校由发起人履行举办者权责。相比于改革开放初期民办教育初创阶段，合法规范的举办模式有利于激发社会资本的办学热情。经过改革开放 40 多年的发展，自然人举办的民办学校存在变更、管理的局限性，逐步登记为由企业举办。随着非营利性民办学校办学模式持续创新，关注教育公益性、办学模式创新的必然性、问题和对策建议的研究逐渐增多。

（一）企业办学模式

随着社会经济快速发展和教育经费需求不断攀升，公共财政承担大国教育的压力持续增大，吸纳社会资本依法依规投入教育领域，符合各方共建共享教育的价值取向。同时，吸聚社会力量举办非营利性民办学校，大大拓展了教育空间，

---

① 潘懋元、邬大光：《世纪之交中国高等教育办学模式的变化与走向》，载于《教育研究》2001 年第 3 期。

② 张丽娜：《民办高校办学模式的困境及应对策略》，载于《现代教育科学》2019 年第 6 期。

③ 张悦红、闫祯：《论高等教育办学模式多样化》，载于《陕西师范大学学报（哲学社会科学版）》2005 年第 S1 期。

在满足多样性、差异性、选择性的教育需求方面，弥补了公办教育体系的不足，优化了整个教育体系的服务供给。近年来，我国企业捐助教育事业，助推教育发展的趋势和优势愈加明显。

第一，企业办学优势研究。企业办学具有推动校企合作育人、加快人才培养改革、形成良好办学格局等优势。具体来看，一是有助于推动校企合作育人。工学结合、校企合作的模式有助于帮助解决学校内部人才培养的难点与堵点。首先，企业办学可以为学校提供实践经验丰富、理论知识扎实的双师型教师，解决学校内部师资短缺问题。其次，企业办学可以为学生提供实习实践的平台，优化学校教学条件，提高学校教育质量。最后，企业办学可以帮助解决毕业生"就业难"的问题，教学和就业相结合，实现"毕业即就业"的目标。[1][2]二是加快人才培养改革。企业办学立足社会发展需求，优化人才培养标准，重视不同类别、不同层次的专业人才教育，有助于培养更多具有高水平、高素质的人才。[3]同时，企业办学有助于人才培养国际化，立足于中国特色，提升教育国际化水平。[4]三是形成良好办学格局。企业拥有投资和管理的双重角色，有助于汇聚资源，发挥资源优势，不断加快技术的更新和优化，形成良好发展的办学格局。[5][6]

第二，企业办学现存问题研究。企业办学存在的问题主要有经费支持不足、办学机制不完善、资源获取能力弱、办学误区明显、商业化色彩较浓厚等。一是办学经费紧张。企业办学的经费来源较单一，国家财政支持较少，受多重因素的影响，办学经费难以持续保障，企业投资教育的效果不理想。[7][8]二是办学体制机制尚待完善。企业办学的财政预算体系不健全、融资和核算渠道不通畅、教师权益保障不受重视，这些问题将导致企业主体制度缺位。[9][10]三是外部资源获取能力被忽视。现有的民办教育管理方式一定程度上制约了企业向外部获取资源的自主性，影响企业办学的可持续发展。[11]四是存在办学认识的误区。部分学校借鉴企

①⑤⑦⑩ 马尔立、樊伟伟、王振华等：《大型企业办学的体制改革与机制创新研究》，载于《中国职业技术教育》2012 年第 27 期。

②⑥⑧ 张宏亮：《现代职业教育体系下企业办学实施路径及保障机制研究》，载于《成人教育》2017 年第 7 期。

③ 王志远、祁占勇：《"去企业化"与"再企业化"的博弈：企业举办职业教育政策的历史透视及其反思》，载于《职教论坛》2020 年第 11 期。

④ 杨建华：《对新时代职业教育企业办学的几点认识》，载于《中国职业技术教育》2021 年第 12 期。

⑨ 马君、李姝仪：《企业作为职业教育重要办学主体的制度困境与再造》，载于《职教论坛》2020 年第 11 期。

⑪ 潘海生、程欣：《基于成本与收益分析的国有企业职业教育办学困境的形成与破解路径》，载于《高校教育管理》2020 年第 4 期。

业管理的方式管理学校，存在向主办企业"一边倒"的趋势，[1] 且与该地区经济发展需求契合度不高，造成民办学校在为企业服务还是为社会经济服务上处于尴尬局面，企业办学无法真正满足人才培养的需要。[2] 五是学校内部企业色彩浓厚。学校内部管理会受到企业的约束和控制，导致学校可能会出现盲目扩张、教育教学改革不成熟、民主管理目标难以实现等问题，影响民办学校的健康发展。[3]

第三，企业办学的对策研究。对策研究集中于学校内部改革和外部助力两方面，主要有增强自我发展能力、加强协同合作、完善管理机制等。一是增强自我生存发展能力，凸显院校特色化。首先，高校应强化产学研结合，开展校企合作，发挥企业在平台搭建、实习实践、课程优化等方面的优势，将理论知识与实习实践紧密结合，培养高素质的技能型人才。同时，还应合理利用企业产品、技术、材料等优势，开展科研合作，在技术攻关等方面发挥巨大优势。[4][5] 其次，处理好与企业和区域经济发展的关系。明确院校发展定位，突出院校办学特色，将院校发展融入区域经济发展大局之中，为区域发展提供人力资源、技术支持、咨询服务等。二是加强协同合作。发挥政府全面统筹和协调作用，运用法律、经济、行政等方式为民办学校发展提供关键保障；重视学校办学理念、办学机制、人才培养、师资建设等方面的革新，增强可持续发展能力；加强行业岗位需求、技术创新、前景展望等方面的指导，营造良好的发展氛围。[6][7][8] 三是完善成本分担机制，保障办学资金充足。政府应完善对企业办学的财政支持政策，保障企业办学的合法权益，采取合理的激励政策，将强制性政策转变为激励性政策，增强企业办学的积极性。学校应加强自身筹融资能力，拓宽筹资平台，保障筹资渠道多元化。[9] 四是改革学校管理机制。完善企业办学的配套制度，包括法规体系、税收抵免制度、联席会议制度等。将相关法规和政策制度进一步清晰化，加强其

---

① ⑤　杨建华：《对新时代职业教育企业办学的几点认识》，载于《中国职业技术教育》2021 年第 12 期。

② ④　廖镇卿：《企业办高职院校可持续发展的困惑与对策》，载于《中国职业技术教育》2006 年第 20 期。

③　张宏亮：《现代职业教育体系下企业办学实施路径及保障机制研究》，载于《成人教育》2017 年第 7 期。

⑥　唐立波、于泳：《市场经济背景下企业办学的新探索及途径》，载于《企业管理》2017 年第 12 期。

⑦　王志远、祁占勇：《企业作为职业教育重要办学主体的逻辑演进与基本特征》，载于《职业技术教育》2021 年第 7 期。

⑧　周海涛、景安磊：《让社会力量办学迸发出新活力》，载于《中国高等教育》2018 年第 20 期。

⑨　刘翠兰：《企业集团办学经营模式特征分析——民办山东万杰医专案例分析》，载于《中国成人教育》2008 年第 4 期。

可操作性，还应涉及投资机制、监督与评估机制等方面。①② 也有研究者从政策标准、政策价值等方面进行分析，肯定了"好"政策的价值与意义，这也在一定程度上肯定了企业办学政策和机制革新的重要作用。③

（二）多元主体合作办学模式

完善多元主体办学模式有助于释放主体融合优势。多元主体办学包括多自然人合作办学、多私企合作办学、公私混合所有制办学，有的存在主体责任不清、多方协同不畅等阶段性发展瓶颈。适应高质量发展需求，多元主体办学模式的非营利性民办学校宜逐步完善联合办学协议，明确合作方式、各方权责划分和争议解决方案，最大程度发挥多元主体融合优势。

第一，多元主体合作办学的优势。在合作办学过程中，各主体具有较为明确的角色和职责，政府、行业、学校、企业分别发挥着关键性、指导性、根本性、实质性的主体作用。④ 具体来看，多元主体合作办学的优势主要体现在内外部两个方面。从民办学校内部发展角度来看，多元主体合作办学有助于高校整合多方资源，搭建资源共建共享平台，为民办高校高质量发展创造良好条件。同时，也有助于改变部分民办学校办学质量不佳的现状，不断提高办学质量。⑤ 从完善教育体系角度来看，由单一化办学转变为多元化办学，有助于建立现代大学制度，促进现代教育体系改革和发展。⑥

第二，多元主体合作办学的现存问题。当前，多元主体合作办学主要存在管理制度不明确、政府职能缺位、企业参与积极性不高等问题。一是学校内部治理尚待优化。学校内部治理机制中缺乏较为明确规范的组建制度和管理制度，在政策执行、监督、考评等方面不明晰，责、权、利难以真正结合。具体来看，学校内部民主管理的探索仍待进一步推进，民主管理机制不健全，教代会、工会等作用发挥的实效性不强，监事会职能不健全，决策层人员配置不合理，这些问题需

---

① 马尔立、樊伟伟、王振华等：《大型企业办学的体制改革与机制创新研究》，载于《中国职业技术教育》2012 年第 27 期。

② 马君、李姝仪：《企业作为职业教育重要办学主体的制度困境与再造》，载于《职教论坛》2020 年第 11 期。

③ 王志远、祁占勇：《企业作为职业教育重要办学主体的逻辑演进与基本特征》，载于《职业技术教育》2021 年第 7 期。

④ 张健：《论校企合作多元主体的治理》，载于《中国职业技术教育》2018 年第 18 期。

⑤ 尹玉玲：《基础教育办学体制机制改革及对雄安新区的启示》，载于《天津市教科院学报》2020 年第 5 期。

⑥ 刘金存：《高职院校多元合作办学平台的构建》，载于《教育与职业》2015 年第 35 期。

要重点关注和解决。[1][2] 二是政府职能作用发挥不足。政府在高校办学过程中引导力度不足，事中、事后缺乏协调行动，且效率不高已经成为较为明显的问题，政府协调能力有待进一步提高。[3] 同时，政府在支持力度、支持持久性等方面仍有所欠缺[4]，具体表现在政府对合作办学的激励和保障措施不到位，缺乏配套政策和经费支持，影响多元主体办学的持续发展。[5] 三是企业参与办学的积极性不足。缺乏必要的经济利益和政策激励，一些企业参与民办学校人才培养的积极性不高，自觉性不够，既没有很好地承担应有的责任，也不利于合作办学的顺利开展。[6] 四是合作办学机制仍待健全。当前政府参与的积极性明显高于企业，企业主动寻求合作的意愿并不高，主体间"冷热交替"现象较为明显。企业在参与过程中缺乏保障，影响企业参与主动性。且行业组织在制订合作计划、实施合作行动、开展合作评估等方面仍未发挥其积极的引领作用。[7]

第三，多元主体合作办学的对策建议。当前，深化多元主体合作办学、提高合作办学质量主要通过明确多元主体职责、营造良好合作环境、重视品牌推广示范等措施实现。一是明确主体职责。办学主体要明确自己的使命和职责，形成相互配合、相互合作的良好局面。具体来说，政府要完善相关法律法规，在管理方式、运行机制、监督监控、评价评估等方面加强政策和法律保障，减少利益相关者的后顾之忧。企业和高校要尝试构建多元育人的合作平台，深化校企合作，打造专业实习实训基地，对接企业用人和学生求职环节，提升人才综合素质，避免人才流失现象。[8] 二是营造良好的办学环境。不断完善政府考核和企业履职的考核标准，优化企业参与合作治理的奖励、补助政策。建议以产学研论坛、成果展示会等形式，设立"合作成果奖"等奖项，努力优化合作环境。[9] 三是注重品牌示范。大力推广特色化的办学模式，宣传办学成功经验，增强示范效应。[10]

（三）基金会办学模式

基金会办学和无举办者办学是民办教育发展到一定阶段出现的办学模

①④ 潘奇：《混合所有制职业院校改革的进展、路径及值得关注的问题——基于4所案例院校的分析》，载于《教育与经济》2018年第2期。

②⑤⑩ 周仕国、母中旭：《利益相关者视域下政府主导型职教集团发展机制探究》，载于《教育与职业》2021年第5期。

③ 蔡春、王寰安：《京津冀基础教育合作办学模式研究》，载于《中国教育学刊》2021年第3期。

⑥ 刘辉雄：《高校合作办学风险的后大众化反思——兼论多元产权办学制度的探索》，载于《教育与考试》2017年第2期。

⑦ 李国杰：《多元主体参与办学模式下产业学院内部运作机制研究》，载于《教育科学论坛》2020年第18期。

⑧ 刘金存：《高职院校多元合作办学平台的构建》，载于《教育与职业》2015年第35期。

⑨ 张健：《论校企合作多元主体的治理》，载于《中国职业技术教育》，2018年第18期。

式，以捐资办学、校长职业化、现代学校制度为支撑，是非营利性民办教育高质量发展的重要趋向，鼓励基金会和无举办者办学模式有助于强化办学的公益性。

第一，基金会办学的必要性研究。基金会作为学校筹集经费的重要渠道，深入探索基金会办学模式对民办高校持续健康发展具有重要意义。有研究基于非营利性民办高校发展现状，认为基金会办学的必要性主要体现在补充办学经费、满足人才需要、加快高校扩张等方面。有研究认为国家对高校的财政投入不足，教学经费较为紧张，需要高校成立教育基金会。[①②] 同时，社会的快速发展对人才需求更为迫切，亟须高校提高人才培养质量。[③] 最后，高校扩张使得在校生数量增多、高校规模扩大，也能够促进基金会办学模式的革新和发展。[④]

第二，基金会办学的现存问题研究。我国民办教育基金会办学模式存在着很多不足，主要表现在以下两个方面：一是人员数量少且专业程度不足。部分基金会组织人员数量较少，难以满足基金会发展的实际需要，同时人员专业化程度不高，在处理相关问题时缺乏必要经验，导致解决问题效率不高。[⑤] 二是筹资渠道单一。部分基金会缺乏多元化的资金筹措渠道，欠缺筹款意识，未能积极主动地开拓、创新筹资渠道，导致资金筹措渠道单一，不利于长远发展。[⑥⑦] 也有研究者提出基金会办学存在内外部等多方面问题，既有政府支持不足、公益性评估机制缺乏、教育捐赠制度不完善等外部原因，也有教育品牌宣传不足、主动意识不强、信息披露不充分等内部原因。[⑧]

第三，基金会办学的对策研究。相关研究提出优化基金会办学模式的方式，主要有以下几点：一是完善政策制度。应不断完善基金会办学制度，在保障举办者合法权益的同时，提高捐赠者积极性。也有相关研究建议，应尽快制定和出台新的基金会管理条例，[⑨] 完善基金会办学税收优惠政策，建立统一的标准和规范。[⑩] 二是发挥政府的积极作用。当前基金会推动民办教育发展的成功案例和实

---

① ⑦ 曾智飞、喻国英：《我国民办高校借鉴美国私立高校筹资方式研究》，载于《黄河科技大学学报》2014 年第 6 期。

② 周海涛、张墨涵：《如何突破民办高校筹资的困境》，载于《国家教育行政学院学报》2015 年第 2 期。

③ ⑧ 仲春梅：《民办高校教育基金会筹资的探讨》，载于《会计之友》2014 年第 5 期。

④ ⑤ 刘玲娴、田高良：《高校基金会发展问题研究——以陕西高校为例》，载于《会计之友》2012 年第 1 期。

⑥ 蔡学辉：《我国民办高校融资及相关问题探讨》，载于《广西财经学院学报》2014 年第 2 期。

⑨ 黄洪兰：《基金会举办非营利性民办高校的现实基础、产权保障与推进策略》，载于《黑龙江高教研究》2021 年第 5 期。

⑩ 刘金娟、方建锋：《我国基金会参与非营利性民办高校办学探索》，载于《复旦教育论坛》2019 年第 6 期。

践经验较少，政府应在现阶段鼓励建立新的基金会，以提高民办教育质量。可以培育两种形式的基金会，一种是政府部门牵头设立的区域性基金会，另一种是基金会作为办学主体，捐资兴办非营利性的民办学校。有针对性地回应民办教育发展诉求，优化和规范相关制度安排，为基金会办学提供良好的外部环境。[①②] 三是培育社会信任链条。打破依靠学生学费办学的单一渠道，鼓励捐资主体乐于捐、想要捐，保证民办学校的长远发展。同时完善捐赠制度，保护捐赠和受赠主体的合法权益，明确捐赠的对象、区域等，增强捐赠过程的规范化。[③④] 四是优化内部治理结构。进一步清晰产权和管理权限，建立完善的内部治理结构，既可以避免举办者或出资人"一头独大"现象，也可以减少举办者面面俱到、具有无限权利的现象。明晰民办学校内部董事会、理事会等机构的权利范畴，增强管理效率，提升民办高校治理水平。[⑤] 也有研究者提出要健全监督机制，实行监事会制度，定期检查学校的财务状况、领导履职情况、学校运行情况等，及时提供科学合理的评估结果，维护学校和师生利益。[⑥]

（四）无举办者办学模式

无举办者办学是民办学校办学体制改革发展的新趋向，无举办者办学的民办学校经过一段时间的发展后，将会逐步凸显其优势，有助于加快实现优秀办学模式的快速推广，聚集更多力量提高学校办学水平和质量。

第一，无举办者办学的优势。无举办者办学模式的优势众多，研究者从不同角度对其优势进行了论述，主要包括吸引优质资源、获得政府支持、实现民办学校健康稳定发展等。一是有助于吸引优质资源。无举办者办学的模式有助于使民办学校从资本控制中脱离出来，一方面增强了民办学校办学活力，另一方面也能够使民办学校专注于教育教学，更加凸显"以生为本"的教育理念。二是有助于获得政府支持。无举办者办学的民办学校，其收入来源主要是学生学费，辅之以自营收益，这种公益性理念下的办学模式符合民办学校发展的整体趋势，更容易获得政府的支持与资助。[⑦] 三是实现民办学校持续稳定发展。无举办者办学的模

<hr>

① 刘金娟、方建锋：《我国基金会参与非营利性民办高校办学探索》，载于《复旦教育论坛》2019年第6期。

②⑥ 吕宜之：《非营利性民办高校基金会办学模式探究》，载于《江苏高教》2020年第9期。

③ 方芳：《评述美国"教育财政充足"的发展》，载于《比较教育研究》2010年第1期。

④ 秦和：《基金会：非营利性民办高校制度创新的一种探索》，载于《教育发展研究》2019年第21期。

⑤ 郑淑超：《独立学院转设的新选择：基金会办学》，载于《黄河科技学院学报》2021年第9期。

⑦ 周海涛、郑淑超、施悦琪等：《非营利性民办教育发展创新的逻辑与路径（笔谈）》，载于《现代教育管理》2022年第1期。

式可以使学校摆脱对个体或集体举办者的依赖，有助于减少因变动产生的消极后果或损失，保障民办学校的持续稳定发展。①

第二，无举办者办学的现存问题。当前，无举办者的办学模式仍存在问题，主要面临重整风险、经费风险、权力滥用风险等。一是可能会面临重整风险。无举办者的民办学校并没有固定的举办者，学校决策往往是由董事会和校长团队制定，当主要领导人员出现离职、换届等情况时，无举办者办学的民办学校可能会面临重整的风险。二是可能会面临经费风险。虽然无举办者的民办学校可以获得政府的财政支持，但缺乏固定的资金投资者将会影响学校未来的生存问题，经费短缺风险仍不可忽视。三是可能会面临权力滥用的风险。无举办者的民办学校由于没有举办者这一重要主体，在董事会、校长等权力制衡和约束上发力不足，容易面临治理体系不健全造成的风险。②

第三，无举办者办学的提升策略。针对无举办者办学可能存在的问题和风险，这一模式的未来发展需要进一步强化董事会领导下的校长负责制、重视校长遴选工作、形成完善的学校治理结构。一是强化董事会领导下的校长负责制，优化董事会人员构成，鼓励教育领域的专家、企业界的优秀代表等加入董事会，决策时积极广泛听取各利益群体意见，进一步保障决策工作的民主性和科学性。二是重视校长遴选工作。专门成立校长遴选工作小组，明确遴选标准和流程，进一步规范校长遴选工作。同时充分赋予校长在学校行政事务中的决策权，不断提高校长工作积极性。③ 三是形成完善的治理结构。无举办者办学的民办学校应进一步完善党委领导，发挥党组织、监事会、董事会、校长等相关主体的积极性，形成治理合力，共同促进民办学校的健康发展。

二、民办学校办学发展模式

非营利性民办学校办学发展模式研究主要基于国家政策，并在国家相关教育政策制度的引导下，对包括学前教育、义务教育、高中教育、高等教育四个阶段在内的民办教育发展存在的问题进行分析，并提出了改进建议。

---

① 王一涛：《非营利性民办高校内部治理结构创新》，载于《浙江树人大学学报（人文社会科学）》2021 年第 2 期。

② 周海涛、郑淑超、施悦琪等：《非营利性民办教育发展创新的逻辑与路径（笔谈）》，载于《现代教育管理》2022 年第 1 期。

③ 王一涛、刘洪：《公办型独立学院转设的困境、路径及对策建议》，载于《复旦教育论坛》2021年第 3 期。

（一）民办学前教育

《中华人民共和国国民经济和社会发展第十四个五年规划和二〇三五年远景目标纲要》明确提出，要完善普惠性学前教育的保障机制，使学前教育毛入园率提高到90%以上。高质量的非营利性民办学前教育不仅具有优质性、多样性、公平性特点，同时更应兼具普惠性，充分发挥普惠性民办学校的结构效能。

第一，民办学前教育发展政策导向。优化民办园布局与结构是学前教育发展面临的重要难题。对此，国家《关于学前教育深化改革规范发展的若干意见》①，要求到2020年我国公办园和普惠性民办园在园幼儿数占比应达到80%。这为民办学前教育发展提出新要求和新任务：一是充分认识到发展普惠性学前教育的重要意义，将增加普惠性幼儿园数量与扩大办园规模两项举措并举，加快构建以普惠性幼儿园为主体的学前教育体系，扭转高收费民办园占比偏高的局面。二是加大政策鼓励和支持力度，引导更多社会力量参与举办普惠性幼儿园，促进普惠性学前教育的多样化发展，满足幼儿不同教育需求。三是不断完善普惠性民办园支持政策体系，通过政府购买服务、奖励补贴、教师培训等多种方式支持普惠性民办园发展。四是通过严格政策规范，遏制民间资本在举办民办园过程中的过度逐利行为，明确社会资本不得通过兼并收购、协议控制等方式控制国有资产或集体资产举办的幼儿园，以及非营利性民办幼儿园。

不断完善普惠性学前教育发展的保障机制是学前教育改革的重要任务。一是要健全幼儿园办园经费投入和成本分担机制。进一步完善不同性质幼儿园的国家财政支持政策，合理制定公办园的生均拨款标准、普惠园办园补助标准，推进建立更加合理的幼儿园办学成本分担机制，为幼儿园办学提供充足经费保障。二是要加大监管力度。将学前教育公益普惠发展列入政府督查的重点内容，定期开展专项督导，建立督导评估制度，确保完成国家普惠目标任务。三是要加快学前教育立法进程。聚焦明确学前教育属性地位、政府责任、体制机制保障、违规行为惩治等关键问题，为学前教育发展提供法律保障。②

新《民办教育促进法实施条例》明确学前教育在招生、管理制度、教师待遇保障、教育活动等方面的要求，进一步规范了学校办学行为。一是民办园享有与公办园同等的招生权，在合理的办学规模内，可以自主确定招生标准和方式。二是建立民办园教师劳动、合同备案制度，统筹规划、统一管理，加强民

① 国务院：《关于学前教育深化改革规范发展的若干意见》，2018 – 11 – 15，http：//www.gov.cn/xinwen/2018 – 11/15/content_5340776.htm。

② 中华人民共和国教育部政府门户网站：《国务院关于学前教育事业改革和发展情况的报告》，2019 – 08 – 22，http：//www.npc.gov.cn/npc/c30834/201908/1c9ebb56d55e43cab6e5ba08d0c3b28c.shtml。

办园教师权益保障。三是建立专项资金或基金，学校统筹安排，发挥其激励或保障作用。四是采用以游戏、活动等形式开展保育和教育活动，遵循儿童身心发展规律。①

第二，民办学前教育发展的难题。普惠性幼儿园已成为学前教育阶段关注的焦点，但仍存在着入园学费贵、区域发展不平衡、政府市场协同发展乏力、文化共识欠缺等问题。一是入园难、入园贵现象仍较为明显。当前人民群众对优质、普惠的学前教育资源需求攀升，但也面临着学前教育资源不足的现象，仍有一部分幼儿无法按时入园。同时，科学合理的成本分担机制仍未完全确立，我国家庭在学前教育上的花费仍较大，这也成为当前亟须解决的主要问题。二是学前教育发展呈现出明显的区域差异。城乡间、区域间学前教育质量存在较为明显的差异，中西部地区以及农村地区幼儿园软硬件水平与东部和城市地区存在较大差距，学前教育的区域发展水平仍不平衡。②③ 三是政府与市场协同力度不足。政府对市场的认可度仍有待提升，尤其是对高收费的民办园，缺乏完善的监管制度，对民办园的培育支持力度不足，导致部分政策停留在文本层面，实践落实不足。④⑤四是缺乏共识影响民办园发展。当前部分研究者仍认为学前教育是营利性的商品或产品，导致部分公众不理解、不认同普惠性学前教育的相关政策，进一步阻碍了学前教育政策落实。⑥

第三，民办学前教育发展的对策建议。加强普惠性民办园建设，可以从强化政府职责、优化学校治理、完善公共服务体系等方面着手。一是明确政府职责。构建科学的成本分担与核算机制，合理设置普惠性幼儿园的财政补贴和收费标准，对城乡学前教育的发展采取差别化支持，政府全面统筹，保证政策落实。同时，完善税收等相关法律法规，合理配置教育资源，优先支持普惠性幼儿园建设和发展。⑦⑧二是进一步优化学校内部要素。加快幼儿园课程改革，规范幼儿园课程，完善"国家－地方－学校"三级课程管理制度，保障幼儿课程的规范化、专

---

① 中华人民共和国中央人民政府：《中华人民共和国民办教育促进法实施条例》，2021－04－07，http：//www. gov. cn/zhengce/content/2021－05/14/content_5606463. htm。

②④ 姜勇、庞丽娟：《我国普惠性学前教育公共服务体系建设的突出问题与破解思路——基于 ROST 文本挖掘系统的分析》，载于《湖南师范大学教育科学学报》2019 年第 4 期。

③ 任慧娟、边霞：《普惠性学前教育公共服务体系构建困境及政府治理对策研究——以普惠性民办幼儿园为例》，载于《教育理论与实践》2021 年第 29 期。

⑤⑧ 王海英、刘静、魏聪：《"普惠之困"与"营利之忧"：民办幼儿园的两难困境与突围之道》，载于《教育发展研究》2020 年第 12 期。

⑥ 徐莹莹、王海英、刘静：《普惠性学前教育：文化意蕴、现实遭遇与路径创新》，载于《当代教育论坛》2021 年第 1 期。

⑦ 周均旭、杜亚楠：《回归公益：21 世纪以来我国学前教育的变迁逻辑与进路》，载于《山东行政学院学报》2021 年第 5 期。

业化、科学化。保障幼小合理、有序衔接,一方面要避免幼儿园"小学化"现象,另一方面也要做好幼小衔接课程。同时,重视幼儿园教师专业发展,完善幼儿教师专业发展体系,提高教师工资待遇、赋予教师相应权利,努力提升幼儿教师获得感。①② 三是推动构建学前教育公共服务体系。制定高质量的学前教育公共服务标准,提升优质教育资源供给水平。健全教育质量监测评价体系,基于现代化信息技术,搭建数字化平台,开展常态化的信息发布,落实教育督导与问责机制。③④ 四是培育良好的学前教育发展文化。要深入理解政策意蕴和内涵,强化政策共识,减少政绩、经济利益为主的盲目行为,营造良好的政策环境。⑤

第四,关于非营利性民办普惠园的对策建议。一是加快民办园结构转型,提高民办普惠园覆盖率。根据国家对学前教育改革提出普及普惠、安全优质的新要求,对标公益普惠、规范办园、同等支持、优质普及的总方向,多举措破解各类民办园结构转型的路径障碍。创新非营利性民办园办学模式和管理模式,加大补偿奖励,在补齐结构短板的同时保护非营利性民办园办园活力。二是提高非营利民办普惠性特殊教育学校占比,满足适龄残疾儿童教育需求。在大力开展融合教育基础上,提高非营利性民办特殊教育学校的普惠性占比。有条件的地区,可采取实施奖励、强化扶持、加大补贴实现公办园转型发展,全面普及残疾儿童义务教育,提高残疾少年高中教育普及率。三是提高非营利性民办普惠性高中占比,提升高中毛入学率。优化土地、财税等扶持政策,鼓励社会力量在中西部、贫困、民族、边远地区等教育薄弱地区设立非营利性民办高中,凝练非营利性民办高中类型特点,拓展结构效用,服务高中阶段教育普及攻坚战略需求。

(二) 民办义务教育

民办教育新法新政明确了实施义务教育的民办学校,必须坚持非营利性的组织属性。长期以来,义务教育阶段的民办学校为我国义务教育发展作出了巨大贡献,尤其是在解决随迁子女入学、流动人口子女就学等方面发挥了积极作用。但不可否认,随着义务教育阶段民办学校办学条件逐渐改善,收费标准和入学门槛

---

① 李静、李锦、王伟:《普惠性民办幼儿园教育质量评估与提升策略——基于对 C 市 15 所幼儿园的调查数据分析》,载于《学前教育研究》2019 年第 12 期。

② 黄瑾、熊灿灿:《我国"有质量"的学前教育发展内涵与实现进路》,载于《华东师范大学学报(教育科学版)》2021 年第 3 期。

③ 赵南:《发展普惠性学前教育应考虑的两个基本问题》,载于《教育发展研究》2020 年第 24 期。

④ 邓超、蔡迎旗:《民办幼儿园的治理困境及解决策略——基于多中心治理理论》,载于《教育理论与实践》2021 年第 29 期。

⑤ 徐莹莹、王海英、刘静:《普惠性学前教育:文化意蕴、现实遭遇与路径创新》,载于《当代教育论坛》2021 年第 1 期。

也持续提高，民办义务教育学校推动教育均等化、增加教育机会的作用弱化，有时还显现"掐尖"、一位难求现象。面对公办、非营利性民办义务教育的发展现状与高质量发展目标间的张力，凸显了系统规范和重构民办义务教育的时代任务。

第一，民办义务教育发展政策分析。新《民办教育促进法》规定义务教育阶段的学校应为非营利性，意味着义务教育阶段设立为营利性的民办学校需要转型为非营利性民办学校，这一规定强化了义务教育的属性。在义务教育阶段，将民办学校设置为非营利性的政策规定是在考虑和尊重我国民办学校的实际情况和充分借鉴国际经验下的有益探索。此后，我国进一步明确提出"公民同招"的举措。① 主要内容有：公民办学校在招生、登记报名、录取等程序上保持同步，若报名人数较多，则采用电脑随机录取的方式；招生过程中不得采用提前笔试、面试、测评等方式。② 在此背景下，北京、上海、浙江等地纷纷出台相关政策和实施细则，为创设良好的教育生态、发展更有质量的义务教育提供了重要保障。

第二，民办义务教育学校发展的难题。在义务教育阶段，民办中小学面临着布局亟待优化、政策供给不足、资产管理不力等问题。具体来看，一是义务教育布局有待优化。部分省省市义务教育布局不合理，公办学校数量没有增长，民办学校数量持续增多，民办学校办学质量未能满足公众的需求。③ 二是政策供给不足且存在执行偏差。部分地区招生监督机制仍不完善，对监控平台的使用率较低，在招生政策公布、程序进展、报名录取等方面监督力度不足。同时，政策执行过程中，有的地区基于自身物质条件限制，模糊执行政策；有的地区政策执行流于形式，造成政策执行缺乏可操作性，影响政策落实度。④ 三是学校资产财务管理存在风险。"公参民"学校在法人、财务、校舍等方面不具备独立性，法人财产权模糊不清，母体学校的产权分配较为复杂，在财产归属和交易等方面都产生些许问题。⑤⑥ 四是违规招生现象仍然存在。部分民办学校通过校园开放日、冬夏令营等隐性方式筛选生源，部分民办学校与教育培训机构联合，违规组织"密考"，迫使学生参加各类拔高班和冲刺班。⑦ 五是公平发展与资源不足间的矛盾。公民同招在教育起点上保障了教育公平，但当前学校内部优质资源配置并不公平，若

---

① 任国平：《公民同招新政效应》，载于《人民教育》2020 年第 19 期。

② 宁本涛、杨柳：《从"政策依赖"到"制度自觉"："公民同招"新政的利弊分析》，载于《湖南师范大学教育科学学报》2021 年第 2 期。

③⑥⑦ 刘云生、张晓亮、胡方：《民办中小学教育发展的趋势、挑战与对策》，载于《中国教育学刊》2021 年第 4 期。

④ 俞明雅：《义务教育学校"公民同招"实施现状、问题与对策建议——基于江苏省的分析》，载于《上海教育科研》2021 年第 2 期。

⑤ 丁秀棠：《义务教育阶段"公参民"学校：问题与治理——基于合法性与合理性的视角》，载于《教育科学研究》2020 年第 11 期。

不改变这一现象，难以实现教育公平。[1]

第三，民办义务教育发展的对策建议。有效化解民办义务教育学校发展面临的难题，关键聚焦于党的领导、协调发展机制、特色化发展、办学行为、教师流动、落实"双减"、质量提升等方面。一是坚持党对民办学校的领导。将党的领导贯穿民办中小学教育教学工作的始终，把立德树人作为检验一切工作的根本标准，保障民办中小学始终沿着正确的方向发展。因此，建议以党支部建设为载体，保障民办学校党组织全覆盖，发挥党对民办学校的引领作用。[2] 二是完善持续协调发展机制。坚持正确的教育观念，提升民办中小学办学质量，满足人民群众对优质教育资源的需求。具体来看，政府要积极承担举办义务教育的责任，优化公民办学校的结构比例。同时，规范民办学校办学行为，深入分析"公参民"学校实际办学情况，采取不同的方式加强管理。[3][4] 三是鼓励学校特色化、优质化发展。坚持质量至上和强调特色的办学理念，结合自身发展实际，加强特色课程、特色资源、特色项目建设，推动民办义务教育学校的内涵式发展，使民办教育成为公办教育重要的办学补充，弥补公办义务教育的不足。四是深入规范办学行为。建立常态化的监督监管机制，加强对民办义务教育学校办学行为的监管，着力解决违规招生、乱收费、财务不明等问题。同时，还应对教育培训机构违规行为进行监管，依据相关政策法规，整顿社会不良风气，形成民办义务教育学校内涵式发展的良好局面。五是推进公民同招政策，实行教师流动制度。均衡生源质量是实现义务教育优质均衡的重要方面，能有效避免"掐尖"、减少"学区房"竞争、缓解家庭经济负担和由此带来的教育不公平。优秀师资交流轮岗或利用信息化技术均衡师资配备，有利于均衡配置优质师资，推进区域、城乡一体化发展，满足人民对公平教育的需求。六是全面落实"双减"部署，规范校外培训机构并优化课后服务。随着社会资本介入程度加深，实施义务教育学科教学的民办培训机构或影子教育，开始由教育公平的贡献者转向教育不公平的加剧者。实施"双减"并扩大课后服务工作覆盖面，有助于回归教育本质，缓解全社会"教育焦虑"和教育投入的"剧场效应"。七是强化国家基本的公共教育责任，提升义务教育质量。随着经济发展带动综合国力提升，办好义务教育的能力和共识显著增强。各地优化义务教育阶段民办学校占比，完善民办教育向公办教育的

---

① 宁本涛、杨柳：《从"政策依赖"到"制度自觉"："公民同招"新政的利弊分析》，载于《湖南师范大学教育科学学报》2021 年第 2 期。

② 吴晶、郅庭瑾：《促进义务教育阶段民办学校与公办学校协同发展：现状分析与对策建议》，载于《人民教育》2020 年第 9 期。

③ 丁秀棠：《义务教育阶段"公参民"学校：问题与治理——基于合法性与合理性的视角》，载于《教育科学研究》2020 年第 11 期。

④ 任国平：《公民同招新政效应》，载于《人民教育》2020 年第 19 期。

转换和奖励补偿机制，推进非营利性民办义务教育学校与公办学校一起提供更高质量教育服务。

（三）民办高中教育

高中教育阶段已成为我国教育改革关注的重点环节。面向未来，我国不仅要提高高中教育的普及化水平，也要不断丰富高中教育阶段的学校类型，促进高中教育的多样化发展。在此背景下，民办高中的发展为满足社会公众的教育需求做出了重要贡献，但在发展过程中也存在着难点与堵点。因此，如何加快民办高中改革进程、提高民办高中办学质量已经成为当前亟须解决的重要问题。

第一，民办高中教育发展政策分析。普通高中和中等职业教育已成为民办教育研究的重点问题，《国家中长期教育改革和发展规划纲要（2010－2020年）》强调普通高中多样化发展，具体表现为办学体制和培养模式的多样化。《中国教育现代化2035》中明确提出三点：一是提高高中教育的普及化水平，到2035年，全面普及高中阶段教育；二是促进中等职业教育和普通高中教育的协调发展；三是鼓励普通高中多样化、特色化发展，[①] 当前，各地以多样化办学为基础，积累经验并进行深入推广。[②]《国务院关于加快发展现代职业教育的决定》提出，重视中等职业教育发展，鼓励社会力量兴办职业教育，要根据不同地区经济发展和不同学生成长需要，重视非营利性民办中等职业教育，促进普职分流、协同、融通。鼓励面向农业农村开展非营利性民办职业教育，培养服务乡村振兴的实用技能型人才。具体来说，一是创新办学形式举办民办职业教育，鼓励通过独资、合资、合作等形式办学，允许以资本、知识、技术、管理等要素参与办学，实现民办职业教育发展目标。二是保障民办职业教育与公办职业教育具有平等的法律地位，享有基本的法律权益与政策扶持。三是加强中高职衔接，畅通转换升学渠道。加大政府扶持，完善基金奖励，鼓励成立一批高质量、有特色的非营利性民办职业教育集团，发挥集团办学优势，实现中高职体系化、层次化、一体化人才培养，提供从中职到高职的直接升学机会。

第二，民办高中教育发展的难题。民办高中教育的发展主要存在办学方向同质化、生源质量不均衡、内部管理机制不健全等问题。具体来看，一是办学特色不明显，办学同质化现象严重。部分普通民办高中未能找准自身办学定位，无法灵活应对市场变化，同质化现象较为明显，在办学模式、办学优势、学校管理等

---

① 张宝歌、韩嵩、焦岚：《后普及时代普通高中多样化制约机制及对策思考》，载于《教育研究》2021年第1期。

② 王秀军：《稳步推进普通高中多样化发展》，载于《辽宁教育》2016年第6期。

方面与公办学校相似，容易陷入同质化的无序竞争中，民办高中的优势与特色无法彰显。[1] 二是生源质量待提升。有的地区学习成绩优异的学生更倾向于进入本地区的公办高中学习，学习成绩不佳的学生进入民办高中学习，这一现象导致民办高中招收的学生学习意识相对较弱、学习能力不足，一定程度上影响了民办高校的生源质量和办学水平。[2][3] 三是内部管理机制尚待完善。民办普通高中领导体制有待完善、产权界定不清晰，影响办学实际效果；经费筹集渠道单一，无法完全满足办学需求；信息上下级沟通渠道不畅，消息传达不及时。这些对民办高中的正常办学和运转产生了较为严重的消极影响，不利于提升民办学校办学质量。[4][5] 四是面临多种外部机制的制约。有研究者着眼于高中教育多样化研究，提出当前存在制度约束的困境，主要表现在：区分重点高中和非重点高中的教育体制，导致公民办高中间存在较大差距，普通高中办学质量难以提升；以选拔升学为导向的考试制度进一步强化了同质化，制约了民办高中多样化发展；普通高中和职业高中的归口管理不一致，衔接度较差，影响了普通高中的多样化发展。[6]

第三，民办高中教育发展的对策建议。针对当前问题，可以从特色化发展、改革办学体制改革、明确政府职责、激发学校办学活力等方面着力。一是加强特色化发展。民办高中要明确办学方向和思路，寻找适合自身发展的方向和路径，可以探索与社会机构联合办学，打造教学优势，形成高质量的办学特色。[7][8][9] 二是加强民办高中办学体制改革。在产权关系方面，明确民办高中的产权配置情况，为学校新建或改制提供支持。在资源配置方面，优化民办高中资源配置，增加政府资源投入，保障民办高中办学投入多元化。[10][11] 三是明确政府职责。政府应加大对民办高中的扶持力度，根据相关法律政策，对民办高中给予税收、土地等优惠，全面落实各项政策。同时建议允许民办高中参与到重点高中的评估中来，提升民办高中办学质量。[12][13] 四是激发学校活力。赋予民办学校更多的自主权，主要包括人权、事权、财权等，保障民办学校办学的合法权益，为其营造良好的政

---

[1][7] 万翼、叶清：《加快普及高中阶段教育背景下的民办普通高中发展策略》，载于《教育学术月刊》2009 年第 12 期。

[2][9][13] 欧以克、陈秀琼、付倩：《广西边境地区民办高中教育发展境况及优化路径——基于正义论视角》，载于《民族教育研究》2020 年第 6 期。

[3][4] 任庆雷：《民办高中办学质量探析》，载于《牡丹江教育学院学报》2009 年第 5 期。

[5] 陈知宇：《当前中国高中民办教育存在的问题和对策》，载于《才智》2017 年第 5 期。

[6][11] 张宝歌、韩嵩、焦岚：《后普及时代普通高中多样化制约机制及对策思考》，载于《教育研究》2021 年第 1 期。

[8] 黄健、蒋怡：《适合学生：民办高中多元发展的教育探索》，载于《上海教育科研》2013 年第 1 期。

[10] 占盛丽、沈百福：《影响我国民办普通高中发展规模的因素分析》，载于《教育发展研究》2009 年第 24 期。

[12] 蒋洁蕾、夏正江：《我国重点高中制度变革的路径选择》，载于《基础教育》2017 年第 2 期。

策环境，释放民办学校办学活力。[1]

（四）民办高等教育

建设高水平非营利性民办高校，是服务"十四五"规划和社会主义现代化强国建设的重要战略举措，体现鲜明的特色性。要充分利用非营利性民办高校的社会力量参与优势，紧扣国家新工科、新医科、新农科、新文科（以下简称"四新"）建设任务，研判自身学科建设基础和优势，紧密结合学校办学基础和当地社会经济发展需要，在学科发展主流中"错位发展"，完善"差序格局"，开拓分层分类特色化的非营利性民办高等教育局面。

第一，民办高等教育发展的政策分析。截至 2019 年底，我国高等教育毛入学率已经达到 51.6%，全国普通高等学校 2 668 所，在学规模已经达到 4 000 万人以上，高等教育普及化特征较为明显。其中民办高校 757 所，招生 219.69 万人，民办高等教育已经成为我国高等教育的重要组成部分。[2] 当前社会对高质量人才的需求不同，人民群众对高等教育的需求多样，在此背景下，高等教育越来越呈现多元化的特征。但民办教育由于办学理念有待优化、办学质量有待提升，民办高校的发展也面临着较为严峻的考验。党的十九大提出要实现高等教育内涵式发展，这为民办高等教育发展带来了新的契机，民办高等教育应在此基础上，根据具体的办学定位，强化研究型、应用型、技能型人才培养，提高办学质量和水平。

第二，民办高等教育发展的难题。有研究者对我国民办高校发展定位问题展开调查分析，发现民办高校较为重视办学规模效益，人才培养以"特色＋热门"专业为载体，且人才培养多面向各类企事业单位，办学定位多集中于"应用型"和"技术型"。[3] 有研究提出，这类民办高校在发展中，需进一步明晰人才培养目标、健全人才培养特色、优化教学资源配置。[4] 民办高等教育形式多样，也有部分定位于研究型的民办高校。在这类民办高校中，仍需明确办学定位、拓展经费来源、凸显办学特色以及强化合法办学。[5]

---

[1] 孙玉丽、杨建超：《政府与普通高中多样化发展的三种关系——基于 N 市的考察》，载于《湖南师范大学教育科学学报》2016 年第 2 期。

[2] 《2019 年全国教育事业发展统计公报》，2020 - 05 - 20，http：//www.moe.gov.cn/jyb_sjzl/sjzl_fz-tjgb/202005/t20200520_456751.html。

[3] 柯佑祥、薛子帅：《我国民办高校发展定位现状的调查分析》，载于《高等教育研究》2012 年第 10 期。

[4] 徐兴林、赵梅莲：《学分制下应用型民办高校人才培养方案的创新优化》，载于《教育与职业》2018 年第 1 期。

[5] 阙明坤：《独立学院混合所有制办学模式研究》，载于《高等教育研究》2017 年第 3 期。

第三，民办高等教育发展的对策研究。综合已有文献，根据民办高等教育的办学类型差异，应采取不同的措施，主要体现在以下几个方面。一是对接区域发展的战略需要，建设"接地气"学科专业。支持非营利性民办高校推进与企业的深度合作，强化现代学徒制、双导师制等育人制度，优化"四新"学科专业结构，重点发展小规模、地方性行业大学，提升服务区域经济发展能力。二是对接国家发展战略需要，建设"强特色"学科专业。明确社会主义现代化强国建设目标，优先布局战略性新兴产业、先进制造业、智能农业等"四新"学科，重点发展现代产业学院、应用型职业大学、特色化示范性软件学院，提升服务社会经济发展能力。三是对接未来技术发展需要，建设"高水平"学科专业。鼓励支持一批高水平的非营利性民办高校，提高"四新"学科专业占比，培育优质"四新"交叉学科，强化课程和师资队伍建设，整体提升教育质量，显著提升高复合应用型、高技术技能型、高层次创新型人才培养成效，重点发展未来技术学院、试点学院，提升服务创新驱动发展战略的能力和水平。

同时，现有研究针对不同类型民办高校也提出了发展建议。第一，研究型高校建设。西湖大学是我国第一个培养博士研究生的民办高校，研究生培养助推学校内部发展，未来应处理好政府与学校的关系，完善现代大学制度，优化学校内部治理，瞄准世界一流大学建设目标进行发展。① 同时，民办研究型高校可以借鉴基金会办大学的模式，探索出基金会办学、国家支持的模式。② 第二，应用科学型高校建设。吉林外国语大学是应用科学型民办高校的代表，在发展过程中，适时调整人才培养定位，针对学生动手能力强等特点，改革教学模式，重视塑造学生综合素质，破除应用科学型人才培养的困境。③④ 第三，应用型高校建设。应不断完善应用型高校人才培养模式，培养学生的知识应用能力，培养能灵活运用技术的综合型人才。⑤ 同时，应建立协同育人机制，构建全方面、全方位的人才培养体系。⑥ 第四，非营利性高职学校建设。努力提升非营利性高等职业教育质量，加大技能型人才培养。不能单靠公共财政支撑建立职业教育、普通教育的两大类型体系，社会资本是高等职业教育发展的重要资源渠道。宜大力推进非营

---

① 熊丙奇：《西湖大学的办学模式和办学制度设计值得关注》，载于《上海教育评估研究》2018年第3期。

② 张善飞、严霞、余萍等：《基金会办大学的德国启示》，载于《江苏高教》2018年第12期。

③ 秦和：《对提升我国民办高校发展水平的认识》，载于《北京城市学院学报》2007年第2期。

④ 郭万牛、伏永祥、乔旭：《独立学院创业型人才的培养》，载于《学海》2005年第6期。

⑤ 毛晨蕾、胡剑锋：《应用型人才培养模式在民办高校中的实践与创新研究》，载于《教育评论》2018年第2期。

⑥ 刘元园：《京津冀协同发展战略视角下河北省民办高校应用型人才培养》，载于《教育与职业》2017年第18期。

利性民办高职院校实施质量提升计划，加大技术技能型人才、职业技能型人才、应用技能型人才的培养力度。

三、民办学校办学赋能模式

从民办学校赋能研究上来看，非营利性民办学校办学模式创新包含诸多内涵，涉及诸多要素，主要包括加强党的建设、凝聚办学共识、优化治理结构、强化人才培养、加强学校与外部的联系等。这些要素既包括非营利性民办学校自身调整，也包括国家、政府和社会共同参与革新，总体来说，办学赋能模式应该是综合的、全面的、系统的。

（一）加强党的建设

坚持党的领导是非营利性民办学校办学的关键，也是其高质量发展的重要保障。因此，应重视学校内部党组织建设，优化党组织结构，明确职责与分工，科学遴选党组织带头人，真正发挥党组织的积极作用，为民办学校办学和发展赋能。

第一，发挥党组织的核心作用。民办学校要始终坚持社会主义的办学方向，保持党的先进性，加强基层党组织建设。一方面要提升党员干部综合素质，增强党员干部办事、治校能力；另一方面要加强基层党组织建设，全面开展党员的思想政治教育。同时，强化立德树人理念，将立德树人作为民办学校开展工作的根本出发点和落脚点，深化三全育人，提升思想政治工作水平。①②

第二，明确党组织内部权责分工。一是要完善党组织的决策权。学校发展规划、经费预算、人事安排等事项由学校内部决策机构决定，学校内部决策机构要吸纳党组织成员进入，完善决策机构人员构成。二是完善党组织的监督权。民办学校的监事会应受党组织的监督，由党组织授权产生，监事会的相关成员可以从党组织内挑选。监事会负责监督、评价学校内部运行情况，需要及时向党组织汇报监督进展工作。③④

第三，完善党组织负责人遴选和培训机制。明确非营利性民办学校党委书记

---

① 李晓科：《创新非营利性民办高校体制机制研究》，载于《北京城市学院学报》2016 年第 4 期。

② 吕宜之：《非营利性民办高校基金会办学模式探究》，载于《江苏高教》2020 年第 9 期。

③ 王华、王一涛、樊子牛：《非营利性民办高校的四维内部治理结构研究》，载于《宁波大学学报（教育科学版）》2020 年第 2 期。

④ 杨德岭、楚英英：《非营利性民办高校财务监管的若干思考》，载于《国际商务财会》2020 年第 12 期。

任职资格，在年龄、学历、专业、工作经验等方面设置明确要求，保证党委书记遴选的科学性。完善党委书记的遴选方式，根据学校自身实际情况，建议采取选派式或自主选择式等不同方式。强化党委书记的培训工作，通过座谈交流、述职工作等，提高党委书记思想政治素养，强化学校领导的综合能力。①

（二）推进民办学校特色化发展

非营利性民办学校办学模式创新，为民办学校特色化发展提供路径支持，有助于激发非营利性民办学校办学体制机制灵活性的优势，增强民办学校在学科专业、人才培养环节的特色，促进民办学校特色和健康发展。

第一，促进民办学校专业设置特色化。出于节约办学成本考量，一些民办学校出现了盲目设置成本较低的纯文科或商贸管理等专业的情况，② 这显然不利于民办学校特色化发展目标的实现。非营利性民办学校应打破经费来源渠道单一的办学局面，创新多样的办学模式和机制，为民办学校发展提供更为充足的资金保障和财力支持。民办学校应充分利用这一创新优势，结合自身发展定位和区域经济社会的需求，开设更多特色化、高质量的专业，如智能制造、新能源科学等，打造本学校、本地区的专业特色化品牌，不断提升专业质量。

第二，促进民办学校教师培养特色化。在办学过程中，一些民办学校由于缺少充足的资金支持和完善的教师专业发展机制，所以对学校教师专业发展的支持力度较小，使得学校难以形成优秀师资力量带动教学质量提升的良好局面。③ 非营利性民办学校应通过办学体制机制改革，创新覆盖教师"职前－职中－职后"过程性、全面性的管理机制，以关注教师职业生涯发展为重点，建立各阶段、特色化的教师发展项目，帮助教师尽快适应工作环境、提高教学技能，促进广大教师更新教学观念、增强教学能力，做好教师发展各个阶段的衔接与过渡。

第三，促进民办学校人才培养模式特色化。创新非营利性民办学校办学模式，核心在于学校人才培养模式创新，重点在于对民办学校人才培养理念、课程设置、实践活动、实习基地等进行特色化改革，更加关注学校教育的全环节、全链条培养，突破普通学校教育方式简单复刻的思维限制，通过多样化的课程安排、丰富的实践活动、全面的实习锻炼等方式，推动民办学校开展特色化变革。改变以往受自身经费投入、物质资源、人力资源等因素限制，造成的民办学校和

---

① 王华、王一涛、樊子牛：《非营利性民办高校的四维内部治理结构研究》，载于《宁波大学学报（教育科学版）》2020 年第 2 期。
② 吕宜之：《非营利性民办高校基金会办学模式探究》，载于《江苏高教》2020 年第 9 期。
③ 薛晗、何锋、江山：《我国民办高校人才培养现状及对策研究》，载于《中国软科学》2020 年第 S1 期。

公办学校办学模式与人才培养模式的趋同化现象，彰显民办学校办学特色。[①]

（三）凝聚办学共识

分析非营利性民办学校办学经验发现，只有利益相关者凝心聚力，强化学校办学共识，才能真正助推民办学校发展。具体来看，办学共识的内涵较为丰富，包括完善章程共识、整合资源共识、权益保护共识、建设文化共同体共识等。

第一，增强完善章程的共识。学校章程是落实民办教育政策、保障民办学校顺利运行的重要保障，因此应不断完善学校章程，章程中可以明确规定举办者参与学校治理行为，明确董事会人员构成，合理分配董事会人员比例，保证科学的董事会结构，避免无序的家族式管理。同时，应鼓励民办学校根据自身发展情况制定章程内容，实现民办学校的特色化发展，避免强制性的章程挫伤民办学校的办学积极性。[②] 同时，明确非营利性民办高校内部治理体系，保障各主体各司其职、互不干涉，提升学校治理的现代化水平。[③]

第二，强化整合资源的共识。丰富的内外部资源和较强的资源整合能力是促进民办学校健康发展的重要抓手。一方面，加强外部资源整合，整合政府、社会、社区、家庭等资源，提升整体办学实力；另一方面，整合学校内部的教师资源、学生资源、管理资源、课程资源等，强化人才培养模式改革。[④]

第三，增强权益保护共识。有研究者提出非营利性民办学校权益保护是民办学校发展的关键，要凝聚权益保护共识，在法人属性、办学自主权、法人财产权等方面加强权益保护的意识。一是要明确法人属性，保障非营利性民办学校具有平等的法律地位和充分的办学自主权，权益的履行与实现需遵循内部权力运行机制，举办者、管理者、外部监管者不得超越自身管理权限进行过度干涉。二是要落实办学自主权。非营利性民办学校可以在招生、教学、管理等方面根据学校的现实情况自主调整，避免受到外部因素的过度干涉。三是要完善法人财产权。明确法律保障程序，加快法人财产权保护配套制度建设，尤其是监督机制，需要强

---

① 刘元园．《京津冀协同发展战略视角下河北省民办高校应用型人才培养》，载于《教育与职业》2017 年第 18 期。

② 王一涛、徐绪卿、宋斌等：《非营利性民办学校举办者权益的合理保护》，载于《中国教育学刊》2017 年第 3 期。

③ 王丹：《陕西非营利性民办高校发展现状研究》，载于《电子制作》2014 年第 14 期。

④ 张勇：《非营利性民办学校内生发展的路径》，载于《河北大学学报（哲学社会科学版）》2015 年第 5 期。

化非营利性民办学校的权益保护力度。①② 四是要加快建设法律服务部门。建议进一步加强工会管理的法治化，在工会中设置专门的法律服务部门，明晰法律服务各部门的职责、权能、工作范围等，发挥法律服务部门的权益保障作用。③

第四，增强文化共同体的共识。非营利性民办学校应重视塑造校园文化，营造更具凝聚力的校园氛围。一是重视师生团体活动，形成师生文化共同体；二是加强教育教学改革，强调宣传先进的教育教学思想；三是基于学校实际情况，开展校园特色化活动，形成校园文化共同体。通过增强文化共识，形成校园内部文化共同体，提高师生工作和学习的投入度，形成良好的校园风尚。④

（四）人才培养模式改革

人才培养是非营利性民办学校办学的基础和核心，人才培养模式改革是非营利性民办学校办学赋能的加速器，关系到非营利性民办学校的办学质量与成效。因此要不断加强教师队伍建设，提高教师专业素养；立足培养目标，调整专业结构；优化课程体系，提高人才培养质量。

第一，加强师资队伍建设。教师福利待遇方面，要提高教师的薪资待遇，完善各项福利政策，特别是教师养老福利制度，提高教师满意度。教师生涯发展方面，要完善教师聘任、评价、晋升制度，营造教师专业发展的良好氛围，提高不同年龄阶段的教师工作积极性。⑤⑥ 也有研究者对陕西省非营利性民办学校发展现状进行分析后提出，应建立健全公民办教师流动机制，鼓励公民办教师在不同学校任职，帮助提升民办学校办学质量。同时也应健全和完善教师社会保险等方面的配套制度，提高公民办教师合理流动的意愿。⑦

第二，提高专业建设质量。关于专业建设质量，已有研究从两方面展开论述。一是明确培养目标，提高专业建设质量。当前非营利性民办高校多以培养应用型人才为主，建议进一步明确培养目标，契合人才市场需求，培养高质量、高

---

① 张迪晨：《美国私立大学发展对我国民办高校发展的启示》，载于《中国成人教育》2010年第2期。

② 刘永林、杨小敏：《非营利性民办学校权益保护的基石、核心与关键》，载于《浙江树人大学学报（人文社会科学）》2018年第2期。

③ 接剑桥、杨小彬：《非营利性民办高校工会独立专设法律服务部门探究》，载于《延边教育学院学报》，2020年第4期。

④ 张勇：《非营利性民办学校内生发展的路径》，载于《河北大学学报（哲学社会科学版）》2015年第5期。

⑤ 李晓科：《创新非营利性民办高校体制机制研究》，载于《北京城市学院学报》2016年第4期。

⑥ 吴华、马燕萍：《非营利性民办学校市场竞争力的约束条件研究》，载于《教育与经济》2020年第3期。

⑦ 王丹：《陕西非营利性民办高校发展现状研究》，载于《电子制作》2014年第14期。

素质的应用型人才。适时调整人才培养方案，合理安排不同类型课程占比，提高专业质量。[1] 二是以新型专业为载体，增强专业知名度，提高专业质量。有研究者从非营利性民办高校发展规划的角度提出，高校应理性认识到自身发展的实际情况，根据国家、地区、学校发展需求，合理开设新型专业，提高自身知名度。[2]

第三，完善课程教学体系。优化课程教学体系是非营利性民办学校可持续发展的重要动力。在课程建设方面，非营利性民办学校应根据区域发展和自身特色，创新校本课程。课程开发可以包括四种思路：一是根据区域特点、历史发展等创新课程；二是基于教师教学能力、教学风格等创新课程；三是根据学生学习的实际需要创新课程；四是根据信息化、数字化技术的发展趋势创新课程。在教学方面，有研究者提出，非营利性民办学校要大胆进行教学方式创新，突破传统教学方式的限制，开展探究式学习、项目式学习等，激发学生学习积极性。[3]

（五）完善内部治理结构

当前，治理能力与治理体系现代化是我国教育发展的重要趋势，在这一趋势下，非营利性民办高校不断改革内部治理体系，完善理事会制度和监事会制度，加强内部监督机制建设，明确规范校长履职行为，积极拓展整合优质资源，以优化内部治理结构为契机，为学校发展赋能。

第一，健全理事会制度。理事会是非营利性民办学校重要的决策机构，完善理事会制度对完善非营利性民办高校内部治理具有重要意义。综合已有文献，完善理事会制度主要有三个着力点。一是完善理事会成员选拔机制。理事会人数不应过少，应在5人以上，11人左右为宜。理事会成员来源应多元化，应积极吸纳校长、党组织代表、教职工代表、校友代表等不同群体，保障决策民主化和科学化。同时，还需要考虑到亲缘关系、举办者权益、境内居住、教学管理经验等因素，保障人员结构多元化的基础上，做到各群体人员比例合理且适中。在人员选拔方面，建议成立专门的选拔招聘小组，明确选拔要求和标准，科学设置选拔内容和流程，保证人员选拔的公正性。二是加强理事会决策规范化。合理确定理事会例会次数、参与人员人数、表决程序等，在有利益交易等重大事项决策时，相关负责人要予以回避。同时，应不断细化理事会职能，在政策执行、发展规划、成员遴选、资源管理等方面，应建立委员会等常设机构，做到各司其职，保障理事会的正常运转。三是完善激励与约束机制。合理提高理事会成员薪酬待

---

[1] 李晓科：《创新非营利性民办高校体制机制研究》，载于《北京城市学院学报》2016年第4期。

[2] 任莉娟：《非营利性民办高校发展规划研究》，载于《教育现代化》2019年第58期。

[3] 张勇：《非营利性民办学校内生发展的路径》，载于《河北大学学报（哲学社会科学版）》2015年第5期。

遇，从物质方面给予相应激励，同时以创新评选活动、工作贡献信息公开等为载体，从精神方面给予荣誉激励，提高理事会成员参与的积极性和主动性。[1][2][3]

第二，完善监事会制度。内部监督机制是保障非营利性民办学校保持高质量发展的重要制度依托，优化监事会制度体制机制可以从两个方面着手。一是优化监事会成员遴选制度。非营利性民办学校应依据章程规定，明确规范监事的产生方式。监事会成员应包含党组织代表和教职工代表等群体，人数应根据学校实际情况合理设置，并非越多越好。同时，非营利性民办学校应进一步明确监事会成员的任职标准，要求相关人员具备一定的任职能力和任职资格，对于有不良行为记录的成员，不允许担任监事会成员。二是进一步规范权力运行方式。应进一步明确监事会在检查学校财务、监督履职、提出任免和质询建议、调查运行情况等方面的职权，并不断完善监事会会议表决制度，及时做好会议记录，保障监事会会议的公正性和科学性。[4][5]

第三，健全财务管理制度。财务管理是民办学校保持可持续发展的重要依托，健全财务管理制度的方式有四点。一是合理开展财务预算。成立学校层面的预算委员会，合理进行财务预算工作，坚持严格分工、职务分离的原则，保证财务工作的透明和公正。二是完善财务管理核心制度。实施回避制度，避免学校内部人员因为权力过大而影响正常的财务管理工作。实施轮岗制度，防止同一人员在同一岗位上履职时间过长、权责过大而产生不良行为。三是确保财务使用和流向透明化。非营利性民办学校要加强完善财务管理制度，搭建透明、公开的资金使用平台，构建更加可信可靠的资金使用和流向公开体系，增强学校声誉。[6][7]四是推动学校内部审计平台建设。成立学校审计委员会，成员应该由专业背景更符合、审计经验更丰富的人员担任，增强审计工作的专业性和公平性。健全与完善学校内部审计制度，根据学校运行的实际情况，形成具体的管理办法，保障审计工作的完整性。以信息化技术为支撑，创新审计系统，加强学校内部的风险预判和防控，保障学校及其他利益相关者的合法权益。[8]

第四，优化校长执行制度。校长的能力、素质是学校平稳运行的重要保障，

---

[1][8]　颜薇：《非营利性民办高校内部控制问题研究》，载于《经济师》2018 年第 12 期。

[2][4]　王华、王一涛、樊子牛：《非营利性民办高校的四维内部治理结构研究》，载于《宁波大学学报（教育科学版）》2020 年第 2 期。

[3]　吕宜之：《非营利性民办高校基金会办学模式探究》，载于《江苏高教》2020 年第 9 期。

[5]　杨德岭、楚英英：《非营利性民办高校财务监管的若干思考》，载于《国际商务财会》2020 年第 12 期。

[6]　单大圣：《非营利性民办学校治理机制设计》，载于《浙江树人大学学报（人文社会科学）》2017 年第 6 期。

[7]　濮琼：《非营利性民办高校产教融合方式探索》，载于《高教学刊》2021 年第 10 期。

优化校长执行制度主要体现在完善选聘机制、明确职责范畴、建立评价激励机制等方面。一是完善校长选聘机制。有研究者提出要进一步明确和规范校长选聘机制，应成立校长选聘委员会，由委员会承担寻找候选人、确定名单、确定最终结果等职责，提升委员会工作的实际效能。二是明确校长工作权责。校长独立行使教育教学的管理权，执行相关决定、负责学校日常运行，校长的工作职责必须要明确。三是重视校长办公会议。规范校长办公会议，科学部署、安排学校日常的教育教学和管理工作，明确会议议题，激发相关人员参与积极性。[1][2]

第五，整合优质资源。非营利性民办学校可以借鉴美国私立大学的办学模式，在人才培养、课程设置、教师招聘、财务管理方面强化资源整合，强化同企业、科研院所等合作，搭建共同发展平台，形成资源共享机制，通过资源整合实现自身发展。[3] 对非营利性民办高校基金会办学模式的研究认为，需大力整合各方资源，为建立基金会提供保障。汇集一批企业家共同出资成立非营利性民办学校基金会，在签订协议后，代替原举办者承接学校的举办权，既能保证民办学校在办学过程中拥有充足的办学资金，也能保护民办高校的公益性。[4]

（六）社会力量参与办学

非营利性民办学校不同于公办学校，社会力量的广泛参与是其主要的办学特征。因此，应进一步鼓励社会力量参与到举办学校、监督学校发展、人才培养等工作中来，平衡各利益相关者间的关系，增强非营利性民办学校办学活力。

第一，鼓励社会力量捐资办学。国家和政府应出台相关法律法规，鼓励社会力量投身非营利性民办学校的办学中，尤其是要支持和鼓励大型企业积极参与，帮助民办学校解决办学经费短缺问题，提高企业的社会声誉，展现良好的企业形象。有研究者认为民办教育基金会可以作为学校引资的重要载体，帮助学校拓展捐资渠道，吸引社会力量捐资。[5] 政府可以给予积极参与捐资的个人或团体相应的政策支持和精神嘉奖，鼓励其参与捐资办学。[6][7]

第二，鼓励社会力量参与学校监督。应进一步扩大监督主体，强化政府监管

---

① 王华、王一涛、樊子牛：《非营利性民办高校的四维内部治理结构研究》，载于《宁波大学学报（教育科学版）》2020 年第 2 期。

②④ 吕宜之：《非营利性民办高校基金会办学模式探究》，载于《江苏高教》2020 年第 9 期。

③ 熊建文、张丽娜：《美国私立大学办学模式对我国民办高等教育的启示》，载于《长春工业大学学报（高教研究版）》2013 年第 2 期。

⑤ 李莹莹、潘奇：《民办高校探索"小规模、高质量"发展模式的路径与策略》，载于《中国高等教育》2015 年第 12 期。

⑥ 张丽娜：《民办高校办学模式的困境及应对策略》，载于《现代教育科学》2019 年第 6 期。

⑦ 周海涛、景安磊：《让社会力量办学迸发出新活力》，载于《中国高等教育》2018 年第 20 期。

责任，鼓励社会力量参与到监督民办学校运行的行动中来，发挥人民群众的积极性。人民群众参与学校监督有两方面优势，一是人民群众参与学校监督所耗费的成本较少，二是人民群众的监督效率较高。[①] 发挥行业协会的监督、引导作用有利于逐步规范非营利性民办学校的办学行为，同时以行业协会为载体，通过广泛宣传，增加社会对非营利性民办学校的认同度和满意度，为非营利性民办学校可持续发展提供重要基础。[②]

第三，深化产教融合。加强产教融合的办学共识，开展与企业的合作育人，探索适合产教融合人才培养的教学内容和教学方法，为学生搭建更为广泛的实习实训平台，以项目制教学、探究式教学为载体，构建学生与社会联系的平台，帮助学生尽早适应就业环境。同时，在深化产教融合的基础上，还应不断健全产教融合的教学评估体系，进一步完善学生实习实践的评估标准和评价内容，重视产业资源、平台等在学校育人方面发挥的重要作用，提高人才培养质量。[③④]

第四，平衡政府与学校的关系。有研究者对西湖大学的办学模式进行深入分析，认为非营利性民办学校要提高自身办学水平，尤其是建成国内或世界一流大学，需要进一步扩大学校的办学自主权，需要政府在招生、课程设置、专业设置、人才培养、经费使用等方面给予民办学校更多的权力，增强学校办学的灵活性和积极性。[⑤] 同时，政府要充分支持非营利性民办高校的发展，结合我国各省市非营利性民办学校的发展实际，将非营利性民办高校的发展纳入我国高质量教育发展的战略中来，努力呵护举办者的教育理念，保护举办者的教育初心。[⑥]

（七）完善相关政策

全面系统的政策是非营利性民办学校内涵式发展的重要保障，因此，应不断优化和完善财政扶持和优惠政策、民办学校分类管理政策、综合监管政策，为非营利性民办学校发展营造良好的法治环境。

第一，完善财政扶持和优惠政策。当前，鼓励和支持非营利性民办学校创新办学模式，实现高质量发展已成为普遍共识，政府应加大对民办学校的补助力

---

① 任莉娟：《非营利性民办高校发展规划研究》，载于《教育现代化》2019 年第 58 期。

② 李莹莹、潘奇：《民办高校探索"小规模、高质量"发展模式的路径与策略》，载于《中国高等教育》2015 年第 12 期。

③ 王丹：《陕西非营利性民办高校发展现状研究》，载于《电子制作》2014 年第 14 期。

④ 濮琼：《非营利性民办高校产教融合方式探索》，载于《高教学刊》2021 年第 10 期。

⑤ 熊丙奇：《西湖大学的办学模式和办学制度设计值得关注》，载于《上海教育评估研究》2018 年第 3 期。

⑥ 黄洪兰：《基金会举办非营利性民办高校的现实基础、产权保障与推进策略》，载于《黑龙江高教研究》2021 年第 5 期。

度，必要时可成立民办教育发展专项资金。[①] 有研究基于非营利性民办高校办学实践，提出探索"USG 投入模式"，即投入主体多元化，在政府投入的基础上增加学校筹资、社会捐赠两个主体，形成学校、社会、政府三主体相结合的投入模式。政府根据学校自筹资金数量给予相应补助，确保非营利性民办学校健康发展。[②] 同时，还应完善非营利性民办高校各项优惠政策，不断提高税费优惠、教师考核、学生助学贷款等方面的优惠力度，保障非营利性民办高校的平稳发展。[③]

第二，健全分类管理政策。有研究通过分析美国私立大学办学模式，提出要健全营利性和非营利性民办高校的分类管理制度，根据高校不同属性提供差异化支持。此举可帮助非营利性民办学校进一步清晰定位，明确自身特色，不断提升办学水平。[④] 在此基础上，要不断强化政策落实，有研究者归纳总结了三个方面：一是增强政策的可操作性，保障政策落实；二是明确机构职责，保障各机构各司其职、稳步有序；三是健全问责机制，避免形式主义，增强问责实效性。[⑤]

第三，强化综合监管政策。有研究者在分析民办高校办学模式困境的基础上，针对综合监管提出了三点主张。一是丰富评价内容，建议对学校的发展进行全面评价，包括学校办学条件、管理能力、学生发展等方面，可以委托给专业的评估机构开展客观、公正的评价。二是形成多元化的监督主体，鼓励教职工、学生、家长、校友、社会公众等积极参与到监管行动中，对学校重大事项的筹划、开展、收尾等工作进行全方位监督。三是问责对象多元化。建议进一步明确相关责任单位和责任人，强化问责行动，提高综合监管的实效性。[⑥]

第四，营造良好的法治环境。政府应从民办教育发展的大局出发，做好我国民办教育高质量发展的顶层设计，严格规范民办教育相关法律的起草、制定、完善等程序。借鉴美国私立大学的发展经验，中央政府应坚持宏观指导，出台民办教育发展的法律法规，保障民办教育依法、依规办学，为各地方政府细化、出台实施办法提供重要参考。地方政府应充分考虑本地区实际，制定本地区具体的实施方案和规划，满足地方的实际需求，努力创设良好的法律环境。[⑦]

① 李莹莹、潘奇：《民办高校探索"小规模、高质量"发展模式的路径与策略》，载于《中国高等教育》2015 年第 12 期。

② 黄洪兰、姬华蕾：《共同治理：非营利性民办高校内部治理模式走向》，载于《现代教育科学》2013 年第 7 期。

③ 王丹：《陕西非营利性民办高校发展现状研究》，载于《电子制作》2014 年第 14 期。

④⑦ 熊建文、张丽娜：《美国私立大学办学模式对我国民办高等教育的启示》，载于《长春工业大学学报（高教研究版）》2013 年第 2 期。

⑤⑥ 张丽娜：《民办高校办学模式的困境及应对策略》，载于《现代教育科学》2019 年第 6 期。

第三节　非营利性民办学校办学模式创新的实践路径

非营利性民办学校办学模式创新具有重要的价值，各级各类非营利性民办学校在充分遵循教育基本规律、依托国家政策优势、扎根办学实践一线的基础上，在探索和形成了适合自身发展实际办学模式的同时，也有助于进一步明确我国非营利性民办学校改革发展的新方向、新思路、新举措。

一、指明非营利性民办学校发展的新方向

深入推进非营利性民办学校办学模式创新，有助于全面落实我国民办教育新法新政，打通新法新政实施落地的"最后一公里"，切实发挥新法新政助推民办教育高质量发展的政策效能。非营利性民办学校办学模式创新应在全面贯彻落实民办教育新法新政、促进民办学校特色化和优质化发展上下功夫。

（一）全面落实民办教育新法新政

聚力创新非营利性民办学校办学模式，既是非营利性民办学校健康发展的内在需求，也是我国民办教育新法新政的重要导向。大力推进非营利性民办学校办学模式创新，应以全面贯彻落实民办教育新法新政为重要抓手。

第一，坚定学校办学方向的政策契合度。新《民办教育促进法》明确了对民办学校实施营利性和非营利性分类管理、以更大力度支持非营利性民办学校健康发展的政策导向，这都为各类民办学校办学指明了方向。对于非营利性民办学校而言，在深入推进学校办学模式创新中，应始终坚持非营利性办学方向，将学校办学模式改革实践与国家政策要求紧密结合，走出一条既符合国家政策导向又契合学校发展实际的办学道路，提高学校整体的办学实力和水平。

第二，提高学校办学的新法新政落实度。大力推进非营利性民办学校办学模式创新，是全面深化民办教育体系改革的一项重要举措。当前，我国非营利性民办学校办学模式尚处于初步探索和逐步完善的阶段，在改革实践中已经形成的基金会办学模式、混合所有制模式、PPP 办学模式等多样化模式，都对契合民办学校改革发展实际的办学模式进行了初步探索。从实践趋势看，一些民办学校都在充分依托国家政策优势的基础上，尝试通过更新办学理念、完善政策制度、改革治理机制等方式，进一步对现有的办学模式进行丰富、发展和创新。

第三，增强学校改革发展的政策实施度。创新学校办学模式关系到学校教育理念变革、政策制度调整、人才培养模式创新、课程教学改革等方方面面的变革，改革的各项任务十分繁重。然而，从改革发展实际看，我国非营利性民办学校办学模式创新也面临着很多困难和挑战。一方面，学校办学模式创新并没有十分成熟的经验，各项改革还都处于"摸着石头过河"的状态，改革难度较大。另一方面，来自公办学校的竞争压力越来越大，使得民办学校在办学资源、优质生源、政策优惠等方面都存在着很多问题。面对这些困难，非营利性民办学校只有在扎根办学实践一线的同时，认真贯彻落实国家各项政策要求，才有可能摸索出一条既符合我国国情，又契合民办学校发展实际的办学模式。

（二）推进民办学校特色化发展

非营利性民办学校办学模式创新，为民办学校特色化发展提供路径支持，有助于激发非营利性民办学校办学体制机制灵活性的优势，增强民办学校在学科专业、人才培养环节的特色，促进民办学校特色和健康发展。

第一，促进民办学校专业设置特色化。出于节约办学成本考量，一些民办学校出现了盲目设置成本较低的纯文科或商贸管理等专业的情况，[①] 这显然不利于实现民办学校特色化发展目标的实现。非营利性民办学校应打破经费来源渠道单一的办学局面，创新多样的办学模式和机制，为民办学校发展提供更为充足的资金保障和财力支持。民办学校应充分利用这一创新优势，结合自身发展定位和区域经济社会的需求，开设更多特色化、高质量的专业，如智能制造、新能源科学等，打造本学校、本地区的专业特色化品牌，不断提升专业质量。

第二，促进民办学校教师培养特色化。在办学过程中，一些民办学校由于缺少充足的资金支持和完善的教师专业发展机制，所以对学校教师专业发展的支持力度较小，使得学校难以形成优秀师资力量带动教学质量提升的良好局面。[②] 非营利性民办学校应通过办学体制机制改革，创新覆盖教师"职前－职中－职后"过程性、全面性的管理机制，以关注教师职业生涯发展为重点，建立各阶段、特色化的教师发展项目，帮助教师尽快适应工作环境、提高教学技能，促进广大教师更新教学观念、增强教学能力，做好教师发展各个阶段的衔接与过渡。

第三，促进民办学校人才培养模式特色化。创新非营利性民办学校办学模式，核心在于学校人才培养模式创新，重点在于对民办学校人才培养理念、课程

---

① 吕宜之：《非营利性民办高校基金会办学模式探究》，载于《江苏高教》2020 年第 9 期。

② 薛晗、何锋、江山：《我国民办高校人才培养现状及对策研究》，载于《中国软科学》2020 年第 S1 期。

设置、实践活动、实习基地等进行特色化改革，更加关注学校教育的全环节、全链条培养，超越普通学校教育方式简单复刻的思维限制，通过多样化的课程安排、丰富的实践活动、全面的实习锻炼等方式，推动民办学校开展特色化变革。改变以往受自身经费投入、物质资源、人力资源等因素限制，造成的民办学校和公办学校办学模式与人才培养模式的趋同化现象，彰显民办学校办学特色。[①]

（三）促进民办学校优质化发展

创新办学模式、激发办学活力，有助于非营利性民办学校深度整合各类教育资源、完善学校内部治理机制、树立良好的社会形象，从学校内部资源和制度完善的角度夯实民办学校高质量发展根基，助推民办学校优质化发展。

第一，深度整合教育资源。在分类管理改革实践的推动下，实现非营利性民办学校办学模式创新，能够推进形成更加多样化、多元化的办学模式和灵活的体制机制，为民办学校优质化发展筑牢发展基础。在办学过程中，民办学校举办者往往承担着办学成本较高、办学经费不足等较大压力，在提高学校的软硬件设施水平方面仍面临着较大困难，这都在一定程度上倒逼民办学校不断创新办学模式和体制机制。创新办学模式能够打破民办学校经费不足的困境，通过调动各方主体的办学积极性，鼓励各主体积极投入到民办学校的建设中来；通过凝聚一批既有教育情怀又有经济基础的企业和企业家共同举办民办学校，拓展民办学校资源来源渠道，实现教育资源来源多样化，多方满足民办学校办学需求。

第二，完善内部治理机制。一些非营利性民办学校内部"家族式"办学痕迹较重，学校董事会制度功能发挥不到位，影响民办学校优质发展。创新非营利性民办学校办学模式，有助于形成更科学、更完善的学校内部治理体系，避免"家族企业化"办学，更加尊重教师和学生的意见，激发学校内部主体活力。学院等二级单位可在课程教学、人才培养、科学研究、社会服务等方面获得更大的自主权和决策权，合理、灵活地制订人才培养方案，激发院系人才培养活力。

第三，树立良好社会形象。创新非营利性民办学校办学模式，理顺学校内部各主体之间的责权关系及运行机制，能够从深层次上激发民办学校发展的内生动力，提高民办学校整体的办学水平，增强学校师生与家长对学校发展的认同感。从长远发展上看，办学模式创新还有助于提高民办学校的办学声誉，帮助学校树立良好的社会声誉和社会形象，促进学校形成一定的教育品牌、发挥品牌效益，形成内外共促的学校良性发展循环，促进民办学校优质化发展。

---

① 刘元园：《京津冀协同发展战略视角下河北省民办高校应用型人才培养》，载于《教育与职业》2017 年第 18 期。

二、理清非营利性民办学校发展的新思路

在国家政策导向下，以改革发展面临的主要问题为突破口，聚力创新非营利性民办学校办学模式，有助于理清学校办学思路，明确办学的主要方向和重点任务。当前，深入推进办学模式创新，对于非营利性民办学校来说，重点在于全面深化教育综合改革、注重改革决策的科学性，推进学校走高质量发展道路。

（一）全面深化教育综合改革

新时代，加快推进教育现代化、建设教育强国、办好人民满意的教育是我国教育改革发展的主要任务，而要实现这些目标就必须大力推进教育综合改革，进一步激发学校办学活力。当前，我国民办教育关键领域及重要环节改革框架已基本确立，深入推进非营利性民办学校办学模式创新，更需牢牢依靠教育综合改革这一抓手，不断推进依法依规办学、完善内部治理机制、健全各项制度细则。

第一，推进学校依法依规办学。创新非营利性民办学校办学模式，既是我国民办教育新法新政的重要要求，也是新法新政得以全面落实的重要体现。新《民办教育促进法实施条例》中明确提出，国家鼓励社会以捐资办学、设立基金会等方式依法举办民办学校。这一政策导向，充分体现了国家对民办学校办学模式创新的政策期许，鼓励和支持社会力量在国家政策允许的范围内，不断完善学校内部政策机制，在办学过程中始终坚持依法依规办学，促使学校保持正确的方向。

第二，完善学校内部治理机制。通过办学模式创新，理顺学校内部外部管理机制、完善学校各项体制机制，有助于建立更加完善的学校内部治理机制，实现学校治理能力和治理体系现代化。具体来说，非营利性民办学校以办学模式创新为抓手，通过建立学校章程、完善理事会和董事会制度、构建师生民主参与机制等方式，能够进一步提高学校决策结果的科学性和决策执行的有效性，以科学高效的内部管理机制，助推学校教育事业的快速发展。

第三，健全学校各项制度细则。非营利性民办学校办学模式创新，大胆探索和实践是基础，完善的学校制度细则是保障。民办学校持续深入推进办学模式创新，必须要在实践中大胆创新和尝试的同时，根据改革实践需求不断完善学校各项政策制度细则，以完善的政策制度促进办学模式的深层创新。且从改革实践来看，在办学模式创新中可能会遇到很多困难，而这些困难往往又很难在国家现有的政策制度中找到现成的政策依据，这也就需要民办学校不断完善各项制度细则，以使国家相关政策更加贴近民办学校办学模式创新实际。

（二）注重改革决策的科学性

当前，在分类管理制度框架下，中央和各级地方政府从政策倾斜、财政扶持、税收优惠等方面给予非营利性民办学校办学支持，有效促进了学校各项事业的快速发展。然而，在学校办学中依然面临着很多新问题、新挑战，只有科学的改革决策才能有效破解这些改革难题。在扎根实践中，针对办学中的实际问题和症结，在科学论证的基础上推进学校办学模式创新，有助于学校教育的科学发展。

一方面，为破解民办学校发展瓶颈提供科学依据。非营利性民办学校发展过程中易面临发展内生动力不足与外部支持不够的局面，一些学校办学资金、物质资源等往往存在一定的缺口，从而影响到了学校办学质量的提升。深入推进学校办学模式创新，有助于引导民办学校深入分析学校办学过程中存在的瓶颈问题，并在科学研究的基础上，提出学校改革发展的新方向和新思路。新《民办教育促进法实施条例》中指出，支持和规范社会力量举办民办教育，鼓励、引导民办学校提高质量、办出特色。① 这一政策导向，也为民办学校探索办学瓶颈破解之道提供了坚实的政策支持。民办学校在国家政策支持下，以推进学校办学模式创新为目标，以科学严谨的循证决策为依据，有助于精准破解学校改革发展瓶颈。

另一方面，为推进民办学校改革创新提供实践基础。在坚持非营利性办学方向的基础上，进一步创新学校办学模式，构建特色鲜明、类型多样的办学模式，有利于非营利性民办学校结合自身发展实际进行科学的自我审视，为可持续健康发展提供实践基础与改革依据。从学校改革发展看，随着我国教育事业的快速发展，我国教育主要矛盾已经由学校有限的教育供给与社会巨大教育需求之间的矛盾，转化成为人们对多样化优质教育需求与教育发展不平衡不充分之间的矛盾，而对于学校尤其是非营利性民办学校来说，其不仅要能够通过改革创新走与公办学校差异化的办学路径，而且要能够依托办学模式创新不断提高学校办学质量和水平。然而，深入推进学校改革创新并不是一蹴而就的事情，需要建立在民办学校科学研究和深入探索的基础之上，在改革实践中扎实推进学校办学模式创新，能够不断尝试和实践各种改革战略，为学校改革创新提供实践基础。

---

① 中华人民共和国中央人民政府：《中华人民共和国民办教育促进法实施条例》，2021 - 04 - 07，http：//www.gov.cn/zhengce/content/2021 - 05/14/content_5606463.htm。

（三）坚持走高质量发展道路

非营利性民办学校办学模式创新，涉及学校办学理念定位、举办模式类型、各学段办学形态、差异化发展策略等方方面面的变革。在实践中，应引导非营利性民办学校立足区域经济社会发展实际，明确办学定位和办学理念，形成各具特色的办学模式，为民办教育高质量发展提供多样化的方案和思路。

一方面，提供多样化的备选方案，促进高质量发展。当前，面对我国非营利性民办学校办学模式与其实际发展需求往往很难深度契合的现状，如何促使民办学校办学模式能够在满足自身发展需求的基础上提升高质量发展能力成为十分值得关注的问题。从办学实际看，民办学校在长期的办学中已经形成了多种类型的办学模式，在这些已有办学模式的基础上进一步创新实践，能够为民办学校高质量发展提供更多可选方案。从我国民办教育发展历程来看，在民办教育发展初期，民办学校往往由单一的举办者投资兴办，而随着民办教育政策体系的完善，尤其是民办教育分类管理改革的深入推进，我国民办学校办学模式已经由单一举办者模式发展成为包括基金会办学和混合所有制办学等多种模式在内的办学模式，这使得各民办学校能够根据自身实际选择更加契合的办学模式。

另一方面，提供可操作的思路，助推高质量发展。实现民办学校高质量发展是一项系统性工作，而深入推进办学模式创新为民办学校高质量发展提供一个在改革实践中可操作化的思路。从系统论的角度看，民办学校高质量发展需要学校各个方面的系统性变革，需要学校内部各种教育要素之间的紧密配合、协同发力，只有各民办学校在实践中理清学校内外部各教育要素之间的关系、优化各种要素之间资源权力的运行机制，构建更加适应民办学校内外部发展环境的办学模式，才更有可能促进学校走上高质量发展道路。由此可知，非营利性民办学校办学模式创新与高质量发展之间有着十分密切的关系，全力推进学校办学模式创新是促使民办学校走上高质量发展道路的重要举措。

三、明确非营利性民办学校发展的新举措

当前，我国全面步入高质量发展阶段，构建高质量教育体系是建设社会主义现代化强国的先手棋。非营利性民办教育是我国教育体系的重要组成部分，亟须明确高质量发展的着力点，开拓更具特色更优质量的新境界。高质量体系需要总体规划、一体化设计，分学段分阶段实施，上下游相互支持，体现系统

的理念。① 非营利性民办学校宜把握整体性、有序性、关联性、结构性、动态性、特色性，调整内在联系和要素关系以达到最优化。

（一）深化办学体制改革，互补促公益，促进非营利性民办学校健康发展

非营利性民办教育秉承公办教育有益补充的定位，在有机组成的教育体系中把握统一的整体性。非营利性民办教育独有的生机活力，拓宽了财政作为教育资源配置唯一来源的局面。民间组织、民营企业和基金会等利益相关者的增加，以及资金来源的多样化，正在打通公办教育和非营利性民办教育之间的界限，越来越发挥出"整体大于部分之和"的系统优势。

第一，鼓励社会资本捐资助学，促进公办教育发展。随着社会经济快速发展和教育经费需求不断攀升，公共财政承担大国教育的压力持续增大，吸纳社会资本依法依规投入教育领域，符合各方共建共享教育的价值取向。近年来，我国民间组织、企业、私人捐助教育事业，助推公办教育发展的趋势和优势愈加明显。

第二，协同公办教育机构，优化教育服务供给。吸聚社会力量举办非营利民办学校，大大拓展了教育空间，在满足多样性、差异性、选择性的教育需求方面，弥补了公办教育体系的不足，优化了整个教育体系的服务供给。

第三，推进分类管理改革，保障民办教育协调发展。社会资本参与办学的类型复杂多样，准确区分民办学校属性，实施非营利性和营利性分类管理，是民办教育可持续发展的战略举措。非营利性和营利性民办学校坚持公益为本、分类定位、差别化扶持、共同发展，形成公平有序的民办教育生态。

（二）推进办学模式创新，多方显优势，提升非营利性民办学校治理水平

社会资本参与举办非营利性民办学校的模式不断创新，呈现初级阶段向高级阶段发展的状态，体现发展的有序性。2021年通过的新《民办教育促进法实施条例》，进一步明确国家机构以外的社会组织或个人可以单独、联合举办民办学校，鼓励设立基金会依法举办民办学校，无举办者的民办学校由发起人履行举办者权责。随着非营利性民办学校办学模式持续创新，教育公益性愈加彰显，学校治理水平不断提升。

---

① 管培俊：《建设高质量教育体系是教育强国的奠基工程》，载于《教育研究》2021年第3期。

第一，优化企业和个人办学模式，规范内部治理结构。相较于改革开放初期民办教育初创阶段，合法规范的举办模式，有利于激发社会资本的办学热情。经过改革开放40多年的发展，自然人举办的民办学校存在变更、管理的局限性，逐步登记为由企业举办。同时，有的非营利性民办学校宜消除"一言堂"等现象，规范完善董事会领导下的校长负责制。

第二，完善多元主体办学模式，释放主体融合优势。多元主体办学包括多自然人合作办学、多私企合作办学、公私混合所有制办学，有的存在主体责任不清、多方协同不畅等阶段性发展瓶颈。适应高质量发展需求，多元主体办学模式的非营利性民办学校宜逐步完善联合办学协议，明确合作方式、各方权责划分和争议解决方案，最大程度发挥多元主体融合优势。

第三，鼓励基金会办学和无举办者办学模式，彰显公益办学高级有序状态。基金会办学和无举办者办学都是民办教育发展到一定阶段后出现的办学模式，以捐资办学、校长职业化、现代学校制度为支撑，也是非营利性民办教育高质量发展的重要趋向。

（三）规范民办义务教育学校，分类担同责，优化基本公共教育服务

民办教育与公办教育作为教育体系的组成部分，相互作用、相互影响，甚至相互支持、相互转换，展现强烈的联系性。新《民办教育促进法》及其实施条例明确了实施义务教育的民办学校，须坚持非营利性的组织属性。回首过去，实施义务教育的民办学校为我国义务教育的发展作出了巨大贡献，尤其是在解决随迁子女入学、流动人口子女就学等上发挥了重要作用。同时，不可否认，随着实施义务教育民办学校的办学条件逐渐升级、收费不断提高、入学门槛持续提高，有的民办义务教育学校助力教育均等化、增加教育机会的作用弱化，有时显现"掐尖"、一位难求现象。面对公办、非营利性民办义务教育的发展现状与高质量发展目标间的张力，凸显了系统规范和重构民办义务教育的时代任务。

第一，推进公民同招政策，实行教师流动制度。均衡生源质量是实现义务教育优质均衡的重要方面，能有效避免"掐尖"、减少"学区房"竞争、缓解家庭经济负担和由此带来的教育不公平。优秀师资交流轮岗或利用信息化技术均衡师资配备，有利于均衡配置优质师资，推进区域、城乡一体化发展，满足人民对更公平教育的需求。

第二，全面落实"双减"部署，规范校外培训机构并优化课后服务。随着社会资本介入程度加深，实施义务教育学科教学的民办培训机构或影子教育，开始由教育公平的贡献者转向教育不公平的加剧者。实施"双减"并扩大课后服务工作覆盖面，有助于回归教育的成长本质，缓解全社会"教育焦虑"和教育投入的

"剧场效应"。

第三，强化国家的基本公共教育责任，提升义务教育质量。随着经济发展带动综合国力提升，办好义务教育的能力和共识进一步增强。各地优化义务教育阶段民办学校占比，完善民办教育向公办教育的转换和奖励补偿机制，推进非营利性民办义务教育学校与公办学校一起提供更高质量更加公平的教育服务。

（四）完善教育布局结构，同向推普惠，增强非营利性民办学校贡献率

普惠性、选择性的两类民办学校结构不同、功能相异，体现功能优化的结构性。《中华人民共和国国民经济和社会发展第十四个五年规划和二〇三五年远景目标纲要》提出，完善普惠性学前教育和特殊教育、专门教育保障机制，学前教育毛入园率提高到 90% 以上；巩固提升高中阶段教育普及水平，高中阶段教育毛入学率提高到 92% 以上。高质量的非营利性民办教育不仅具有优质性、多样性、公平性的特点，同时更兼具普惠性，充分发挥普惠性民办学校的结构效能。

第一，加快民办园结构转型，提高非营利性民办普惠园覆盖率。根据《关于学前教育深化改革规范发展的若干意见》对学前教育改革发展提出普及、普惠、安全、优质的新要求，对标公益普惠、规范办园、同等支持、优质普及的总方向，多举措破解各类民办园结构转型的路径障碍。创新非营利性民办园办学模式和管理模式，加大补偿奖励力度，在补齐结构短板的同时保护非营利性民办园办学活力。

第二，提高非营利性民办普惠性特殊教育学校占比，共推适龄残疾儿童少年教育全覆盖。在优先推进融合教育前提下，提高非营利性民办特殊教育学校的普惠性占比。有条件的地区，可采取实施奖励、强化扶持、加大补贴补偿实现公办转型发展，全面普及残疾儿童义务教育，提高残疾少年高中教育普及率。

第三，提高非营利性民办普惠性高中占比，助力高中毛入学率提升。优化土地、财税等政策扶持，鼓励社会力量在中西部地区、贫困地区、民族地区、边远地区等教育薄弱地区设立非营利性民办高中，凝练非营利性民办高中类型特点，拓展结构效用，服务高中阶段教育普及攻坚战略需求。

（五）重塑人才培养格局，全程加强扶持，推进非营利性民办职业教育发展

随着教育改革发展以及社会经济环境变化，宜相应调整非营利性民办职业人

才培养方式，体现质量升级的动态性。主动适应经济结构调整、生产方式变革、产业转型升级和社会公共服务变化的新业态，积极对接服务市场、实现更高质量更充分就业的需求，优化职业教育人才培养格局。《国家职业教育改革实施方案》鼓励推动企业和社会力量举办高质量职业教育和职业教育培训，各级政府可适当支持民办职业教育发展。

第一，推进普职融通，完善普职分流。根据不同地区社会经济发展和不同学生成长需要，加强非营利性民办中等职业教育，促进普职分流、协同、融通。鼓励面向农业农村开展非营利性民办职业教育，培养服务乡村振兴的实用技能型人才。

第二，加强中高职衔接，畅通转换升学渠道。加大政府扶持、完善基金奖励，支持发展一批品牌化、连锁化的非营利性民办职业教育集团，优化职业教育供给，实现中高职体系化、层次化、一体化人才培养，提供中职到高职的直接升学机会。

第三，提升非营利性高等职业教育质量，加大技能型人才培养。不能单靠公共财政支撑建立职业教育、普通教育的两大类型体系，社会资本是高等职业教育发展的重要资源渠道。宜大力推进非营利性民办高职院校实施质量提升计划，加大技术技能型人才、职业技能型人才、应用技能型人才的培养力度。[①]

（六）对接"四新"学科建设，错位育新机，赋能非营利性民办高校发展

建设高水平非营利性民办高校，是服务"十四五"规划和社会主义现代化强国建设的重要战略举措，体现鲜明的特色性。充分利用非营利性民办高校的社会力量参与优势，紧扣国家"四新"学科建设任务，研判自身学科建设基础和优势，紧密结合学校办学基础和当地社会经济发展需要，在学科发展主流中"错位发展"，完善"差序格局"，开拓分层分类特色化的非营利性民办高等教育局面。

第一，对接区域发展战略需要，建设"接地气"学科专业。推动非营利性民办高校与当地行业企业形成命运共同体，推行现代学徒制、双导师制，优化"四新"学科专业结构，重点发展小规模、地方性行业大学，提升服务区域经济发展能力。

第二，对接国家发展战略需要，建设"强特色"学科专业。明确社会主义现代化强国建设目标，优先布局战略性新兴产业、先进制造业、智能农业等"四

① 管培俊：《建设高质量教育体系是教育强国的奠基工程》，载于《教育研究》2021年第3期。

新"学科，重点发展现代产业学院、应用型职业大学、特色化示范性软件学院，提升服务全社会经济发展能力。

第三，对接未来技术发展需要，建设"高水平"学科专业。鼓励支持一批高水平的非营利性民办高校，提高"四新"学科专业占比，培育优质"四新"交叉学科，强化课程和师资队伍建设，整体提升教育质量，显著提升高复合应用型、高技术技能型、高层次创新型人才培养成效，重点发展未来技术学院、试点学院，提升服务创新驱动发展战略的能力和水平。

第二章

非营利性民办学校办学模式的
发展演变历程

经过四十余年的探索与发展，我国民办教育规模不断扩大、内部结构逐渐优化，成为教育系统不可或缺的重要组成部分。截至 2019 年，全国各级各类民办学校共 19.2 万所，占各级各类学校总数的 36.1%，在校生规模达 5 616.6 万人。其中，民办幼儿园 17.3 万所、民办小学 6 228 所、民办初中 5 793 所、民办高中 3 427 所、民办高等学校 757 所。[①] 为规范民办学校办学行为，2016 年新《民办教育促进法》规定民办学校可自主选择登记为"非营利性"或"营利性"学校，在组织属性、财产权属、税费优惠、办学行为等方面，对"非营利性"和"营利性"民办学校实行差别化定性与管理。[②] 在民办学校分类管理改革的背景下，非营利性民办学校的身份属性更加明确，外部赋能也在不断加强。同时，如何在学校竞争中加快推进办学模式创新，形成相对于公办学校、营利性民办学校的特色和优势是非营利性民办学校后续发展的关键问题。回顾历史是未来创新的

[①] 中华人民共和国教育部政府门户网站：《2019 年全国教育事业发展情况》，2020 - 08 - 31，http：//www. moe. gov. cn/jyb_sjzl/s5990/202008/t20200831_483697. html。

[②] 《全国人民代表大会常务委员会关于修改〈中华人民共和国民办教育促进法〉的决定》，载于《中华人民共和国全国人民代表大会常务委员会公报》2016 年第 6 期。

基础和前提，非营利性民办学校①办学模式创新需系统梳理办学模式演变的历史阶段，立足各阶段非营利性民办学校办学的政策、经济以及市场环境，分析办学理念、办学体制、实际发展等方面的具体特征，总结非营利性民办学校办学实践的历史经验，剖析现实问题，明确现阶段及未来办学的目标方向。

陶西平、王佐书将民办教育发展划分为："复兴阶段（1978～1991年）""探索阶段（1992～1996年）""规范阶段（1997～2001年）""依法建设阶段（2002年至今）"；②董明传认为，我国民办教育经历"兴起阶段（1978～1982年）""发展阶段（1982～1986年）""调整、规范阶段（1987～1991年）""新发展阶段（1992年至今）"；③阙明坤、王华、段淑芬认为，民办教育历经"复苏期（1978～1991年）""成长期（1992～2001年）""法制建设期（2002～2015年）""新法新政期（2016年至今）"；④景安磊、周海涛将民办教育发展历程划分为："恢复发展阶段（1978～1991年）""快速发展阶段（1992～2002年）""规范发展阶段（2003～2016年）""分类管理阶段（2016年至今）"。⑤综合已有的历史阶段划分，可以发现：第一，我国民办教育发展过程呈现恢复、规模化、规范化和法治化的阶段演进特征；第二，学界普遍认同1978年是民办教育恢复发展的开端；第三，1987年、1992年、1997年、2003年和2016年被视为民办教育规范化和法治化发展的重要时间节点；第四，已有文献对民办学校办学模式演变研究相对薄弱，为非营利性民办学校办学模式发展历程研究留下了探索空间。鉴于此，基于对非营利性民办学校办学模式的内涵界定，本章内容在充分收集相关资料的基础上，以标志性历史事件为节点，科学划分非营利性民办学校办学模式的发展历程，并具体分析各阶段非营利性民办学校组织属性定位、办学理念、办学体制和具体发展等方面的典型特征。第五，基于对发展阶段特征的系统分析，进一步分析非营利性民办学校组织属性定位的演进逻辑，挖掘非营利性民办学校办学模式与国家经济发展历程、教育市场需求变化的关系，以及总体发展的历史演进特征。

---

① 2016年11月7日，《中华人民共和国民办教育促进法（修订版）》规定民办学校可自主选择登记为"非营利性"或"营利性"民办学校，非营利性民办学校的说法首次出现。但1997年《社会力量办学条例》中规定"社会力量举办民办学校，不得以营利为目的"，2003年的《民办教育促进法》又肯定了民办教育取得"合理回报"的合法性。换言之，在分类管理之前，非营利性民办学校虽未被明确提出，但分类登记前的民办学校名义上均可纳入非营利性民办学校之列。因此，本书在历史梳理过程中不作特别区分。但不否认此间部分民办学校借"非营利性"之名行"营利性"之实的现象的存在。

② 陶西平、王佐书：《中国民办教育发展报告（2003－2009）》，上海人民出版社2010年版。

③ 胡大白：《中国民办教育通史（当代卷）》，社会科学文献出版社2019年版。

④ 阙明坤、王华、王慧英：《改革开放40年我国民办教育发展历程与展望》，载于《中国教育学刊》2019年第1期。

⑤ 景安磊、周海涛：《我国民办教育改革发展的回顾与思考》，载于《宁波大学学报（教育科学版）》2020年第2期。

第一节　自主探索期的办学模式（1978～1986 年）

一、政策环境及办学概况

1978 年，党的十一届三中全会确定了国家发展以"经济建设"为中心，坚持四项基本原则和改革开放两个基本点，承认"社员自留地、家庭副业和集市贸易是社会主义经济的必要补充部分"，[①] 释放了国家肯定社会资本和民间经济体作为国民经济体系组成部分的首发信号。1979 年，中央工作会议进一步提出，未来三年经济发展应坚持"调整、改革、整顿、提高"的八字方针，拉开国家经济和社会各方面恢复发展的帷幕。在此过程中，教育系统恢复运行面临多重考验。一方面，1966～1976 年，教育事业停滞造成人才数量缺口与结构断层；另一方面，国民经济改革与社会发展对各级各类人才的需求日趋旺盛，但公办教育系统的有限容量难以支撑庞大的人才需求。数据显示，国家恢复高考制度后，首次全国统一招生考试仅录取了 570 万考生的 4.8%，次年高等教育入学率也仅为 6.5%。[②]

为加快满足人才培养需求，国家着力修复公办教育系统的育人功能，同时鼓励社会力量参与办学，探索推进教育体制机制改革。1980 年 1 月，邓小平提出"办教育要两条腿走路……一个是办学校，办培训班进行教学，一个是自学"。[③] 1980 年 12 月，《关于普及小学教育若干问题的决定》再提"两条腿"走路，指出要充分调动地方和人民通过自筹经费办学的积极性。[④] 1981 年 1 月，教育部颁发《关于高等教育自学考试试行办法的报告》，提出建立"高等教育自学考试制度"，鼓励青年自学参加考试，社会力量举办自学考试辅导教育。[⑤] 同年 2 月，《关于加强职工教育工作的决定》明确指出，"因地制宜，广开学路，提倡多种形式办学……可以由一个企业单独举办或几个企业联合举办职工学校，也可以办

---

① 《中国共产党第十一届中央委员会第三次全体会议公报》，载于《实事求是》1978 年第 4 期。
② 胡大白：《中国民办教育通史（当代卷）》，社会科学文献出版社 2019 年版。
③ 《邓小平文选》第二卷，人民出版社 1994 年版。
④ 倪振良：《普及教育春风催新花——各地贯彻中共中央、国务院〈关于普及小学教育若干问题的决定〉情况综述》，载于《人民教育》1981 年第 5 期。
⑤ 《高等教育自学考试试行办法》，载于《中华人民共和国国务院公报》1981 年第 1 期。

培训班和讲座……可以办业余教育，也可组织脱产、半脱产学习"，此外还指出要积极发动企业事业单位、业务部门、教育部门、群众团体等社会力量开办职工教学培训班。[①] 1982 年 12 月，《中华人民共和国宪法》表明了国家鼓励和支持发展社会力量办学的明确态度。[②] 普及小学教育、高等教育自学考试、职工教育培训三个阶段教育的政策文件，推动了"国家办学"的单一教育体制变革，为民间办学释放了发展空间。同时，宪法的明确表态进一步助推了民间办学的热情，小规模的民办学校和培训机构在全国范围内零星出现。根据不完全统计，1978 ~ 1982 年，北京、天津、上海、山西、辽宁、吉林等 13 个省市社会团体和个人共创办 83 所民办学校[③]，民办教育开始初露头角，悄然复兴。

随着改革开放的深入推进，教育体制改革的紧迫性日显。1985 年 5 月 27 日，《中共中央关于教育体制改革的决定》（以下简称《教育体制改革的决定》）明确指出，义务教育阶段"地方要鼓励和指导国营企业、社会团体和个人办学，并在自愿的基础上，鼓励单位、集体和个人捐资办学"，发展职业技术教育也要鼓励集体、个人和其他社会力量办学。[④] 教育体制改革从教育制度层面提高了民办教育的地位合法性，释放了制度空间。

1978 ~ 1986 年，各级各类人才需求急切与国家教育系统容量有限的矛盾，直接促使国家政策对民间办学的态度从"不提倡，不宣传，不取缔"的默许态度，向积极鼓励转变。虽然《宪法》和多项政策认可与鼓励社会力量办学，但政策法规均未对社会力量办学的身份认定、办学资格、办学标准等方面作出规范。非营利性民办学校办学身份不明确，具体办学行为均靠举办者及学校自主探索。尽管如此，这一时期仍不乏社会各界的有知、有志、有识人士投身民办教育领域，在不断实践探索的过程中，创建了不同类型、层次和形式的民办学校，形成了"艰苦奋斗、务实高效"的办学理念，诞生了多元主体参与的办学体制，初步构建出多种层次和类型民办学校体系的雏形，更在具体办学行为上作出了诸多人胆创新的探索与尝试。

二、办学状况的整体性特征

这一阶段，我国民办教育发展尚处于起步时期，民办教育办学经费缺乏、办学条件十分艰苦。随着国家政策环境的日渐宽松，越来越多的办学主体参与民办

---

① 《中共中央、国务院关于加强职工教育工作的决定》，载于《中华人民共和国国务院公报》1981 年第 10 期。

②③ 胡大白：《中国民办教育通史（当代卷）》，社会科学文献出版社 2019 年版。

④ 《中共中央关于教育体制改革的决定》，载于《中华人民共和国国务院公报》1985 年第 15 期。

学校办学与发展，各级各类非营利性民办学校开始起步发展。

（一）艰苦奋斗、务实高效的办学理念

自主探索时期，一方面，由于社会经济水平低，民间资本存量不大，非营利性民办学校办学的可获得资金总量小。另一方面，相较于公办学校，非营利性民办学校办学较难获得政府经费支持，多由个人借款或贷款、团体筹资举办，学费是学校运营的主要经费来源。1978 年，长沙市"韭菜园青年文化补习班"由退休教师王显耀、彭泠白、张选培三人贷款 300 元筹办而成；湖南中山进修大学在街道借款 300 元的基础上创建起来。[①] 办学资金不足导致大部分民办学校建立之初，均为"无校舍""无资金""无教师"的三无学校。此外，由于非营利性民办学校主要服务于经济收入低下的青年群体和普通民众，学费创收能力不高，学费收入并不可观。因此，这一时期非营利性民办学校的办学条件十分艰苦。

尽管办学条件差且环境恶劣，但大部分非营利性民办学校仍然坚持办学，攻坚克难，筹措资金维持学校的基本运行，形成了"艰苦奋斗"的办学理念。1980 年 10 月，由北京农业大学首任校长乐天宇教授创办了九嶷山文理学院，首期招收了全国 19 个省市和自治区的 400 多名学生。[②] 办学期间，交通不便，校舍不足，学校师生便以庙为舍、以石为桌，以土为椅，以树为荫，全校师生用实际行动践行艰苦办学和艰苦求学的精神。[③]同年创建的山西民盟并州医学院，将"勤俭办学、艰苦创业、不图虚名"写进办学方针中。1984 年成立的"海淀走读大学"，以"改革探索，勤奋进取，艰苦创业，开拓前进"为校训勉励师生。[④]

自主探索时期，尽管日益迫切的人才需求为非营利性民办学校开辟了生存缺口，但民办学校办学立足于公办教育顾及不周的教育需求，生存空间狭小；生源主要来自公办学校筛选淘汰的学龄群体和普通社会大众，"拾遗补缺"特征突出，办学层次与水平均不高。为拓宽生源渠道、稳定学费收入，大部分非营利性民办学校采取"缺啥补啥""要啥教啥""急用先学"的办学策略，办学内容的针对性、实用性十分强。例如，1982 年 12 月到 1983 年 11 月期间，全国创办的 36 所非营利性民办学校，办学内容涉及职工培训、科技、外语、电子工业、医药进修、家电培训、自学考试补习、成人培训、武术、驾驶、服装、裁剪缝纫等多个领域。[⑤]为方便学生学习和确保学生学习的成效，非营利性民办学校还基于不同群体的学习需求差异，探索出全日制或非全日制、脱产或半脱产、面授或函授或

---

①③⑤ 胡大白：《中国民办教育通史（当代卷）》，社会科学文献出版社 2019 年版。

② 杨泽皇：《园丁赞——怀念乐天宇同志》，载于《新闻天地》2009 年第 11 期。

④ 周海涛：《中国教育改革开放 40 年：民办教育卷》，北京师范大学出版社 2019 年版。

电化教学、长期或短期等多样化的办学形式，整体上呈现"务实高效"的办学理念。

（二）多主体参与的办学体制

1978～1986 年，相对开放的政策环境和多样化的教育需求，推动个人、社会团体、企业、国企、事业单位等多元主体参与办学，在办学体制上也做出诸多尝试。以 1978～1983 年 13 个省市成立的 121 所非营利性民办学校为例，排除因材料不详难以判定办学体制的 22 所外，共有 50 所学校属于个人独立办学，占比 50.5%；19 所属于国企事业单位办学，占比 19.2%；12 所属于社会团体办学，占比 12.1%；6 所属于个人合伙办学，占比 6.06%；6 所属于民主党派办学，占比 6.06%；4 所属于联合办学，占比 4.04%；另有 2 所由公办大学举办，占比 2.02%。[①] 数据表明，这一时期非营利性民办学校的办学主体涉及个人、社会团体、国企、事业单位等不同主体，产生了个体独立办学、个体合伙办学、社会团体办学、国企单位办学、事业单位办学、民主党派办学、联合主体办学等多种办学体制。总体上，以个人独立办学、国企和事业单位办学、社会团体办学为主。

1. 个人办学

个人办学包括个人独资办学和个人合伙办学两种。这一时期，个体举办民办学校以退休教师、退休干部或退休专业人士群体为主。这些退休人士独自筹款或多人合伙筹措经费举办中小学、职业大学、专业技术培训班等不同层次的非营利性民办学校。例如，1979 年，廖奉灵、卢子岑、王以敦、徐舜英、陈子铭、谢哲邦、张瑞权 7 位退休翻译工作者，自发举办了"广州市政协英语补习班"。1982 年，老教育家范若愚和聂真等人在北京创办了"中华社会大学"，开展职业教育。1982 年工程师索冰在江苏徐州创办了"徐州市淮海电子技术应用研究所培训部"。[②] 这一时期，个人办学以自学考试补习、职业培训类活动为主，大多属于非学历教育，办学的经费主要依靠学费滚动收入和个人筹资，办学条件相对艰苦。

2. 国企和事业单位办学

国企单位和事业单位办学是国有单位参与办学的两种形式，是积极响应"大力开展职工教育，提高职工专业知识与技能水平"政策号召的产物。这两种办学体制主要依托国家企业单位和事业单位平台，主要开展面向单位内部职工的职业

---

① 数据根据《中国民办教育通史（当代卷）》整理而得。
② 胡大白：《中国民办教育通史（当代卷）》，社会科学文献出版社 2019 年版。

教育活动，也部分服务内部职工子弟的教育需求，后期开始面向社会招生。例如，由淮阴汽车运输总公司创办的"淮阴汽车运输总公司职工学校"、金华市公安处创办的"金华市公安管理处职工学校"、义乌市商业局创办的"义乌市商业职业技术学校"、余姚市农机局创办的"余姚市农机化技术培训学校"、上海宝钢冶金建设公司创办的"上海宝钢冶金建设公司企业公司中心幼儿园"等。[①] 由于依托国家企业与事业单位办学，此类非营利性民办学校的经费相对较充足，办学条件相对较好。

3. 社会团体办学

社会团体是社会力量的重要组成部分，也是这一时期推动民办教育发展的主力之一。社会团体办学指由群众团体、人民团体、学术团体等团体，通过自筹经费等方式举办各级各类非营利性民办学校。[②] 例如，由上海市会计学会主办的"上海崇尚业与科技进修学校"、上海市经贸企业管理协会主办的"上海市八二商业金融进修学院"、杭州市归国华侨联合会创办的"杭州市侨光业余外语学校"、安徽省科技协会创办的"安徽省科学技术进修学院"。社会团体办学的经费主要来自主办团体资助和学费收入。

4. 民主党派办学

我国民主党派关心教育等公益事业，在兴办教育中发挥了不可替代的作用。根据统计数据，截至1985年底，各民主党派和全国工商联、职业教育社共创办学历教育类非营利性民办学校974所，拥有556 766名在校生，其中大专学校占比17.2%、中专学校占比17.5%、各类补习学校占比70%、函授学校占比0.5%。此外，还有非学历教育机构3 788个，其中大专补习班593个、中专补习班398个、各种短训班2 797个。[③] 与社会团体办学相同，自筹经费与学费收入是民主党派办学经费的主要来源。

5. 联合主体办学

联合主体办学是由不同主体联合举办非营利性民办学校，包括个体与事业单位联合办学、社会团体之间联合办学、社会团体与民主党派联合办学、社会团体或民主党派与事业单位联合办学等多种合作方式。例如，"宁波甬江业余学校"由中国民主新中国成立会宁波市委员会、宁波市工商业联合会联合创办；"福州逸仙业余外语学校"由中国国民党革命委员会、福建省委联合创办；"常州市成人进修学院"由市政委、市工商、民盟、民建、民工民主党联合创办。[④]

---

① ④ 胡大白：《中国民办教育通史（当代卷）》，社会科学文献出版社2019年版。
② 贺向东、蔡宝田：《中国社会力量办学概论》，首都师范大学出版社2000年版。
③ 《关于鼓励民主党派、人民团体兴办职业教育的建议》，载于《教育与职业》1986年第4期。

（三）各级各类非营利性民办学校的起步与发展

1. 民办幼儿园

受经济水平的影响，民办幼儿园的起步与发展主要集中在上海、南京、北京、杭州等经济条件相对较好的大城市。1983 年 5 月～1985 年 8 月，上海市宝山区先后成立了"淞南镇中心幼儿园""顾村中心幼儿园""长兴乡中心幼儿园""盛桥中心幼儿园" 4 所非营利性民办幼儿园。[①] 大部分非营利性民办幼儿园或由国企和事业单位为职工子弟举办，或由既有公立小学附属幼托班发展而来。此外，这一时期还出现了关注弱势群体的特殊幼儿园。1985 年在广州创办的"广州市民办儿童福利教养院"和 1986 年在北京创办的"北京新运弱智儿童养育院"，均是收纳和教养"轻、中度"弱智儿童为主的非营利性民办幼儿园，[②] 分别由社会热心青年和退休专业教授筹资举办而成。

2. 民办普通中小学

为弥补义务教育阶段教学资源的城乡差异，实现全国范围内普及小学教育的工作目标，1984 年，国务院专门下发《关于筹措农村办学经费的通知》。文件强调了在农村普及小学教育的重要性，并明确指示地方在增加教育经费的同时，充分调动社会力量在农村办小学的积极性。[③] 1986 年，《中华人民共和国义务教育法》和《关于实施〈义务教育法〉若干问题的意见》，进一步表明了国家对社会力量举办中小学的鼓励态度。因此，这一时期，民办中小学快速复兴，队伍逐渐壮大。1984 年，原公办学校校长汤有祥创办"杭州安吉上墅私立高级中学"，面向高考落榜生招生，实现了改革开放后民办高中的"零突破"。[④] 这一时期民办普通中小学受到较高重视，在国家普及义务教育方面发挥了重要作用。

3. 民办职业中学

1985 年，《教育体制改革的决定》指出，"社会主义现代化建设迫切需要几百万接受过良好职业技术教育的中、初级技术人员、管理人员、技工和其他受过良好职业训练的城乡工作者"。要调整中等教育结构，大力发展职业技术教育，"发展职业技术教育要以中等职业技术教育为重点"。[⑤] 这一指导性政策的出台，为民办中等职业教育的萌芽奠定了基础，社会力量开始自筹资金创办民办职业中学。例如，1984 年，关乐生、魏燕娟夫妇创办"武汉华中艺术学校"；1985 年，赵福家创办"遵义市中医学校"；1986 年，乌力吉巴图创办"内蒙古中等专业学

---

①②④ 胡大白：《中国民办教育通史（当代卷）》，社会科学文献出版社 2019 年版。

③ 《国务院关于筹措农村学校办学经费的通知》，载于《中华人民共和国国务院公报》1984 年第 31 期。

⑤ 《中共中央关于教育体制改革的决定》，载于《中华人民共和国国务院公报》1985 年第 15 期。

校"。尽管这一时期全国各地陆续出现民办职业中学，但整体上仍处在酝酿起步期。

4. 民办高等教育机构

民办高等教育的起步与复兴之路更加坎坷。1978 年恢复高考制度以后，虽然陆续有社会力量举办高等教育机构，[①] 但整体上发展速度缓慢，高等教育机构数量很少，规模较小，以开展职业培训和进修教育的非学历教育机构为主。例如 1978 年 10 月成立的"湖南中山进修大学"、1980 年创办的"九嶷山学院""山西民盟并州医学院"和"韭菜园业余大学"。为提高高等教育入学率，加快培养国家改革开放所需的人才。1981 年，我国开始实施高等教育自学考试制度试点工作，试图建立"以国家考试为主，学生自学为基础，辅之以社会助学或辅导的现代化教育模式"。[②] 根据《高等教育自学考试试行办法》规定，"无论在职人员经过业余培训或待业人员自学获得毕业证书者，国家均承认其学历"。[③] 1983 年，全国教育工作会议上开始要求全国各省市实施自学考试制度，高等教育自学考试制度为民办高等教育的发展带来难遇的契机。1986 年下半年，国家高等教育自学考试的报考人次，从 1983 年上半年的 64 757 人次增加到 1 784 556 人次。[④] 由此可见，高考自学考试制度在全国范围内的推广实施，刺激了广泛的自学需求，为民办高等教育培训与补习机构带来发展空间，助推了民办高等教育的起步与发展。

1983 年以后，全国民办高等教育机构开始快速涌现，产生了大批自学考试培训班和补习班。例如，1983 年李绪英创办的"四川自学考试函授中心"，1984 年郑州大学教师胡大白创办的"郑州大学自学考试辅导班"，[⑤] 1985 年邓克俊创办的"焦作市高等教育自学考试辅导站"等。此外，还诞生了一批服务社会职业技术需要的高等职业技术学院与专科技术学院，例如，1984 年余宝笙等人创办的"华南女子职业学院"和姜维之创建的"西安培华女子大学"，1985 年王树青先生创办的"郑州医药进修学校"和中国国民党革命委员会广西壮族自治区委员会创办的民办专科学校——"邕江大学"等。[⑥] 根据统计数据，截至 1986 年底，全国已有 370 所民办高等教育机构，较 1980 年增加 11.3 倍，增长速度较快。[⑥]

---

① 这一时期，非营利性民办高等教育以非学历教育为主，大部分高等教育机构尚不属于严格意义上的民办高校，故此处统称为"民办高等教育机构"。

②⑥ 胡大白：《中国民办教育通史（当代卷）》，社会科学文献出版社 2019 年版。

③ 《高等教育自学考试试行办法》，载于《中华人民共和国国务院公报》1981 年第 1 期。

④ 数据根据《中国民办教育通史（当代卷）》整理而得。

⑤ 周海涛：《中国教育改革开放 40 年：民办教育卷》，北京师范大学出版社 2019 年版。

⑥ 国家教育发展研究中心：《2001 年中国教育绿皮书——中国教育政策年度分析报告》，教育科学出版社 2001 年版。

这一时期，民办高等教育机构的办学内容不断扩充，服务对象不断复杂，社会职能不断丰富，最重要的是逐渐向学历教育进军，为国家高级人才培养工作作出了不可磨灭的贡献。

三、办学模式的阶段性特征

自主探索时期，民办教育得以恢复发展，非营利性民办教育的发展在有效缓解公办教育系统压力的同时，也为国家经济社会发展培养了大批优秀的专业人才，为我国教育事业发展作出了突出贡献。整体上看，这一阶段我国非营利性民办学校办学模式呈现以下阶段性特征。

（一）组织属性定位尚未明确

基于理论和国际经验，根据举办者在办学过程中是否取得经济收益，将民办学校分为营利性民办学校和非营利性民办学校，营利性民办学校举办者可以取得办学收益，而非营利性民办学校举办者则不可获取经济收益，必须将学校办学结余用于继续办学。[①] 自主探索时期，国家法律和政策均未对民办学校的举办者营利问题作出明确界定和要求，是民办学校组织属性定位的政策空白期。因此，民办学校的组织属性认定不明确。但就实际情况来看，这一时期，民办学校大多为非营利性教育机构。一方面，由于社会经济水平较低，市场化程度不高，各级各类民办学校长期作为公办学校的补充存在，尚不成规模。另一方面，民办学校的办学对象限制了其营利的可能。自主探索期，民办教育举办者多为退休干部和教师、社会人士、社会团体、国营企业与事业单位。退休干部、教师、社会人士和社会团体举办的民办学校，大多面向无法接受公办教育的学龄儿童、学习技术手艺的普通大众、中小学文化补习生、自学考试生等群体，学费收入不高，办学条件差，营利的可能性较小。[②] 国营企业与事业单位举办的多为面向干部职工的职业培训机构，服务于单位职工教育，非营利性目的更强。

（二）政策环境宽松，办学自主权较大

社会力量办学在填补国家人才缺口，缓解公办教育系统负担等方面的作用举足轻重。这一时期，国家法规政策对社会力量办学的态度以支持鼓励为主，尽可能放松限制和约束。各级各类非营利性民办学校办学的政策环境整体相对宽松，

① 贾西津：《对民办教育营利性与非营利性的思考》，载于《教育研究》2003 年第 3 期。
② 胡大白：《中国民办教育通史（当代卷）》，社会科学文献出版社 2019 年版。

对办学行为的政策要求、规范和指导较少，为非营利性民办学校的自主探索办学留足了自由空间。非营利性民办学校自身在办学体制、办学内容、专业设置、教材选用、师资队伍管理、招生管理等方面的自主权较大。

（三）服务国家需要，聚焦社会需求

这一时期，非营利性民办学校致力于"拾遗补阙"，国家和社会各级各类专门人才的需求是非营利性民办学校发展的环境养分和立足之本，国家的人才需求和政策导向是民办学校办学的指挥棒，人民的教育需求是民办学校办学的方向标。各级各类非营利性民办学校在服务国家需要和聚焦社会需求的基础上，决定和调整办学内容、形式、体制，以及实际办学行为。

（四）先行先试，立足实践自主探索

民办教育在新中国的发展历史较短，办学行为相关的经验总结和理论积淀先天不足，外加"文化大革命"期间的停滞。因此，自主探索期非营利性民办学校办学的理论参考和实践经验指导较少。各级各类非营利性民办学校大多通过分析国家政策、考察教育实际需求、模仿公办学校办学模式、借鉴国外私立学校办学模式等方法，自主尝试与实践探索，分析问题和总结经验，并进一步优化。同时，由于限制较少，这一时期的非营利性民办学校在办学体制、办学内容、具体办学行为等方面出现了诸多大胆尝试和创新，也为后期民办学校办学模式的多样化和体制的灵活性等特征奠定基调。

（五）办学类型多样，形式灵活

这一时期，各级各类非营利性民办学校办学层次涉及学前教育、基础教育、职业教育、高等教育各个学段，办学层次分明；办学学科门类较多，不仅包括语文、数学、英语等在内的普通教育学科，美术、音乐、舞蹈等艺术类学科，还包括烹饪、财会、家电维修、缝纫等实用性技术学科；办学形式灵活，开拓了全日制、非全日制、脱产、半脱产、面授、函授、电化教学等各种办学形式。此外，非营利性民办学校积累了一批专兼结合的教师队伍，其中大部分是公办教育系统和管理服务系统的退休教师和职工，同时包括专业社会人士。[①] 综合而言，这一时期，社会各界力量通过实践不断探索民办学校的办学之道。

---

① 关世雄：《开创社会力量办学的新局面》，载于《北京成人教育》1983 年第 3 期。

第二节 整顿规范期的办学模式 (1987~2002 年)

一、政策环境及办学概况

1978~1986 年，我国各级各类非营利性民办学校数量不断增加、规模不断扩大，在满足社会多样化教育需求等方面发挥了重要作用，为后期民办教育的发展奠定了基础。但受整体经济发展水平、筹资环境和财政经费支持较少等影响，这一时期非营利性民办学校办学运营主要依赖学费，办学条件较为简陋、层次与水平相对较低、生源规模较小。为降低办学成本、增加学费收入，部分民办学校租用廉价宿舍，聘用水平较低的兼职教师，采取各种途径尽可能扩大生源规模，导致办学质量难以保障。此外，还出现了"滥收费""滥招生""滥颁发证书""发布虚假广告""蒙骗学生""以学经商""账目不明"等失范行为，影响民办学校的整体办学环境和教育质量。1985 年，国家教育委员会和全国政协教育组联合展开的全国社会力量办学调查指出，政府在对调动社会力量办学积极性、指导办学、经费支持等方面作为不够，应加大对社会力量办学的监管和引导。①

为民办学校规范办学与发展，国家采取规范、整顿、支持系列措施。第一，明确办学标准与管理职责。1987 年，国家教委发布《关于社会力量办学的若干暂行规定》，明确了申请办学程序、招生广告审查、办学收费标准、学校财产事务管理、学历证书监管等方面内容，廓清了各级政府在各项监督工作中的职责范围，标志了民办学校被正式纳入国家教育管理体系。② 此后，围绕财务、教学、校务等管理工作，国家教育委员会紧密出台系列详细规定，为非营利性民办学校规范办学提供政策依据。其中，《社会力量办学财务管理暂行规定》（国家教委、财政部，1987）将财务规章制度作为民办学校申请办学的基本条件，要求各级各类民办学校设置相应的财务机构或配备装置财会人员，建立必要的财务规章制度，依法依规做好日常财务管理工作，"严禁滥收费、强行募捐"，经费支出拒绝

---

① 胡大白：《中国民办教育通史（当代卷）》，社会科学文献出版社 2019 年版。
② 线联平：《北京市民办教育发展研究》，北京出版社 2006 年版。

"以领代报、白条报账、私分公款"。① 《社会力量办学教学管理暂行规定（1988）》明确指出，社会力量举办的各级各类民办学校均需在教育行政部门的监督下，规范具体教学工作。教育行政部门指导和监督的内容涉及培养目标、专业或课程设置、教学计划、教学大纲、教材建设、教师聘任、教学场所、学籍管理以及其他有关教学工作。② 《关于社会力量办学的几个问题的通知（1988）》再次强调了规范民办学校办学行为、促进健康发展的重要性，并对民办学校的管理体制、跨省（市）设分校招生、学历文凭治理等关键问题作出明确规定。③ 《社会力量办学印章管理暂行规定（1991）》指出，各级各类民办学校必须获得地方教育行政部门的批准之后，持正规许可证明到县级以上公安机关部门办理审批手续，审批通过后才能刻制公章。④ 文件还对公章的形状、样式、尺寸等作出统一要求。

第二，整顿肃清，加强管理。1988 年起，国家督促全国各地方教育行政部门依据《关于社会力量办学的若干暂行规定》和其他文件整顿清理现存非营利性民办学校，制定细化、可操作化的行政规定，明晰和强化地方政府在社会力量办学方面的行政管理权力。北京市依规重新登记民办学校 414 所、暂缓登记 39 所、取消 9 所学校的办学资格。⑤ 1996 年，针对"财务缺乏监管""办学理念存在误区""举办者侵吞转移财产""招生发证违反规定"等不良办学行为，《关于加强社会力量办学管理工作的通知》强调提高认识；加强领导管理；规范学校名称；审核管理招生广告；落实办学质量检查评估；监管收费、财产、财务。⑥

第三，规范引导，鼓励支持。整顿治理民办学校办学行为的同时，国家进一步加强了对社会力量办学的规范引导和鼓励支持。1993 年，《中国教育改革和发展纲要》进一步申明建立政府与社会力量共同参与办学体制的态度，并明确提出"积极鼓励、大力支持、正确引导、加强管理"的"十六字方针"。⑦ 1995 年的《中华人民共和国教育法》再次巩固了民办学校在国家教育体系中的组成地位，强调了国家对社会力量办学的支持态度。1996 年，国家教委下发《关于加强社

---

① 《国家教育委员会财政部联合发布〈社会力量办学财务管理暂行规定〉》，载于《财务与会计》1988 年第 4 期。

② 中华人民共和国教育部政府门户网站：《社会力量办学教学管理暂行规定》，1991 - 08 - 21. http：//www. moe. gov. cn/s78/A02/zfs__left/s5911/moe_621/tnull_4256. html。

③ 中国改革信息库网：《国家教委关于加强社会力量办学管理工作的通知》，1996 - 03 - 27. http：//www. reformdata. org/1996/0327/14725. shtml。

④ 胡大白：《中国民办教育通史（当代卷）》，社会科学文献出版社 2019 年版。

⑤ 线联平：《北京市民办教育发展研究》，北京出版社 2006 年版。

⑥ 《关于加强社会力量办学管理工作的通知》，载于《山西成人教育》1996 年第 7 期。

⑦ 《中共中央国务院关于印发〈中国教育改革和发展纲要〉的通知》，载于《中华人民共和国国务院公报》1993 年第 4 期。

会力量办学管理工作的通知》，对今后的社会力量办学管理工作提出七点建议，即"提高认识，加强领导和管理；建立健全社会力量办学的审批制度；继续抓紧做好规范学校名称的工作；加强对招生广告的审核和管理；加强对学校教育质量的检查和评估；加强对学校收费及财产、财务的管理和监督；开展一次对社会力量办学的全面检查"。① 1997 年，国务院发布《社会力量办学条例》，进一步详细规定名称标准、办学自主权、教学与行政管理、财产财务管理、机构性质变更与解散、社会法律责任等具体办学行为，并明确保障举办者、教师和受教育者的合法权益，加强各级政府的扶持与保障工作。② 2002 年，国家颁布了第一部民办教育专门法律文件——《中华人民共和国民办教育促进法》，从民办学校的筹设要求、决策结构、组织制度、扶持奖励等方面，强化了民办学校办学的法理性基础，将支持与规范非营利性民办学校办学发展推向新高度。

这一时期，民办教育领域的理论研讨活动开始兴起，为非营利性民办学校实际办学，解决现实问题提供了一定的理论指导。1988 年，第一届"全国部分城市社会力量办学理论研讨会"在北京召开，42 名各省教委代表和国家教委领导就社会力量办学的特点、范围、地位、作用、管理、方向等展开了理论层面与政策层面的探讨。③ 此后，全国各地陆续举办"社会力量办学协作会""私人办学理论研讨会""全国民办教育研讨会""全国民办学校专题学术研讨会""全国民办学校出资办学专题研讨会"等学术研讨会。这一时期还诞生了"中国民办教育协会""全国民办教育研究协作会""全国民办学校研究专业委员会""民办教育管委会""民办教育工作者联谊会"等学术性组织，创办了《中国民办教育》专门学术性刊物。学术性专题研讨会、学术性组织和刊物，在增进民办教育的社会认同、形成民办教育理论、研究非营利性民办学校办学问题、引导科学合理办学、提高办学质量等方面发挥了重要作用。

国家层面的整顿与治理为非营利性民办学校肃清了办学与发展环境，法规政策的认可鼓励、学术理论的指导支持，共同促进了国家和社会各界对非营利性民办学校的理解和认同，为打消和解除思想观念层面的疑虑、偏见、歧视做出了有效尝试。因此，这一时期民办教育整体发展迅猛，各级各类非营利性民办学校的数量倍速增长，达到空前规模。2002 年底，全国共有非营利性民办幼儿园 48 400 所、小学 5 122 所、中学 6 447 所、高等教育机构 1 287 所。④ 同时，非营利性民办学校的组织属性定位初步明确，逐渐形成了"循章办学，保质保量"的办学理

---

① 《关于加强社会力量办学管理工作的通知》，载于《山西成人教育》1996 年第 7 期。
② 《社会力量办学条例》，载于《人民教育》1997 年第 9 期。
③ 胡大白：《中国民办教育通史（当代卷）》，社会科学文献出版社 2019 年版。
④ 金忠明：《中国民办教育史》，中国社会科学出版社 2003 年版。

念，"创新多元化"的办学体制，各级各类非营利性民办学校不断发展壮大。

二、办学状况的整体性特征

这一阶段，我国民办教育经过前期探索，在积累了一定办学经验的同时也呈现出部分问题，尤其是规模扩大与质量提升不同步的问题。对此，国家开始建立健全各项制度机制，引导民办学校依法依规办学、提高教育质量，推进民办教育创新多元办学体制。在此过程中，非营利性民办学校也取得了快速发展。

（一）循章办学、保质保量的办学理念

整顿规范时期，各级政府对非营利性民办学校不合法、不合理的办学行为进行了整顿，各级各类专业性、指导性、规范性的政策法规，推动非营利性民办学校进入有规可依、有章可循的发展阶段，形成循章办学、保质保量的办学理念。办学行为规范基本确立后，提升办学质量成为非营利性民办学校办学的目标追求，学校对办学条件、师资队伍等方面的重视程度和投入水平有所加强。1988年，郭刚等人合资举办的"庐州中华职业学校"，在社会筹资的基础上，扩建校舍、更新教学设备、优化师生教学和生活环境，整体上改善办学条件，在后期办学中成绩显著，人才培养质量受到好评。1987年，低起点办学的"四无"民办中学——苍南县求知中学，在克服"艰苦创业"的困难期以后，坚持"高目标"，注重办学质量。1994年，学校会考通过率高达93.8%，跃居温州市民办中学首位。1992年创办的上海市杨波中学，在办学之初便以"学风好，校风正，质量佳，效益高"备受赞誉，收获大批生源。①

从"艰苦创业，务实高效"到"循章办学，保质保量"，非营利性民办学校办学理念的变化是经济、政策环境等多方综合作用的结果。首先，随着国家经济体制转轨和经济实力的提高，社会层面的资本积累较上一时期更为雄厚。非营利性民办学校收入环境不断优化，各级各类民办学校的办学条件不断改善，为非营利性民办学校办学规范和质量提升提供了经济基础。其次，中央及各级政府出台了一系列规范政策为提升办学质量提供了政策支持。涉及学校设置、办学方向、财务管理、教学管理、人事管理、招生宣传等方面的规范性政策文件和行政规定不断完善，促进和引导了非营利性民办学校规范办学。这一时期，重视办学规范和办学质量的非营利性民办学校，不仅为学校健康发展奠定基础，更在改变社会层面对民办学校的认知，提升民办学校办学地位方面有重要意义。

---

① 胡大白：《中国民办教育通史（当代卷）》，社会科学文献出版社2019年版。

（二）创新多元化的办学体制

整顿规范期，随着国家对社会力量办学的重视程度和鼓励程度不断加深，民办学校办学逐渐获得不同形式的国家扶助，吸引企业、外国社会组织等新兴主体参与办学，在具体办学体制上不断探索创新，催生了"中外合作办学""国有民办""企业办学""股份制联合办学"等新型办学体制。

1. 中外合作办学

中外合作办学最早源于改革开放初期个别高校的探索性办学尝试。1995 年，国家教育委员会正式发布《中外合作办学暂行规定》，对中外合作办学的申请条件与要求、内部治理与运行框架、外部监督与管理等方面作出详细规定。根据规定，"中外合作办学"指外国法人组织、个人以及有关国际组织同中国具有法人资格的教育机构及其他社会组织，在中国境内合作举办以招收中国公民为主要对象的教育机构，实施教育、教学的活动。[①] 中外合作办学情况下，国外组织或个人可通过资金、土地使用权、实物等不同形式的财产投资办学。这一时期，中外合作办学刚刚兴起，总体数量较少。以辽宁省为例，2000 年全省共有约 3 000 个非营利性民办学校，其中，中外合作办学 28 所，占比约 0.93%。[②]

2. 国有民办

国有民办是在教育体制改革过程中，国家力量与社会力量相结合的创新型办学模式，主要包括"民办公助"和"公办民助"两种类型。民办公助学校也称"社会承办学校"，主要指政府通过租赁借用场地、划拨招生指标或教师编制、帮助筹集资金等渠道资助社会力量创办民办学校。[③] 政府对这类学校只提供必要的帮助，不履行具体办学权，学校的具体办学、运行管理等均由举办者执行。

"公办民助"类学校也称"公立转制学校"，是公办学校向民办学校转制过程中的产物，主要指在公办学校的基础上，借鉴民办学校的办学模式。主要体现为"原有学校转为个人或团体承办""新建学校转为个人或团体承办""依托名校对薄弱学校改制"三种形式。[④] 此类办学体制下，学校实行"所有权"与"办学权"分离，民办学校虽拥有独立办学权，但学校所有财产仍归国家所有。转制初期，国家还在一定期限内进行经费资助，期限过后学校需要自筹经费，自负盈

---

① 《关于发布〈中外合作办学暂行规定〉的通知》，载于《中华人民共和国国务院公报》1995 年第 3 期。

② 胡大白：《中国民办教育通史（当代卷）》，社会科学文献出版社 2019 年版。

③ 贺向东、蔡宝田：《中国社会力量办学概论》，首都师范大学出版社 2000 年版。

④ 线联平：《北京市民办教育发展研究》，北京出版社 2006 年版。

亏。① 20 世纪末，为了优化教育资源配置，深化教育体制改革，北京市将 40 多所重点中学从原有体制中剥离出来，转制为非营利性民办学校，进行新型办学模式改革。1991 ～ 2001 年，上海市共增加了 50 所转制类非营利性民办中小学。②

3. 企业办学

企业包括国营企业和私营企业，均是社会力量的组成部分。1978 ～ 1986 年期间，国家仍是计划经济体制为主，私营企业数量少，规模小，自身发展已成问题，投资民办学校的很少。因此，自主探索时期涉足民办教育领域的以国企单位为主。1992 年，第十四次全国代表大会，确定建立社会主义市场经济体制，这为我国私营企业的发展带来了重大机遇，推动了私营经济的快速发展。同时，在"十六字"方针的鼓励下，私营企业开始进军民办教育领域，投资举办了各级各类非营利性民办学校。例如，1993 年，香港科创集团举办"重庆科创职业学院"；1994 年，西山教育集团举办厦门安防科技职业学院；1995 年，嘉宏控股集团有限公司举办"浙江长征职业技术学院"；1995 年，万里集团公司举办"杭州万向职业技术学院"。③ 这一时期，私营企业办学体制虽起步发展，但办学类型以职业培训机构和自学助考机构为主，举办学历教育的只占少数。

除单一企业以外，还存在教育集团举办民办学校的情况。集团化办学是指相对分散的企业实体通过组成企业集团举办非营利性民办学校。④ 集团内部举办不同层次、不同类型的非营利性民办学校，通过统一运营资本、整合资源来提高资源利用率、增强集约化程度，形成规模聚合效应和品牌效应。如希望教育集团、民生教育集团、宇华教育集团、东华教育集团等。

4. 股份制联合办学

股份制联合办学是联合办学的一种创新尝试，指由个人或社会团体等多个自然人或法人，根据出资协议按一定的比例投入资金或生产要素举办民办学校。各自然人或法人根据出资比例享有民办学校的股份，成为股东，加入董事会，共同运营、管理和决策，但股东均不能参与学校办学收益的分红，股份制联合办学可向社会筹资股金。股份制联合办学可直接举办民办学校，也可成立股份制公司，再由公司举办民办学校。股份制联合办学本质上是多主体联合办学和企业办学的创新组合，通过多主体分担办学风险，同时，借鉴股份制企业的运营模式共同分享办学权。股份制联合办学是高等教育扩招背景下，解决教育资金筹措难问题的

---

① 贺向东、蔡宝田：《中国社会力量办学概论》，首都师范大学出版社 2000 年版。

② 胡卫、何金辉、朱利霞：《办学体制改革：多元化的教育诉求》，教育科学出版社 2010 年版。

③ 王朝阳：《企办民办高校的公益与营利性矛盾研究》，陕西师范大学博士学位论文，2011 年。

④ 钟秉林、周海涛、景安磊等：《民办高校集团化办学的发展态势、利弊分析及治理路径》，载于《中国高教研究》2020 年第 2 期。

产物。这一时期，股份制联合办学仍处于试点与起步阶段，但也诞生了一些非营利性民办学校。例如，2001 年，九州职业技术学院创建之初共筹集 4 000 股，每股 1 万元，为后续建设与发展提供了资金保障。[①]

5. 基金会办学

基金会办学是指由基金会出资举办各级各类非营利性民办学校。1993 年，福建仰恩基金会创办了仰恩大学，由仰恩基金会独立出资办学，这是基金会办学的最早案例。[②] 民办高等教育层次的基金会大学还有李嘉诚基金会捐资举办的汕头大学，中等职业教育层次的有我国台湾威盛信望爱基金会资助的贵州盛华职业技术学院。基金会举办非营利性民办学校属于捐资办学的一种，主要由基金会捐资，派驻管理人员进校，与学校决策管理人员协同处理校务，是一种社会力量办学新体制，为我国社会力量办学开创了新思路。

（三）各级各类非营利性民办学校的壮大与发展

1. 民办幼儿园

改革开放后，随着居民生活水平和受教育程度的提高，社会层面增加学前教育供给需求的呼声越来越高。1994 年，《国务院关于〈中国教育改革和发展纲要〉的实施意见》提出，"大中城市基本满足幼儿受教育的条件，广大农村积极发展学前一年的教育"，[③] 直接推动了全国范围内学前教育的发展，激活了社会资本进入民办学前教育领域的热情。这一时期，大型城市的非营利性民办幼儿园数量与规模快速增长，成为民办学校的重要组成部分。根据统计数据，1993～2002 年，全国幼儿园总体数量从 16.52 万所下降至 11.18 万所，但 2002 年，非营利性民办幼儿园的数量相较于 1993 年增加了 3.14 万所，在园幼儿数量增加328.13 万人。[④] 由此说明，非营利性民办幼儿园不仅整体规模扩张迅速，而且在国家学前教育体系中的比重不断提高，地位越来越凸显。

2. 民办普通中小学

1992 年，《中华人民共和国义务教育法实施细则》提出，"地方各级人民政府应当鼓励各种社会力量以及个人自愿捐资助学"，各地方政府响应号召，出台了一系列涉及民办基础教育办学条件、具体程序、办学标准等方面的政策文件，

---

① 曹振国：《教育股份制助推民办学校健康发展——以九州职业技术学院教育股份制办学实践为例》，载于《天津中德应用技术大学学报》2018 年第 5 期。

② 黄洪兰：《基金会举办非营利性民办高校的现实基础、产权保障与推进策略》，载于《黑龙江高教研究》2021 年第 5 期。

③ 《国务院关于〈中国教育改革和发展纲要〉的实施意见》，载于《中华人民共和国国务院公报》1994 年第 16 期。

④ 胡大白：《中国民办教育通史（当代卷）》，社会科学文献出版社 2019 年版。

促进社会力量在民办基础教育领域的投资。数据显示，2002 年底，我国共有非营利性民办小学 5 122 所，较 1992 年增长了 27.09%；非营利性民办普通中学 6 447 所，较 1992 年增长了 6.57 倍。① 这一时期，民办普通中小学的发展速度较快，规模不断扩大，队伍不断壮大。同时，非营利性民办普通中小学在办学实践中也出现了诸多新问题，其中"校中校""一校两制"等问题尤其突出。"公办民助"和"民办公助"两种新办学体制的出现，鼓舞了许多公办学校办民办学校的热情，但也出现一些学校为扩大收入来源和降低办学成本，打"擦边球"，不实行"办学权"和"举办权"分离，在公办学校内办民办学校或民办基础教育班。

3. 民办职业中学

自主探索期的酝酿之后，中等职业人才的社会需求不断增加，发展中等职业教育的重要性愈加突出。1993 年，《中国教育改革和发展纲要》指出，"各级政府要充分调动各部门、企事业单位和社会各界的积极性，形成全社会兴办多形式、多层次职业技术教育的局面"。② 1996 年，《全国教育事业"九五"计划和 2010 年发展规划》进一步提出，"加强社会力量办学的立法工作，以中等以下教育，特别是各级职业教育为重点，积极发展各类民办学校"。③ 各地方政府也在积极鼓励的前提下，出台相关政策文件规范民办职业中学的申办程序和具体办学行为。在社会需求的推动和政策鼓励下，这一时期民办职业中学的队伍不断壮大。2002 年底，全国共有 1 085 所非营利性民办职业中学，较 1996 年增长 1.084 倍；在校生人数达到 47.05 万人，较 1996 年增长 2.63 倍。④ 在办学内容上，这一时期非营利性民办职业中学的办学内容越来越丰富多样，不仅包括艺术、医学、建筑等基本职业领域，还涉及经济管理、摄影技术、市场营销、生态农业、水产养殖、计算机技术、财务金融、烹饪技术、汽车驾驶与维修等新兴职业领域。此外，这一时期还出现了招收残障人士的非营利性民办职业中学。如 1993 年，山东工商联合会和中国民主建国会山东省委员会联合创办的"山东康复职业中等专业学校"，主要招收聋哑人和肢残人，教授"按摩"和"财会"技术。⑤

4. 民办高校

1993 年，国家教育委员会颁发《民办高等学校设置暂行规定》，规定了民

---

①④　胡大白：《中国民办教育通史（当代卷）》，社会科学文献出版社 2019 年版。

②　《中共中央国务院关于印发〈中国教育改革和发展纲要〉的通知》，载于《中华人民共和国国务院公报》1993 年第 4 期。

③　中华人民共和国教育部：《全国教育事业"九五"计划和 2010 年发展规划》，1996 - 04 - 10，http：//www.moe.gov.cn/jyb_sjzl/moe_177/tnull_2485.html。

⑤　《高等特殊教育院校（系）介绍》，载于《现代特殊教育》2018 年第 14 期。

办高校的设置程序与要求、教师队伍管理、专业设置数量及招生规模等方面。同时强调民办高校师生享有公办高校师生的同等待遇，开展学历教育的民办学校毕业生，学历受国家法律认可。此外，文件明确规定未取得学历授予资格的民办高校毕业生，可获得"写实性毕业证书"，可通过参加自学考试或国家学历文凭考试取得学历证书。[①] 简言之，有学历授予资格的民办高校培养的毕业生与公办高校毕业生法律身份相同，无学历授予资格的民办高校培养的毕业生也可通过学历文凭考试取得国家发放的正规学历文凭。这一政策文件不仅加强了对民办高校的规范与管理，还为民办高校的办学找到新方向。在这一政策文件的支持和引领下，非营利性民办高校的生源规模不断扩大，办学层次不断提升，非营利性民办学校数量逐年增加，但仍主要以专科学历为主。例如，1994年创办的"黄河科技学院""上海杉达学院""浙江树人学院""四川天一学院"等均是专科学历层次的非营利性民办高校。[②]

继国家自学考试和学历文凭考试改革后，国家高等教育扩招政策为非营利性民办高校的发展带来重大机遇。1999年，我国开始高等教育扩招。根据统计数据，1999年，我国普通高校招生数量达到157万，较上年涨幅44%。[③] 招生规模不断扩大，但公办高校的办学容量有限，民办高校的补缺作用更加突出。为缓解公办高等教育系统的办学压力，教育部加快了民办高校学历授予资格的审核速度，适当放开审核条件，以快速补充一批具有学历授予资格的民办高校，保证高等教育扩招政策平稳落地。2002年底，全国具有学历授予资格的非营利性民办高校133所，在校生人数达到31.98万人。[④] 这一时期，民办高等教育发展进入新高潮，在高等教育系统中逐步站稳脚跟，公、民办高校交相辉映的办学局面开始形成。

三、办学模式的阶段性特征

整顿规范期，非营利性民办学校在国家政策的规范和引导下，逐步走上相对平稳健康的发展道路。这一时期，非营利性民办学校的整体规模日益壮大，办学模式的多元化特征更加突出，不论是在办学理念、办学体制还是在发展模式上均有所创新和突破。具体而言，办学模式呈现以下特征。

---

① 《民办高等学校设置暂行规定》，载于《北京成人教育》1993年第11期。
②④ 胡大白：《中国民办教育通史（当代卷）》，社会科学文献出版社2019年版。
③ 杨雄：《扩招：高教大众化跨出重要一步》，载于《探索与争鸣》1999年第9期。

（一）非营利性组织属性初步明确

随着政府对各级各类民办学校整顿和治理力度的加强，"民办学校是否该营利"问题逐渐引起关注。1987年《社会力量办学财务管理暂行规定》明确强调，民办学校不得以营利为目的。1995年《中华人民共和国教育法》重申"任何组织和个人不得以营利为目的举办学校及其他教育机构"。1996年，《关于加强社会力量办学管理工作的通知》[①] 和1997年颁布的《社会力量办学条例》均强调"社会力量办学不得以营利为目的"。[②] 这一时期在政策层面明确了民办学校的身份属性，统一定位为非营利性属性，但并未在实践办学过程中明确规定经济收益的问题。从理论上来说，这一时期创办的民办学校均属于非营利性民办学校。

（二）国家政策坚持整顿治理与鼓励支持相结合

各级各类非营利性民办学校的快速发展得益于良好的政策环境。与自主探索期相比，这一时期政府加大了对办学行为的整顿治理与规范管理力度。一系列政策不仅肃清了民办学校办学的违法、违规、失序行为，更基本搭建起贯穿民办学校筹设、举办、运行、办学、评估等全过程的制度框架，为引导非营利性民办学校规范办学和健康发展奠定了制度基础。此外，这一时期，国家政策对非营利性民办学校办学的支持和鼓励力度进一步加大，不仅通过法规政策明确非营利性民办学校合法化地位，更尝试通过经费、教师编制、招生名额、土地资源等要素扶持办学与发展。整顿治理与鼓励支持并举，大大增进了社会力量办学的热情，推动了民办学校办学质量的提升。

（三）实践探索与理论研究协同推进办学实践

1987年以前，各级各类非营利性民办学校办学缺乏理论指导，主要依靠实践反馈、问题分析和经验总结自主探索。但这一时期，民办教育的发展问题逐渐受到民办教育实践家与教育理论学者的共同关注。1987~2002年产生了许多民办教育专门的学术性团体和组织，定期举办的学术研讨会和连续出版的学术刊物，就不同时期民办教育整体发展、民办学校办学基本理论与实际问题等内容展开学术探讨。民办教育领域的理论研究和学术探讨活动，为非营利性民办学校的合理办学提供了一定的理论参考。

---

① 中国改革信息库网：《国家教委关于加强社会力量办学管理工作的通知》，1996 - 03 - 27. http：//www. reformdata. org/1996/0327/14725. shtml。

② 《社会力量办学条例》，载于《人民教育》1997年第9期。

（四）办学自主权减少，办学行为逐步规范

自主探索时期，非营利性民办学校拥有较大的办学自主权。1987 年后，中央和地方教育部门陆续发布一系列规范与监管民办学校办学行为的政策文件与行政法规，加强了对各级各类非营利性民办学校办学行为的外部监管。因此，这一时期，非营利性民办学校在申请办学、招生收费、广告宣传、证书发放等方面的自主权有所减少，在政府各部门的监管下趋于规范。

（五）办学体制大胆创新，办学层次有所提升

整理规范时期，国家加强监管的同时，加大了对非营利性民办学校办学行为的鼓励与支持。在规范与鼓励的双重作用下，这一时期非营利性民办学校快速发展，在办学体制方面出现了许多突破性的尝试，诞生了"公办民助""民办公助"等许多新型办学体制，更出现了模仿股份公司建制的"股份制合作办学"。这些新型办学体制是新时期结合社会力量与国家支持的创新产物，对促进非营利性民办学校的发展有重要作用。另外，这一时期，非营利性民办学校办学的层次不断提升，从以非学历教育为主到开始涉足学历教育，从仅有少数授予专科学历的学校到诞生部分拥有授予本科学历资格的学校。办学体制和办学层次的变化说明非营利性民办学校的办学格局朝多元化方向发展。

第三节　依法改革期的办学模式（2003～2016 年）

一、政策环境及发展概况

1987～2002 年，非营利性民办学校不仅在办学规模上发展迅速，更在办学理念、体制、形式、层次、质量上取得了喜人成绩。在各级政府部门的整顿与治理下，非营利性民办学校办学的混乱失序问题得到改善，办学行为的规范性不断加强，办学质量有所提升。但由于政策层面的宏观引导与约束较多，可操作性的指导有待强化，加上缺乏细化的配套政策，导致政策落地落实有难度，实施效果打折扣。同时，在快速发展阶段非营利性民办学校办学面临诸多新情况、新问题、新现象。一方面，社会对民办学校的不公平、不理性、不友好的

态度仍未改善，针对民办学校及师生的歧视现象仍普遍存在，严重影响民办学校的办学和师生权益。另一方面，受经济利益的诱惑和不合理办学理念的诱导，部分非营利性民办学校仍存在"收费不合理""招生不合规""学籍与证书管理不规范""教学秩序混乱"等不健康办学行为。最后，国家经济体制转轨的大背景下，社会主义市场经济发展迅猛，教育的市场化程度加深，市场要素开始涌入民办教育领域。资本的趋利性行为对非营利性民办学校办学环境和秩序的维持带来一定威胁。

为促进民办教育健康发展，保障民办学校及师生的合法权益，2002 年 12 月 28 日，《中华人民共和国民办教育促进法》（以下简称《民办教育促进法》）正式颁布，2003 年 9 月 1 日，正式实施。2004 年 2 月 25 日，《中华人民共和国民办教育促进法实施条例》（以下简称《民办教育促进法实施条例》）进一步细化了《民办教育促进法》的具体实施方案，明确了民办学校办学的操作性规定。此后，教育部、国务院办公厅等部门陆续颁发了《关于〈启用民办学校办学许可证〉有关问题的通知（2004）》《民办教育收费管理暂行办法（2005）》《关于加强民办学校卫生防疫与食品卫生安全工作的通知（2006）》《关于加强民办高校规范管理引导民办高等教育健康发展的通知（2006）》《关于加强民办高校党的建设工作的若干意见（2006）》《民办高等学校办学管理若干规定（2007）》等"一揽子"法规政策，配套推动了民办教育促进法的平稳落地，促进民办学校办学走向健康规范。

专门法与系列政策的颁布及实施为非营利性民办学校的办学环境带来许多变化。第一，非营利性民办学校的法律地位得到巩固，民办学校举办者、教职工和受教育者的合法权益得到保障。《民办教育促进法》强调民办学校享有与公办学校同等的法律地位，并指示各级人民政府将民办教育事业纳入各级政府的发展规划中。另外，《民办教育促进法》明确提出保障各级各类民办学校教师在法律地位、福利待遇、专业发展、人事管理等方面的合法权益，以及受教育者在升学、就业、社会保障等方面的合法权益。在这一背景下，非营利性民办学校的法律地位得到认可，从"备用军"转为"正规军"，非营利性民办学校办学进入有法可依、依法办学的新阶段。第二，明确了民办学校的身份认定及合理回报问题。《民办教育促进法》强调民办教育事业属于公益性事业，民办学校在扣除办学成本、预留发展基金以及按照国家有关规定提取其他的必需费用后，出资人可从办学结余中取得合理回报。《民办教育促进法实施条例》将民办学校进一步划分为，"捐资办学""出资人不要求取得合理回报""出资人要求取得合理回报""市场资本举办"四种。前两种可享有与公办学校同等的税收优惠，"出资人要求取得合理回报"可依法获得一定比例的合理回报，

"市场资办举办"的民办学校不享受税收优惠。① 第三,《民办教育促进法》和《民办教育促进法实施条例》进一步构建和完善了政策法律框架,为非营利性民办学校完善现代学校制度提供法律依据。具体内容不仅涉及学校外部监管,还涉及学校内部制度与管理,极大地推动非营利性民办学校办学,从被动接受外部规范转向内部自主完善治理。在《民办教育促进法》的保障和"积极鼓励、大力支持、正确引导、依法管理"新十六字方针的指导下,2010 年底,全国非营利性民办学校总数高达 118 197 所,较 2003 年的 69 099 所涨幅71.05%。其中民办普通高校 676 所、民办普通高中 2 499 所、民办职业中学 3 123所、民办普通初中 4 259 所、民办普通小学 5 351 所、民办幼儿园 102 289 所。②

2010 年后,国家发展进入"十二五"时期——全面建设小康社会的关键时期和加快转变经济发展方式的攻坚时期。③ 国家人才竞争日益激烈,国内工业化、信息化、城镇化、市场化和国家化发展进程的推进,国家对大规模优秀人才的需求紧迫性不断凸显。同时,随着人民生活质量的提升,接受高水平、高质量教育的需求也日趋强烈。2010 年 6 月 21 日审议通过的《国家中长期教育改革和发展规划纲要(2010—2020 年)》(以下简称《教育发展与规划》)在"办学体制改革"中指出,要"健全政府主导、社会参与、办学主体多元、办学形式多样、充满生机活力的办学体制,形成以政府办学为主体、全社会积极参与、公办教育和民办教育共同发展的格局。调动全社会参与的积极性,进一步激发教育活力,满足人民群众多层次、多样化的教育需求",深化民办学校办学体制改革;大力支持民办教育发展;依法落实民办学校、教师、学生的同等法律地位;健全公共财政对民办教育的扶持政策、立法管理民办教育。④《教育发展与规划》的颁布为未来十年民办教育发展和民办学校办学奠定了基调与方向。2010 年 10 月,民办学校被纳入国家教育体制改革试点,改革内容涉及民办学校办学公平、办学自主权、创新育人模式、分类管理、内部管理体制、会计制度等方面,⑤ 拉开了民办

---

① 《中华人民共和国民办教育促进法实施条例》,载于《人民日报》,2004 年 3 月 19 日。

② 周海涛:《中国教育改革开放 40 年:民办教育卷》,北京师范大学出版社 2019 年版。

③ 《中共中央关于制定国民经济和社会发展第十二个五年规划的建议》,载于《求是》2010 年第 21 期。

④ 《国家中长期教育改革和发展规划纲要(2010—2020 年)》,载于《人民日报》,2010 年 7月 30 日。

⑤ 具体包括:"探索政府举办和鼓励社会力量办园的措施和制度,多种形式扩大学前教育资源(河北、内蒙古、浙江、云南)""探索营利性和非营利性民办学校分类管理办法(上海、浙江、深圳、吉林华侨外国语学院)""清理并纠正对民办教育的各类歧视政策,保障民办学校办学自主权(上海、浙江、深圳、云南)""完善支持民办教育发展的政策措施,探索公共财政资助民办教育具体政策,支持民办学校创新体制机制和育人模式,办好一批高水平民办学校(上海、浙江、福建、江西、深圳、云南、宁夏、武汉科技大学中南分校)""改革民办高校内部管理体制,完善法人治理结构,建立健全民办学校财务、会计和资产管理制度(上海、江苏、浙江、云南、西安欧亚学院)"。

71

学校改革与转型的序幕，为进一步解决民办学校办学及发展过程中的难点、堵点问题做出重要尝试。

依法改革期，非营利性民办学校办学迎来前所未有的法治化、规范化环境，更面临改革的重要挑战。这一时期，以民办教育发展及民办学校办学为主题的学术理论探索与研究空前活跃，民办教育学术团体的组织化程度及社会影响力也不断提升。在学术组织方面，2008 年 5 月 17 日，中国民办教育协会成立。同年 11 月，中国民办教育研究院成立。作为全国性的民办教育专业研究机构，中国民办教育研究院分设五个研究中心，不仅负责与国家教育部门合作展开民办教育重要课题的研究，还面向全国民办学校及民办教育工作者，设立和赞助民办教育研究课题，以推动全国范围内民办教育学术研究。在学术理论探索方面，这一时期诞生了《民办教育通讯》《民办教育研究》《民办高等教育研究》等专门刊物。学者们撰写出版了《中国民办教育绿皮书》《中国民办教育蓝皮书》《中国民办教育发展报告》等关于民办教育发展情况的连续性学术报告，以及《中国民办教育》《新时期中国民办高等教育发展研究》等学术著作。据不完全统计，2003 年 1 月~2015 年 12 月期间，学界共发表 6 993 篇学术期刊论文、1 510 篇学术论文，成果颇丰。另外，这一时期政府和社会层面举办了"中国民办教育发展大会""中国民办教育与政策学术研讨会""全国民办教育研讨班""民办学校办学思想研讨会"等全国性学术会议，以及积极探究民办学校国际化办学的学术交流活动。

总体上，2003~2015 年，非营利性民办学校规模扩张迅速，数量激增。2015 年底，全国共有非营利性民办学校 162 655 所，普通高校 734 所，全国占比 28.67%；普通高中 2 585 所，全国占比 19.58%；职业中学 2 225 所，全国占比 19.87%；普通初中 4 876 所，全国占比 9.31%；小学 5 859 所，全国占比 3.08%；幼儿园 146 376 所，全国占比 65.44%。[1] 各级各类非营利性民办学校已成为国家教育系统中不可或缺的组成部分，尤其是非营利性民办幼儿园已占据全国幼儿园的半壁江山。在法律法规、试点改革实践和学术理论的综合引导下，这一时期明确了非营利性民办学校的非营利性属性与合理回报问题；形成了"规范管理，特色发展"的办学理念；在办学体制方面出现了制度性的改革突破；各级各类民办学校的繁荣发展推动了"全方位、多元化、多层次"办学格局的形成。

二、办学状况的整体性特征

这一阶段，随着民办教育改革发展的深入和国家政策制度的完善，我国民办

---

① 周海涛：《中国教育改革开放 40 年：民办教育卷》，北京师范大学出版社 2019 年版。

教育正式进入了依法依规办学的时期，国家在强化民办教育监管的同时，也进一步推进民办教育改革创新，使得非营利性民办学校发展取得了新突破。

（一）规范管理，特色发展的办学理念

在政策支持和法律保障的外部环境下，非营利性民办学校发展的机遇与挑战并存。"一揽子"法规政策对办学行为提出具体的规范性要求和法制性约束，更在学校的内部管理工作上有所引导。这一时期，非营利性民办学校开始注重学校内部管理工作，为提升办学质量和健康可持续发展奠定基础。一方面，民办学校开始注重教师队伍建设，努力提升专职教师的比例，引进优秀教师，增加教师专业培训与发展方面的经费投入，提升教师的学历水平和专业能力。各级各类民办教育机构的专任教师队伍逐渐壮大。2003～2015年，非营利性民办普通高校的专任教师比例从全国6.92%升至19.38%；小学的专任教师比例从2.06%上升至6.19%；幼儿园的专任教师比例从37.33%升至61.98%。[1] 另一方面，多数学校根据《民办教育促进法》，逐步建立规范的董事会、理事会等决策机构；完善学校章程、规章制度；组建教师工会、教职工代表大会等组织。

此外，这一时期，各级各类民办学校队伍不断壮大的同时，竞争也异常激烈，公办学校与民办学校之间、不同民办学校之间的生源之争尤其激烈。这一时期，部分难以化解生存危机的民办学校走向倒闭，而另一部分非营利性民办学校在办学行为上追求特色创新，以谋求发展新局面。以非营利性民办幼儿园为例，部分幼儿园更新教育理念，提倡幼儿平等、快乐、全面地发展，开辟丰富多彩的交流学习活动，引进儿童心理学知识设计和制定学生能力培养方案，注重幼儿思维能力、动手能力、社交能力等方面的培养，开创特色课程，引进信息化管理。另一部分民办幼儿园发挥社会资本优势，构建多功能的幼儿教育中心。北京市汇佳幼儿园建立起包括幼儿园、儿童馆、幼儿社区教育中心、幼儿教育研究中心在内的一体化连锁教育机构。[2]

（二）创新突破、多主体混合的办学体制

随着国家对民办教育的重视程度不断提高，国家层面对民办学校办学的支持性政策越来越丰富，不同主体合作办学的形式多样化趋势明显，合作的深度及广度也不断加强。这一时期，在既有"国有民办"办学体制的基础上，基础教育阶段和高等教育阶段分别衍生出"名校办民校""独立学院"两种新型办学体制。

---

[1] 周海涛：《中国教育改革开放40年：民办教育卷》，北京师范大学出版社2019年版。
[2] 线联平：《北京市民办教育发展研究》，北京出版社2006年版。

1. 名校办民校

名校办民校最初是在"公办民助""民办公助"的转制改革背景下发展起来的，是国有民办体制改革实验的衍生产物。2004 年，为了规范"名校办民校"的办学行为，整顿治理部分失序乱象，《民办教育促进法实施条例》明确规定，"公办学校参与举办民办学校不得利用国家财政性经费，不得影响公办学校正常的教育教学活动，并应当获得主管教育行政部门或者劳动和社会保障行政部门的审批与准许。公办学校参与举办的民办学校应当具有独立的法人资格，具有与公办学校相分离的校园和基本教育教学设施，实行独立财务会计制度，独立招生，独立颁发学业证书。"[1] 这一规定虽然规范了公办学校举办民办学校的具体行为，但同时也确保了这一办学体制的合法性。因而，全国范围内形成公办名校举办民办学校的热潮。

名校办民校主要包括三种形式：第一，依靠公办学校品牌效应，公办学校向企业或其他社会力量出售"品牌使用权"，以"XX 附中"或"XX 附小"的形式开办民办学校。例如，北京中地公司曾与中国人民大学附属小学签订《合作办学意向书》，约定由中地公司筹办民办中学，中国人民大学附属小学不参与民办学校具体办学，但允许该民办学校使用"中国人民大学附属小学分校"名称，但中地公司必须每年向中国人民大学附属小学支付五十万元的合作经费。[2] 第二，名牌公办学校与企业、社会团体联合举办民办学校。第三，公办学校实行"一校两制"，在规定招生计划中，增设"民办招生班"单独招生。在国家办学力量有限的背景下，名校办民校不仅有利于激发社会力量办学的积极性，一定程度上缓解资源不足的问题，还满足人民的多元选择需求。但与"公办民助"和"民办公助"重点关注薄弱学校不同，"名校办民校"主要依托名牌公办学校的品牌效应增加办学收益，容易加剧基础教育市场的不公平，滋生欺骗消费者行为。另外，由于部分学校无法实现"举办权"和"办学权"分离，"一校两制"带来的政策与法律空隙，为非法转移财产、偷税漏税、谋取私利提供了机会，不仅造成国有资产流失，还严重扰乱教育规划与布局，影响办学秩序。[3]

名校办民校带来的乱象与问题，引起了政府、社会和学术界的普遍关注，要求抵制和整改这一办学体制的声音越来越多。因此，《关于进一步推进义务教育均衡发展的若干意见（2005）》《义务教育法（2006）》等政策条例均提出要严格规范名校办民校的具体办学行为，严禁"校中校""班中班"等一校两制的办学

---

① 《中华人民共和国民办教育促进法实施条例》，载于《人民日报》，2004 年 3 月 19 日。
② 胡大白：《中国民办教育通史（当代卷）》，社会科学文献出版社 2019 年版。
③ 刘志华、孙剑：《名校办民校办成"挂牌名校"》，载于《广州日报》，2004 年 2 月 13 日。

行为。[1] 以天津、山西、江苏等为代表的地方政府开始了全面清理和整顿依托重点公办学校举办的民办学校，责令改制成公办学校或实现"招生、办学、校园、财务"等工作的完全独立。尽管如此，规范与引导其健康发展仍是主基调。

2. 独立学院

在我国高等教育大众化背景下，国家经费难以完全满足日益扩大的高等教育需求，公办高等教育体系也难以完全容纳扩招后的生源，为弥补公办高等教育资源的不足，独立学院应运而生。独立学院是由普通高等学校和社会力量合作举办，主要由社会资本筹建，依靠母体学校品牌、师资、设备等教育资源办学。例如，中山大学南方学院由中山大学与广东珠江投资股份有限公司联合创办；贵州财经大学商务学院由贵州财经大学与四川希望教育集团联合创办。据统计，截至2014 年，全国共有 283 所独立学院。[2]

由于社会认同度不高、体制机制不完善、缺乏办学经验等原因，独立学院最初的发展速度缓慢，办学条件、层次、质量不理想等问题较为凸显。2003 年，教育部《关于规范并加强普通高校以新的机制和模式试办独立学院管理的若干意见》明确提出，"独立学院是普通高校按照新机制、新模式举办的本科层次的二级学院"，[3] 独立学院实行民办学校体制，作为独立法人承担民事责任，同时独立校园办学、独立招生、独立展开教学管理、独立颁发学历证书、建立独立财会制度。[4] 独立学院作为体制改革创新的产物，一定时期内为推动高等教育大众化进程、满足人民多元教育需求、促进民办高校发展作出了杰出贡献。同时，随着民办高等教育高质量发展趋势日渐明显，独立学院体制的问题及与时代发展的不适应性逐渐暴露出来。为促进独立学院的规范转型和健康发展，支撑高等教育大众化进程的稳步推进。2008 年，教育部颁发《独立学院设置与管理办法》，进一步明确了独立学院的性质，并在设立、组织、活动、管理、终止等方面引导独立学院向民办普通高校转型，设置 5 年转设过渡期，要求独立学院在过渡期内加快充实办学条件，加快转设进度。[5]

---

[1] 罗士琰、陈朝东、宋乃庆：《"名校办民校"的有关问题及对策》，载于《中国教育学刊》2015 年第 4 期。

[2] 中华人民共和国教育部政府门户网站：《各级各类学校校数、教职工、专任教师情况》，2015 - 08 - 31，http://www.moe.gov.cn/jyb_sjzl/moe_560/jytjsj_2014/2014_qg/201508/t20150831_204489.html.

[3] 焦新：《教育部印发〈关于规范并加强普通高校以新的机制和模式试办独立学院管理的若干意见〉》，载于《中国教育报》，2003 年 5 月 15 日。

[4] 钟秉林、周海涛：《独立学院发展再审视》，载于《教育研究》2019 年第 4 期。

[5] 《独立学院设置与管理办法》，载于《吉林政报》2008 年第 6 期。

（三）各级各类非营利性民办学校的改革与发展

1. 民办幼儿园

根据统计数据，非营利性民办幼儿园总量全国占比从 2003 年的 47.72% 增加到 2015 年的 65.44%，在校生从 48.02 万人增至 4 264.83 万人，全国占比从 23.96% 上升至 54%。① 这一时期，非营利性民办幼儿园的数量逐年攀升，规模不断扩大，与公办幼儿园二足鼎立，在学前教育系统中的地位越来越突出。在具体办学行为上，一方面，非营利性民办幼儿园越来越重视办学质量，在提高专职教师比例和改善师生比例等方面加大投入。这一时期非营利性民办幼儿园的专任教师队伍从 22.88 万人扩充到 127.12 万人，涨幅 4.56 倍。② 另一方面，部分非营利性民办幼儿园因灵活的教学形式、多样化的教育服务、优质的教学质量，收获了良好的办学声誉，为广大学生与家长提供了更多元的选择和更优质的服务，提升了非营利性民办幼儿园的社会地位。

同时，非营利性民办幼儿园也迎来改革期的挑战。《教育发展与规划》提出，要大力发展公办幼儿园，积极扶持民办幼儿园，努力实现民办教育普及化目标。2010 年，《国务院关于当前发展学前教育若干意见》颁布学前教育"国十条"，要求建立"广覆盖、保基本"的学前教育服务体系，要求全国各地尽快完成学前教育现状调查，并制定三年行动计划，加快幼儿园扩建工作，缓解"入园难"问题。另一方面，《国务院关于当前发展学前教育若干意见》指出，各地方政府应继续鼓励社会力量办幼儿园，并通过购买服务、减免租金、以奖代补、派驻公办教师等方式，引导和支持社会力量创办低收费、低门槛的普惠性民办幼儿园。③ "国十条"的颁布对非营利性民办幼儿园办学产生较大影响。一方面，政府大规模建设公办幼儿园，一定程度上压缩了非营利性民办幼儿园的生存空间。2003～2015 年期间，非营利性民办幼儿园在 2011 年全国占比达到峰值 69.21%，2011～2015 年间，尽管民办幼儿园数量仍逐年增加，但民办幼儿园的全国占比开始逐年降低，说明全国幼儿园总体规模在不断扩大。④ 另一方面，政府首次提出普惠性民办园建设，引导现有民办幼儿园转型为普惠性民办园，但相关政策并未对普惠性幼儿园的性质、办学标准、资产权属、奖助补贴政策、招生收费标准、内部管理等做出明确规定。因而，社会力量在投资办学时仍持观望态度，现有非营利性民办幼儿园也面临抉择。

---

① 周海涛：《中国教育改革开放 40 年：民办教育卷》，北京师范大学出版社 2019 年版。
②④ 周海涛：《中国教育改革 40 年：民办教育》，科学出版社 2018 年版。
③ 苏令：《"国十条"如何化解"入园难"》，载于《中国教育报》，2010 年 12 月 30 日。

2. 民办普通中小学

2003~2015 年，民办基础教育机构均经历波折。非营利性民办普通高中、初中、小学的数量呈"M"形变化趋势。2003~2006 年，民办普通高中数量不断上升，达到 3 246 所，2007 年开始以较快的速度下降，2012 年最低降至 2 371 所。[①]非营利性民办普通高中的数量变化主要原因有二：第一，国家加强了对中等职业教育的重视程度和支持力度，中等职业教育机构规模的增加对非营利性民办普通高中的生源规模有所威胁；第二，政府对公办高中办学质量的重视和监督力度加强，大力推进公办示范性高中建设工作，对非营利性民办普通高中造成一定冲击。2012 年以后，非营利性民办普通高中的数量开始缓慢回升。

2003~2005 年，非营利性民办普通初中与小学数量呈快速增长趋势，两年内的增幅分别为 26.22% 和 9.97%。[②] 2006 年，修订版《中华人民共和国义务教育法》（以下简称《义务教育法》）开始施行，进一步强调了在全国范围内实施义务教育，保证适龄儿童的就学问题，并强调了推动义务教育均衡发展，尤其指出加强农村和偏远地区义务教育的落实力度，强化农村公办中小学的办学质量。[③]修订版《义务教育法》的施行，不仅提升了不同地区公办中小学的办学经费，也促进公办中小学的办学质量不断增加，越来越多的适龄儿童进入公办中小学学习。因此，非营利性民办普通初中与小学的生源规模越来越小，同时办学成本也越来越高。2006~2013 年，非营利性民办普通初中与小学的数量逐年下降，截至 2013 年，非营利性民办普通初中的总数从 4 608 所下降至 4 535 所，小学从 6 242 所下降至 5 407 所。[④] 2014 年以后，非营利性民办普通初中与小学的数量开始回升。

非营利性民办普通中小学的数量有所起伏，办学行为随发展需求不断转变。一方面，办学规模不断扩大。尽管非营利性民办学校在校生总数有增有减，但非营利性民办普通中小学尤其初中和小学的在校生数量仍在上升。这说明，非营利性民办普通中小学单位在校生数量增加，学校办学规模有所扩大。另一方面，适龄人口规模锐减、义务教育政策和公办基础教育扶持政策都对非营利性民办普通中小学的办学造成生源威胁和质量威胁，非营利性民办普通中小学必须提高办学质量，形成办学特色，以吸引优质生源，化解办学危机。部分非营利性民办普通初中和小学以国际化办学、双语教学、素质教学等多样化的教育服务为突破口。

3. 民办职业中学

1987~2002 年，尽管非营利性民办职业中学数量快速增长，逐渐规模化，但

---

① ② 周海涛：《中国教育改革 40 年：民办教育》，科学出版社 2018 年版。

③ 《中华人民共和国义务教育法》，载于《中华人民共和国全国人民代表大会常务委员会公报》2006 年第 6 期。

④ 周海涛：《中国教育改革开放 40 年：民办教育卷》，北京师范大学出版社 2019 年版。

我国中等职业教育的总体发展速度缓慢，社会发展对大量高素质劳动者的需求难以得到满足。2005 年，为推动中等职业教育的发展，《教育部关于加快发展中等职业教育的意见》指出，"力争 2005 年中等职业学校招生人数在 2004 年的基础上增加 100 万，达到 650 万，经过几年的努力，到 2007 年，中等职业教育和普通高中教育规模大体相当，实现中等职业教育快速健康持续发展"。① 2006 年 11 月，《国务院关于大力发展职业教育的决定》指出，要在经费支持、办学用地等方面大力支持中等职业教育。2007 年 5 月，《国家教育事业发展"十一五"规划纲要》进一步强调重点发展中等职业教育。这三项重点文件和相关配套政策的出台，大大促进了中等职业教育的发展。2003～2008 年期间，非营利性民办职业中学的数量快速增长，2008 年总数为 3 234 所，占全国高中总数的 21.78%，在校生占比 13.98%。② 这一时期，非营利性民办职业中学在具体办学方面也有所创新和突破。一方面，积极探索公办民助、民办公助、转制学校、股份制办学等多元化办学体制；另一方面，非营利性民办职业中学响应政策，积极尝试"学分银行""半工半读"等新型办学形式，试图以更加灵活的形式吸纳更多生源。

尽管如此，非营利性民办职业中学的发展仍面临困境。一方面，受传统"学而优则仕"观念和"重学历轻技术"思想的影响，中等职业教育在社会层面的认可度仍不高，在招生环节存在先天劣势。另一方面，部分学校仍停留在创业期，"生源紧张""师资紧张""经费紧张""校舍紧张"造成办学条件不容乐观，办学质量不佳。③ 2009 年开始，非营利性民办职业中学的数量开始减少，整体规模逐年萎缩。2015 年，非营利性民办职业中学总数仅为 11 200 所，较 2010 年减少 898 所，招生数与在校生数分别为 601.25 万人、1 656.70 万人，比 2010 年分别减少 42.26 万人和 123.62 万人。④

4. 民办高校

国家高等教育扩招政策促进了我国高等教育的大众化进程，高等教育逐渐成为大众消费品，非营利性民办高校在其中发挥重要作用。为促进非营利性民办高校的规范发展和质量提升，国家颁布了《关于加强民办高校规范管理引导民办高等教育健康发展的通知》《民办院校内涵建设考核指标体系》《民办高等学校办学管理若干规定》《关于加快发展现代职业教育的决定》等重要新政，《教育规划纲要》也对非营利性民办高校的改革与发展做出重要指示。根据统计数据显

---

① 《教育部关于加快发展中等职业教育的意见》，载于《中华人民共和国教育部公报》2005 年第 4 期。
② 周海涛：《中国教育改革 40 年：民办教育》，科学出版社 2018 年版。
③ 杨生斌、侯普育、黄勇虎：《民办中等职业教育发展战略研究》，载于《教育与职业》2006 年第 30 期。
④ 周凤华：《民办职业教育的现状分析与策略研究》，载于《中国职业技术教育》2017 年第 6 期。

示，2003～2015 年期间，全国民办普通高校总数从 175 所增至 734 所，涨幅 3.19 倍，全国占比从 11.28% 上升至 28.67%。①

在具体办学方面，这一时期民办高等教育取得了重要成绩。一方面，产生了新型办学体制——独立学院，为拓展办学资金来源、提升办学层次、丰富优质办学资源提供了新思路。另一方面，这一时期办学层次不断提升，办学层次在本科及以上的非营利性民办高校比例大大增加。2011 年，北京城市学院、河北传媒学院、黑龙江东方学院、吉林华侨外国语学院、西京学院 5 所民办高校获批教育部授予的研究生培养资格。② 2012 年后，非营利性民办高校开始小范围实施硕士研究生培养工作。2012～2015 年，非营利性民办高校的硕士研究生在校人数从 155 人增至 509 人。③ 此外，为满足高等职业技术人才的需求，《关于加快发展现代职业教育的决定》要求，将一批本科院校转型成应用技术型高校，举办高等职业教育。这一背景下，大量的非营利性民办高校开始转型，另有一批非营利性民办职业中学完成升级，转型为非营利性民办高等职业学校。这一时期许多民办高校开始举办民办教育研究机构，进行民办教育学术研究工作。如黄河科技学院民办教育研究所、浙江树人学院民办教育研究所等。

三、办学模式的阶段性特征

依法改革期，虽然非营利性民办学校面临改革的挑战和更加激烈的竞争，但总体上，非营利性民办学校办学模式在享受政策和法律双重红利下，越来越规范，办学体制也更加灵活，市场和社会力量办学的体制机制优越性越来越明显。具体而言，呈现以下阶段性特征。

（一）明确非营利性属性与合理回报问题

不以营利为目的；组织的利润不归举办者所有或用于成员分配分红；组织资产具有公共性，不可转为私人资产，是认定非营利性组织的重要标准。④ 但是从我国非营利性民办学校的学校办学和政府治理出发，国家法律与政策对非营利性民办学校的组织属性作出创新性规定。从学校办学层面看，市场化背景下私有资本的逐利性倾向不断加强，对"教育公益性"价值前提产生一定冲击。为了缓和

---

① 根据《中国民办教育通史（当代卷）》的数据整理而得。
② 杨玉新：《民办高校研究生教育面临的机遇与挑战》，载于《经济研究导刊》2013 年第 26 期。
③ 胡大白：《中国民办教育通史（当代卷）》，社会科学文献出版社 2019 年版。
④ 刘磊：《民办高等教育属性界定演变路径依赖与突破的博弈研究——基于 1978 年以来国家政策法规文本的历史制度主义分析》，载于《中国高教研究》2018 年第 7 期。

资本逐利性与教育公益性的矛盾，同时增强私有资本入驻民办教育事业的积极性，增强社会力量参与办学的活力，在坚持同一性公平和保障办学社会效益的基础上，国家法律允许举办者取得合理回报，兼顾多元性公平与办学的经济效益。从国家治理出发，面对调动积极性与保障公益性的双重任务，2002 年，《民办教育促进法》强调"民办教育事业属于公益性事业"，并删除了"不以营利为目的"的规定，将"合理回报"解读宣传为一种鼓励与奖励措施。非营利性身份与合理回报合法化的结合是我国特定教育背景和特殊国情的创造性尝试，为满足双重需求提供了制度层面的合法化空间，增强包容性；更为趋利性与公益性的矛盾冲突开辟了弹性缓冲地带，增强灵活性，是两难情境下的策略性选择。

（二）分类管理改革端倪初现

依法改革期，针对民办学校办学开始出现分类管理与差别化扶持的新势头。一方面，《民办教育促进法》根据出资人是否要求合理回报将民办学校划分为四种类型，并在税费要求和相关管理方面做出差异性规定。另一方面，"十二五"期间国家开始在上海、浙江、深圳和吉林华侨外国语学院开始民办学校分类管理的试点改革工作。2013～2015 年三年的《教育部工作要点》均指出，要总结营利性与非营利性民办学校分类管理试点经验；推进民办学校分类改革，探索在政府支持、税费优惠、捐资奖励等方面构建差异化扶持政策；研究制定民办学校分类管理配套政策。2015 年全国教育工作会议上，教育部领导人再次重申推进分类管理、建立差别化扶持政策、健全相应管理保障制度的重要性和必要性。民办学校分类管理的趋势愈益明显，对非营利性民办学校办学行为的管理更加精细化。

（三）办学重点从规模扩张逐渐转向质量提升

起步发展和规模扩张时期之后，受多种因素的综合影响，依法改革期非营利性民办学校的办学重点从规模扩张逐渐转向质量提升。第一，国家政策和法律积极引导非营利性民办学校规范办学，完善内部制度，提高管理水平，促进办学质量的提升。第二，由于适龄人口的减少，非营利性民办学校面临生源危机。第三，非营利性民办学校的生存空间缩小，办学竞争更为激烈。一方面，国家整体教育事业的大发展，各级各类公办学校数量大量增长，办学质量也有所提升。另一方面，非营利性民办学校之间的竞争越来越激烈。在上述作用的综合影响下，非营利性民办学校必须在改革中树立品牌意识，提升办学质量，挖掘办学特色，以在严峻的生存环境中获得更多的生存空间。

第四节　分类管理期的办学模式（2016 年至今）

一、政策环境及发展概况

"非营利性"与"合理回报"起到了鼓励捐资办学和规范营利行为的阶段性作用，但由于我国民办学校"投资办学"为主的现状仍未改变，[①] 私有资本投资的保值增值天性，使得这种制度化安排出现了新问题。非营利性属性带来税费、扶持等方面的政策优惠与奖励，与"合理回报"合法性共同形成了双重诱惑，给部分举办者钻法律空隙提供了可乘之机，出现了借"非营利性"之名，行"营利"之实，大肆牟利的情况，严重扰乱办学秩序，引起政府和社会的广泛关注。

为彻底厘清民办学校的组织属性，整顿办学乱象。2010 年，《教育发展与规划》提出展开非营利性、营利性民办学校分类管理的改革试点工作。在总结试点改革经验的基础上，2016 年 11 月 7 日，《中华人民共和国民办教育促进法》修订版（以下简称"新《民办教育促进法》"）规定："民办学校的举办者可自主选择设立非营利性民办学校或营利性民办学校，但不得设立义务教育阶段的营利性民办学校。非营利性民办学校的举办者不得取得办学收益，办学结余全部用于办学"。[②] 至此，民办学校分类管理从积极探索走向全面施行。2016 年 12 月 29 日，国务院发布《国务院关于鼓励社会力量兴办教育促进民办教育健康发展的若干意见》（以下简称"国务院 30 条"），制定了非营利性和营利性民办学校在政府补贴、政府购买服务、基金奖励、捐资激励、土地划拨、税费减免、分类收费等方面的差别化政策规定，为民办学校的分类管理改革提供了一套行动方案。[③] 《民办学校分类登记实施细则》（以下简称"《分类登记细则》"）、《营利性民办学校监督管理实施细则》陆续颁布，进一步细化了民办学校分类登记的具体方案和分类管理要求。根据规定，选择登记为非营利性民办学校包括民办非企业单位和民

---

① 别敦荣、石猛：《民办高校实施分类管理政策面临的困境及其完善策略》，载于《高等教育研究》2020 年第 3 期。

② 《全国人民代表大会常务委员会关于修改〈中华人民共和国民办教育促进法〉的决定》，载于《中华人民共和国全国人民代表大会常务委员会公报》2016 年第 6 期。

③ 中华人民共和国教育部：《国务院关于鼓励社会力量兴办教育促进民办教育健康发展的若干意见》，2017－01－18，http://www.moe.gov.cn/jyb_xxgk/moe_1777/moe_1778/201701/t20170118_295161.html。

办事业单位两种，前者在民政部门登记为民办非企业法人，后者在事业单位登记机关登记为民办事业法人，选择登记为营利性民办学校在工商管理部门登记为企业法人。《民办学校分类登记实施细则》（以下简称《分类登记细则》）还进一步规定了新设民办学校和现有民办学校的具体登记程序及要求。[①] 《营利性民办学校监督管理实施细则》对营利性民办学校的设立程序与条件、内部组织机构、教育教学活动、财务资产制度、信息公开与审查、终止与变更、监督与处罚作出了规定。[②] 此后，全国各省市和地区陆续制定了地方性的分类登记细则，并为民办学校分类登记工作的展开设置一定的过渡期。新《民办教育促进法》为分类改革提供了法源性基础，"国务院30条"为分类改革提供了初步的行动方案，《分类登记细则》对分类管理的前置环节——登记进行了原则性规定。

民办学校分类管理改革是"牵一发而动全身"的改革行动，一方面，我国民办学校长期以非营利性民办学校为主，缺乏分类管理的实践经验基础。试点改革的实践经验本身因不同地区情况的差异而推广性有限。另一方面，既有政策文件和规定的以原则性规定为主，给予地方政府较大的自主探索权。但由于部分地方政府的政策制定工作相对滞后，政策规定的可操作性相对较弱，导致分类登记与管理工作的进度缓慢，政策落实有难度。据统计，截至2021年3月，全国共有31个省份制定了鼓励社会力量兴办民办教育的地方性实施意见；另有23个省市制定了地方性的民办学校分类登记细则；仅有15个省（区、市）制定了针对营利性民办学校的监督管理办法。在地方政策的具体内容上，大部分省市的文件内容与结构基本遵循国家相应政策的设计思路与结构布局，内容创新严重不足，细化程度不够。分类登记后不同类型民办学校如何管理？税费具体如何缴纳？办学结余怎么界定？现有学校变更登记是否可获得最初出资金额或取代补偿奖励？学校终止程序如何？这些问题的答案均不明确，各省市普遍存在拖后登记手续、持币观望的现象。

分类管理与改革面临的现实困境，引起民办教育领域甚至教育领域的重点讨论，这一时期民办教育方面的学术研讨和论文发表活动空前活跃。根据不完全统计，截至2020年，主题包含"民办""分类管理"且全文包含"分类登记"的文献，搜索到356篇，其中博士论文11篇，硕士论文33篇。相关论文主题涉及民办学校分类登记制度设计、举办者诉求及权益等内容，具体讨论了分类管理制度、举办者、合理回报、办学结余、法人属性、扶持政策、法人财产权、制度设

[①] 中华人民共和国教育部：《民办学校分类登记实施细则》，2020 – 01 – 18，http：//www. moe. gov. cn/srcsite/A03/s3014/201701/t20170118_295142. html。

[②] 中华人民共和国教育部：《营利性民办学校监督管理实施细则》，2020 – 01 – 18，http：//www. moe. gov. cn/srcsite/A03/s3014/201701/t20170118_295144. html。

计、法律规制、税收优惠政策、补偿奖励等问题。

为进一步推动民办学校分类改革工作的顺利实施，2018 年开始，国家开始组织专家修订《中华人民共和国民办教育促进法实施条例》，并向社会各界广泛征求意见。基于丰富学术成果的理论指导、分类改革实践经验的总结和若干轮社会意见的征集，2021 年 4 月 7 日，国务院发布《民办教育促进法实施条例》（修订版），重点强调了民办学校的公益性原则，进一步明确了民办学校举办者不得以"品牌输出"、收取管理费等方式获得办学收益。《民办教育促进法实施条例》还增加数条规定，对不同性质民办学校拥有控制权的举办者直接或间接获取办学收益、协议控制和兼并收购义务教育阶段非营利性学校等不合理办学行为进行明确定性并表明禁止态度，以整顿通过资本运作控制非营利性学校进行获利的行为。《民办教育促进法实施条例》进一步完善了不同类型民办学校，在财政扶持、税收优惠、用地保障、风险保障、招生收费、关联交易等方面的差别化政策体系。[①] 至此，民办学校分类管理的政策框架基本架构完成，分类管理改革行动推至新阶段。

这一时期，国家法律明确了非营利性民办学校的组织属性，从原有非营利性民办学校队伍中，依法引导部分学校自主登记为营利性民办学校，既从法律和制度层面解决了非营利性民办学校身份尴尬与管理困难方面的困境，也为非营利性民办学校提供了系统化的扶持奖励政策，非营利性民办学校发展迎来新机遇。同时，完成登记的非营利性民办学校虽然具备更好的办学环境和法律政策支持，但如何在公办学校、营利性民办学校之间凸显自身的亮点特色，在具体办学方面加强内涵式探索与建设，成为非营利性民办学校办学的新挑战。总体上，这一时期非营利性民办学校的组织属性进一步明确，公益性与逐利性的矛盾彻底厘清；形成"公益办学、内涵式发展"的办学理念；形成了全面完善的办学体制格局；各级各类非营利性民办学校均在办学定位、师资队伍管理、内部治理、课堂教学、专业设置等方面采取措施，追求办学高质量，积极探索内涵式发展的道路。

二、办学状况的整体性特征

这一阶段，面对民办教育发展遇到的深层体制机制瓶颈，国家明确了对民办教育实施营利性和非营利性分类管理的政策要求，在破解了掣肘民办教育健康发展制度障碍的同时，不断完善国家分类支持政策体系，为民办学校尤其是非营利

---

① 《中华人民共和国民办教育促进法实施条例》，载于《中华人民共和国国务院公报》2021 年第 15 期。

性民办学校发展创造了良好制度环境，非营利性民办学校迎来新的发展机遇。

（一）公益办学、内涵式发展的办学理念

新《民办教育促进法》《民办教育促进法实施条例》和"国务院30条"进一步明晰了非营利性民办学校的公益性原则，承认了部分民办学校营利的合法性，从根本上厘清了我国民办学校教育事业公益性与营利性的矛盾冲突。具体来看，非营利性民办学校不得获取办学收益，办学结余须全部用于学校办学；义务教育阶段的民办学校只能选择登记为非营利性民办学校；非营利性民办学校享受与公办学校同等的税费优惠政策、办学用地政策、人才引进政策；并通过政府补贴、政府购买服务、土地划拨、基金奖励、税费减免、捐资激励等方面获得政府扶持，非营利性民办学校公益办学的方向与理念更加明确。

明确公益办学的基本理念后，如何实现外延式扩张向内涵式发展的模式转变，是非营利性民办学校更好地实现人才培养和社会贡献目标的关键。此外，非营利性、营利性民办学校属性的明确划分，实现公益性与市场规律双导向，为解决非营利性民办学校在法人属性、产权归属、教师地位、学生权益等内部治理方面的既有问题减轻了阻力，更为非营利性民办学校提升管理质量奠定了基础。因此，分类管理时期，越来越多的非营利性民办学校不断地从明确学校发展定位、树立科学特色理念、系统规划学校发展、优化决策管理结构、改善教师队伍机构、提升教师专业实力、积极保护师生权益、更新教学基础设备、拓展学生发展领域等方面，探索高质量、内涵式发展道路。

（二）全面完善的办学体制格局

分类管理后，非营利性民办学校的办学体制以个人办学、联合办学、国有民办、企业办学、基金会办学为主，也产生了无举办者办学的新型办学体制。现有的办学体制，大致可以分为四类：无举办者、国有民办、民有民办、混合所有制。国有民办包括民办公助和公立转制学校两类；民有民办包括一个或多个自然人个体、事业单位、社会团体、民主党派、企业或教育集团、基金会等举办民办学校；混合所有制是由政府、事业单位、企业、个人等多方主体，以资本、知识、土地等要素合作举办民办学校的体制。

"无举办者办学"主要指民办学校没有具体的举办人，由发起人或代理人代为行使举办者职责，学校具体事务由董事会、校务会等决策机构决定的办学体制。2018年，司法部公布《中华人民共和国民办教育促进法实施条例（修订草案）（送审稿）》首次提出"鼓励社会力量依法设立基金会举办非营利性民办学校。以捐资等方式举办，不设举办者的非营利性民办学校，其办学过程中的举办

者权责由捐赠人、发起人或者其代理人履行"。① 2021 年修订版《民办教育促进法实施条例》再次明确鼓励举办者尝试这一新型办学体制。无举办者办学新体制的新尝试有利于打破民办学校"家族式"管理的禁锢,实现学校内部治理结构的及时调整和更新。总体上,分类管理期,非营利性民办学校基本形成了全面完善的办学体制格局。

(三) 各级各类非营利性民办学校的内涵式发展探索

这一时期,新法新政为各级各类非营利性民办学校在税费优惠、用地政策、教师保障等方面提供了法律保障和政策扶持,极大地改善了非营利性民办学校发展的政策环境。同时,非营利性民办学校的发展也面临更多的办学挑战。就办学竞争来说,相较于公办学校,非营利性民办学校虽然兼具公益性和体制机制优越性,但却缺乏稳定的生源和财政资助;另一方面,分类登记与管理后,营利性民办学校可从办学结余中获取一定比例的经济收益,相较之下,非营利性民办学校不仅对社会和市场资本的吸引力有所减弱。在具体运营和办学过程中,市场机制发挥作用的空间和经济基础均有所影响,这便降低了非营利性民办学校在与营利性民办学校竞争过程中的比较优势。总体而言,非营利性民办学校虽迎来发展的重要机遇,但同时面临的生存压力、竞争挑战越来越大,探索特色办学、内涵式发展模式的现实意义更为重大。

1. 非营利性民办幼儿园

分类管理政策下,出于政策理解不深入、发展局势不明朗、风险预期难预料等原因,全国范围内部分民办幼儿园仍处于观望阶段。目前作出非营利性选择的民办幼儿园大多是普惠性民办园、国有民办体制的幼儿园和新设幼儿园。登记为非营利性民办幼儿园后,不仅产权属性更加明晰,而且原有的普惠性幼儿园,以及部分办学规模小、运营困难的民办园将享有更多的政府扶持和保障,发展环境有了重要改善。

在具体办学运营上,"国务院 30 条"指出,"积极鼓励举办普惠性民办幼儿园,坚持科学保教,防止和纠正'小学化'现象"。② 《民办教育促进法实施条例》一方面,强调了民办幼儿园应遵循儿童心理发展的客观规律,设置和开发以游戏、活动为主的课程。另一方面,提出民办幼儿园应按照国家规定配比专任教师,并从学费收入中抽取一定比例建立专项基金,用于教师职业激励或增加待遇

---

① 司法部:《中华人民共和国民办教育促进法实施条例 (修订草案) (送审稿)》,2018 - 08 - 10,http://www.moj.gov.cn/government_public/content/2018 - 08/10/tzwj_38281.html.

② 中华人民共和国教育部:《国务院关于鼓励社会力量兴办教育促进民办教育健康发展的若干意见》,2017 - 01 - 18,http://www.moe.gov.cn/jyb_xxgk/moe_1777/moe_1778/201701/t20170118_295161.html.

保障。① 上述政策均从宏观、微观层面积极引导非营利性民办幼儿园完善内部治理和教学，促进内涵式发展。在这一背景下，分类管理阶段的非营利性民办幼儿园也采取行动，顺应学前教育国际化、快乐教育等趋势，积极构建包括游戏课程、语言表达课程、多元文化学习课程等丰富多彩的课程体系，以促进幼儿的思维提升和全方面发展，积极探索内涵式发展道路。以湖北省为例，2019 年，民办幼儿园共拥有专任教师 71 372 人，是 2010 年专任教师数量的 2.71 倍，师生比持下降趋势，且一直低于公办幼儿园。② 湖北省政府还加强了对非营利性民办幼儿园的监督与规范，制定了保教质量评估体系和教研指导网络，积极引导非营利性民办幼儿园开展课程教学改革、"小学化"现象纠偏、保教质量提升工程等活动。③

2. 非营利性民办普通中小学

为保障义务教育阶段的公益属性，维护义务教育阶段普通中小学的办学环境，新《民办教育促进法》明确规定，义务教育阶段不得举办营利性民办学校。义务教育阶段的民办普通中小学必须全部选择登记为非营利性民办学校；实行十二年一贯制的民办普通中小学，需按学段进行学校分割，高中阶段学校独立办学、独立运营。此外，新法新政也在法律层面保障非营利性民办普通中小学在税费缴纳、用地政策、人才引进政策、师生权益等方面与公办学校享有同等地位，大大促进了非营利性民办普通中小学社会地位的提高，更为内涵式发展做好铺垫。《民办教育促进法实施条例》对民办普通中小学的课程教学作出指导，"实施高中教育、义务教育的民办学校应基于国家课程标准开设有特色的课程，实施教育教学创新……实施普通高中教育的民办学校应当主要在学校所在设区的市范围内招生，符合省、自治区、直辖市人民政府教育行政部门有关规定的可以跨区域招生"。④

在办学方式改革方面，"国务院 30 条"指出，民办普通中小学校要执行国家课程方案和课程标准，坚持特色办学优质发展，满足多样化需求。⑤ 为充分吸纳优质生源和提高办学质量，非营利性民办普通中小学既努力提供课程、教学、校园文化、素质拓展活动等方面的优质教育服务，也积极创新教学模式。具体而言，在办学理念方面，非营利性民办普通高中树立公益性办学和特色服务的理

---

①④ 《中华人民共和国民办教育促进法实施条例》，载于《中华人民共和国国务院公报》2021 年第 15 期。

② 根据《中国民办教育通史（当代卷）》的数据整理而得。

③ 何丹：《民办幼儿园发展状况分析及对策研究——以湖北省民办幼儿园十年发展为例》，载于《湖北师范大学学报（哲学社会科学版）》2020 年第 6 期。

⑤ 中华人民共和国教育部：《国务院关于鼓励社会力量兴办教育促进民办教育健康发展的若干意见》，2017 – 01 – 18，http://www.moe.gov.cn/jyb_xxgk/moe_1777/moe_1778/201701/t20170118_295161.html。

念，明确学校定位和发展方向，多方位打造学校的品牌与形象，增强竞争力。部分非营利性民办普通高中更加强调学生主体性的复归，提高服务学生学习与发展的质量。在课程设计方面，非营利性民办普通高中不仅积极开发和设计促进学生知识与能力多维发展的学业课程体系，并开拓"第二课堂"，开展满足学生兴趣和发展需求的校园团体文化活动。在教师教学方面，非营利性民办普通中小学越来越注重教师知识与技能"输入""输出"双同步，既加强对教师专业素养与技能的培养，也积极鼓励经验丰富的教师大胆创新教学模式，积极尝试信息化教学、问题探究、团队合作等教学形式。部分非营利性民办普通中小学还积极引进"智慧教学"理念，依托智慧教室、信息化技术，开展"智慧教育"。

3. 非营利性民办职业中学

"国务院 30 条"指出，"鼓励学校根据国家战略需求和区域产业发展需要，依法依规设置和调整学科专业……鼓励中等职业学校与世界高水平同类学校在学科、专业、课程建设以及人才培养等方面开展交流"。[1]《民办教育促进法实施条例》指出，民办职业学校可在符合国家要求的情况下自主制定教师专业职务评聘工作。这些政策均为非营利性民办职业中学的办学方向、学科专业建设、教师队伍建设工作提供了政策依据，一定程度上扩大了非营利性民办职业中学的办学自主权。这一时期，非营利性民办职业中学在以往的经验基础上，积极探索出了具有中国特色的发展道路。在人才培养方面，紧跟时代需求，逐渐探索出包括产教融合、校企合作、订单培养、校中厂、厂中校、现代学徒制等在内的中等职业人才成长"立交桥"。[2] 在专业设置方面，积极回应国家经济结构调整和发展需要，努力组建高技术含量专业领域的理论和实践专家团队，通过校企合作、校校合作等方式，开设"新能源汽车""军工""网络空间""人工智能"等前沿专业，努力培养高素质职业人才。

4. 非营利性民办高校

"国务院 30 条"在办学自主权、收费管理、专业设置、招生管理等方面，对民办高校的发展作出相应规定，引导非营利性民办高校在符合国家标准和要求的情况下锐意创新，探索内涵式发展新道路。这一时期，非营利性民办高校的内涵式探索主要体现在资本结构、内部治理、人才队伍、制度建设、模式转变、育人方式、专业设置等方面。资本结构方面，逐步优化资本来源结构、投入结构，偏重人力资本投资，增加对教师专业发展、学校软件资源等方面的投入比例。内部

---

[1] 中华人民共和国教育部：《国务院关于鼓励社会力量兴办教育促进民办教育健康发展的若干意见》，2017 - 01 - 18，http：//www. moe. gov. cn/jyb_xxgk/moe_1777/moe_1778/201701/t20170118_295161. html。

[2] 吴泽友：《新形势下民办职业教育发展对策研究——以郑州电子科技中等专业学校发展为例》，载于《国家林业局管理干部学院学报》2018 年第 1 期。

治理方面，积极探索规范化、扁平化、服务型治理方式，提高内部治理质量。人才队伍方面，积极培养和引进青年教师人才，延长人才红利周期，提高专职教师质量，稳定骨干队伍。制度建设方面，从渐进式构建到全面化设计，努力推动内部治理制度落地落细，完善内涵制度建设。办学模式方面，从后发借鉴到特色创新，努力结合我国民办学校发展国情，探索中国非营利性民办高校的特色发展道路。育人方式方面，从静态培养到动态发展，增强培养模式的灵活性，关注学生思维与能力的动态提升。专业设置方面，从速成取向到精致取向，摒弃大而全的专业建设思路，追求小而精、专而深，打造学校自身的专业特色。总体上，非营利性民办高校努力在微观、中观层面积极探索内涵式办学与发展的道路。①

三、办学模式的阶段性特征

分类管理期，不论是办学地位、财政优惠等外部支持，还是教师地位、权益保障等内部治理方面，非营利性民办学校办学的法律和政策环境均有所改善，为非营利性民办学校的高质量办学与内涵式发展奠定基础。这一时期，非营利性民办学校的具体办学行为，在已有经验基础和实践探索中有所发展，取得了一定成就。总体上，呈现以下阶段性特征。

（一）教育事业"公益性"与资本投资"逐利性"的矛盾彻底厘清

2002 年，《民办教育促进法》立足我国民办教育发展的实际情况，创造性地提出"合理回报"，为刺激社会资本投资办学的活力，解决民办学校"非营利性"与资本趋利性的冲突提供了暂缓之策。但同时，也为部分趋利者依托民办学校平台偷税、漏税、非法运营资本等行为提供了灰色地带，威胁教育事业的基本秩序。进入分类管理时期，提质增效是非营利性民办学校办学的核心任务，明确非营利性民办学校的组织属性，厘清教育事业公益性与资本投资逐利性之间的矛盾，是明确非营利性民办学校办学的基本方向、巩固强化内部管理制度基础的关键。因此，2016 年，新《民办教育促进法》对非营利性、营利性民办学校的组织属性进行分类定位，既将营利性学校从非营利性学校中剥离，放开市场力量对营利性学校中的影响，并施以与企业法人相近的监管；又进一步完善非营利性民办学校办学的税费优惠、财政扶持、权益保障等制度。此后，非营利性民办学校教育事业"公益性"与资本投资"逐利性"的矛盾彻底厘清，为后期办学模式的调整，具体办学行为的展开奠定了基础。

---

① 周海涛、廖苑伶：《民办高校高质量发展的基础》，载于《复旦教育论坛》2021 年第 3 期。

（二）外延式扩张转向内涵式发展，注重现代学校制度建设

经过自主探索期的经验积累、整顿规范期的调整治理，非营利性民办学校队伍日益壮大，办学规模不断扩张，办学层次有所提升，在数量化指标上取得了重要成绩。进入依法改革期后，非营利性民办学校开始侧重办学质量，在具体办学行为上采取相应措施促进办学质量的提高，但由于"公益性"与"营利性"的冲突未解决，非营利性民办学校的产权属性、税费优惠等内容难以明晰，高质量发展面临诸多体制机制上的难点、堵点。分类改革期，彻底厘清"公益性"与"营利性"的矛盾，疏通了体制机制及具体管理方面的堵点问题。在此基础上，非营利性民办学校办学重点由外延式扩张转向内涵式发展。大部分非营利性民办学校越来越注重学校内部治理，积极建设包括学校章程、发展规划、董事会、党团组织、监督机构、教师发展基金、学生权益保护等在内的现代学校制度，优化内部权力机构、决策机构、管理机构，增强服务理念，提高内部效能。同时，非营利性民办学校在学科建设、专业设置、教学组织等方面，越来越摒弃"同质化"和"大而全"，追求"精细化"。

（三）办学行为的特色化、智能化、国际化趋势显现

面对越来越激烈的竞争，非营利性民办学校向内发力，提高内部治理效能的同时，也在积极探索提高办学的竞争优势。非营利性民办学校紧跟国际形势和市场需求变化趋势，充分利用社会力量办学的体制机制优势，在专业设置、课程开发、课堂教学等方面，开始特色化、智能化、国际化的实践探索。例如，北京某实验学校高中国际班，在课程教学中融入国际礼仪、比较文化、预科英语视听说等内容，提高学生跨文化理解能力和外语听读写能力。[1] 另外，部分非营利性民办普通中小学在课堂教学和课外拓展活动中，积极引进信息化技术、智能教学设备、多媒体资源，依托智能平台提高教学质量。另有学校依托地方乡土风情和学校历史文化资源，开发设计特色化的校本课程，打造特色品牌。

第五节　非营利性民办学校办学模式的演变逻辑与特征

非营利性民办学校的办学模式历经自主探索期、整顿规范期、依法改革期、

---

[1]　马镛：《传统与再生：中国私立和民办中小学的本土成长》，山东教育出版社2007年版。

分类管理期四个阶段。从"统一定位为非营利性属性，实践中对举办者获得经济收益未明确规定"，到"统一定位为非营利性属性，但举办者可获得合理回报"，再到"非营利性与营利性分类定位，非营利性民办学校不得获取办学收益，营利性民办学校依法取得办学收益"，非营利性民办学校的组织属性定位不断明确合理。从"艰苦奋斗、务实高效"，到"循章办学，保质保量"，"规范管理，特色发展"，再到"公益办学，内涵式发展"，非营利性民办学校的办学理念不断更新。随着政策环境的不断利好，社会资本量的日益增加、社会力量办学热情的持续高涨，非营利性民办学校形成了包括政府、个人、团体、企业、民主党派等多种主体，独立、联合、转制、混合制、股份合作制等多种形式的多元办学体制格局。各级各类非营利性民办学校，也在恢复起步、快速壮大、改革发展、内涵式探索的演进过程中，实现了办学规模和办学质量的双重发展。总体上，我国非营利性民办学校办学模式的变化与发展遵循一定的演进逻辑，呈现相应的演进特征。

一、非营利性民办学校组织属性定位的演进逻辑

组织属性影响非营利性民办学校办学模式的变化与发展，更奠定办学的基本方向、制度基础和内部管理基调。非营利性民办学校组织属性定位的阶段性演进，反映了统筹公平与效益的学校办学、政府治理、市场需求三方面的交织作用，具体体现为公平、效益、规范、需求四重逻辑的转变。

（一）公平逻辑

从学校办学层面看，与其他公办学校相同，非营利性民办学校首先是教育事业的组成部分，组织属性定位需从促进公平的办学取向出发，遵循相应的公平逻辑。罗尔斯认为，公平具有同一性公平和多元性公平两个维度，同一性公平坚持机会平等原则，强调统一标准的资源供给与制度安排；多元性公平从差异性原则出发，强调根据个体禀赋的不均衡性，差异化供给与安排资源。[①] 作为社会公共品的特殊类型，教育事业具有促进社会公平、缩小社会差距的调节器作用。非营利性民办学校组织属性定位的阶段变迁，反映了从以同一性公平为主，到兼顾多元性公平，再到同一性公平与多元性公平相统一的逻辑转变。

第一，以同一性公平为主。第一阶段，政策明确所有民办学校不得以营利为

---

① 易小明、赵永刚：《论效率的公平之维及其限度——以差异性正义与同一性正义理论为视角》，载于《天津社会科学》2010 年第 6 期。

目的，办学结余全部用于学校发展。将所有民办学校统一定位为非营利性组织，意在防止非法收费、非法牟利、非法资本运作等过度及违法营利行为，保护民办学校受教育者的合法权益，努力促进公办、民办学校受教育者在教育公益性方面的同一性公平。

第二，兼顾多元性公平。第二阶段，随着非营利性民办学校与市场机制的融合程度不断加深，私有资本的逐利性倾向愈加凸显，对"教育公益性"价值前提产生一定冲击。为满足非营利性民办学校的多元化办学及发展诉求，缓和资本逐利性与教育公益性的矛盾，《民办教育促进法（2002 年）》平衡各方诉求，允许举办者取得合理回报，在坚持同一性公平的基础上，尝试兼顾多元性公平。①

第三，同一性公平与多元性公平相统一。非营利性民办学校高质量发展，需要实现同一性公平与多元性公平的统一。第三阶段，《民办教育促进法（2016 年）》及相关政策强调，民办教育是公益性事业，非营利性民办学校办学应以教育公益性为主要导向。同时，实行非营利性与营利性民办学校分类管理，构建差别化政策体系，提供针对性资源支持与制度扶持，以助力非营利民办学校办学模式的多路径探索，助推教育服务供给的多样化、特色化趋势，努力实现非营利性民办学校的多元性发展公平，以及受教育者的多元性选择公平。在公益性基础上分类定位与管理，体现了同一性公平与多元性公平相统一的逻辑取向。

（二）效益逻辑

与公办学校不同，非营利性民办学校由私有资本资助，社会力量举办，既要考虑办学成本与收益，讲究经济效益；更要专注办学质量，优化教育服务职能，保障社会效益，组织属性定位需遵循相应的效益逻辑。不同时期外部环境与内部需求的变化，使得民办学校办学效益的侧重点有所不同。非营利性民办学校组织属性定位的阶段性演变，实质反映了从侧重办学社会效益，到兼顾经济效益，再到社会效益与经济效益相结合的逻辑转变。

第一，侧重社会效益。民办教育是教育事业的组成部分，非营利性民办学校办学的公益性、慈善性，使其具有扩大教育覆盖面，提供多元教育选择，增强教育公平，以及促进社会流动，提升公民能力与素养的社会效益。第一阶段，将民办学校统一定位为非营利性属性，旨在减少有损教育教学质量的营利性行为，是保障社会效益的现实选择。

第二，兼顾经济效益。我国非营利性民办学校以私人资本投资办学为主，捐

---

① 沈亚平、刘澜波：《模糊性治理：我国民办高等教育政策变迁的逻辑》，载于《现代教育管理》2021 年第 5 期。

资办学较少。私有资本的逐利本性，表现为对投资保值与增值效益的追求。[①] 统一定位为非营利性属性，在一定程度上影响非营利性民办学校资金来源的积极性和稳定性。同时，容易造成办学模式与市场需求脱节，限制体制机制优势的发挥。为增强社会力量参与办学的活力，调和资本逐利性与教育公益性的关系。第二阶段，在坚持非营利属性，保障社会效益的前提下，政策允许举办者取得合理回报，兼顾办学的经济效益。

第三，经济效益与社会效益相结合。经济效益与社会效益并非二元对立关系。有效的政策支持与引导，有助于经济效益与社会效益相结合。第三阶段，一方面，国家政策通过分类定位，明确非营利性民办学校的组织属性，强调提高教育教学质量的重要性，积极鼓励非营利性民办学校创新办学模式、强化办学特色、优化教师队伍建设、提高人才培养水平，以进一步增强非营利性民办学校办学的社会效益。另一方面，通过专项资金补助、基金奖励、捐资激励、金融扶持、税费减免、用地优惠等方式，加大对非营利性民办学校办学的扶持力度，拓宽办学经费来源，并引导非营利性民办学校基于办学成本与市场需求，建立办学成本核算制度、资金风险预警机制，保障办学收益的稳定性与安全性，实现经济效益与社会效益相结合。

（三）规范逻辑

从政府治理层面看，引导非营利性民办学校规范化发展是治理现代化的内在要求，非营利性民办学校组织属性定位遵循相应的规范逻辑。在事物发展初期或多重矛盾背景下，难免产生具有争议性的治理问题，对争议性问题的模糊化处理，是暂缓争议的策略性选择。但治理理论认为，政府治理是从模糊走向清晰，[②] 逐步规范化的过程，降低模糊性，增强规范性是主流趋势。非营利性民办学校组织属性定位的演变，体现了从模糊到规范的规范逻辑。

第一，非营利性定位的模糊化执行。我国民办教育经历从无到有的建设与发展过程。发展初期，一方面，由于发展基础薄弱、实践经验缺乏，针对民办学校的治理工作较长一段时间处于模糊化探索状态。另一方面，民办教育初期规模较小，对日益增长的多元化教育需求的补充作用有待强化。第一阶段，将民办学校统一定位为非营利性属性，但实践中并未明确规定和严格约束举办者的经济收益，为地方性政策执行与探索预留较大空间，为非营利性民办学校发展壮大创设相对灵活包容的环境。

[①] 李钊：《论民办高等教育公益性的实现》，载于《高等教育研究》2009 年第 9 期。
[②] 韩志明：《在模糊与清晰之间——国家治理的信息逻辑》，载于《中国行政管理》2017 年第 3 期。

第二，"非营利性"与"合理回报"的制度化安排。第二阶段，政府治理既要调动私有资本参与办学的积极性，进一步拓展非营利性民办学校教育服务供给的动力空间、规模空间与质量空间；更要适应社会发展的阶段性特征，保障教育事业的整体公益性。面对双重任务，《民办教育促进法（2002 年）》规定，民办学校不得以营利为目的，但非营利性民办学校举办者可在扣除办学成本、预留发展基金以及其他规定费用后，从办学结余中获得合理回报。[①] 删除"不以营利为目的"的规定，改以"民办教育事业属于公益性事业"这一相对温和的语义表述，并将"合理回报"宣传诠释为一种鼓励与奖励措施。政策规定的制度化安排，为满足双重需求提供制度层面的合法化空间，增强包容性；更为调和逐利性与公益性矛盾预留缓冲地带，增强灵活性，是遵循有限理性的策略选择。

第三，非营利性分类定位的规范化设计。第三阶段，非营利性民办学校的办学质量成为关键，规范化治理需求日益迫切。一方面，前一阶段的制度化安排，虽然有效暂缓了矛盾争议，但也加剧了产权不明晰、治理结构混乱、制度基础不稳定、配套机制难建设等问题的严重性，增加了教师薪资待遇与评聘考核、学生基本权益保障等工作的难度。另一方面，由于监督规范机制不完善，经济回报合理化可能导致部分非营利性民办学校的趋利性膨胀，更为灵活诠释政策提供便利性，加深了过度及违法营利行为的隐蔽性。为促进规范化定位与发展，《民办教育促进法（2016 年）》规定，实行非营利性、营利性分类定位。政策明确强调，非营利性民办学校不得取得办学收益，办学结余全部用于办学，并通过精细化分类登记、差别化财政扶持、分类用地与收费等系统化规范设计，进一步保障非营利性民办学校的公益属性。

（四）需求逻辑

从市场层面看，社会对非营利性民办学校办学的阶段性现实需求，作用于组织属性的变化过程，是推动组织属性定位标准演变的重要牵引力。非营利性民办学校组织属性定位遵循相应的需求逻辑。

第一，外延式扩张需求主导。第一阶段，民办学校办学处于自主探索期，由于缺乏法律约束和行政监管，出现"非法收费""虚假招生""降低办学成本"等办学乱象。1987 年，《社会力量办学财务管理暂行规定》指出，民办学校办学不以营利为目的。由于经济发展水平不高、市场机制不完善、社会信任感不高，一定程度上限制民办学校营利性发展的目的倾向，举办者的营利诉求相对较弱。处于起步期的非营利性民办学校，整体数量少、规模小、层次低，增加学校数

---

① 《中华人民共和国民办教育促进法》，载于《中华人民共和国国务院公报》2003 年第 2 期。

量、扩充整体规模，满足日益增长的教育需求是阶段性的主要任务。

第二，外延式扩张向内涵式发展的过渡需求。第二阶段，非营利性民办学校发展的社会环境有所变化。一方面，教育行业竞争更加激烈。随着规模快速扩张，各级各类非营利性民办学校在优秀生源、教师资源、办学质量等方面的竞争日趋激烈，淘汰率逐年攀升。加大办学投入，提升办学质量，增强竞争优势，成为办学模式转型、探索内涵式发展的关键，非营利性民办学校争取更多办学经费，增加办学收益的主观诉求更加强烈。另一方面，社会对非营利性民办学校办学的动力需求不断加强。《民办教育促进法（2002 年）》及《教育规划纲要》均强调，应积极调动全社会参与民办教育积极性，鼓励社会力量捐资办学，激发非营利性民办学校办学活力，推动办学模式创新，提高教育教学质量。在外部需求的变化驱动下，通过合理回报奖励办学质量高、特色明显、社会贡献显著的非营利性民办学校，激励非营利性民办学校加快办学模式转型，从外延式扩张向内涵式发展过渡。

第三，内涵式发展需求主导。第三阶段，社会对高质量教育服务的需求愈益强烈，民办教育进入提质增效的内涵式发展期。一方面，完善现代学校制度建设，增强治理效能，提升办学质量，是现阶段的主要需求。非营利性民办学校亟须夯实制度基础，优化治理体系，创新体制机制，突破产权不明晰、机制不健全、优势不突显等制度性障碍。明确非营利性民办学校的组织属性，推动分类定位的现实需求日趋强烈。另一方面，非营利性民办学校内涵式发展的观念自觉有所进步，平衡经济收益与公益性办学义务的意识有所增强。前一阶段的折中式探索，更为健全制度框架，完善监督机制，引导非营利性民办学校健康办学与分类发展，提供了实践经验基础，非营利性与营利性分类定位的时机相对成熟。

二、办学模式发展演变与经济发展紧密联系

整体上看，作为国家发展的组成部分，教育事业的发展受政治和经济的制约和影响，并反作用于政治和经济。对非营利性民办学校而言，社会经济发展对其办学模式的发展历程产生多方面的影响，具体体现在以下方面。

（一）经济体制转轨为非营利性民办学校办学和发展释放了空间

经济体制反映国家生产要素的所有关系和分配关系，隶属上层建筑的范畴。国家的经济体制影响着不同资本要素在经济生产活动中的比重，更影响不同经济成分的地位与功能。三大改造后，我国消灭了私有制和剥削，建立起公有制为主的社会主义计划经济体制。相应地，社会和市场私有资本举办的民办学校失去了

94

生存根基，走向沉寂。1978 年，党的十一届三中全会拉开了思想解放和改革开放的帷幕，我国开始探索既适合中国国情，又能满足社会发展需求的经济体制。1984 年，十二届三中全会《关于经济体制改革的决定》中明确，我国社会主义经济是建立在公有制基础上的有计划的商品经济，应在坚持全民所有制的基础上发展多样化的经济形式和经营方式。[①] 1992 年，第十四次全国代表大会明确在我国建立社会主义市场经济体制，经济体制正式转轨。

国家经济体制的转轨变迁直接影响了非营利性民办学校的办学定位和生存空间。第一，尽管建立了社会主义市场经济体制，但是市场经济的发展水平较低，社会主义市场经济的监管和运行机制仍处于摸索阶段。这一历史情况直接促使民办学校"公益性"办学的基本定位和原则。第二，经济体制的变化带动国家单一公办教育体制的变化。经济体制从完全公有制计划经济逐步转向社会主义市场经济，释放了一定的私有空间。私有资本逐步获得进入教育事业领域的机会，社会力量举办、私有资本投资和捐资的民办学校逐步恢复起步和发展。第三，更加灵活的社会主义市场经济体制确立以后，社会经济的发展不仅产生大量的人才需求，更推动劳动力需求结构的变化。单独依靠公办教育系统难以完全满足教育需求，作为公办教育系统的有益补充，非营利性民办学校获得相应的生存空间。

（二）经济发展水平的提升为非营利性民办学校办学提供了物质保障

经济发展水平的高低直接影响国民生产总值，进而影响教育经费的数额、社会私有资本量。经济发展水平越高，我国国民生产总值越高，社会资本量越多，政府和社会层面能投入教育事业的经费总量随之上升，非营利性民办学校办学和发展依赖的物质保障更有力。自主探索时期，我国社会经济水平较低，社会力量举办民办学校多以个人存款或社会团体小部分投资为主，学校运营资本较少，主要依赖学费收入。但受制于整体经济发展水平，非营利性民办学校生源的经济收入水平较低，因此，这一时期，非营利性民办学校的办学条件十分艰苦，基础设施不完备。随着社会主义市场经济的发展，国民经济水平整体有所提升，私营经济不断发展，非营利性民办学校办学的资本投入、经费资助、办学收益均有所保障。在这样的情况下，非营利性民办学校的办学规模不断扩张，办学硬件和软件设施不断更新，办学条件提高。未来社会经济发展水平的提升将进一步为非营利性民办学校的办学与发展提供更加强有力的物质保障。

---

① 《中共中央关于经济体制改革的决定》，载于《中华人民共和国国务院公报》1984 年第 26 期。

（三）经济结构和发展模式的变化带动了非营利性民办学校办学模式革新

劳动力人才培养工作是连接社会经济事业与教育事业的纽带。社会经济结构和发展模式，均会通过劳动力需求的结构和层次，影响非营利性民办学校的具体办学行为。这些影响既体现在办学理念、办学体制等中观层面，更体现在课程内容、专业设置、课堂教学等微观层面。一方面，社会经济结构的变化，直接影响社会劳动力结构或者职业结构的变化，进而影响非营利性民办学校的人才培养活动。例如，信息技术的进步催生互联网等信息技术产业的诞生，推动社会经济结构的变化。相应地，信息化和智能化逐渐成为非营利性民办学校办学理念的内涵之一，部分对人才市场需求变化相对敏锐的民办学校开始将信息素养提升纳入课程培养目标，部分中、高等职业学校和民办高校开始设置计算机技术、互联网技术、电子信息工程等计算机类专业。另一方面，社会经济发展模式的变化直接作用到非营利性民办学校的办学行为上。快速发展时期，我国经济发展取得了巨大的成就，但同时也造成了资源浪费严重、生态环境被破坏、产业结构失衡、城乡发展水平差距大等问题，整体上发展模式具有扩张型、粗放型、不可持续性等特征。这一阶段，我国非营利性民办学校的办学行为同样呈现数量增加快但结构失调、办学成果进步大但后劲不足、规模扩张迅速但质量不佳等特征。当我国社会经济发展模式进入粗放型经济向集约型经济、不可持续型经济向可持续型经济的转型阶段，非营利性民办学校的办学模式也相应变化，从规模扩张走向质量提升，从扩张式发展走向内涵式发展，从不可持续性发展走向可持续发展。

三、办学模式发展演变的具体特征

整体上看，在我国民办教育发展的整个过程中，非营利性民办学校办学模式得到了不断的调整和优化，民办教育实践探索与理论创新为非营利性民办学校办学模式创新提供了源源不断的改革动能，非营利性民办学校也在学习借鉴国外有益经验的基础上，不断探索着中国本土特色鲜明的办学模式。

（一）不同阶段各有侧重，办学模式不断调整

非营利性民办学校的发展是不断实践摸索的历程，办学资本的不稳定、经费的短缺、理论指导的缺位，促使非营利性民办学校在各阶段的办学模式发展中，均有所侧重。非营利性民办学校的发展自 1978 年恢复与起步，但整体上缺乏发

展经验和理论指导。自我探索时期，基础办学模式得到确定，拓展生源以站稳脚跟是重点。这一时期，非营利性民办学校秉承"艰苦奋斗，务实高效"的办学理念，以满足国家发展需要，服务社会大众教育需求为宗旨，在办学层次上贴合实际，在办学内容上精准对接，在办学形式上灵活多变。这一时期在吸引生源，增加学费收入，稳定办学资金等方面取得重要成绩。整顿规范期，只有加快肃清违法和不符合教育规律的办学行为，增强办学规范性和合法性，才能获得更好的办学环境，促进健康发展。这一时期，非营利性民办学校坚持在国家公共教育管理体系的指导和管理下，增强规范意识，提高规范水平，努力实现"游击队"向"正规军"的转变。随着民办教育的发展，非营利性民办学校为国家教育事业的进步和发展作出了重要贡献，更成为教育事业的重要增长点。但在法律层面和社会层面的认同程度还不高，加快获得与公办学校的同等的法律地位成为非营利性民办学校快速发展的关键。依法改革期，非营利性民办学校坚持依法办学，努力优化内部管理结构，提高办学质量和管理效能。进入分类管理期，民办学校的公益性与营利性矛盾冲突成为民办学校办学质量提升和内涵式发展的堵点问题。这一时期，探索分类登记与管理改革后的办学模式，促进内涵式发展是侧重点。

总而言之，从自我探索期到整顿规范期，到依法改革期，再到分类管理期，非营利性民办学校的办学模式各有侧重，在不断演进的过程中实现发展。

（二）不同阶段均有进步，办学模式不断完善

从自主探索期到分类管理期，非营利性民办学校的办学和发展历经波折。缺乏法律与政治层面的地位认同和社会层面的观念认同，具体办学层面的运用经费不足、学费收入不高、生源不稳定、办学条件艰苦、教学设施不完善、办学质量难提升、办学竞争激烈、资本权属难厘清、内部治理难开展等问题，均对不同时期非营利性民办学校的办学模式产生挑战。但是，在不同阶段的办学困境与挑战中，非营利性民办学校都有所进步和发展。自主探索期，非营利性民办学校坚持务实高效的办学理念，充分利用体制机制优势，形成了灵活多变的生存和发展模式，在教育系统中获得一席之地。整顿规范期，各级政府层面的整顿和治理行动，剔除了一批不合规、不合格的非营利性民办学校，提升办学模式的规范性、合理性，为后期的健康发展奠定基础。依法改革期，非营利性民办学校利用法律层面的利好环境和政策红利，积极顺应社会经济发展的趋势，在学校办学逻辑、政府治理逻辑、市场需求逻辑的多重引导下，优化内部管理水平，提升办学质量，依靠特色品牌、国际化办学等方式，增强教育市场的竞争优势。分类管理时期，非营利性民办学校彻底厘清了"资本趋利性"和"教育公益性"的矛盾冲突，在此基础上积极探索高质量办学和可持续发展的路径。

总体上，不同阶段，非营利性民办学校在挑战和机遇中不断优化办学，各阶段均有所突破、有所进步。随着历史阶段的演进，非营利性民办学校的办学模式不断完善。

（三）理论与实践相结合，协同推进办学模式创新

非营利性民办学校办学模式的历史演变史，反映了办学实践与理论研究相结合的历史过程。自主探索期，我国非营利性民办学校办学缺乏既有经验和理论研究的指导，因而，举办者在办学实践过程中自主探索和总结经验规律，不断调整办学模式。进入整顿规范期，已积累一定的办学经验，掌握了部分办学规律。同时，民办学校的发展受到教育领域学术研究者的关注，以非营利性民办学校办学和发展为主题的研究活动开始兴起。非营利性民办学校的办学行为开始受到学术理论和实践反馈的双重指导。依法改革期，非营利性民办学校的地位受到国家法律和政策的认可；对提高劳动力素质、积累人力资本和促进国家教育事业发展的重要性受到广泛重视。各级各类非营利性民办学校在不同层次、不同方面开始改革实践。同时，学术界也产生了以非营利性民办学校为对象的学术研究活动、学术组织和学术刊物，更组建了一批优秀的理论研究者。分类管理时期，非营利性民办学校办学模式在实践与理论的共同指导下取得长足发展，办学模式相关理论研究与实践探索也进入新阶段和新高度，分类登记后非营利性民办学校的具体办学与发展成为关键。学术研究领域对非营利性民办学校办学的治理结构、税收政策、财务监管、产教融合模式、关联交易等具体问题展开理论探讨。非营利性民办学校也在实践层面积极探索内涵式发展道路。

四个阶段的演进，理论研究的问题越来越聚焦、理论探讨的内容越来越深入、研究方法越来越多样化；办学实践越来越规范、改革实践越来越有针对性、实践探索的反馈机制越来越灵活有效。综合来看，非营利性民办学校办学模式在实践与理论的共同指导下不断推进、完善和发展。

（四）借鉴与探索相结合，彰显办学模式本土特色

在较长一段时间内，我国非营利性民办学校在自主探索的过程中，模仿和借鉴美国、英国、日本、韩国等国家私立学校的办学经验。这种模仿和借鉴体现在理论研究和实践探索层面。国际模式分析与借鉴是民办教育研究的重要主题和热点之一。这类研究主要通过对国外私立学校的办学资金筹措、管理结构、税费政策、政府职能、办学内容、办学体制、学科专业布局、人才培养模式进行资料收集、特征分析和借鉴思考。分类改革以后，我国对民办学校的非营利性、营利性属性的区分与国际经验相契合。这一背景下，分析和借鉴国外非营利性私立学校

的扶持政策、营利性私立学校的监管引导成为比较研究的新方向。模仿借鉴国际案例为我国非营利性民办学校建立、调整和优化办学模式提供了经验指导。但在办学模式的历史演进过程中，我国非营利性民办学校在办学行为上也基于特殊国情进行了大胆的尝试与创新，开拓出许多适合国情特点和现实需要的特色模式。例如，结合我国公办学校的办学资源优势和民办学校的体制机制优势，探索出"民办公助""公办民助"的转制办学模式；依托公办名校的品牌、师资、设备等优势，开设民办性质的独立学院；为解决资金筹措困难，模仿股份制公司建制探索出多主体股份合作办学的新型体制；基于坚持教育事业公益性的基本原则和鼓励社会资本资助民办学校办学的双重现实需要，提出"非营利性"和"合理回报"并存的办学模式。在具体办学模式方面，也形成了以"教育储备金"为典型特征的广东模式；"经济人—社会人—文化人"有机融合的温州模式等多种本土特色鲜明的民办学校办学模式[①]。综合来看，我国非营利性民办学校在模仿借鉴中敢于突破，大胆创新，逐步构建起了具有中国本土特色的办学模式。

---

① 吴绍芬：《民办教育的办学模式分析》，载于《湖北成人教育学院学报》2003 年第 6 期。

第三章

全球非营利性私立学校办学模式鉴析

非营利性私立教育是 20 世纪末到 21 世纪初世界教育领域最具活力和增长最快的成分。社会群体的教育需求日益扩大，一些国家政府无力承担不断增加的教育经费支出，使得私立教育尤其是非营利性私立教育获得了快速发展。非营利性私立教育机构发展在许多国家都有着悠久的历史，在其规模和数量不断扩张的同时，一些国家公共机构也出现了"私有化"现象。非营利性私立学校与公立学校有着共同的起源，发挥着相似的功能，但由于其特殊的发源背景、差异化的财政基础及师生群体，在办学理念、学段分布结构、办学体制、发展赋能等方面形成了鲜明特色，对办学模式创新进行了有益的探索。我国非营利性民办学校正处于高质量发展的历史新阶段，通过探析世界不同教育体制下非营利性私立学校的有益办学经验，有助于进一步拓宽我国非营利性民办学校改革思路。

第一节 全球非营利性私立学校办学理念导向

从办学实践来看，非营利性私立学校往往既具有教育组织的一般属性，又具有私立教育的特殊属性。在学校办学理念上，表现为既遵循公益性的基本理念，同时也推崇自主性和多样化的办学理念。

一、公益性办学理念

非营利性私立学校的发展受到政治团体、宗教机构及其他非营利性组织的推动和影响，在办学动机的驱动下，形成了公益性导向的办学理念，在发展过程中，各国又通过法律的形式对其公益性办学性质进行明确和保障。

第一，公益性理念受办学目标驱动。各国实践表明，非营利性私立学校的创始人大多来自政治团体、宗教团体、社会主义工会等。从办学历程看，宗教团体是非营利性服务机构最早的创始人，如美国和英国的许多私立学校和志愿医院，法国和拉丁美洲的天主教学校，荷兰的加尔文主义学校，发展中国家负责传教活动的组织以及穆斯林宗教基金会（宗教信托）。因此，宗教动机成为私立学校创办伊始确立公益性办学理念的重要原因。这些团体有能力以较低的成本、更快的反应速度提供教育支持，包括提供政府财政补贴、办学硬件设施、教师等资源，并规定只有非营利性质组织才有资格获得，因为创办人看重的不是经营利润的最大化，而是将学校作为塑造价值观、促进社会化的重要机构。[①]

第二，公益性办学性质由法律明确。全球大多数国家都通过出台法律，规定非营利性组织不得进行利润再分配，进而明确作为非营利性组织的非营利性私立学校的公益属性。美国相关法案规定，非营利性学校必须保障学生受益最大化，同时政府通过调整教育资源的配置方式保障非营利性学校的公益性。非营利性私立学校的法人是公益法人，不能以营利为目的，学校按照公益法人的性质进行登记，其经费投入属于捐赠办学。在办学过程中，学校在内部治理中要进行自我监督，不得将办学盈余进行利润分配，同时政府会对学校的财务进行监管，或聘请第三方独立机构对学校的财务进行审查，推动非营利性学校财务的透明化，严格保障非营利学校的公益性。[②] 日本、法国、韩国、泰国、新加坡等国家则通过了《私立教育法》《私立学校法》等私立学校专门法，对私立学校的营利性和非营利性做出明确规定，其中最重要的鉴定标准是"是否进行利益分配"。[③]

第三，公共性教育保障公益性办学理念实现。学校经费来源是界定学校公共性的一个因素，在现代学校实践中，完全由一种性质经费投入的学校越来越少，

---

① James E. The Private Nonprofit Provision of Education: A Theoretical Model and Application to Japan [J]. *Journal of Comparative Economics*, 1986 (3): 255 – 276.

② 赵应生、钟秉林、洪煜等：《国外及港澳台地区私立高等教育发展的经验与启示——我国民办高等教育改革与发展探析（五）》，载于《中国高等教育》2011 年第 3 期。

③ 李虔：《国外私立学校分类管理怎么做——世界主要国家的改革经验与启示》，载于《教育发展研究》2015 年第 13 – 14 期。

由政府和市场同时投入经费的民办学校数量逐步增多。根据非营利性组织的法律属性和学校的社会功能限制，非营利性私立学校具有公共性、教育性和服务性的特性，为社会提供准公共产品和服务。作为教育体系的重要组成部分，私立教育不仅能够对学生个人及其家庭产生价值和收益，也会对社会和国家的发展具有较高的溢出效益，并且这种效益具有长期性，这种公共性也保障了私立教育公益性办学理念的发展，比如，美国的非营利性私立大学通过厘清和拓展自我使命，在高等教育从精英化到大众化过渡期间，引领美国高等教育体系的结构转变和制度变革，落实了如建立研究生院制，荣誉项目制度等新发展形式。

二、自主性办学理念

在西方国家，私立教育的办学自由是学校发展的最核心关切。非营利性私立学校受其自身非营利性办学、提供公共产品的属性影响，在教育法律保障和学术逻辑的共同推动下，逐渐形成了自主性的办学理念。

第一，有法律保障的办学自由。西方各国普遍以立法的形式对私立教育自由权给以确认和保障，美国、日本、英国和法国等国明确表达了对私立教育自主权的尊重，但各国间存在自由程度和附加条件上的细微差异。荷兰宪法规定，除必须接受政府监督外，教育是相对自由的，在选择教育手段和任命教员方面的自由受到特别尊重。非营利性学校，尤其是非营利性高校在财政上自负盈亏，在学术研究、教师聘任、专业设置、办学标准方面都享有自主权。相比较而言，美国私立高等教育机构比欧洲和亚洲的私立学校享有更多的学术自主权，很多学者对此进行了研究，比较有代表意义的有美国学者爱德温·杜里埃（EdwinD. Duryea），他从"学术法人"的角度对美国私立高校自主权的保障进行了分析，认为美国大学建立的学术法人制度，有力保障了大学与政府间的关系是平等的法人关系，政府不能任意、过度地介入学校办学事务中。大学主要受到章程或特许状的约束，在约束之内大学可以免于行政的干扰，充分享有办学自主权。[①] 在德国，私立学校是由法律认可的资助主体设置并运行的学校，私立学校可以自主管理学校事务、设置课程、选择教师及学生，因此，这些私立学校又被称为自由学校。

第二，有行会逻辑保障的自主性办学理念。与营利性私立学校遵循的企业逻辑不同，非营利性学校遵循的是行会逻辑。行会一般以依赖知识积累为特点，通过专家的经验积累知识，由专家通过正规化的流程传授知识、培训学生。由于其

---

① 阎凤桥、闵维方：《从法人视角透视美国大学治理之特征：〈学术法人〉一书的启示》，载于《北京大学教育评论》2016 年第 2 期。

内部对于专业知识的积累和应用优势，行会逻辑具有社会权威和高度自治的特点。在这一逻辑影响下，教师能够较为自由地决定自己的教学、研究和服务议程，而且通常与行政主管之间存在松散耦合的关系。①

第三，政府在日常管理中赋予学校自主权。为进一步提升学校的管理效率和资源利用效率，各国政府积极推动自由学校项目，设立的自由学校通常为非营利性质，政府从微观管理转变为宏观统筹管理。政府主要通过以下几个方面赋予学校自主管理权：改组学校管理委员会的人事构成，减少政府委派的代表，增加家长、教师、社区员工等相关利益群体的代表，并且对人数比例进行规定，推动家校、校社的紧密合作；扩大学校管理委员会中校领导的直接管理权限，包括人事权、财政支配权、教学安排权等方面；调整内部机构的设置，精简部门数量，裁撤部分于学校并无助益的地方管理部门，减少垂直管理的维度，推动水平管理的发展。学校享受课程自主权，不必完全按照国家课程标准进行教学，可在国家课程标准基础上提供更加多元化的课程，并根据学生兴趣及未来发展来设计课程；还可根据自身实际调整学期长短和课程教学日程，课程安排亦很灵活。以荷兰为例，荷兰的学校体系高度分化，学校自治以"教育自由"原则为基础，自1917年起得到荷兰宪法的保障，国家规定允许任何人设立学校、组织教学活动，并决定学校教学所依据的教育、宗教或其他原则。在原则上，学生家长可以自由选择学校，地方当局仅在一定程度上控制入学率，这充分缓解了学校类型结构不平衡的矛盾，进一步丰富了国家教育供给的多样性。②

第四，非营利性与营利性学校的办学自主性差异显著。在全球范围内，名列前茅或有望名列前茅的大学更可能是非营利性教育机构，在学术自由和教师参与机构治理方面，他们与公立顶尖大学有着共同的规范和价值观。相比之下，无论是学术排名较低的普通私立学校还是职业导向的院校，更多地归属于营利性学校，同时这些机构的学术自主性普遍较低，管理层的控制权也相对更强，但学校内部权力配置方式仍主要取决于国家的法律框架和学术传统。③

三、多样化发展的办学理念

从发源看，一部分私立学校的出现源自地方差异化教育需求的产生或增多。

---

① Anderson D. M. , Taggart G. Organizations, Policies, and the Roots of Public Value Failure: The Case of For - Profit Higher Education [J]. *Public Administration Review*, 2016 (5): 779 – 789.

② OECD. School Choice and School Vouchers: An OECD Perspective [R]. 2017: 13 – 25.

③ Altbach. Private Higher Education: Themes and Variations in Comparative Perspective [J]. *Prospects*, 1999 (3): 311 – 322.

因此，"多样化"是非营利性学校的立身之道，也是学校可持续发展的根基。

第一，受教育者个性化需求推动多元教育理念的形成。在发展中国家，私立学校的产生通常是源于教育需求大于教育供给；而在发达国家，则主要是由于人们对多元教育需求的不断增多，尤其是在城市地区，由于收入、生活观念等的差异，人们对教育往往有着更加多元化的需求。① 私立教育系统中多样的办学方式强化了个体的选择空间，丰富了个体的受教育红利。通常来说有三类需求："精英主义"和"尖子主义"的私立学校；传播不同宗教理念、不同民族文化、语言的私立学校；进行特殊教育、教育革新或者教育实验的私立学校。以小规模非营利性私立大学为例，整体来看这类学校办学规模小而精，注重建设优势学科专业，追求学术自由，学制有弹性，为学生提供有特色的学习机会。如澳大利亚邦德大学（Bond University）将全年划分为三个学期，每年的1月、5月或9月均可入学，采取弹性学制，学生最快可在两年内完成学士学位的课程，在一年内完成硕士学位的课程。萨班哲大学（Sabanci University）曾说服高等教育委员会修改管理规定，创新专业设置科目。科驰大学（Koç University）率先打破了土耳其公立大学普遍采用的学部制（faculty），建立了以学院（school）为基本单位的学术组织。② 在日本，替代性学校（私立学校的一种）作为公立学校的功能补充而存在，为天才儿童、学习障碍儿童等非传统群体提供教育。这些学校一般更加关注学生的个体特征，注重提供个性化的教育，教学方式和课程类型也更为多样。在德国，私立学校的创立也是为了平衡公立教育体系的不足，比如早期的女子学校、职业专科学校、特殊教育学校等。

第二，供给侧推动的学校多样化发展。整体来说，非营利性私立教育供给方为实现自身的办学目的，通过提供多样性和差异化教育的方式，有效促进了不同办学主体和教育主体思想意识的广泛传播，达到了传递多元思想文化的现实诉求。尤其是一些教会组织，其往往通过开办非营利性私立学校来向社会大众提供多样化教育的方式来传播自身的教义和信条，从而促进教会组织的持续发展。例如，在英国有很多基督教福音派学校等非营利性私立教育机构，虽然这些宗教色彩浓厚的私立学校在英国教育体系中的比例较少，但这些学校却为传承宗教信仰、促进多元文化交流和融合等方面做出了重要贡献。③

第三，满足"精英教育"的发展需求。在基础教育阶段，公立学校一般以大

---

① Estelle James. Why Do Different Countries Choose a Different Public – Private Mix of Educational Services? [J]. *Journal of Human Resources*，1993（3）：571 – 592.

② Mizikaci F. Quality Systems and Accreditation in Higher Education：An Overview of Turkish Higher Education [J]. *Quality in Higher Education*，2003（1）：95 – 106.

③ Geiger R. L. . Public and Private Sectors in Higher Education：A Comparison of International Patterns [J]. *Higher Education*，1988（6）：699 – 711.

众化和机会均等为基本原则进行办学，提供精英教育便成为了各国私立中小学的重要教育功能，如英国的公学。另外，社会中一些处于精英阶层的父母，由于更看重私立教育机构的精英性和特权性特征，所以为保证子女也能延续这种精英地位和精神，他们也更愿意将孩子送到私立学校学习。而社会中一些教学质量好、收费高昂、以培养精英为目标的私立学校便承担了维护精英阶层利益、促进精英子女延续精英精神的功能。在高等教育阶段，精英群体的规模持续扩大，学生人数也随之增加，社会学术机构不仅在数量上有所增加，而且在类型、角色和培养模式上也获得了很大的发展，传统大学已经不能满足其对高等教育的多元化需求。相应地，学生群体本身也更加分化，在兴趣、教育目标、能力储备等方面也呈现出较大的差异性。当高等教育从为 2% 或 3% 的适龄人口提供教育转变为 1/4 或以上适龄人口提供教育时，就需要为"非传统"的学生提供教育。[1] 为了维护原有公立高校的精英特征，私立学校便承担起高等教育大众化的任务。

第二节　全球非营利性私立学校办学机制创新

非营利性私立学校融合了政府和社会多方资源，进行了多样化的办学体制创新，并通过实践不断健全和完善。各国在管理方式和办学体制方面虽然存在差异，世界非营利性私立学校的办学机制的主要形式仍以基金会办学、公私合作制（PPP）办学、集团化办学等为主。

一、基金会办学机制

从世界范围看，基金会模式主要分为"大学基金会"和"基金会大学"两种，以美国和土耳其为代表。

第一，美国的大学基金会。大学基金会是依法成立的非营利性组织，资金通常来自社会捐赠，基金会工作人员通过对资金的管理和运作，为高校基础设施建设、教学、科研等提供经费支持。美国是基金会办学的代表，美国几乎所有的私立学院和大学都设立了基金会。20 世纪 70 年代以来，美国高等教育迅速扩张，联邦政府、州政府及学校财政负担不断加重并逐步超越了承受能力，使得原有的

---

[1]　Altbach1999_Article_Private Higher Education：Themes and Variations in Comparative Perspective ［J］. *Prospects*，1999（3）：311 – 322.

经费模式无法继续维持。在此背景下，全美兴起了大学筹资运动，私立大学基金会开始在美国迅速发展，相继约有 70% 大学设立了基金会。21 世纪初，美国私立大学已经普遍建立了自己的基金会。美国一流的私立大学更进一步实现了产权社会化和投资者职能的替换，其举办经费基本都是通过社会捐赠或募捐方式获取的。关于基金会的组成，一种情况是倡议者或创办人（包括宗教机构或神父）首先成立董事会或类似法人团体，以其名义募集资金，如哈佛大学、麻省理工学院、西北大学、哥伦比亚大学等。另一种情况是，大企业家和慈善家打算通过办学的方式来回馈社会，通过基金会和其他中介机构进行大学筹建注资，比如斯坦福大学、莱斯大学、杜克大学等大学的基金会。投资者通过董事会或基金会为大学的发展提供资金，从而保证进入高等教育领域的资金仅具有捐赠性质。同时，他们不直接担任大学校长或其他高级管理职务，而是利用自身的影响力邀请人才来校工作，保证了大学管理的专业性。[①] 如哈佛大学成立的管理公司，是哈佛大学的投资运营机构，主要负责管理和运营大学的捐赠基金，拥有完全产权。耶鲁大学的基金投资局，分为投资办公室和投资委员会两个部门，其内部治理结构包括董事会和管理层，办公室由多名投资专家组成（耶鲁大学财务报告与美国不同，投资委员会的主要成员包括至少三位耶鲁大学教授、资产管理公司、基金公司的耶鲁校友和银行这几个方面），主要负责制定资产投资和配置的相关政策。[②]

第二，土耳其基金会大学。土耳其的非营利性私立大学主要是基金会大学，即由基金会建立和运营的大学，与受资助的企业或家庭有着密切的联系，与美国的"大学基金会"有着根本的区别。土耳其的"非营利性基金会大学"主要由商业巨头或家族企业成立的慈善基金资助，并持续支持学校的运营，这不仅是对土耳其捐赠文化的传承，也形成了具有土耳其特色的现代私立大学办学模式。[③] 20 世纪 80 年代到 2007 年，土耳其的基金会大学占主导地位，几乎每一所大学都由基金会设立，基金会通过与之相关的几家公司为大学创造额外收入。在 1984～2008 年间，约有 25 所基金会大学获准开办。基金会大学聘请了在美国受过教育的管理人员和教员，学术环境相对自由，学术生产环境的制约更少，同时更为重视科学研究和出版等。土耳其法律禁止举办营利性教育，私立大学通常为"非营利性基金会大学"州立大学通常是公立大学。截至 2018 年，土耳其有 72 所非营利性基金会大学和 129 所州立大学，其中非营利性基金会大学占比 35.82%。与日本、韩国和

---

① 李虔：《国外一流私立大学发展的多元模式研究——基于对美国、韩国、土耳其和拉美经验的考察》，载于《外国教育研究》2018 年第 8 期。

② 李洁：《大学捐赠基金投资的困境和优化路径》，载于《江苏高教》2010 年第 5 期。

③ 李虔、张良：《亚洲一流私立大学发展的主要特征与经验启示》，载于《国家教育行政学院学报》2021 年第 2 期。

印度不同，土耳其私立高等教育的占比并不高，但因其独特的运营方式，在短时间内取得了飞速发展。土耳其基金会大学主要以公司管理形式为主，政府资金投入较少，捐赠者管理权力较大，学校自主权相对较少。根据土耳其《高等教育法》规定，基金会大学在学术组织组成上与公立大学相同，包括教职员工招聘、职称评定、教育计划的制定，以部门、院系和学术单位的组织形式为主，学习课程的持续时间、学年、文凭和学位结构由基金会和教育管理部门共同参与决定。基金会大学只要遵循这些一般规则就可以获得合法性。此外，高等教育委员会在许可证发放方面的管理和监督作用具有同效性，包括项目批准、学术和行政活动、科研索引及高考成绩排名等。基金会大学的政府财政支持需要通过竞争获得，只有少部分基金会大学有资格接受。同时，土耳其还存在着部分小型基金会大学，具有"家族式"机构的特点，[①] 这类机构的出现主要是由于高等教育需求不断增加，高等教育系统无法满足受教育者需求，提供补充教育的小型基金会大学顺势而生。这类机构通常采用聘任兼职教师的做法（从公立大学聘请），常常面临师资不足、图书资源不足、基础设施不足、学生入学率低（许多入学人数不足 1 000 人）和入学标准低（分数要求低）等问题。在全世界范围内，这类机构都具有相似的特点，他们专注于开设成本较低的专业，专业以就业为导向，主要面向地方需求办学，并模仿公立大学的课程和项目。[②]

第三，基金会参与学校治理的其他形式。从全球范围看，基金会对教育的支持方式覆盖基础设施、学校现金、捐赠、教师培训、技术和职业教育与培训（TVET）、信息和通信技术集成、课程支持以及卫生和社会服务。基金会可以通过发展新的教育形式、政策宣传、资助奖学金和其他倡议来提升教育水平。[③] 如日本以大学基金会为主要举办形式，但捐赠者参与学校管理的权力有限；菲律宾的基金会组织发展良好，在基础教育阶段，通过该国的"学校领养计划"和"慈善基金会"向学校捐赠了大量资金；菲律宾政府也积极鼓励建立私立学校基金会办学模式，国家规定对于事实上用于教育的不动产，需缴纳不动产税，税收作为私立教育的特别基金，由当地私立学校董事会负责管理和分配。印度的 Bharti 基金会承诺捐赠 5 000 万美元在全国贫困农村地区建立严格的非营利性私立学校。美国的卡内基、洛克菲勒和福特，瑞典的诺贝尔，德国的贝塔斯曼等基金会都参与工业化国家和发展中国家的教育和卫生工作。

---

① Muammer. *Universities in Turkey – Past，Present and Future*［R］.3rd International Conference on Islam and Higher Education（ICIHE 2012）Kuantan，Malaysia，2012：1 - 14.

② Levy D. C.. *The New Institutionalism：Mismatches with Private Higher Education's Global Growth*［R］. Program for Research on Private Higher Education，2004：6 - 19.

③ Fielden J. ，LaRocque N. *The Evolving Regulatory Context for Private Education in Emerging Economies*［M］.Washington DC：World Bank，2008：3 - 9.

二、公私合作办学机制

新公共管理理论的兴起推动了公私合作关系的建立，相关研究和实践表明，利用市场机制推动公共管理优化，有助于政府资源供给水平的提升。全球范围内的教育公私合作办学形式逐渐兴起，公私合作制（Public Private Partnership, PPP）有助于政府利用有限教育资源提供更高质量教育服务供给。从合作主体看，公私合作制以下几种形式为主：国家或省级政府与私立企业合作，公立学校与私立企业合作，公立学校和私立学校合作等。从合作内容看，包括教育服务、教育基础设施建设等。

第一，公私立学校合作办学模式。附属学院模式是公私高校合作的重要形式之一，在附属学院模式中，具有学位授予权的公立大学将本地区规模较小、不具备学位授予权的高等教育机构纳入日常管理，形成附属学院制度，这些附属学院通常有私人资金的介入，具有私立学院的性质，如伦敦大学附属学院，以及印度大多数高校的附属学院等，在公共经费有限的情况下，能够适当拓宽本国高等教育的入学机会。在这种模式中，一部分附属学院会从模仿借鉴逐步过渡到自主创新，形成自己的办学理念、文化氛围等，并在条件成熟的情况下，脱离"母体"学校。在伦敦大学的发展历史中，为了进一步拓展高等教育学位，增加高等教育入学率，英国政府授权一部分不具备独立办学资质的学院加入伦敦大学，学院的学生经过学习和考核合格后，由伦敦大学授予学位。同时，部分学院发展良好，逐步获得了办学资质，进而从伦敦大学独立出去，变更为独立自治的法人团体，开始具备独立的学位授予权，并且获得了长足的发展。[①] 印度政府借鉴英国高等教育的经验，为已有发展成熟的大学建立附属学院，印度附属学院基本采用的是私立办学机制，在需求过剩、财政又有限的情况下支撑起了印度高等教育体系的发展。[②] 但印度高校的附属学院对母体学校依赖性较强，母体学校对附属学院管理十分严格，通过制定严格的管理规定对附属学院进行干预。附属学院长期缺乏办学自主权，无权自主决定教师聘任、教学安排、课程体系，无法形成稳定、特色的办学理念、制度体系和文化氛围，办学积极性较低，办学质量无法得到保障。美国的康奈尔大学作为一所非营利性私立大学，采取"一校两制"的办学模式，大部分学院的资金来源于学费、政府经费补助及校友捐赠，但其中的三所本

[①] 湛中乐、马梦芸：《论英国私立高校的内部权力结构》，载于《国家教育行政学院学报》2015年第3期。

[②] 曲恒昌：《独具特色的印度大学附属制及其改革》，载于《比较教育研究》2002年第8期。

科学院和一所研究生院直接接受纽约州政府的资助，属于公立办学，这些学院被称为合同学院。[①]

第二，公立学校的私立化管理。公立学校的私人管理可以称为教育领域最早的 PPP 形式。为解决公立学校管理资源与精力不足问题，地方政府与私立教育机构签订合同，由私立机构运营公立学校或公立学校的某些事务，政府与私立组织签订管理合同，职责通常包括以下四类：财务管理、员工管理、长期规划和领导。私立机构也与公立学校签订合约，提供专业及支援服务，如教师培训、教材和课程设计，学校的质量认证等，提高公立学校的管理效率。这种方式的优势在于它将私立部门的专业知识应用于公共教育中。一般来说，各国政府能够利用私立部门在特定服务方面的专门知识和效率，以及规模经济来提高成本效益，并使学校和教育官员能够把重心放在教学上。虽然这些学校由私人管理，但它们仍属于公共所有，接受公共资助。[②] 美国的合同学校、特许学校，卡塔尔的独立学校、哥伦比亚的合同学校等都是这一模式的典型案例。美国的合同学校可以由多种机构运营，包括私人公司、声誉良好的社区学校，由他们共同为学生及其社区、非政府组织（NGO）、大学等提供服务。合同学校是法人实体，能够雇佣和解雇员工、谈判合同以及使用公共资金。学校也有权利在法庭上面对资助机构捍卫自己的利益。合同内容一般包括私立学校的基本要求，也概述了学校的目标及其教学计划、预期的学生成绩、评估成绩的方法，还涵盖商定或授权的课程等。在哥伦比亚，政府与 Escuela Nueva 基金会签订合同，培训乡村教师、分发教科书和更新课程。[③] 英国于 2002 年授权将地方政府职能外包出去，作为教育体系市场化改革的一部分。教学支持、课程建议、学校改进策略、信息技术培训和辅助服务可以外包，而关键服务如预算批准则不能外包。[④] 巴基斯坦 Aga Khan 教育服务与此类似，它与私立教育理事会合作，重在加强低成本私立学校的教学实践和管理。

第三，政府向私立学校购买教育服务。在这种模式中，政府机构，如教育部门主要通过教育券、资助计划等方式参与办学。在购买服务方面，政府为私立学校的学生购买入学名额，支出由需求驱动。学校必须符合某些标准才可参加此项

① 顾美玲：《美国私立大学办学模式对促进中国民办高等教育发展的启示》，载于《四川师范大学学报》（社会科学版），2010 年第 4 期。

② Patrinos H. A. Public - Private Partnerships：Contracting Education in Latin America［R］. World Bank Working Paper Washington，2006：5 - 23.

③ Benveniste，L. A.，McEwan，P. J.，2000. Constraints to Implementing Educational Innovations：The Case of Multigrade Schools［J］. *International Review of Education*，2000（1 - 2），31 - 48.

④ Hatcher. Privatization and Sponsorship：The Re-agenting of the School System in England［J］. *Education Policy*，2006（5）：599 - 619.

服务。例如，他们必须满足关于教师和基础设施设置的其他最低标准。① 在项目资助方面，公私伙伴关系广泛存在于私立学校融资中，例如学校补贴、每位学生补贴、人头津贴和奖学金。在这一模式中，学校补贴由公共实体（政府）直接支付给家长或代表家长支付给学校。补贴制度的主要目标是通过教育成本补贴，使家庭有钱投资孩子的教育，从而增加入学机会。② 20 世纪 80 年代，菲律宾提出教育服务合约计划，其提供的教育服务范围是当时全球最广泛的。教育服务合约计划资助的学生人数从 1986 年 158 所学校的 4 300 人，增加到 2003 年 1 517 所学校的 280 216 人。③ 此外，这种类型的教育服务强化了学校主体责任，因为家长和学生能够在不同学校中进行选择，学校面临招生竞争压力，间接保障了学校办学责任的履行。④ 这种教育资助计划在包括智利、哥伦比亚、中国香港、荷兰、新西兰、巴基斯坦和美国很多国家或地区存在。例如，智利和荷兰实施了国家资助计划，学校每月根据入学率收取学费。⑤ 相关研究表明，教育领域的公私合作使智利 40% 的最贫困人口子女能够持续接受教育。孟加拉国的资助项目，针对出勤率高、在学校考试中取得高分的女孩发放助学金，大幅增加了女孩的入学率。⑥

第四，教育基础设施共享的伙伴关系。公私合作制是教育领域大型基础设施项目建设日益常见的合作形式。最常见的公私合作安排包括建设 - 经营 - 转让，私立学校经营者被授予特许经营权，资助、建设和经营教育设施，如公立学校、大学大楼或招待所。在英国，私人融资计划（PFI）广泛应用于教育基础设施伙伴关系中。世界银行、欧盟委员会和联合国开发计划署在基础设施项目方面更为提倡 PPP 模式。从教育角度看，私人财政可以帮助政府减轻校舍供给压力，减轻教师和学校行政人员主要工作范围以外的维修责任，使他们能够集中精力满足学生的学习需要。英国在基础设施公私合营方面处于世界领先地位，在公共部门的资本投资中，平均 12% 是通过私人融资计划筹集的。⑦ 埃及政府与私人合作伙伴

---

① LaRocque N. *Public-private Partnerships in Basic Education：An International Review* ［M］. Reading：CfBT Education Trust，2008：9 - 23.

② Patrinos，H. A.，2000. Market Forces in Education ［J］. *European Journal of Education*，2000（1）：61 - 80.

③ Patrinos H. A. Public - Private Partnerships：Contracting Education in Latin America ［R］. World Bank Working Paper Washington，2006：5 - 23.

④ Gauri，V.，Vawda，A. Vouchers for Basic Education in Developing Economies：An Accountability Perspective ［J］. *World Bank Res.* Obs，2004（2）：259 - 280.

⑤ LaRocque N. Public-private Partnerships in Basic Education：An International Review ［M］. Reading：CfBT Education Trust，2008：9 - 23.

⑥ Raynor J.，Wesson K. The Girls'Stipend Program in Bangladesh ［J］. *Journal of Education for International Development*，2006（7）：1 - 9.

⑦ Kumari J. Public-private Partnerships in Education：An Analysis with Special Reference to Indian School Education System ［J］. *International Journal of Educational Development*，2016（47）：47 - 53.

签署了合同，在 23 个省设计、资助和维护超 300 所学校，合同持续 15 ~ 20 年，2011 年将该计划扩大到 2 210 所学校。此外，加拿大阿尔伯塔省（Alberta）已经批准了 32 个公司参与教育合作，为期三十年，根据合同内容，私人承包商需要承担通胀成本和一切建设延误的风险。① 几个欧洲国家也正在采用这种采购程序。比利时佛兰德斯省批准了一个 PPP 项目，该项目将选择一个财团来资助、建设和维护所有私人融资建造的学校，以从规模经济中获益。

三、集团化办学机制

随着私立教育规模的不断扩张，为了进一步降低运营成本、提升组织管理效率、优化资源配置，集团化办学应运而生。

第一，美国的教育管理组织。美国教育管理组织产生于 20 世纪 90 年代初，当时人们广泛关注以市场为基础的学校改革。华尔街分析师参照健康维护组织称呼创造了教育管理组织（Education Management Organization，EMO）一词。EMO 的支持者声称，EMO 为公共教育带来了企业家精神和竞争风气。反对者认为，教育外包给 EMO 将导致有限的学校资源被转用于收取服务费、获取利润或两者兼而有之。人们还对公共机构放弃学校控制权或所有权表示担忧。在过去的二十年里，由私人组织运行的公立学校的数量普遍增长，私立学校也越来越多，这些组织被称为教育管理组织，它们正迅速扩大在公共教育部门的市场份额，特别是公立特许学校。2018 ~ 2019 年间，EMO 总共运营了 3 729 所公立特许学校或地区学校，其中 900 所由营利性组织运营，2 829 所由非营利性组织运营。同时，有几百所学校由于没有在联邦注册的记录，或 2019 年或 2020 年才开学，没有被列入统计。从规模上看，21 家 EMO 被列为特大型，运营规模超过 30 家学校；43 家 EMO 经营 10 ~ 30 所学校；173 家经营 4 ~ 9 所学校；399 个小型机构经营 1 ~ 3 所学校。目前小规模 EMO 组织数量激增，预计 EMO 管理的特许学校未来可能会出现持续增长。支持 EMO 管理学校的观点认为，学区是中央集权的、官僚化的，并且抵制变革，而作为地方办的学校，特许学校等 EMO 运行的学校将能够适应当地的需要，灵活地根据需要进行变革。但如今，何时在何处开设新学校的决定不是在地方一级做出的，而是在 EMO 总部做出的，通常是在全国、全州各地，有时是在海外。越来越少的新特许学校是独立的，由当地团体开办。在日常管理中，以特许学校为例，EMO 和特许学校董事会之间的合同规定了学校模式和所

① La Rocque N. *Public-private Partnerships in Basic Education*：*An International Review* [M]. Reading：Cf-BT Education Trust，2008：9 – 23.

有细节，尽管有人认为特许学校的治理将具有创新性，但 EMO 对其学校的严格控制意味着，在现实中，特许学校董事会对学校运营的洞察力有限，权力也有限。①

第二，职业教育领域的集团化办学。职业教育较早源起于英国，在 20 世纪 60 年代获得了快速发展，各国逐渐明确本国职业教育的法律地位。当前，许多新型职业教育集团逐步出现，虽然没有提出集团化办学的理念，但都具有集团化办学特征，比如英国公办私助的城市技术学院，印度的 NIIT 集团等。国外职业教育集团化办学规模逐渐显现，美国职业教育在 20 世纪初就出现了这种办学模式，但数量较少，以举办私立学校为主。在之后的发展中，一批公立学校也开始加入，集团中的学校及集团之间合作办学逐渐成熟。② 职教集团在政府的引导下参与学校教育的管理，学校通过集团化运行实现与市场的紧密接触。政府主要通过设立国家职业技能标准及职业教育管理委员会进行宏观监管。各州大学委员会主任、社会人士代表团体、雇主、学生一起参与全州的职业教育工作。一方面，企业可以积极参与合作办学，享受政府在税收减免、项目补贴、专项资金等方面的优惠政策，并同时提高员工素质，保持核心竞争力，实现可持续发展；另一方面企业可以为学生提供一种兼职的学习机会，为学生提供实践场所和培训机会。中介机构在职业教育集团中扮演重要角色，在不同地区的教育和工作场所之间建立跨行业的联系，州级中介机构发挥着联系州和地方的作用。学校内部层面，董事会承担着纽带功能，比如社区学院，一般都设有董事会，董事会成员来自学区各部门，是学院、政府和社会之间的纽带，也是地区、校友、企业关系中的重要中介力量。

第三，不同主导模式下的集团化办学。在世界范围内，政府主导的集团化办学形式占比较高，这一模式中政府既要提出办学目标，也负责管理和监督，合作方式包括制定法律法规、政策红利、引导投资、专项拨款及购买服务等。政府主导的模式主要通过专项拨款的方式运行，主要程序包括：政府设立参与单位的标准和合作的相关职责，设立专项经费立项，参与单位获得立项后参与实际的合作，政府负责全程的协调、支持和监管；在院校主导的集团化办学模式中，政府主要通过拨款或者投资助力院校运行，同时负责协调院校之间的关系、院校和企业之间的关系，调动企业的积极性。在企业主导型的集团化办学中，政府的角色主要是促进者，通过政策红利引导和鼓励企业参与办学，企业是集团运作的核

---

① Miron G, Gulosino C. *Profiles of For-Profit and Non-profit Education Management Organizations*. 2011-2012 [R]. National Education Policy Center, 2013: 1-23.

② 邹珺：《国内外职业教育集团化办学实践发展研究与启示》，载于《中国校外教育》2013 年第 12 期。

心，也是学校经费来源的主体，比如印度的国家信息技术学院，荷兰的鹿特丹航运中心集团，是集教育、研究、培训、技术支撑为一体的职业教育集团。①

第三节　全球非营利性私立学校办学历程演变

受自身办学方式与形式制约，不同地区政策引导、社会经济、观念的差异影响，不同阶段的非营利性私立学校在办学过程中呈现出差异化的演变特点。在私立学校学段分布方面，相比于基础教育阶段，学前教育及高等教育的私立学校份额相对更大。大多数类型的私立高等教育都通过推行多元市场制、引入竞争机制、拓展国际化办学等方式实现自身改革。

一、办学层次结构的演变特点

全球各国（各地区）受教育传统、社会福利等方面的差异，私立教育体系的结构布局存在着国别间差异。各级各类私立教育承担不同的教育功能，在全球化的进程中，逐渐发展出一些趋同的特点。

第一，私立教育整体发展规模存在国别间差异。总体来说，世界范围内，国家越发达，私立学校承担的责任就越小。例如，在海地等经济相对落后的国家，50% 以上的小学生在私立学校接受教育，而在德国这一比例只有 5% 。在欧洲大陆，国家公立教育的质量通常较高，因此，在欧洲大陆主要国家的全国范围内私立学校整体规模往往很小。在美国和英国，公立学校的教育质量参差不齐，因此，这两个国家相比其他发达国家，建立了数量较多的精英私立学校以及由私人管理、公共资助的学校，比如美国的"特许学校"、英国的"学园"。在高等教育领域，无论是在市场的顶端还是底部，私立机构在美国都扮演着重要的角色。在拉丁美洲，国家提供的公立教育质量较低，人民大众对教育的需求迅速增长，导致私立学校不断增多，并发挥重要的补充教育的作用，尤其是天主教会，在私立学校发展中起了重要作用。在南亚和非洲的大部分地区，由于贫穷、移民和人口增长等社会因素影响，部分地区的政府无法保障社会民众所需的学校教育，因此私立学校规模很大，而且往往发展十分迅速。与欧洲一样，东亚政府普遍能够提供充足且质量优良的教育供给，同时私立学校数量也在快速增长。越南拥有低

---

① 匡瑛、石伟平：《职业教育集团化办学的比较研究》，载于《教育发展研究》2008 年第 3－4 期。

收入国家最好的公立学校体系,同时其私立学校体系也是世界上发展最快的国家之一。长期以来,私立学校在高等教育市场中一直扮演着重要角色,这或许是因为学位的益处更多地体现在个人身上,而不是社会。在发达国家,国家政策同样鼓励私立学校的发展。如在美国高等教育体系中,排名靠前的主要是非营利性的私立机构,经费主要来自学费和学生资助,排名中位的主要是公立大学,排名靠后的为营利性的私立学校,这部分学校是目前全球私立教育市场中唯一正在萎缩的市场。在发展中国家,高等教育私有化趋势更为明显,尤其是在拉丁美洲,政府将大部分第三产业交给了私立公司,比如 3/4 的巴西学生就读于私立大学。

第二,学前教育阶段私立教育占比逐步扩大。从世界范围看,在所有学段中,私立教育在学前阶段占比最大,私立学校也为填补儿童早教方面的空白做出了贡献。即使在发达国家,学前教育的入学率差别依旧很大。大多数国家规定从五、六岁开始接受正规教育,随着越来越多的观点认为五岁之前的"早年期"是人脑发育的最关键时期,各国对儿童教育的态度开始发生变化。在经济合作与发展组织(Organization for Economic Cooperation and Development,OECD)国家中,2005 年至 2016 年间,3 岁以下儿童的学龄前入学率从 18% 上升至 33%,3~5 岁儿童的学龄前入学率从 76% 上升至 86%。2019 年,法国宣布将强制儿童 3 岁开始入学。然而,政府无法完全承担额外的财政负担,因此,在大多数地方,额外的经费需求主要由私立部门来满足。联合国教科文组织数据显示,一半以上国家的私立学前教育的入学率超过了 50%,有些国家和地区甚至达到 100%。[①] 在经济欠发达的国家和地区,由于政府没有足够的经费来发展学前教育,所以其私立学前教育在国民教育体系中的比重远远超出了经济发达的国家和地区。从不同国家和地区发展学前教育的出发点看,经济发达的国家和地区学前教育发展也呈现出了不同的状态。在有些发达国家,学前教育作为政府为社会提供的一种福利而存在,所以私立学前教育发展往往相对落后;而在另一些发达国家,私立教育作为一种品质教育而存在,政府在保证基本教育公平的基础上,也会鼓励和支持私立学前教育的发展,如美国、德国和日本。与小学、中学和中学后高等教育相比,学前教育获得的私人来源资金比例也最大。在早期幼儿教育(ISCED01)和学前教育(ISCED02)中,早期幼儿教育的私人支出比例往往更大。[②]

第三,义务教育阶段私立教育占比逐渐缩小。义务教育阶段是保障人民综合素质稳步提高的重要阶段,是各国政府部门密切关注和高度投入的阶段。整体来说,各国义务教育主要由公立教育体系承担,私立学校作为补充存在,主要为公

---

① UNESCO Institute for Statistics,2021 – 06 – 12,http://stats. uis. unesco. org/unesco/TableViewer/table View. aspx.

② OECD,Education at a Glance 2020:OECD Indicators[R]. Paris,2020:174 – 176.

众提供公立学校无法涉及领域的教育。根据联合国教科文组织提供的数据，90%以上的国家和地区在这一阶段的私立教育入学率低于50%。在这些国家和地区，大多数私立学校在该阶段入学率保持在10%~20%左右，而在如美国、英国、德国等发达国家，和波兰、柬埔寨等发展中国家，私立义务教育入学率低于10%。① 在经合组织国家中，小学阶段教育机构总支出中只有7%左右来自私立部门，初中教育经费的9%来自私立部门。高中阶段的教育比小学和初中教育更依赖私人经费，经合组织国家平均达到13%。②

第四，高等教育阶段的私立教育，迅猛发展后趋于平缓。经过数十年的发展，全球私立高等教育的入学人数已占整体入学人数的32.9%，其中以非营利性教育为主；位于东亚地区的日本、韩国、菲律宾的私立高等教育入学人数占总人数的80%。③ 20世纪80年代以来，全球高等教育体系不断变革，规模逐步扩张，结构不断调整，私立高等教育机构也迅速成为了国际高等教育中增长最快的部分。高等教育的高投入特征，使得很多国家和政府都面临着巨大的财政压力。在实践中，各国普遍认识到，仅仅靠政府力量往往很难满足社会大众对高等教育的需求，全球私立学校入学人数的很大一部分将来自高等教育系统。因此，许多国家政府都愿意支持私立高等教育的发展，这为私立高等教育发展提供广阔的空间。美国、俄罗斯、中国、印度、巴西、印度尼西亚、日本、伊朗、土耳其和韩国的高等教育体系占全球高等教育总量的50%以上，而这些国家私立高等教育入学率更高达69.2%。当下，美国约20%的学生就读于私立高等院校，在高等教育历史悠久的欧洲，约10%的学生就读于私立高等院校。20世纪90年代初期，发生巨变的中东欧国家也开始大力发展私立高等教育，彻底改变了过去以公立高等教育为主导的体制。非洲私立高等教育机构起步相对较晚，但在安哥拉、纳米比亚、博茨瓦纳等一些国家，私立高等教育的入学率已经超过50%。在日本、韩国、菲律宾、印度尼西亚等许多亚洲国家，私立高等教育机构在整个高等教育体系中的占比已高于公立高等教育机构，已成为本国高等教育系统的主体。根据OECD的数据，在1995年至2008年期间，在可获得可比数据的26个国家中，有20个国家的私立高等教育个人支出份额有所增加，平均增加了3个百分点；在奥地利、葡萄牙、斯洛伐克共和国和英国则增加了10个百分点以上。同

---

① UNESCO Institute for Statistics [EB/OL]. (2021 - 06 - 12) [2021 - 06 - 22]. http://stats. uis. unesco. org/unesco/TableViewer/table View. aspx.

② *Centre for Educational Research and Innovation How Much Public and Private Investment is There in Education?* [R]. Source OECD Education & Skills, 2011 (16): 232 - 241.

③ Levy, Daniel C. Global Private Higher Education: An Empirical Profile of its Size and Geographical Shape [J]. *Higher Education*, 2018 (76): 701 - 703.

期，其他层级的教育经费支出情况并未显著增加。① 但是随着全球老龄化趋势的发展，如果维持现状，人口收缩期（2005～2025 年）将导致承担大众化功能的需求型私立学校数量下降；以波兰为例，根据科学和高等教育部（Ministry of Science and Higher Education）的最新预测，私立高校将从 2006～2009 年超过 1/3 的入学人数缩减到 2025 年的 10%～12%，并在 10 年内从 2009 年 330 所私立院校缩减到 60 所左右。②

二、学校内部治理模式的演变特点

非营利性私立学校在内部治理中，学校治理的物质基础受"学费依赖"的状况普遍，治理模式逐渐由集权化治理向分权治理转变，治理方式逐渐向企业化管理的方式转变，各私立学校都在实践中探索着适合自身发展的内部治理模式。

第一，学校内部治理的物质基础受"学费依赖"制约。私立高等教育获得资助的方式有很多，但对大多数私立学校来说，学费是学校经费的财务基础，没有学费就无法生存。隶属于宗教组织的大学有时会从这些组织获得资金，或者至少可以在人员配备上获得帮助。在美国，少数精英类私立大学可以从基金会、校友捐赠、企业捐赠等渠道获得较大数额的经费，还有一部分学校有有限的捐赠基金。然而，除了少数学院和大学外，其余这些私立学校仍然依赖学费收入，就读学生需要支付近乎教育成本的全部费用。私立高等教育机构的经费主要用来从事教学工作，在设施或日常开支上花费相对较少。由于公立教育部门的筛选性很强，大多数学生除了在私立学校寻求学位外，几乎没有其他途径。因此，学校需要仔细规划学生人数、每名学生的费用和支出水平，大多数新建的私立高等教育机构没有较为丰厚的经费储备，如果未能达到入学目标或出现意外开支，可能会对机构预算造成严重破坏。这种学费依赖性也意味着私立学校在选择学生时，必须考虑他们是否有能力支付所收取的费用，这种筛选将会对学生的社会阶层和学校提供的课程种类产生影响。

学费依赖是私立高等教育机构提供教育服务时的内在限制。全球竞争和后大众化时代来临，公私立高校都面临着预算紧缩的问题，政府对高等教育的政策从强调内部责任转向外部问责，更加注重大学的社会经济职能效率。私立高校把研

---

① Centre for Educational Research and Innovation How Much Public and Private Investment is There in Education? [R]. Source OECD Education & Skills, 2011 (16): 232-241.

② Kwiek M. From Growth to Decline? Demand-absorbing Private Higher Education When Demand is Over [J]. A Global Perspective on Private Higher Education, 2016 (3): 53-75.

究和科学认可的追求主要留给国家的公立大学，这直接导致私立高校缺乏与国内和国际研究界的融合，大量私立部门的学术专业变得薄弱和支离破碎。一方面，私立高校的资源基础由于历史原因在很大程度上处于相当不平等的状态，整个私立部门等级分明，其声望不是由学术成就产生的，而是由市场占有量决定的，毕业生的就业能力成为衡量私立高校培养成果的主要标志，也是吸引未来高质量生源的主要因素。另一方面，这种职业主义又不利于学校获得赞助，因为私立高校似乎是在为学生创造私人利益，对于捐赠者来说，这种办学导向不足以吸引他们捐赠资金扩大或改善这些服务，这进一步加大了私立高校对学费的依赖，加之学费日趋增加，学生和家长要求学校对质量和成本效益承担更大的责任，学校面临着家长和学生越来越强的问责。

第二，学校由集权化治理向多元分权治理转变。各国提供私立教育的学校治理都经历了不断完善的过程，治理模式从集权型走向分权型，行政力量和学术力量在治理中不断博弈，参与治理的利益相关者越来越多元化。根据 OECD 的定义，私立学校和公立学校的界定主要是依据管理者的性质而不是经费的来源。私立学校既可以从私人机构获取经费，也可以从公共机构获得财政资源。因此，联合国教科文组织、经合组织和欧盟统计局进一步区分了独立于政府的私立学校和依赖于政府的私立学校。独立于政府的私立学校是指从政府机构获得的核心资金不足一半，且其教学人员不由政府机构支付工资的学校，而依赖政府的私立学校要么从政府机构获得50%或更多的核心资金，要么其教学人员由政府机构资助。自20世纪80年代初以来，许多国家学校系统已经赋予私立学校越来越多的权力，可以自主决定课程以及资源分配，前提是学校能够很好地判断学生的学习需求，并且有能力高效地利用资源。具体到实际管理中，学校不断增加校长的决策权和问责权，以及教师或系主任的管理职责。国际学生评估项目会要求学校校长向本校教师、学校管理委员会、区域或地方教育当局或国家教育当局报告，学校在分配资源，如任免教师、确定教师的起薪和薪酬提高，制定学校预算并在学校内分配，校内的教学评估（制定学生评估政策，选择教材，确定提供哪些课程以及这些课程的内容）方面是否具有自主权。经合组织成员国将这些信息结合起来，创建了两个综合指数：学校资源分配责任指数和学校课程与评估指数，值越高，校长和教师的自主性越强。结果表明，私立学校在这两个方面的自主程度往往高于公立学校，在学校资源分配责任指数方面，尤其明显。在所有成员国和经济体中，无论是政府依赖型私立学校还是独立的私立学校，都在资源分配上比公立学校更有自主权。当对两种私立学校进行比较发现，在大多数国家都是独立私立学校相较政府依赖型学校拥有更多的资源分配自主权。在经合组织中，公私立学校在自主权上差异最大的国家分别有芬兰、巴西、哥伦比亚、卢森堡、马来西

117

亚、墨西哥和秘鲁；在课程选择和评估方面，公立学校和私立学校之间的差异相对较小，尤其是在政府依赖型私立学校与公立学校之间；在 26 个国家和经济体中，私立学校在课程选择与评估方面拥有更大的自主权，但在奥地利、爱沙尼亚、荷兰、新西兰、斯洛伐克、斯洛文尼亚等则相反。[①]

在高等教育领域，作为私立高校发展最成熟的国家，美国的非营利性高校治理结构也经历了一个不断完善的发展过程。19 世纪末至 20 世纪 60 年代，学校董事会成员开始接纳本校毕业生参加，大学普遍开始设置由教授和教师组成的大学评议会（University Council），教师逐步参与大学的学术与行政管理事务，校长的身份也从"学术型校长"转化为"企业管理家"，职务专业化程度越来越高，投票权比例也不断提高。对于后发外生型的私立高校，治理模式逐渐发展为相关利益者共同治理的形式，政府与大学的学术人员共同行使行政与学术权力，比如在日本私立高校的管理模式中，一方面，处于学部层次的教授在行政和学术事务中享有很大的权力。另一方面，院校的管理在很大程度上受到中央政府制约，院校层次的董事会和校长权力相对较小，学校经费也不是由董事会主要负责筹集。

第三，学校治理方式向企业化管理方式转变。20 世纪 80 年代，全球各地的私立高等教育都在经历显著的增长，这种现象在南欧和东欧尤为明显。高等教育的持续扩张促进了私立教育的发展，学生的个人选择也显著推动了私立高等教育的发展，高等教育的私有化，也进一步推动了学校内部治理的企业化倾向。随着学生群体的扩大，高校内部结构将更加多元化，私立高等教育系统的治理者不仅涉及政府，还涉及赞助者、企业，跨国家的代理商、网络组织等。私立学校与其他社会组织的联系更加紧密，学校组织结构不断走向多元化和专业化。私立高校中，尤其是非顶尖私立高校的学术文化影响力相对较弱，强调特定各方的利益而不是整个机构利益的市场文化发挥重要作用。私立高等教育机构面临的行政或监管程序逐步减少，自主管理权限不断加强。私立高等教育机构为了优化管理效率，重组、精简和外包行政职能，对一部分学术职能机构也进行了改革，大量聘请兼职教授、讲师、研究助理，聘请更多专业化人员参与学校的管理，管理方式趋于企业化，这使得学校形成了多级协调和责任机制，加上组织机构的水平分化，很多机构开始采用法人组织形式，并加强内部治理。[②]

[①] OECD. Education at a Glance 2014：OECD Indicators［R］. OECD，2015：412.

[②] 廖苑伶、周海涛：《普及化趋势下国外高等教育系统变革研究综述：理论与实践》，载于《江苏高教》2021 年第 1 期。

三、学校办学模式的发展特点

非营利性私立学校在发展过程中，基于本身多样化的发展办学理念，市场融入度及办学成熟度的不断加深，在办学模式上也呈现出多样化的特点。

第一，非营利性私立教育办学形态多样化。整体来说，全球基础教育阶段的私立学校通常有精英学校、特殊学校、教派学校等。全球非营利性私立高校可分为基础研究型私立高校、教学型私立高校、基于产业化运作的私立高校、基于信息技术支持下的私立高校这四种类型。在美国，存在一种所谓选择性的学校，这类学校专门对学生进行尖子生教育，但仅占私立学校中很小的一部分，更多的是各教会或教派兴办的学校。在办学实践中，还有一些私立中小学兼具教育革新功能，学校办学成为了某些教育工作者验证某种办学理论、教学理论或教学方法的重要场所。比如在德国，私立学校除了能够满足社会多元化教育需要、弥补公立学校教育不足之外，还是开展教育实验的天然场所。事实上，长期以来，德国就一直具有在私立学校进行教育实验的传统，如瓦尔多夫学校、蒙台梭利学校、自由学校等。私立高等教育办学类型在国际上也存在着巨大的差异，一些是最负盛名的研究型机构，比如美国的研究型私立大学主要是负责学术引领，包括哈佛大学、耶鲁大学，是拥有数十亿美元捐赠的顶尖一流大学，还有日本的早稻田大学、菲律宾雅典耀大学等；还有一些办学时间较短、但迅速发展的顶尖私立大学，比如韩国浦项科技大学；一些是著名的教学型高等教育机构，比如美国四年制文理学院、澳大利亚邦德大学是典型的以提供优质教学为主的私立高校；许多私立高等学校不是大学，而是在一个或几个专业领域提供以职业培训为导向的专门机构，大学的研究使命在这部分私立学校中得到了很大程度的减轻，比如萨尔瓦多共和国新成立的"车库大学"，该大学主要在一些领域提供专门的培训。私立高等教育机构既有综合类大学，如马尼拉远东大学，有超过十万名学生；更多的是一些专业类型机构，专注于特定领域，如欧洲工商管理学院（INSEAD），很多专业类型机构只录取几百名学生。也有一些私立高等教育机构试图通过研究获得合法性。事实上，虽然其他国家经常把美国私立高等教育作为发展借鉴对象，美国顶尖私立高等教育机构中普遍存在的情况在世界其他地方依然是少见的，其在研究生教育和研究发展方面取得的成绩仍然是独一无二的。[1]

第二，市场取向、职业导向的办学方向。在过去的几十年里，各国建立了各

---

① Levy, D. *The Global Growth of Private Higher Education. ASHE Higher Education Report* [R]. 2010 (3): 121 - 133.

种各样的世俗教育机构，这些学校的数量已经超过了传统的宗教附属学校数量。这一新学校群体主要是多功能大学，在市场需求旺盛的领域提供学位，开设如管理学、旅游学等实用性专业。部分学校获得了较高的社会地位和尊重，但大多数学校属于较低的学术层次。尽管他们不是学术水平中等以上学生的首选，但他们往往比公立普通大学更受中上层学生的青睐。中产阶级的优秀学生被公立大学拒绝后，会倾向于选择半精英的基金会大学，尤其是那些能够支付较高学费或者有资格获得奖学金的学生。印度私立高等教育机构将目光锁定在确保就业前景上，通过输出优质的人力为行业服务，应对全球挑战。这些私立高等教育机构的基本目标是：提供国际公认的课程、良好的学术创新、提高学生批判性思维和分析能力。私立高等教育与新兴产业领域有更多的联系互动，搭建了良好的教学平台，包括灵活的学分制系统，与行业紧密合作的专业，指导性教学大纲，基于课堂的学习、基于项目的学习、研究性学习、基于成果的学习和实习等。[①]

遵循这一导向的私立学校，其毕业生能够在劳动力市场中获得更高的回报，较好地抵消他们为学习所做的投资。以市场为导向的机构对学生的职业考虑很敏感，而学生通常愿意为他们获得的教育和证书支付费用。新加坡私立学院开设的专业紧跟当前就业市场的发展趋势，都是信息技术类专业、营销与管理类专业、金融学、会计学等热门、实用性强的专业。提高学生的就业能力是这些专业人才培养的主要目标，实用性和应用性知识技能贯穿在学生培养方案的始终。而且，学校专业设置的类型并不是一成不变的，而会根据不同时期社会就业的实际需求及时进行调整。例如，2015 年工商管理课程占总课程近一半，工程管理课程、信息与技术、服务业和艺术课程在私立高校专业课程中占一定比例。2018 年，教育和艺术课程大幅增加，这也符合新加坡经济发展的方向。日本私立高校规模大，承担了为社会培养高素质人才的核心作用。2000 年后，日本政府将非顶尖私立高校人才培养目标调整为职业应用导向，并对表现优异的学校通过购买服务等方式给予支持，同时推动私立高校调整专业结构，扩充理工类专业，适当缩减文科类专业，帮助私立高校培养教师队伍，建立新型学位课程。在土耳其，非营利性私立教育机构对就业市场表现出极大的关注，通过对毕业生开展跟踪调查，获取学生在雇主中的声誉水平情况。这些机构不断推动自身课程改革，聘请有信誉的专业人员作为兼职教师，搭建全职教师核心队伍，并聘请全日制公立大学教授作为补充，教师队伍建设起来后，学校对学生的吸引力也不断增强。[②]

---

① G. A. Hegde. *Privatization in Higher Education in India*：*A Reflection of Issues*［M］//Mahsood Shah and Chenicheri Sod Nair （Ed） A Global Perspective on Private Higher Education：Glyn Jones，2016：157 – 163.

② Mizikaci F. Isomorphic and Diverse Features of Turkish Private Higher Education. PROPHE Working Paper Series. WP No. 18［R］. Program for Research on Private Higher Education，2011：9 – 11.

第三，私立高等教育机构积极拓展科学研究功能。由于组织客观因素限制，许多私立高校发展博士项目和研究活动的能力非常有限，本科项目成为私立学校的主要教育产品，主要以满足劳动力市场即时需求为导向。部分地区的新兴私立学校对博士教育和研究的重视程度较低，这是由财政和行政管理等各种因素造成的。私立学校中有资历开展研究生教育或研究活动的教职员工十分不足，这些活动在学术和法律方面的要求远远高于本科课程。此外，在大多数国家，私立学校获得公共研究资金资助的机会十分有限，少有慈善机构愿意为这些学校提供科学研究的经费，学校需要自己为这些科研活动筹集资金。同时，政府将公共资金输送到私立高等教育机构通常会遇到阻力，尤其是来自公立大学，因担心政府拨款总量减少而阻碍拨款，例如，在许多西欧国家，私立学校数量仍然非常有限，私立学校在获得国家研究资助（尽管不是欧盟资助）的资格方面往往存在着重大障碍。许多私立高校是在高等教育需求迅速膨胀的背景下出现的，但在人口趋势变化导致需求缩紧的情况下，一些私立高等教育机构已经面临着更加严峻的挑战。在一些国家，私人投资的比重不断下降。这些机构为表现出更大的吸引力，提升教育研究项目的质量将成为一个更大的突破口。全球私立高等教育机构逐渐开始开展一些研究活动，并积极为学生争取社会支持，这些支持之前只开放给公立机构的学生。虽然精英私立高等教育在美国以外很少见，但近几年内也有一些相对成熟的私立高等教育体系开始加大发展精英私立高等教育，比如日本、韩国、土耳其等；但一个更常见的趋势是"半精英"私立高校开始发展，这些机构通常是在需求导向型的私立学校中发展起来的，虽然他们的精英本质可能更多的是学生身份，但一些学校确实取得了卓越的成就，尤其是在一些创新领域，这部分高校会对公立第二梯队的高校形成较强竞争威胁。①

根据《私立学校振兴援助法》的规定，日本政府对私立院校提供办学经费，并从20世纪90年代开始逐渐扩大竞争性经费的比例，决定对优质私立大学优先予以资金支持。日本政府对参与"全球一流大学项目"的公私立学校采取一视同仁的经费资助，通过竞争性的资助引导大学提升质量参与竞争，建立了系统的审批、质量认证和监管系统，并对私立大学实行招生配额制度，如果学校的招生配额没有达到50%，政府则会暂停提供相关的补助金。师资队伍是制约私立学校拓展办学业务和功能的最大障碍，私立学校教师在研究、出版和研究方面相对不足。日本政府通过补贴提高了私立大学教师的工资水平，从长远来看，这是提高质量的重要前提，但实际的提升结果并不显著。政府之后又考虑了更多的引导政

---

① Levy，D. Private Higher Education：Patterns and Trends ［J］. *International Higher Education*，2015（50）：7 - 9.

策，比如为教员提供学术休假，更多的外部研究资金也可能鼓励私立大学更重视教师的学术参与，研究生教育的进一步发展也可能会有积极的影响。①② 韩国同样重视支持私立大学建设顶尖高校，其设置的"世界一流大学项目""21世纪韩国智慧人才项目"，公立大学和私立大学的教研团队都可以申请资助。印度联邦政府确定了三所私立大学和三所公立大学同时进入"卓越大学计划"，并计划将这六所学校同时打造成世界顶尖的学术机构，并给予五年的额外资金资助。③ 比利时、瑞典和荷兰，致力于保证学生以较低的成本接受高等教育，并努力消除不同选择之间的价差，选择私立大学的学生也只需支付很少的教育费用，或是没有直接的教育费用，比利时和荷兰模式的发展结果是，私立大学的融资方式与公立大学大致相同。印度私立高等教育制定了一个目标，在未来5年内至少能有学校在世界大学排名榜中排进前50名，其中一所私立大学的目标是在未来15年内培养出至少一名诺贝尔奖得主。大多数印度私立高等教育与外国大学在教学、研究方面有合作和谅解备忘录，并在全世界范围积极引进基础科学、工程、管理、法律和教育等学科的优秀教师，确保为学生提供优质的教育产品。④

第四，私立高等教育机构跨国办学行为日益频繁。私立学校的海外机构数量显著增加，海外教育主要由私立教育提供者通过特许经营和合作，引进海外学位课程的方式提供，例如，马来西亚的私立高等教育机构在2005年招收了322 891名国际学生，新加坡在2007年招收了86 000名国际学生。⑤ 在高等教育系统中，私立部门比公共学术机构更积极地参与国际联系，私立高等教育的跨国办学趋势日益明显，进一步模糊了差异和国界。尤其是发展中国家或中等收入国家的私立高等教育机构与发达国家的公立或私立大学建立联系，为本国提供更优质的教育方案和学位。各国政府和学校都把跨国办学视为增加高等教育收入的一条途径。⑥ 随着私立高等教育国际化推进，一个国家的学术机构与另一个国家的大学建立联系、分支和协作安排，这种国际化趋势主要发源于北半球的机构，并由这些机构与其他区域的大学相连。机构之间的合作采取多种形式，包括提供具体的学位方案，在国外建立学术中心以及建立"特许经营"的课程和学位。例如，美国私立

① Geiger R. L. Public and Private Sectors in Higher Education：A Comparison of International Patterns ［J］. *Higher Education*，1988（6）：699－711.

② 杨素萍、朱勇见：《日本私立大学教育经费的筹措和使用》，载于《中国高等教育》2017年第2期。

③ 杨秀治、何倩：《印度创建世界一流大学政策研究》，载于《比较教育研究》2016年第6期。

④ G. A. Hegde. *Privatization in Higher Education in India：a Reflection of Issues*［M］//Mahsood Shah and Chenicheri Sod Nair（Ed）A Global Perspective on Private Higher Education：Glyn Jones，2016：157－163.

⑤ Mahsood Shah，Hai Yen Vu & Sue－Ann Stanford Trends in Private Higher Education in Australia［J］. *Perspectives：Policy and Practice in Higher Education*，2019（1）：5－11.

⑥ 菲利普·阿尔特巴赫、郭勉成：《跨越国界的高等教育》，载于《比较教育研究》2005年第1期。

大学的几所著名管理学校在印度与当地的商业公司合作开设管理机构。

许多国际化内容涉及私立中等院校，部分原因是政府对这些学校外部控制相对宽松。私立机构从国外进口教育资源，使用来自其他国家的教育教学方式进行实践。然而，"进口"机构高度依赖外国学术课程和课程提供者，在新课程结构的创建方面，很少有真正的深度合作。这种合作还涉及有关质量评估和跨国界学术方案问责制的一系列问题。尽管存在这些问题，部分国家依然倡议私立大学尽可能地建立海外办学方案，以快速响应当地的市场需求。① 从办学的实际情况看，私立高等教育机构海外办学主要包括独立建制的海外分校、合作建制的海外分校、海外联合学位项目三种类型。其中，海外联合学位项目最为常见，被该项目录取的学生在多所跨境机构学习，修习学分，最后获得机构共同授予的学位证书。合作建制的海外分校在私立高校跨境办学中也很受欢迎，因为相比公立高校，私立高校的体制相对灵活，具有更大的自主权。海外办学的很多学校在专业项目设置上明显地体现出市场化趋向，并且具有鲜明的实用性与国际化特色。

在新加坡，海外分校被纳入私立高等教育体系一管理，国外教育办学者通过会计与公司监管局注册，向教育部提交申请通过后获得办学权，成为私立教育机构。新加坡为提升本国高等教育综合实力，积极推动私立高校跨境办学。同时，新加坡政府还提出"顶尖大学计划"，着力吸引世界一流大学在新加坡建立分校，通过"借力"的方式迅速扩充顶尖大学数量。21 世纪初，印度也制定了高等教育国际化发展战略，将私立高等教育机构作为海外办学的核心力量，目前印度已经建立了十余所海外分校及远程教育中心。阿拉伯国家也在尝试开放私立高等教育系统，引入海外优质高等教育提升本国教育实力。目前，在全球跨境高等教育发展区域中，阿拉伯地区是最为活跃的区域之一。据美国跨境教育研究小组（CBERT）统计数据显示，截至 2017 年 1 月 3 日，世界上共有三百余所海外分校在运行或筹备中，其中设立在阿拉伯地区的海外分校占比高达 20% 以上。②

第四节　全球非营利性私立学校办学赋能模式

私立院校一直在积极地融入国家学术体系，提供有吸引力且合适的教育产

---

① Altbach. Private Higher Education: Themes and Variations in Comparative Perspective [J]. *Prospects*, 1999（3）：311 – 322.

② The Cross – Border Education Research Team, Branch Campuses Data [EB/OL].（2019 – 07 – 08）. http://cbert.org/resources-data/branch-campus/.

品。如前所述，在大多数国家，特别是在发展中国家的高等教育领域，几乎所有成立时间较短的私立学校都处在学术等级的最底层，因为学校建立学术体系和声誉需要较长的时间，同时受资源限制及学生需求的影响，这些机构提供的应用类课程较多，较少涉及学术研究。当然也有一些例外，如在巴基斯坦的阿迦汗大学（Aga Khan University）在阿迦汗基金会的慷慨资助下，很快就取得了较高的学校排名。[1] 这些私立学校的快速发展主要归功于充足的财政资源和有效的领导。在资金方面，私立学校，尤其是高等教育阶段的私立高校直接获得资金支持的情况仍然较少，政府经费依然是公立教育的主要财政来源，但政府的间接资助（如教育券、学生贷款）正在增加。在监管方面，政府的监管力度在不断上升，但与公共部门相比，私立部门较少受到标准化政府政策的指导或管理。

一、监管约束与配套支持相结合

各国在私立教育的监管主体、内容和模式方面各不相同，荷兰、西班牙、希腊、卢森堡等国家主要由政府实施监管，美国、英国、澳大利亚、丹麦、巴西、日本等国家采用第三方监管的形式。从监管内容看，政府对非营利性私立学校办学行为的监管，主要集中在对其"非营利"性质和教育质量的监管上，通常情况下，监管约束的力度和财政支持的力度呈正相关。

第一，通过质量认证确立学校资助资格。美国政府一般不直接干预私立学校发展，联邦政府和州政府对私立学校的监管主要集中在机构设置与退出、办学质量、安全卫生、财务等方面；对私立院校办学质量的监管主要是通过第三方认证机构的认证来实现的，这也就是说只有经过政府批准的第三方认证机构认证的学校才可以获得政府资助。美国成立了全国性的学校评估组织以及学科专业评估组织，这些第三方机构对公、私立高校办学质量开展评估，对评估合格的学校颁发证书，协同政府机构起到了重要的监督作用，保障了学校的办学水平和质量。[2]英国也成立了独立的第三方评估机构负责对全英教育质量进行外部评估。英国高等教育质量保障署还制定了专门针对私立高校的评估手册，交替性地开展年度审核和周期性评估。例如，高等教育质量保障署在对白金汉大学的评估中，设立了以下四个维度：学术学习机会的信息质量、设立和维持学术标准、学生学习机会

---

① 阿尔特·巴赫、李梅：《民办高等教育主题和差异》，载于《科学决策》2003 年第 1 期。

② 夏鲁惠：《充分发挥我国高等教育中介组织的作用》，载于《国家教育行政学院学报》2003 年第 3 期。

的质量以及学生学习机会。① 澳大利亚非营利性私立高校管理与质量保障机制相互配套，由半官方组织负责的质量评估体系几乎不分公立或私立，也不分营利性与非营利性的。受到政府资助的私立高校必须接受国家质量保障框架的审核，而获得认可的营利性和非营利性私立高校都可通过学生贷款计划而间接获益。除了对学校进行资助，政府还通过评估向项目或人员提供资助。美国非营利性部门的发展往往是与政府合作，而不是与政府对抗。政府不直接对学校进行管理，而是通过引导学校的竞争和激励来分配资金，尽量不破坏与非营利性部门相关的灵活性、创新性和选择性。对美国联邦一级的学校来说，这意味着政府向学生提供资金，使他们能够选择自己的学校，向研究人员提供资金鼓励他们竞争，而不是为机构提供直接的补贴。在全球范围内，这两种市场模式都在增长，例如，韩国通过评估向项目提供资金，而不是向机构提供资金；各国启动学生贷款项目，教育券项目，各种税收优惠成为私立教育体系的一部分。②

　　第二，通过认证赋予学校更多自主权。目前的国际趋势是，通过认证制度确保私立部门承担某种责任的同时，赋予私立教育机构更多的自主权，确保这些机构向潜在学生提供准确的信息，保持质量基础，妥善管理财政事务。一些国家对私立机构实行了相当严格的管制，但大多数国家允许它们具有很大程度的自治权。美国依靠非政府认证制度，确保私立机构的质量达到可接受的水平，并在此基础上给予学校充足的办学自主权。菲律宾也一直在考虑建立类似的政策，通过对已建立的私人机构进行学校的认证，符合认证标准的机构可能会被授权某些类型的政府监管责任，政府会将监管的重点放在较弱的机构中确保其运行的最低标准。美国依靠非政府机构的认证制度来确保私立机构的质量达到可接受的水平。在高等教育层面，联邦政府对私立高等教育采取放权的态度，各州态度不一，有些州将私立高等教育纳入企业自由体系予以最大程度的独立性，有些州则将之纳入国民教育体系予以严格监管。为保证私立教育的质量，新加坡制定了资格定级教育认证制度和消费者协会保证的教育认证计划（case trust for education），但是这两项证书对学校教育性质的办学活动指导和规范性不强。新加坡政府出台的《私立教育法案》规定加强私立学校的注册认证制度，成立专门的教育理事会，并在 2010 年推出了教育信托认证，该政策实施后，一批质量不高、办学条件较差、办学不规范的私立学校纷纷关闭。认证制度规定了学校办学的最低资质，并就注册模式、服务质量、管理成效、学术过程、学生成绩及信息公开等方面进行

　　① 李先军、陈琪：《英国私立高校第三方评估模式及其借鉴》，载于《重庆高教研究》2019 年第 5 期。

　　② Shah M.，Vu H. Y.，Stanford S. A.. Trends in Private Higher Education in Australia［J］. *Perspectives：Policy and Practice in Higher Education*，2019（1）：5 – 11.

监管，获得认证的学校则可获得一定的办学自主权。

第三，资助、监管和赋权相互约束。私立学校通常需要接受三种类型的管制：与非营利性组织或公司有关的法律、有关高等教育的一般政府条例以及涉及私立高等教育的特别立法。私立学校，尤其是私立高等学校在大多数国家具有相当大的自主性，主要是因为私立学校通常很少获得公共资金；并且私立学校在内部管理上，也较少限制学术活动的设立。在基础教育领域，监管力度受到资助程度的影响，资助越高，自主权越低，比如德国的私立学校可以自主选择学生和教师，并且在选择教材或每周课程数量方面不受国家规定的严格限制，然而，作为对公共资金的回报，他们需按照公立学校的执行标准，必须举行国家考试并发布报告、颁发证书，只要这些学校的学生在国家考试中表现良好，学校的资助通常就不会受到影响。荷兰在完全平等的基础上为公立和私立学校提供资金，荷兰政府直接支付这两个部门的教师、建筑物和其他学校运行费用，因此，荷兰私立学校的独立性比大多数其他国家的私立学校低，所有学校在行政和课程方面都必须遵守同样的政府规则。在美国，公共资金对私立中小学的支持力度不大，在少数几个州，学生可以享用公共经费资助的交通系统，或者他们的父母可以获得与学费相等的税收抵免；私立学校也可以获得联邦政府对贫困儿童的教育补助金，例如补偿教育补助金或减少午餐费，私立学校的办学自主权也更多。在高等教育阶段，政府对私立学校监管改革的方向是减少对"头部"学校的政府管制，尤其是鼓励实力较强的私立高校发展独特的优势领域；加强对"腰部"和"底部"学校的监管，但同时赋予更多的办学自主权。一方面，政府要鼓励私立高等教育机构为高等教育系统提供新的模式和方法，确保成本效益和教育实验的推进；另一方面，质量控制是私立高等教育发展不可或缺的部分，政府需要实行问责制，以确保这些新模式提供高质量的教育产品。私立高等教育应该有多大的自主性？院校是否应该完全自由地确定其办学目标、学费、课程、师资聘任、学术标准等？还是应该对私立学校进行管制，以确保其达到国家标准和学术规范？私立高等教育机构是否应该被视为公共学术体系的组成部分？各国对这些重要问题给出了不同的答复，一些国家对私立教育机构实施十分严格的管制，但大多数国家允许私立学校享有相当程度的自治。① 平衡自治和监管是未来私立高等教育发展的重要趋势。政府在坚持私立高等教育接受更多问责的情况下，给私立高等教育更多的发展空间，确保学校为潜在的学生提供准确的信息，保证其提供教学的基本底线，并恰当地处理财务经费。大部分私立高等学校主要的办学资源不来自公共资

---

① Geiger R L. Public and Private Sectors in Higher Education：A Comparison of International Patterns ［J］. *Higher Education*，1988（6）：699 – 711.

源,所有权不在政府手中,"问责"也涉及许多机构和群体,例如,对私立部门严格控制的韩国,除政府外,也逐渐有一些相关机构在学校入学名额、学费、师资人数、工资等方面享有干预的权力。日本政府对私立部门管制力度较强,但近年来也开始注重适当给予学校自治权力。综上可以发现,美国的私立教育发展模式,尤其是高等教育领域,越来越多地成为全球教育改革议程的一部分。更广泛地说,世界上许多国家都在更深入地了解美国高等教育体系的现实,这种体系是基于更多元的选择、评估和制度多样性,而不是基于标准化的形式和政府先验性的计划体系。政府对私立教育的介入很少,甚至越来越少,但私立教育体系却具有较高的有效性,政府作为这个多元化体系中的主要参与者,通常有促进或激励作用。

二、管理方式与私立教育角色类型相匹配

各国因政体、社会福利、文化及教育传统等的不同,使得私立教育在国家教育体系中的角色和作用不尽相同,对私立教育的管理边界划定也有所不同。

第一,各国不同类型的私立教育体系。按照作用来划分,全球私立教育可以分为"主导型""平行双轨型"和"外围补充型"三个基本发展模式。在基础教育及高中教育阶段,在欧洲大陆,公立教育质量较高,私立学校通常以补充型的形式存在,私立学校数量占比较低,并且通常可以获得高额的政府资助;在东亚以及一些经济落后的地区,私立中小学机构则占主导型,在美国、英国等国家,私立中小学机构扮演了与公立学校同等重要的角色。在高等教育阶段,"主导型"是指私立高等教育招生规模在整个高等教育中占70%及以上的比重;"平行双轨型"是公、私立学校招生规模基本相当,私立学校经费来源和公立高校差别不大,代表国家有比利时、荷兰。"外围补充型"一般以补充公立学校所忽视或无法开设的学科专业领域来获得发展,代表国家有法国、泰国、瑞典。"主导型"这种模式最好的例证是日本,但也存在于菲律宾、韩国、巴西、哥伦比亚,在某种程度上,印度尼西亚也是这种模式;这些国家的教育系统具有等级森严的性质,受到国家经费资助,既有成本高、学术性强的精英学校,也有承担大众化任务的一般机构;该类型的私立教育系统具有明显的分层性,地位最高的通常是办学历史悠久的机构,大部分私立学校的任务是容纳社会对高等教育的过剩需求。"平行双轨型"模式存在于非等级教育制度环境中,社会需要保证相当程度的教育多元化,同时要求各学校提供同等价值的教育,为了实现有意义的平等,私立学校必须拥有与公立学校相当的资源;在福利国家,比如比利时和荷兰,这种平等最终意味着国家为私立大学提供全额资金。推行"外围补充型"模式的国家,

公共部门基本能满足社会所有的教育需求，但某些任务可能未能顾及，从而为私立教育机构的产生和发展留下了机会；这些学校被排除在国家责任范围之外，不受国家严格审查，国家对这类私立教育机构的监管较为宽松，但也会设置法律限制私立学校的不当运作；一个外围型的私立部门可能只有一个"单一"的机构，比如瑞典的斯德哥尔摩经济学院，它有效地履行了它所选择的使命，以至于政府没有实际的理由去改变或取代它。此外，如果一个综合性的国有部门存在并持续存在严重缺陷，那么私立部门可能有机会发展到相当大的规模，例如在墨西哥，这种"公共部门失败"就发生了，公立大学的过度拥挤和政治化促使大约 15% 的学生进入"外围补充型"的私立学校。①

第二，不同类型私立教育体系对应的不同管理力度。在不同类型私立教育体系下，政府管理模式的严格程度也有所差异。一类是比较严格的。例如泰国，除了对各种要求做出严格规定外，还明令私立学校不得从学生身上谋利；私立高等教育机构需接受大学部随时的检查，国家在鼓励私立高等教育发展的同时不以降低质量标准为代价。另一种类型是较宽松型。例如美国给予私立高校很大的灵活性。在"主导型"模式中，国家是私立教育机构办学最低标准的设置者，用直接的方式进行国家监管。由于私立学校的某些部门不受信任，政府监管有时也以保护消费者为目的延伸到学校的金融事务中。此外，在"主导型"模式中，规模增长快速，因此教育相关部门也会对学生入学进行重点监管。在"平行双轨"模式中，国家会更深度地参与管理，保证私立教育的高水平，主要是通过学位制度的设定进行管理。在这种模式中，国家的财政支持较为充分，因此也受到更多的监管。平行私立部门的存在，旨在保证国家较高学术水平学位制度的存续，这实际上需要私立学校教师与国家和国际科学、学术界的融合，随之而来的高成本只能通过政府财政支持来解决。政府直接支持的程度越大，从长远来看，政府管理范围就越广泛。历史上，为了使少数民族在平等的基础上接受大学教育，政府首先必须提供国家补助来代替私人学费。然后，为了使私立学校能够随着高等教育入学人数的增加而发展，有必要对其资金需求进行补贴；最后，为了维持国家学位所需的学术标准，有必要对其业务进行广泛的监督。在"外围补充型"模式中，各国对外围型私立部门的监管较松，但也会设置法律限制私立机构的不当运作。通常"外围补充型"的高等教育被排除在国家责任范围之外（即保证学位的有效性），不受国家严格审查。有时，官方认可需要以许可证或宪章的形式赋予，但即使这些文件符合政府条例，这些规定往往得不到严格执行，如墨西哥。国家

① Geiger R L. Public and Private Sectors in Higher Education：A Comparison of International Patterns ［J］. *Higher Education*，1988（6）：699－711.

通过综合公共教育体系为社会履行全部教育责任时，理论上不需要对这些选择不接受国家供给的学校给予关注。然而，实际上，政治上的对立，例如过去天主教学校与世俗政府之间的对立，或最近与私立工业有密切联系的机构与"左"倾州立大学之间的对立，可能会导致国家对外围私立部门产生消极的看法从而进行干预。①

第三，在管理中引导学校精准化、差异化发展。绝大多数发展中国家和中等发达国家一样，私立教育起步较晚，通常是在本国经济快速发展阶段，或转型发展时期同步发展起来的。私立教育要长足发展，甚至是弯道超车，就需要引入精准化、差异化的管理方式。比如在基础教育领域，法国提供政府资金以抵消私立学校的成本，但学校在治理和资金方面有几种选择：继续完全独立于政府干预，但必须雇用合格的教师；纳入国家公共教育体系；接受政府关于课程和考试的要求，以换取员工工资；接受政府对教学和教师选拔的一些控制，以换取运营费用和工资。在天主教学校中，由于资金需求有限，大多数小学选择了第三个选项，而许多运营成本较高的中学则选择了第四个选项。从政府获得资金的学校必须证明其具有公共系统中不存在的独特性或理念。没有宗教信仰的私立学校通常选择独立于政府干预，尽管根据不同的法律，它们也能获得一定数量的公共资金。许多私立高等学校进一步寻求差异化发展，比如私立高校因为经费有限，缺乏学术传统和师资，将学校办学目标定位为应用性、职业导向的方向，这样既能避开与顶尖公立研究型高校的正面竞争，又可以填补社会对高层次应用型技术人才的需求，进而增强自身存在的合法性。而在美国、日本、菲律宾等国家，私立高等教育发展较为成熟、办学实力雄厚，一部分学校还处于国家整个教育系统金字塔的顶端。在各类大学排名中，这些私立高校往往排在前列。因此，这些国家在制定私立教育管理策略时，非常注重引导学校发挥自身优势，坚持科学研究导向，维护学校学术声誉，推进学校办学以质取胜。同时，各国也积极发展私立应用型高等职业技术教育，比如在美国快速发展的文理学院和社区学院。

三、财政差别化扶持与提升学校办学效率相衔接

许多发达国家的公共资金向公立学校、私立学校和宗教学校共同开放，这种形式已经持续了很多年，并且在学校发展过程中，根据社会经济以及本国教育系统对私立学校需求的变化不断予以优化。

---

① Levy, Daniel C. Public Policy for Private Higher Education: A Global Analysis [J]. *Journal of Comparative Policy Analysis Research & Practice*, 2011 (4): 383 - 396.

第一，不同国家的公共财政差异化扶持私立教育。美国用于补贴私立教育的公共支出比例为 4%，瑞士 7%，澳大利亚 10%，法国近 12%。在比利时和荷兰，私立教育几乎完全受到公共经费资助。作为回报，一些国家的私人和宗教学校同意采取国家课程标准，按国家标准制定班级规模；学生也必须通过与公立学校相同的国家考试。从基础教育到高等教育，OECD 国家教育经费平均 85% 直接来自公共资金，15% 来自私人资金。① 然而，各国间存在较大差异。在芬兰、卢森堡、挪威和瑞典，私人支出只占总支出的 3% 或更少。相比之下，私人支出约占澳大利亚、智利、哥伦比亚、日本、韩国、英国和美国总支出的 1/3。鉴于依赖政府的私立学校和独立于政府的私立学校的差异，普通私立学校获得的公共资金数额也存在明显差异。在经合组织国家中，私立学校（包括独立于政府的私立学校）的校长报告提出，平均 57.6% 的学校资金来自政府，包括各部门、地方、地区州和国家当局，而公立学校的这一比例为 89.2%。29 个经合组织成员中有 10 个国家的私立学校 80% 以上的资金来自政府，另有 8 个成员国 50% 以上的资金来自政府。私立学校公共资助水平非常高的国家和地区包括瑞典（99.6%）、芬兰（97.4%）、荷兰（96.4%）和斯洛伐克共和国（91.9%）以及伙伴经济体中国香港（91.3%）。相比之下，私立学校获得低水平公共经费资助的国家包括新西兰（9.6%）、希腊、墨西哥、英国和美国（均低于 1.0%），以及哥伦比亚等伙伴国家（20.4%），哈萨克斯坦（3.6%）等等。②

第二，公共资金补贴促进学校有效竞争。私立教育公共融资机制可以分为需求侧和供给侧型。需求侧和供给侧补贴都可以成为扩大家长选择的一种手段，并通过将学校（直接或通过家长）获得的资金数额与每所学校能够吸引的学生数量挂钩，在学校之间引入市场竞争机制。供应方补贴直接将经费提供给私立学校的经营者。供应方补贴包括对私立学校经营者的减税或免税，以及对运营和人事费用或资本投资的公共补助；需求方补贴主要是对选择私立学校的家庭提供需求方面的补贴，包括普遍和有针对性的代金券以及用于偿还家庭私立教育支出的抵免或减税措施。政府为私立教育提供公共资金，可以通过三种机制来提高学校系统的效率：改变私立和公立学校部门的相对规模、增加学生分层，以及促进学校竞争。具体来说，一是利用公共资金为学生进入私立学校提供便利，可能导致学生从公立学校流向私立学校，如果私立学校比公立学校更高效，那么有望在全系统范围内增加私立部门的规模；二是在学校可以选择生源的情况下，扩大家长的选择可能会增加各学校学生的分层，有研究者认为，在能力分布的不同点上，通过

---

① OECD. Education at a Glance 2017：OECD Indicators［R］. Paris，2011：191 – 195.

② Boeskens，L. *Regulating Publicly Funded Private Schools*：*A Literature Review on Equity and Effectiveness*［R］. OECD Education Working Papers，2016：15 – 23.

能力分类提高学生的同质性有助于提高学生在能力范围内的成绩，因为这使得教学实践能够更有效地适应学习者的需求；① 三是增加家长的选择可以在学校系统中引入市场压力和竞争，进而提高学校办学效率。从理论上讲，竞争可以带来更高的质量和多样性，如果私立学校面临学生和资源流失的威胁，将会更有效地利用资源，努力提高质量。但这一机制基于这样一种假设，即家长倾向于选择高质量的学校，学校为了吸引更加优质的生源则会注重提升办学质量。然而，学校教育质量（学生教育成果的整体附加值）在实践中很难观察到，因此，家长们可能会选择考试成绩均分最高的学校，学校更倾向于招收社会经济地位较高的学生。

第三，公共资金逐渐向半精英机构倾斜。随着私立教育部门的发展，社会各界关于公共经费资助私立学校的讨论也不断增多，特别是政府是否应该对私立的学校基建、教学研究、学术提供经费补助。大众化私立教育部门发展的驱动力是个人对高等教育的需求，私立学校实际上是在一种卖方市场中运作，被视为带有浓厚的"商业"或"逐利"色彩，他们有机会收取接近教育服务全部成本的费用，在扩张速度迅速的时期，它们甚至可能收取比边际成本更高的费用，从而筹集到少量资本。然而，日本、菲律宾和土耳其等私立高等教育的发展表明，通过学费持续创造资本只可能是暂时现象，因为要达到这种目标需要将学费提高到刺激消费者的对立水平。此外，这种张力往往表现在政治方面（国家管制），而不是经济方面（需求减少）。因此，除了一些可能的例外情况，如日本最近成立的一些私立医学和牙科学校，学校可以收取的学费水平受到学生、消费者群体支付能力、机构间竞争以及国家干预限制的影响。在政府拨款方面，拨款形式主要包括间接拨款和购买教育服务两种资助方式，其中间接资助又以学生奖助为主。对于半精英的私立高等教育来说，政府的资助是较少的，主要是因为这类学校缺乏大量学术研究或博士教育，并且有明显的市场性自利行为，它们拥有一批家庭条件优越的学生群体，可以从高学费和一些项目中获得收入。此外，这些机构有较多的国际合作，有时被视为非国家型机构。对于半精英学校而言，"谁选择，谁付费"的论点更为重要，因为这些学校的学生也有机会获得公立部门教育。尽管如此，公共资金还是有其合理的理由流向这类机构。首先，半精英机构赢得了可靠的声誉。这些私立学校推动国家扩大了教育范围，经济有效地满足公众需求，它们可以促进健康增长的公私竞争，同时也使其国家能够更多地融入全球经济社会；此外，这类学校还可以避开政治冲突对学术任务的削弱，如在许多南亚、非

---

① Boeskens, L. *Regulating Publicly Funded Private Schools：A Literature Review on Equity and Effectiveness* [R]. OECD Education Working Papers, 2016：15-23.

洲和拉丁美洲国家。① 其次，目前关于公共资金流向的争论，较多是关于学生获取入学机会方面的，很多国家在法律层面规定学生可以受到政府的资助，比如在美国，尤其是在联邦一级，即使是营利性机构，只要获得了联邦政府的认可，其学生就有资格获得资助，对于一部分家庭条件不优越但也想接受高等教育的学生，政府资助可以帮助他们获得相对平等的入学机会，尤其是非营利性机构的学生。

第四，美国私立学校多元化的资助方案。美国私立高校的发展方式值得单独考虑，私立高等教育体系作为一个整体，在接受政府资助方面表现出一定的多元化，既能从学生学费中获得大量经费，也能从政府间接支持（教学或研究）和私人赞助中获得大量资金。比如，美国私立研究型大学将学术区分视为最重要的制度使命，他们之所以能够在学术上出类拔萃，部分是因为过去和现在受到的整体资助，但更主要是因为政府对科学研究进行了大规模的专项资助；城市服务型大学则倾向于依赖学费，因此对市场非常敏感；文理学院是最纯粹依赖资助的学院，这使得它们能够维持本科教育的质量，以此来证明自己存在的价值。

---

① Levy, Daniel C. Public Policy for Private Higher Education: A Global Analysis [J]. *Journal of Comparative Policy Analysis Research & Practice*, 2011 (4): 383 – 396.

第四章

非营利性民办学校的办学体制创新

20₁₉年《中国教育现代化 2035》明确，鼓励民办学校按照非营利和营利两种属性，来改革创新现代学校制度。[1] 2021 年《中华人民共和国民办教育促进法实施条例》（以下简称《民促法实施条例》）指出，国家机构以外的社会组织、个人，可以单独、联合举办民办学校；联合举办的，应签订联合办学协议，以明确合作方式、各方权利义务、争议解决方式等；鼓励以捐资、设立基金会等方式举办民办学校；以捐资等方式举办民办学校且无举办者的，其举办者权责由发起人履行。[2] 从举办主体角度看，非营利性民办学校可以分为自然人办学、法人办学；其中，法人办学又可分为营利法人办学、非营利法人办学。营利法人办学主要以企业办学为主要形态，非营利法人举办者还有基金会、无举办者、国有企业、事业单位、社会团体等。从举办形式看，有单独办学、联合办学两种。2019年北京师范大学民办教育研究课题组，对来自全国 12 个省份 10 464 位民办学校教师进行调查发现，样本教师所在民办学校办学主体为企业或集团的占比48.87%，自然人占比 29.58%，多元主体占比 19.53%，可大致推测我国民办学校办学主体类型占比。[3] 从办学主体看，自然人办学和企业办学是目前民办学校的主要举办类型，但从办学许可证显示的举办者看，自然人办学的大多数民办学校，其举办者都是企业，或将变更为企业，仍属于企业办学。可见，当前我国非

---

[1] 中共中央国务院：《中国教育现代化 2035》，载于《人民教育》2019 年第 5 期。
[2] 中华人民共和国民办教育促进法实施条例，2021 年。
[3] 周海涛、钟秉林等著：《民办教育发展报告 2020》，科学出版社 2020 年版。

营利性民办学校以企业办学为主，其次是多元主体合作办学（包括自然人与法人联合举办）。近年来，捐资举办的基金会办学模式开始显现。

办学体制是民办学校治理结构的基础，在某种程度上决定着办学主体构成、权责关系划分、治理体系搭建、经费筹措运营的制度设计与治理特征。本部分基于非营利性民办学校的办学实践，运用实地调研、问卷调查、深度访谈等方法，分层次、分类别、分区域调研代表性学校的典型做法，全面梳理我国非营利性民办学校的多样化办学体制，系统总结分析企业办学模式、多元主体合作办学模式、基金会办学模式、无举办者办学模式四种不同办学模式，在办学主体构成、权责关系划分、治理体系搭建、经费筹措运营等方面的制度设计与实践探索，总结成功经验，试提优化对策，为非营利性民办学校办学体制创新及实践提供参考。

第一节　社会资本发起的企业办学模式

根据 2021 年《民促法实施条例》的相关规定，公共部门以外的社会组织、个人，可以单独或联合举办民办学校。当前，民办学校已成为我国教育系统的重要组成部分。2019 年，全国共有各级各类民办学校 19.15 万所，占全国比重 36.13%；在校生 5 616.61 万人，占全国比重 19.92%。其中，民办幼儿园数占全国幼儿园数的 61.61%，在园儿童占全国儿童的 56.21%；民办小学数占全国小学数的比重较小，为 3.89%，学生数占全国小学生数 8.95%；民办初中数占全国初中数 11.05%，学生数占全国初中生数的 14.24%；民办高中数占全国比重 24.54%，学生数占全国 14.90%；民办高校数占全国比重 28.16%，学生数占全国 17.71%。[①] 从国内民办学校办学主体类型来看，企业办学模式占比最大，对其办学体制的梳理和研究是建立现代学校制度的必要前提。

一、办学主体构成

企业办学模式，是指集团、公司等法人举办实施学历教育的民办学校。出于便利举办者变更及加强对民办学校的控制两方面的考虑，创办民办学校的自然

[①] 教育部：《2019 年全国教育事业发展统计公报》，2020 – 05 – 20，http：//www. moe. gov. cn/jyb_sj-zl/sjzl_fztjgb/202005/t20200520_456751. html.

人，也倾向于以企业而非个人作为举办者。[1]

（一）政策制度

《民促法实施条例》鼓励企业以独资、合资、合作等方式依法举办或者参与举办实施职业教育的民办学校；同时，外商投资企业、外方为实际控制人的社会组织，禁止举办、参与举办、实际控制义务教育阶段的民办学校。[2] 我国当前举办非营利性民办学校的企业主要有两类，私营企业和国有企业，其中私营企业办学占大多数。一方面，私营企业举办民办学校。这是当前国内民办学校的第一大办学类型，根据现有文献及其调研结果，保守估计占比约 60%。尤其是在 20 世纪 90 年代，个体经济发展较快的浙江省私营企业举办民办学校的现象较为突出，私营企业单独举办民办学校一度被称为"温州模式"。此外，温州私营企业举办民办学校一般聘请教育家、知识分子、干部、退休教师办学，以保证教育质量。另一方面，国有企业或国资部门举办民办学校。2016 年修订的《民办教育促进法》（以下简称《民促法》），规定民办学校必须由政府机构之外的组织或个人举办，国有企业、国资部门举办民办学校主要有三种类型：一是部分地方政府国资委成立国有企业举办民办学校，二是由现存国有企事业、集体所有制经济组织举办民办学校，三是个别民办学校办学混乱或引发较大社会舆情后由政府成立国资部门接管。

国外由企业举办的非营利性民办学校占比同各国国情、法律、政策相关。据统计，美国由教会举办的私立学校占比 32%，其他宗教举办的占比 47%，由公司、基金会等社会组织举办的私立学校占比 21%。[3] 从数据看，由企业举办的非营利性学校，在美国私立学校占比不大。原因在美国很早就开始准许设置营利性私立学校，诸多公司特别是高教公司举办的私立高校均为营利性。如阿波罗教育集团、柯林斯集团、戴芙瑞集团、斯觉瑞恩控股集团、ITT 教育服务控股集团、职业教育集团、教育管理控股集团等并称的"G7 集团"，曾一度垄断 50% 以上美国营利性高等教育产业资本。日本法律至今规定不得举办营利性私立学校，几乎所有私立高校均为非营利性私立高校，仅在 21 世纪以后政策允许开展营利性大学试点。此外，日本企业举办非营利性私立学校，不仅需要上报办学资金，还需明确这些资金必须为"无偿捐赠"，并设立"学校法人"作为所举办学校的举

---

[1] 王一涛：《非营利性民办高校内部治理结构创新》，载于《浙江树人大学学报（人文社会科学）》2021 年第 2 期。

[2] 《中华人民共和国民办教育促进法实施条例》，2021 年。

[3] 全国人大教科文卫委员会教育室、香港大学中国教育研究中心：《民办教育研究与立法探索》，广东高等教育出版社 2001 年版。

办者，而不是直接以企业本身为举办者。

（二）发展现状

2016 年新《民促法》修订，明确举办者变更需进行财务清算，并需报教育行政部门审批。但是，当民办学校举办者为企业时，可以通过公司内部股东变更来隐蔽地实现举办者变更，以避开教育部门的审查。自修法以来，已有多所民办学校的举办者，由自然人变更为企业法人。[①] 企业举办的非营利性民办学校将越来越多，有三个主要类型。其一，私人企业或国有企业、国资部门拥有一所民办学校。私人企业举办一所民办学校的，如温州市中通国际学校（初中部）。由国企举办一所民办学校的，如茅台学院。由国资公司举办一所民办学校的，如浙江东方职业技术学院。其二，私人企业或国有企业拥有两所及以上民办学校，并未上市。如浙江吉利控股集团旗下共有吉利学院、三亚学院、三亚理工职业学院 3 所民办高校，及浙江汽车职业技术学院、湘潭理工学院、湖南吉利汽车职业技术学院等 6 所中职，共计 9 所院校，[②] 实行集团化办学，但并未将旗下学校打包上市。其他相似做法的企业还有北方投资教育集团、海南航空公司、浙江育英教育集团等。其三，私人企业或国有企业拥有两所及以上民办学校，且实现上市。红黄蓝幼儿园在全国拥有近 400 家幼儿园（包括加盟），以及近 1 300 家亲子园，2017 年于美国纽约证券交易所上市（见表 4 - 1）。[③]

表 4 - 1　　　部分由企业单独举办的非营利性民办学校举例

层次	学校名称	年份	企业类型及具体名称	
学前教育	红黄蓝幼儿园	1998	私企	红黄蓝教育机构
	自贡成外附小幼稚园	2017	私企	四川德瑞企业发展有限公司
	成外附小幼稚园（万科园）	2021		
义务教育	成都外国语学校附属小学	2003	私企	中通置业集团有限公司
	温州市中通国际学校（初中部）	2010		
	浙江乐清育英学校	1993	私企	浙江育英教育集团
高中教育	温州育英国际实验学校	1996		
	成都外国语学校	2012（收购）	私企	四川德瑞企业发展有限公司

---

① 王一涛：《非营利性民办高校内部治理结构创新》，载于《浙江树人大学学报（人文社会科学）》2021 年第 2 期。

② 浙江吉利控股集团．吉利教育，2021 - 05 - 23，http：//zgh. com/geely - education/.

③ 红黄蓝教育．集团概况，http：//www. rybbaby. com/about#jtgk.

续表

层次	学校名称	年份	企业类型及具体名称	
高等教育	大连东软信息学院	2000	私企	东软集团
	茅台学院	2017	国企	中国贵州茅台酒厂（集团）有限责任公司
	浙江东方职业技术学院	2012（托管）	国资	温州市现代服务业发展集团有限公司
	吉利学院	1999	私企	浙江吉利控股集团
	三亚学院	2005		
	浙江汽车职业技术学院	2012		
	西安交通大学希望学院	2009	私企	希望教育集团
	四川现代汽车工程职业技术学院	2010		
	银川能源学院	2019（并购）		

注：1. 上表并非国内全部由企业举办的非营利性民办学校，仅以上表部分例子为例。2. 四川德瑞企业发展有限公司 2016 年成功以"成实外教育有限公司"，将部分学校资产打包上市；3. 以上信息截至 2021 年 5 月 1 日。

企业法人办学具有一定优势，也存在一些局限性。在优势方面，企业竞争力提升有助于民办学校发展，具有较强市场竞争力的大型企业或具有重要社会影响力的企业举办学校，助推学校发展。其一，企业品牌的晕轮效应，有助于民办学校扩大影响力。如茅台集团创办了茅台学院，吉利集团创办了吉利学院。其二，行业领域的合作空间，有利于学校深化产教融合人才培养。从事具体行业的企业，与所举办非营利性民办学校在校企合作、教师科研、学生就业上可开展具体合作。其三，良好的经营绩效，有助于民办学校持续获得经费支持，不断提升办学质量。举办者企业的绩效良好，意味着向民办学校拨款和资助的力度将保持平稳或提升，民办学校经费充足则更能专注于教育教学和人才培养。其四，先进的管理制度，有助于提升民办学校管理效率。随着竞争日益激烈，公司化的管理经验对优化学校管理，具有十分重要的意义。[①] 开展现代化治理的企业，将注重决策运行效率的管理制度运用到非营利性民办学校，对学校的管理效率具有推动作用。在局限性上。其一，企业商誉对民办学校办学形象的影响。当举办者企业的信誉和市场表现不佳时，不仅影响民办学校的筹资，更影响家长、学生的报考意愿。其二，企业与学校在产教融合上合作，可能从一开始或逐渐走向"以教养

[①] Jochen K. ，Deutsche. *Hochschulenim Ausland：Organisatrische Gestaltung Transnationaler Studienangebote* [M]. Wiesbaden：Deutscher Universität Verlag, 2006：13.

产"，使教育教学成为产教融合的次要事件，导致本末倒置。其三，企业营收绩效下降对民办学校办学经费的影响。如西部一所非营利性民办高校的举办者，陷入资金困境后无法维系学校办学，被某高等教育集团收购。其四，企业管理不善对民办学校管理运行的影响。企业自身的管理不善，将直接或间接影响所举办民办学校的管理运行效率。若民办学校沿用举办者企业的管理模式，则直接影响学校管理；即使并非参照企业的管理模式，一旦学校有需要举办者企业决策的情况，将间接影响学校决策形成周期、决策科学性、落实的程度等。

（三）优化对策

企业举办非营利性民办学校，能充分利用举办者企业优势来发展办学优势。一是院校品牌与企业品牌晕轮效应共促，形成品牌形象提升的良性循环。社会声誉较好，整体稳定发展的企业可以冠名所举办非营利性民办院校，尤其在办学初期能起到重要的品牌效应。院校具备较好的办学质量、人才培养质量后，又可促进举办者企业承担社会责任，进一步提升品牌效应，形成品牌互促的良性循环。二是以教促产与以产养教相结合，实现产教并举的共赢局面。企业举办非营利性民办高校的，需充分开发自身优势产业的产教融合潜力、教学和人才培养功能，优化院校学科布局，根据企业优势领域设置相应的学科、专业教育。院校与举办者所拥有企业深入开展校企合作，共建专业、共享实践教育资源，并与举办者企业在应用研发、双师双能型师资队伍建设、人才培养等方面深入合作，为学生搭建就业创业桥梁。三是专注提升办学质量促进品牌效应，激发举办者大量投入资金。品牌效应的促进不分学段，提升办学质量、扩大品牌影响力，都是激发举办者企业大量投入资金的有效途径。办学质量高，社会声誉好，甚至起到带动企业品牌提升、行业营销、股市价格的学校，举办者企业可能更愿意投入经费持续升级办学条件、优化教师队伍建设。四是管理人员与管理培训流动，促进企业与学校管理经验共享。学校举办之初，欢迎举办者派驻管理精英，助力学校快速步入正轨。学校运行阶段，鼓励管理骨干参与企业的管理培训，学习专业的管理知识、提升专业的管理技能，利用企业的管理能力和优势，提升学校的管理运行效率。鼓励管理人员在学校和企业之间的有效流动，更好地发挥相互促进、共同提升的作用。

二、权责关系划分

企业举办非营利性民办学校在权责关系上的根本特征，是举办权、管理权的统一，企业或其家族以其投资额的几乎全部资产所有权获得举办权，并以此掌握民办学校几乎全部的管理权。

（一）政策制度

企业举办非营利性民办学校，在权责关系上涉及的主要利益主体包括：政府、企业、管理者、师生等。赋予各个主体的合法权利，保护各个主体的合法权益，实施各个主体的合法权责，是多年来我国民办教育政策改革的重点。其一，在政府权责上，《中华人民共和国国民经济和社会发展第十四个五年规划和二〇三五年远景目标纲要》（以下简称《远景目标纲要》）指出，民办与公办机构在准入资格、评定职称、供给土地，及财政支持、政府采购、监督管理等方面，予以公平对待。其二，在举办者企业权责上，新《民促法》提出，国家保障举办者的合法权益，如民办学校的举办者变更须由举办者提出。其三，在学校管理者权责上，新《民促法》赋予民办与公办学校在法律上的同等地位，同时，维护民办学校的办学自主权，保障民办学校对举办者投入的资产、国有资产、受赠财产及办学积累，均享有法人财产权。其四，在师生权责上，新《民促法》指出，国家保障校长、教职工、受教育者的合法权益，教职工有权依托工会法，通过建立工会组织维护自身合法权益；在职务聘任、表彰奖励、教龄和工龄计算、业务培训、社会活动等方面，享有与同级同类公办学校教职工的同等权利。受教育者在升学、参加先进评选、就业、社会优待等方面享有同级同类公办学校受教育者的同等权利。

国外企业举办私立学校的相关权责关系划分与我国并不完全相同，一方面是相关法律规定不同，另一方面是国家政策及相应监管程序不同。以日本为例，日本私立学校的最大独特性在于由企业举办的私立学校都以"学校法人"的法人属性设置，所有私立学校都必须以学校法人为举办者，其资产性质必须为无偿捐赠，所以，日本相关政策对私立学校的支持性相比规制性更为突出。《私立学校法》是私立学校的专门法案，其一，在政府权责上，规定国家和地方政府对学校法人实施学校教育给予必要补偿补助。陆续颁布的《私立学校振兴援助法》《关于基于私立大学研究设置国家补助的法律》《日本私学振兴财团法》等具体法律，均对私立学校相应补助有较明确规定。例如，规定国家和地方政府可依照学校法人在教学与研究上经常性费用的 1/2 以内，对民办学校予以补助。其二，在举办者权责上，《私立学校法》规定，私立学校的批准和设立都必须事先听取学校法人设置的审议会意见。其三，在学校管理上，《私立学校法》明确指出，要以提高私立学校的公共性、尊重私立学校的自主性、助力私立学校健康发展为目的。其四，在师生权责上，私立学校法人属性均为学校法人，与公办学校相同，日本私立学校师生相关权益与公立学校几乎没有区别。

（二）关键特征

我国企业举办非营利性民办学校权责关系，在 40 多年的发展中已形成了较为明确的特点。其一，政府对企业举办的民办学校资助相对较少，但资助的助推作用显著。有研究者对 3 个省份 5 个区县的 123 所普惠性民办幼儿园开展调研，发现普惠性民办幼儿园财政补贴与教育质量显著正相关，年收费较低的普惠性民办幼儿园尤其明显，财政补贴对教师工资、教育质量的提升效应更为显著。[①] 其二，企业举办的民办学校控制权一般在企业所有者的家族内集成，"家族制"特色突出。举办者控制是企业办学模式的主要特征，有的民办学校具有显著的"家长式"管理痕迹。举办者及其家族成员，在学校中掌握重要职位和话语权，成为民办学校真正的决策者。举办者则拥有最终控制权，对民办学校具有控制性影响。举办者通过让渡个人资产所有权，使学校获得法人财产权，并以此获得组建董事会、参与董事会会议、决策学校重大事务的强制性产权权力契约。[②] 其三，校长、管理者、师生等其他利益相关者在学校发展中的话语权较难发挥，边缘性较强。企业举办的民办学校权力集中，其他利益相关者几乎不具有权力，除了由举办者家族成员及其一致行动人兼任的校长外，聘任的校长、管理者、教师，以及学生等在学校重大事务上的话语权较难发挥，甚至没有话语权。

企业举办民办学校在权责关系上具有优势，也存在一定的局限性。优势方面，一方面，举办者所拥有企业具有一定的经济实力，不依赖政府资助。中国是所谓的穷国办大教育，仅用占全世界 1.5% 的教育经费，支撑起占世界 20% 的教育人口。[③] 企业举办民办学校，在弥补国家财政支出的不足上具有明显优势，对缓解国家教育财政压力作出了巨大贡献。另一方面，举办者控制或家族制的好处在于权力集中，决策效率通常较高。举办者企业及其建立在血缘、亲缘、婚姻关系上的家族凝聚力与感情，以及对彼此间的高度信任，更容易为了共同的利益相互配合、共同奋斗，大大推动了决策共识的达成，加速了决策执行落地的过程。局限性主要体现在，一方面，办学规范性相对较差，可能存在监管不足问题。政府资助相对较少，所以政府对企业举办民办学校的规制相对较少，导致监管不足、规范不够。有的举办者企业在办学一段时间后，没得到政府相应的支持、监管等，就开始力不从心，甚至可能导致管理混乱、办学无序。另一方面，举办者

[①] 刘焱、郑孝玲、宋丽芹：《财政补贴对普惠性民办幼儿园教育质量的影响路径》，载于《教育研究》2021 年第 4 期。

[②] 张宏博：《中国私立大学有效经营的制度研究》，人民出版社 2009 年版。

[③] 黄藤主编、房剑森著：《中国民办教育发展报告》，中国社会科学出版社 2003 年版。

"一言堂"现象普遍,"家长式"决策的科学性有待商榷。学校的所有权和控制权都集中在家族成员手中,董事会上的重大事项决策通常由举办者企业或其家族拍板。董事会表面上看似由民主到集中,实质上只是一个说服大家的程序。[1]对非家族成员缺乏足够的信任,关键的管理者难以留住,导致在激烈的市场竞争中,越来越多地表现出"一创二守三败"或者是"一小二大三破"的发展规律。[2]

(三)优化对策

企业举办非营利性民办学校,各个主体权力明确、权益明晰、权责清晰,对助力民办学校发展具有极其重要的作用。一是专注提升办学质量和人才培养质量,获取政府更多支持。新《民促法实施条例》鼓励各级政府及相关部门,优先扶持办学质量高、特色明显、社会效益显著的民办学校;而且,国家奖励、表彰表现突出,或者为民办教育事业的发展作出了突出贡献的社会组织、个人。鼓励、引导民办学校提高质量的方向性明显。二是适当约束举办者相关权力,减少对非营利性民办学校的内部干预。鼓励举办者企业聘请教育专家、有广泛社会声望的人士、相关领域退休领导和名师等办学,这些专家、学者对教育规律、办学事项较为清楚,相比由企业选派领导和管理者,或企业所有者自己直接担任董事长、校长,更能保证教育质量、人才培养质量。三是提高其他利益相关者的决策参与度。依法保护师生的民主监督权力,确保学术委员会、师生代表大会等组织能参与学校重大决策,针对董事长、校长等办学行为形成监督力量。

三、治理体系搭建

"决策-执行-监督"是所有管理活动的三项基本工作,组织行为的专业化分离反映了组织管理领域的社会化分工,有利于提高组织管理水平。对决策、执行与监督等各项活动的"三事分工"是逻辑起点;各项职能的"三职分定"是关键环节;各项责任的"三责分置"是核心要素;各项权力的"三权分立"是逻辑结果。[3]

---

①②　明航:《民办学校办学模式——产权配置与治理机制研究》,教育科学出版社 2008 年版。
③　陈国权、谷志军:《决策、执行与监督三分的内在逻辑》,载于《浙江社会科学》2012 年第 4 期。

（一）政策制度

非营利性民办学校的治理体系搭建同样涉及"决策－执行－监督"的活动、职能、责任、权力分立。一是明确董事会的决策地位。《民促法》明确学校董事会作为决策机构，行使聘任、解聘校长，制定学校规章和规划，筹集办学经费、决定教职工的编制和薪酬标准等职权。《国务院关于鼓励社会力量兴办教育促进民办教育健康发展的若干意见》规定，董（理）事会应由举办者或代表、校长、党组织负责人、教职工代表等共同组成，以优化人员构成。① 二是确立校长的行政主管责任。新《民促法》《民促法实施条例》都对校长在学校治理过程中的相应职责做了明确规定和规范，学校校长执行决策机构的决定，实施学校规划，聘任和解聘工作人员，组织教学科研活动等学校日常管理和运行工作。三是明确党委、监事会、教职工代表大会的监督责任。《远景目标纲要》指出，要坚持和完善党总揽全局、协调各方的领导制度体系，坚决坚持党对国家发展各领域各方面各环节的领导。② 新《民促法》明确，民办学校应加强党的建设，开展党的活动。同时规定，保障教职工参与民主管理和监督。

国外由企业举办的非营利性民办学校，在治理体系搭建上与我国最大的不同，在于我国党委建设的独特性，同时存在其他差异。其一，决策机构董事会的构成更为多元。调查 10 所美国世界一流大学的董事构成，其中工商界人士占比达到 50.3%，律师占比为 8.4%，其他董事会人员构成，还有基金会董事、学术或公共事务管理人员、教师、银行家、记者、医生等，校外人员总占比高达92.6%。③ 美国其他教育阶段的董事会构成多样性不如世界一流大学，但仍具有多元特性。其二，执行机构权力更为自主。日本非营利性私立学校的设立，以资产捐赠为前提，并严格限制资产捐赠性质的变更，虽然可以开展营利性事业，但规定营利性收入必须用于办学，从而能更好地保证私立教育的公益性。基于此，在私立学校内部治理管理上，日本予以较大的自主权。只要不违法，其日常的学校教学、科研活动均受法律保护，举办者企业也因为捐赠前提不会无故干涉。相对来说，学校董事长、校长等领导的权力更多，管理更为自主。其三，监督机制更为完善。日本以法律的形式明确、具体地规定了各级各类学校的设置标准，尤其是近年来日本公立学校也改革为学校法人属性后，统一了私立、公立学校的设

---

① 国务院关于鼓励社会力量兴办教育促进民办教育健康发展的若干意见。

② 中国政府网：《中华人民共和国国民经济和社会发展第十四个五年规划和 2035 年远景目标纲要》. (2021 - 03 - 13). http://www.gov.cn/xinwen/2021 - 03/13/content_5592681.htm.

③ 张斌贤、张弛：《美国大学与学院董事会成员的职业构成——10 所著名大学的"案例"》，载于《比较教育研究》2002 年第 12 期。

置标准，如校地校舍、设施设备、教学器具、教师资格、组织编制、教学科目及学分等相关规定十分详细。虽然设置标准统一，但日本在中央文部省设置高等教育局私学部、在地方督道府县知事设置私学振兴局等不同部门来分开管理公立学校和私立学校，并对审批加以控制，对学费收取设置最高限额。此外，日本在私立学校监管、监督上，还广泛依靠咨询机关、私立学校行业协会等，如日本最大的私立学校团体全日本私学联合会。

（二）影响因素

当前，我国企业举办非营利性民办学校在治理体系上的影响因素相对较统一。其一，部分举办者企业实施集团化办学模式，学校决策机构董事会的治理权力被挤压。资金雄厚的企业极易形成集团化办学，"头部效应"愈加明显。如四川德瑞企业发展有限公司旗下成实外教育，控股多所自学前教育到高等教育全阶段的民办学校，截至 2021 年 5 月共拥有 29 所民办学校，其中有 2 所高校，在校生 5.81 万人。[①] 其二，有的举办者企业或其家族成员和一致行动人基于出资事实对学校治理干涉较多，不出资的校长在执行上的权力和话语权十分有限。企业举办非营利性民办学校，其投资性特色突出，基于不信任、企业管理惯性、权力欲望等原因，企业举办者都倾向于实施较多管理，更多地掌握学校发展的话语权，校长的执行权力相对较为不足。其三，内外监督都相对薄弱，虽普遍建立党组织但党委领导作用发挥不充分。《民促法》对民办学校党委作用没有做具体规定，只明确建立党组织，开展党的活动，加强党的建设；再加上企业举办非营利性民办学校自筹经费，政府资助较少，所以党委作用相对不显著。如果没有更为具体的指导政策发布，包括企业举办的非营利性民办学校的党委领导作用较难充分发挥。

企业举办民办学校在治理体系上具有优势，也存在一定的局限性。优势方面，其一，集团化治理有利于转换集团发展动力、缩短决策周期、提高决策效率。集团下辖多个非营利性民办学校的，一旦有重大事项决策，只需要在集团层面进行一次决策过程，下辖各民办学校通过决策即可，大大简化决策过程。其二，校长决策权力的减少有助于举办者企业管理学校财务，减少学校资产被挖空的可能。曾有某集团投资的民办学校在聘任校长后赋予极大信任和权力，该校长利用职权搬空学校资产导致学校破产而被迫变卖。举办者干预较多，渗透较广，则能杜绝这个问题。其三，监督机制的不健全，让由企业举办的非营利性民办学

---

① 成实外教育：《公司概况》，2021 – 05 – 24，http：//www. virscendeducation. com/cn/about/virscend – eduction – 8. html.

校获得更大自主权，能更方便地发展自己的办学特色，尤其是建立与举办者所拥有的企业相对应的校企合作活动。在局限性上。其一，集团化治理独立办学能力受限、同质化发展问题突出。[①] 因为依赖集团决策，导致民办学校自身董事会的权力、能力空置，独立办学能力受限。且统一决策将民办学校引向同一个方向发展，不能根据各民办学校特色进行针对性决策，办学同质化严重，特色化不明显。其二，校长执行权力和效率将大大降低。此外，学校内部的决策也将极大受限。据调研，某民办学校被一集团收购后，相关学校决策时限平均拉长了 1 倍，决策执行效率大大降低。其三，非营利性民办学校的逐利需求不受约束。据调研，个别由企业举办的非营利性民办学校专注于校企合作，尤其是免费利用学校场地、课程和学生助力企业发展，而学生培养、课程建设则被忽略。

（三）优化对策

企业举办非营利性民办学校，明确"决策－执行－监督"三个关键环节的权责分离，能助力民办学校规范、高效发展。其一，保障董事会权力，提高决策科学性。完善董事结构，丰富董事会构成，提高非举办者企业管理者及家族或一致行动人占比。聘请学术权威、学术管理人员、行政部门领导干部、工商界人士、律师、公共事务管理人员、教师、银行家、医生、记者等加入董事会，适当减少举办者在董事会中发挥的巨大决策影响作用，提高决策科学性和针对性。实施集团化办学的，其集团公司保护所举办非营利性民办学校董事会的办学自主权和重大事项决策权，只在教育资源、MOOC 分享等上予以统筹和管理建议，不对民办学校内部的具体事务加以干涉。其二，保护校长权力，加速决策执行落地。由董事会决定校长聘任人员，注重校长管理能力和领袖魅力，严格筛选后予以信任，赋予学校最高执行责任人的权力、责任和相应权益，举办者企业、董事会、校长三方协商确定校长权责后，不再对校长权责范围内的重大事项予以干预。校长拥有管理自主权，并自主行使相关权力，在重大事项、教学科研活动、财务支出上拥有话语权，助力民办学校发展。其三，加强党组织建设，强化党委领导。依法建立党组织，加强党的建设，开展党的活动。注重完善党领全局、协调各方的制度体系，实行党的领导，将党的教育方针落实到民办学校发展的各方面、各环节。始终坚持党的领导，始终坚持立德树人根本任务。

有的企业举办的非营利性民办学校在"决策－执行－监督"治理体系上相对较为完善，办学质量较高。其一，赋予董事会权力。《民促法实施条例》明确规

---

① 钟秉林、周海涛、景安磊等：《民办高校集团化办学的发展态势、利弊分析及治理路径》，载于《中国高教研究》2020 年第 2 期。

定，同时举办、实际控制多所民办学校的，应依法保障民办学校独立开展办学活动，且由学校依法管理和使用所有资产。其二，给予校长权力。访谈发现，我国西部某高校举办者聘请公办高校退休校长担任校长，并给予高度信任，在聘任后即与其约定相关权责边界，赋予其在一定范围内的重大事项、重大财务支出权力，举办者企业干预较少。不仅提升院校内部决策效率，也使得校长能根据学校发展实际做出针对性决策并正确执行落地。其三，加强党组织的建设。树立正确的党建意识，出台党建工作基本制度，详细规范党组织工作，确立党建工作基本标准，包括党员管理与发展、党风廉政建设等具体内容。以党组织工作制度为例，明确规定"三会一课"制度、组织生活会制度、主题党日制度、组织活动制度、民主评议制度、请示报告制度等。

四、经费筹措运营

举办者主体性质差异对我国非营利性民办学校的经费筹措渠道影响较小，我国非营利性民办学校经费一般包括学费收入、举办者投入、政府资助、社会捐赠、自营事业收入和其他。一般为"以学养学"状态，学费收入占办学经费比重大于70%，甚至有的非营利性民办学校办学经费100%依赖学费收入。举办者主体性质不同，主要影响具体经费筹措渠道在办学经费中的占比，由企业举办的非营利性民办学校以学费收入、举办者投入为主，政府资助相对较少，社会捐赠一般可忽略不计。

（一）政策制度

我国民办教育相关法规政策对非营利性民办学校的经费筹措运营进行了统一规定，同样适用于由企业举办的非营利性民办学校。其一，在学费收入上，2020年8月教育部等五部门颁布《关于进一步加强和规范教育收费管理意见》，严禁非营利性民办学校举办者从办学收益中取得收益，不得分配办学结余。[1]《民促法实施条例》规定，民办学校不得以赞助费等名目收取、变相收取与入学相关的费用。其二，在举办者投入上，民办学校存续期间，举办者足额履行出资义务，不得抽逃、挪用办学经费。同时，民办学校与举办者相关的利益方进行关联交易，应符合合理、规范原则，不得损害公共利益及师生权益。其三，在政府财政资助上，《民促法》规定，非营利性民办学校享受与公办学校同等的用地优惠、税收优惠政策。县级及以上人民政府对非营利性民办学校的扶持，可以通过政府

---

[1]　关于印发《关于进一步加强和规范教育收费管理的意见》的通知。

补贴、捐资激励、基金奖励、奖助学金、助学贷款、购买服务及出租或转让国有资产等措施。其四，在社会捐赠上，《民促法实施条例》保护民办学校依法接受的捐赠财产的使用和管理权。其五，在自营事业上，《民促法实施条例》允许民办学校以未来经营收入、知识产权等进行融资。2018 年《关于学前教育深化改革规范发展的若干意见》规定，不得单独或将民办学校打包上市。《民促法实施条例》也明确，不得通过兼并收购、协议控制等方式控制实施义务教育的民办学校、实施学前教育的非营利性民办学校。

国外由企业举办的非营利性民办学校经费筹措运营渠道主要包括学费收入、政府资助、自营收入、社会捐赠等。一是学费收入占比相对较低。相比我国非营利性民办学校学费收入在办学经费中的占比，国外非营利性民办学校学费收入在办学经费中的占比相对较低。如美国非营利性民办学校学费收入占比多年来保持在 30% ~40%。[①] 荷兰私立学校政府资助较高，对学费收取、经费使用都有严格规定。但根据不同国情，部分国家和我国一样，学费收入是非营利性民办学校的主要办学经费来源，如日本。二是政府资助相对较高。如荷兰政府对私立学校的资助一直较多，其资助力度大到荷兰的私立学校被认为是"走上了准公立化的道路"。[②] 荷兰自 20 世纪 80 年代开始实施公私立教育预算相关方案，政府为每位儿童提供一张"教育折价券"，家长可凭券选择私立学校，私立学校通过"折价券"后向政府部门集中兑换。在美国，则为"教育券"，其实质相同，均为财政补助的一种方式。三是自营收入相对多元。以美国为例，由企业举办的非营利性民办学校的自营方式，包括附属企业、投资回报、教育活动、后勤公司等，2018财年美国全部非营利性私立大学的经营收入合计达到办学经费占比的 55.31%。[③] 四是社会捐赠收入相对较高。相比我国可忽略不计的社会捐赠，国外私立学校的社会捐赠相对较多。以日本为例，日本企业家、慈善家具有较高责任感，他们通常愿意捐赠私立学校，尤其是以设立奖助学金的方式，直接资助师生。

（二）主要做法

我国由企业举办的民办学校经费筹措方法较为统一。其一，加大举办者投入。举办者履行出资义务，并根据学校预算持续投入。其二，提高学费。据调研，某企业举办民办中学，从 2016 ~2021 年的 5 年间，其学费上涨到原来的 2 倍有余，另一民办中学国际班的学费，也不断上涨，目前已涨到 5 年前的 4 倍有

---

①③　National Center for Education Statistics. Digest of Education Statistics 2019 ［R/OL］. https：//nc-es. ed. gov/programs/digest/d19/tables/dt19_333. 50. asp？current = yes.

②　黄藤主编、房剑森著：《中国民办教育发展报告》，中国社会科学出版社 2003 年版。

余。一些高端贵族学校更以优越的办学条件和高额费用为主要特征，学费收入是最重要的筹资手段。一般，这类贵族学校学费为普通民办学校的 5 ~ 10 倍，更高端的贵族学校，尤其是以双语为特色的国际学校，学费可能超过普通民办学校的 20 倍。如某国际幼儿园，每学年学费高达 20 ~ 25 万。其三，增加教育活动自营收入。如茅台学院开发服务企业项目，提供企业员工培训、企业员工继续教育、职业技能鉴定等服务。

企业举办非营利性民办学校在经费筹措运营上具有优势，也存在一定局限性。优势方面，其一，举办者企业或其家族看重教育市场的高回报，通常愿意大量投资办学。教育产业资本扩张非常快，甚至被评为"十大暴利行业"，举办者企业从资本的逐利本质出发，投资举办民办学校的积极性非常高。其二，出于家族利益和亲情的双效作用，家族成员通常拥有非常强的资本保值增值欲望。维持亲情、发扬父辈事业精神、光耀门楣等强烈意愿，激励并约束着家族成员的投资、经营行为，使得投资更为谨慎，更看重稳定收益，风险偏好相对较低。其三、与企业合作开展经营活动具有优势。利用举办者企业在行业领域上的特色和优势，合作开展员工培训、继续教育、职业技能培训等服务，不仅彰显办学特色，也能增加办学经费收入。其四，上市更为简便。企业举办的非营利性民办学校可以依托举办者企业将教育资产打包上市，减少上市流程。或者利用企业资源，将教育资产单独打包上市，缩短上市周期。局限性方面，其一，逐利本质导致较多难以监管的关联交易。相对来说，企业办学具有较强的投资性，不同程度地希望获得经济回报，可能导致不同程度地挤压办学经费。其二，经费运营不规范。有时候没有形成年度报告，审核监管相对不足。由于民办学校由举办者企业或其家族所有，主要管理者尤其是财政负责人为企业或其家族主要成员负责，往往没有按年核算成本与收益，或不形成年报或虽形成但不公开，总体上公开透明不足，督导监管不够。其二，自营收入范围不够广。一般，企业举办的非营利性民办学校未能充分发展举办者企业优势行业之外的其他自营收入。其四，学前和义务教育阶段非营利性民办学校上市受政策限制。2018 年《关于学前教育深化改革规范发展的若干意见》和 2021 年《民促法实施条例》出台，某上市幼教集团截至 2020 年 12 月 31 日，集团市盈率为 - 2.34，净利润为 - 4 118 万美元，净利率为 - 37.54%；归母净利润为 - 3 728 万美元，同比下降 1 432%。

（三）优化对策

提高企业举办非营利性民办学校的经费筹措运营能力，一是要以优化办学条件和提高办学质量为前提，适当提高学费。根据物价部门核准的指导价格，以自身向学生提供的教育服务质量和数量为基准，参照周边地区民办学校的收费标

147

准，制定和提供与教育服务价值相符合的学费标准。二是要以合法、合规、合理的关联交易为前提，加强监管资金使用。尤其是对关联交易的监管，采用制度约束举办者的资金支配权，以及关联交易决策权，提高关联交易公平定价、合理决策。尤其是减少出于套利目的的关联交易、变更举办者行为。减少投资活动与举办者企业的关联性，包括减少关联交易、加强自身财务管理能力和投资能力，会计能力。政策允许的，可以以收费权、办学权等向银行质押贷款。三是要以不局限于企业优势领域为前提，扩大经营收入范围。减少管理运行与举办者企业的关联性，建立自己的管理运营团队，扩大自营事业渠道，包括教育活动、后勤公司、职业资格培训、游学项目等。减少企业派驻管理者管理自营事业的做法，降低对企业管理机制的依赖。规范信息透露制度，完善民办学校资产管理独立性。四是要以适应政策调整及当地经济社会发展需求为前提，规范上市。上市融资是能在短期内快速融资的较好办法，但要根据政策进行分类登记并适当调整，保证上市合法合规。

我国企业举办非营利性民办学校长达 40 年的经历，出现了一些经费筹措运营能力提升的成功案例。私营企业发展较早的温州市民办学校投、融资效果显著，一方面，举办者投入不断加大。2011～2013 年，温州市新增各类民办教育投资项目资金超过 45 亿元，民间资金兴办教育的积极性空前踊跃。[①] 另一方面，政府政策支持持续完善。温州出台《关于落实民办学校金融支持和优惠政策的实施办法》，开展投融资体制的突破性改革，允许民办学校质押办学权、收费权、著作权、商标权向银行贷款，拓宽了融资渠道。同时，开展公私合作融资模式（PPP，Public - Private - Partnership），由企业负责融资建设校园，并将产权移交其他企业运营，政府分期预付回购，按需购买教学服务。

企业办学模式是我国非营利性民办学校的第一大办学模式，在今后较长时间内，也将保持主流地位。在办学主体构成上，企业举办非营利性民办学校由企业独立举办，十分有利于深入开展校企合作。在权责关系划分上，相对较为简便单纯，但可能存在较显著的"举办者控制""家族制"等典型特征，总体上权力较为集中。在治理体系搭建上，可能更需要强调举办者及其家族成员、一致行动人对董事会、校长在决策-执行机制中的适当放权，尤其是集团化办学的非营利性民办学校。在经费筹措运营上，以学费收入、举办者投入为主，通常在规模发展过程中倾向于上市选择。《民促法实施条例》发布后，对关联交易、举办或同时控制多所民办学校、协议控制学前和义务教育阶段民办学校等相关方面进行了原

---

① 戚德忠、卢志文、董圣足主编：《温州民办教育发展报告（2010 - 2015）》，科学出版社 2017 年版。

则性、方向性指引，相关企业、集团、公司要加强自查，及时纠正调整可能违反《民促法实施条例》的相关行为和做法。凸显企业办学的社会责任感，彰显教育教学公益性，实现所举办非营利性民办高校的高质量发展转型。

第二节　资本融合的多元主体合作办学模式

国家鼓励多元主体合作办学，《民促法实施条例》第五条规定，国家机构以外的社会组织或者个人可以单独或者联合举办民办学校。以实施高等教育阶段的民办学校为例，根据教育部有关部门统计，我国 11.3% 的民办高校有三个或三个以上举办者，12.5% 的民办高校有两个举办者，76.3% 的民办高校有一个举办者[1]，多元主体合作办学合计占比 33.8%。

一、办学主体构成

多元主体合作办学有多种形式，如多自然人合作办学、多私有企业合作办学、混合所有制办学等。混合所有制办学是指两个及以上由国家或集体所有、民营所有、个体所有、外资所有等不同所有制投资主体，共同合作举办学校的一种办学模式，[2] 具有公私融合、多元素参与、形态分级分类等特点。《中外合作办学条例》明确，中外合作办学是指中、外教育机构合作举办的，在中国境内的，以中国公民为主要招生对象的教育机构。[3]

（一）政策制度

国内相关政策法规主要在国有资本、公办学校、国外资本参与举办非营利性民办学校上做具体规定。其一，国有资本参与办学相关政策制度。《民促法实施条例》规定，地方人民政府禁止举办实施义务教育的民办学校，更不得利用国有资产、公办教育资源参与举办。其二，公办学校参与办学相关政策制度。义务教育阶段的公办学校禁止参与举办民办学校，非义务教育阶段的公办学校不得利用

---

① 王一涛：《民办高校的内部治理与国家监管——基于举办者的视角》，中国社会科学出版社 2019 年版。

② 阙明坤：《独立学院混合所有制办学模式研究》，载于《高等教育研究》2017 年第 3 期。

③ 教育部法制办公室：《教育法律法规规章汇编（2004 年版）》，教育科学出版社 2004 年版。

国家财政性经费参与举办民办学校，更不得影响公办学校的教学活动，或仅以品牌输出方式参与办学、取得或者变相取得管理费等办学收益。其三，国外资本参与办学相关政策制度。《民促法实施条例》规定，外商投资企业以及由外方实际控制的社会组织，不得参与举办、实际控制实施义务教育的民办学校。2012 年《关于鼓励和引导民间资金进入教育领域促进民办教育健康发展的实施意见》规定，境外资金在中外合作办学中的比例不得超过 50%。① 《外商投资准入特别管理措施（负面清单）（2019 年版）》重申，外商投资高等教育机构仅限于中外合作办学，且须由中方主导。②

国外多元主体办学，尤其是混合所有制办学较为普遍。其一，PPP 公私合作办学。国外私立大学的合作主体有国家或州政府与私营企业合作，公立大学与私营企业合作，公立大学和私立大学合作等。在公私合作内容上，又有公私融资、科技产业园、校办企业等三种模式。③ 典型范例有：美国特许学校和契约学校、英国私人融资计划、澳大利亚新学校项目、菲律宾学校领养计划等。④ 其二，校企合作办学。如英国伦敦大学有规模庞大的附属私立院校，印度也有近 6 000 所名校附属院校，⑤ 均为民间出资建校，依托公立学校的多元主体合作办学模式。德国依托双元制教育，在高等职业教育大力发展混合所有制办学，一些德国高校与著名企业合作创办职业技术学院。其三，跨国合作办学。一些非营利性民办学校设立海外分校，并与当地私营企业、公司等合作举办。如高等教育较为薄弱的阿拉伯国家，通过尝试不同的国际合作模式和新兴的专业，引入海外办学的私立大学，来改变本国高等教育现状。⑥

（二）发展现状

我国多元主体合作办学已形成一定规模（见表 4 - 2），其一，多自然人合作办学。一种是限制人数合作办学，举办者、出资者由固定成员组成。另一种是不限制人数集资办学，鼓励社会力量积极参与集资入股。其二，多私企合作办学。

---

① 《教育部关于鼓励和引导民间资金进入教育领域促进民办教育健康发展的实施意见》。

② 中华人民共和国国家发展和改革委员会、商务部：《外商投资准入特别管理措施（负面清单）（2020 年版）》。

③ Molly N. N. Lee. Restructuring Higher Education：Public-private Partnership ［J］. *Journal of Asian Public Policy*，2008（2）：188 - 198.

④ 阙明坤、潘奇：《发展混合所有制职业院校初探》，载于《职业技术教育》2015 年第 4 期。

⑤ 胡东芳、蒋纯焦：《"民办"咋办？——中国民办教育忧思录》，福建教育出版社 2001 年版。

⑥ Al - Hamarneh，Günter Meyer. Globalisierung von Hochschulbildung in der arabischen Welt：eine Chance für die international Expansion deutscher Hochschulen？［A］；InstitutfürAuslandsbeziehung en Stuttgart und Universität Karlsruhe，Tagungdes Wissenschaftlichen Initiativkreises Kultur undAuβenpolitik ［C］. Karlsruhe：Universitätsverlag Karlsuhe 2007：12 - 24.

这类多元主体办学不在少数，一般融合两个国内私企资源。其三，混合所有制办学。一是公私合作的 PPP 模式。如"民办公助"模式，东部沿海地区以国有资本为主，还有"公助民办""国有民办"两种。公助民办，即由企业、社会组织或个人办学，举办者筹集启动资金，政府租赁、借用一定的国有土地。政府对民办学校给予扶助和支持，包括从筹备 - 招生 - 教学 - 管理的全过程，以及校舍、教学设施、选拔校长、调配教师等具体方面。另一种是国有民办也称公建民营，即政府举办民办学校，交由社会资本承办，是政府主导、社会参与"管办分离"的公私合作模式。政府无偿划拨教学土地、投资建设经费，建设完成再委托具有法人资格的企业或自然人来管理运营。将政府和社会结合起来，扩大教育资源供给。二是国内非公资产混合所有制办学。一种是资产入股，多个主体各自出资，合作办学。另一种是品牌入股，即"名校办民校"现象，集名校的优质资源和民校的雄厚资金为一体。三是国外资本参与的中外合作办学。中外合作办学在学前教育、基础教育阶段主要体现在高端私学上。而高等教育阶段的中外合作办学，主要在国内办学水平较高的公立高校与国外一流大学合作举办的民办高校。

表 4 - 2   部分由多元主体合作举办的非营利性民办学校举例

层次	学校名称	年份	主体类型及具体名称	
学前教育	宜宾成外附小幼稚园	2019	政府	宜宾市政府
			私企	成实外教育集团
	成都市郫都区博实乐幼儿园	2020	私企	博实乐教育控股有限公司
			私企	成都置信实业（集团）有限公司
义务教育	温州市中通国际学校（小学部）	2011	名校	温州市实验小学
			私企	中通置业集团有限公司
	江西省西山学校	2003	港企	中国首控集团有限公司（香港）福建西山集团
高中教育	福建西山学校	1994	私企	西山教育集团
	杭州仁和实验学校	1993	多自然人	包括 6 位自然人
	成都新世纪外国语学校	2000	名校	四川省温江中学
			私企	成都兴新世纪教育科技有限公司

续表

层次	学校名称	年份	主体类型及具体名称	
高等教育	四川外国语大学成都学院	2000	名校	四川外国语大学
			私企	四川德瑞企业发展有限公司
	南宁学院	1985	国资	南宁威宁投资集团有限责任公司（归口南宁市人民政府）
			组织	中国国民党革命委员会广西壮族自治区委员会（以下简称民革广西区委）
	西交利物浦大学	2006	名校	西安交通大学
			外资	英国利物浦大学

注：1. 上表并非国内全部由多元主体合作举办的非营利性民办学校，仅以上表部分例子为例；2. 以上信息截至2021年5月1日。

多元主体合作办学具备一定优势，也存在一定的局限性。一方面，在优势上。其一，合作办学有助于打破单一主体办学在办学思想、教学理念上的狭隘和专制，从而获得取长补短、优势互补的合作效益。以中外合作办学为例，有利于引进国外先进办学理念和优质教育资源；同时让国内学生足不出境就能享受国外顶级名校教育，并获得出国留学、研修等便利。其二，能避免因某一办学主体经济受挫而直接导致办学停滞的现象发生。市场有风险，投资和经营都不可能永远获得收益，办学主体资金链断裂、破产的现象也时有发生，多元主体合作办学则能减少某一办学主体带来的直接经济影响。其三，能助力学科建设、课程设置更加综合完善。一般，单一办学主体的行业领域跨度无法与合作办学主体的涉猎行业数量相比。多元主体充分发挥各自行业优势，参与培育学科力量和专业课程，可助力民办学校获得多个学科发展优势。以中外合作办学为例，可以实现高水平的双语教学。另一方面，在局限上。其一，当多个主体间办学理念相冲突时，容易造成教育教学混乱。当在某个教育教学理念上存在分歧、难以达成共识的时候，可能造成某项制度难以落实或自行其是的混乱情况。中外合作办学或发生直接从国外引进教材的现象，可能存在意识形态、文化冲突等问题。其二，若国内办学主体经济状况遭遇重创、国外办学主体经费投入较多时，可能涉及教育主权问题。一旦国内办学主体经济受挫，国外资本可能趁机买进大量股权，最终成为民办学校实际控制人，不再保持合规状态。其三，若其中一个办学主体为名校，容易造成其他办学主体作用难以发挥，以及可能的国有资产流失。名校利用自身优质教育资源、学科优势等，参与举办民办学校，助力民办学校快速发展。其他办学主体在教育教学方面可能并不专业，而很难发挥话语权。与民办学校共享或直接给予土地资源、设施设备使用权的，当民办学校脱离名校时，可能存在国有资产流失问题。

（三）优化对策

多元主体办学的成功例子较多，多元主体合作办学实质是股份制办学。股份制办学即多个举办者以入股方式共同使用资金、人力资本等要素来建立民办学校，各入股者根据股份份额和其他约定享有权益并承担义务。[①] 其一，多自然人的股份制办学，尤其是不限制人数的集资型多自然人股份制办学，有利于在短时间内快速聚集大量闲散的社会资金，筹集总量较为庞大的办学经费，促进非营利性民办学校的快速发展。其二，多私有企业的股份制办学，通过股权收益提升各入股企业的积极性，促进形成共同目标利益相关群体，协同助力所合作举办非营利性民办学校发展。其三，混合所有制办学，一是 PPP 模式仍有可为。尤其是在高等职业教育领域，2014 年《关于加快发展现代职业教育的决定》明确提出，允许以知识、资本、管理技术等要素探索发展股份制、混合所有制职业院校。2019 年颁布的《国家职业教育改革实施方案》，重申鼓励发展股份制、混合所有制的职业院校以及职业培训机构。二是名校办民校的要遵照最新政策进行规范调整，尤其是义务教育阶段。三是中外合作办学要充分发挥国外高校优质教育资源的作用，在校学生可选择与世界名校间的交换项目，同时实施国内外两个大学的硕、博学位教育，毕业后获得两个学位证书。

多元主体合作举办非营利性民办学校，要充分利用多元主体优势来提升办学质量。一是以办学理念、办学质量为吸引点，充分调动多自然人合作办学主体的集资能力，汇聚更大规模的社会资金。二是以共同目标、愿景为着眼点，提高私有企业合作办学者之间的凝聚力和办好非营利性民办学校的向心力，多方合作向非营利性民办学校提供更为长期、稳定的办学经费，建构更为完善、全面的学科体系，协同共促学校发展。三是以提升教育教学质量、人才培养质量为根本点，发挥各办学主体的办学优势。其一，促进更为深入的 PPP 模式。完善民办教育 PPP 项目的政策体系，鼓励和支持民办学校与企业基于 PPP 模式构建全方位、多角度的深度合作关系，切实提高办学质量和效益。[②] 地方人民政府参与举办民办中小学的，及时调整清算相关国有资产，确保国有资产安全。其二，推进更为深刻的多种私有制合作。包括个人与企业合作，社会组织与企业合作，个人和社会

[①] 王一涛：《民办高校的内部治理与国家监管——基于举办者的视角》，中国社会科学出版社 2019 年版。

[②] 吕宜之、周海涛：《畅通民办学校融资路径对策探究》，载于《教育理论与实践》2020 年第 9 期。

组织合作，公办学校与个人、企业或社会组织合作等。公办学校参与举办民办中小学的，及时调整清算相关公办教育资源；仅以品牌输出参与举办民办学校的，要加大相关品质保证类培训、集训，保障所挂品牌非营利性民办学校的办学质量，并不得从中获利。其三，推动更为深入的中外合作。充分利用国外高校优质教育资源，包括优秀教师、优秀生源、优秀科研平台、优秀教学设备、优秀合作伙伴、优秀文凭质量等，"以我为主，为我所用"，让在校生享受国外优质教育，提升人才培养质量。

二、权责关系划分

多元主体办学涉及不同办学主体类型、不同办学初始动机、不同办学收益诉求，在此背景下，多元主体举办的非营利性民办学校在筹设、运行等相应办学阶段清晰划分各主体之间的权责关系，是保障学校稳定、可持续发展的关键前提。

（一）政策制度

多元主体合作办学相关政策法规上，主要集中在多个举办者主体之间的出资、权责规定上。一方面，多个主体的不同出资方式，以及出资内容相关政策制度。《民促法实施条例》明确，举办民办学校可以用货币出资，也可以用非货币财产作价出资，如实物、建设用地使用权、知识产权等，法律法规规定不得作为出资的财产除外。另一方面，多元主体合作办学背景下，规范各主体之间权责划分的政策制度。《民促法实施条例》明确，联合举办民办学校的投资主体应签订联合办学协议，以进一步明确各方合作方式、权利义务、争议解决方式等。

国外多元主体合作办学情况同我国存在差异。其一，美国宗教组织参与办学，包括神职人员合作办学、不同宗教组织间合作办学等。宗教组织一般不参与学校治理，促进举办非营利性民办学校独立办学。其二，德国企业参与举办职业院校。德国职业教育领域实行"双元制"教学，学生入学后分别在学校进行专业学习、在企业进行技能学习。校企联办大学是双元制教学向职业高等教育机构转型的重要尝试，权责关系也十分清晰，双方组建由利益相关群体组成的专家委员会、由国际学者组成的战略委员会，并组成联合委员会来治理学校，同时，聘请15名政府官员组成拨款委员会，参与协同高校事务。[①] 其三，也有少数国家没有或很少多元主体合作办学的私立学校，如澳大利亚，私立学校几乎全部由具有独

---

① Daniel Fallon. Europe Inches Forward on Higher Education Reform, Focus: Germany [J]. *Social Research*, 2012 (9): 712 – 740.

立法人资格的一个公司、教会、教派举办。

（二）关键特征

多元主体合作办学即股份制办学在权责关系上的重要特征，在于所有权和经营权分离，投资者在结束对学校的资产投入后，只有股权而不能直接干涉学校的任何资产，由学校法人获得所有资产的所有权和使用权；而代表投资者意愿的股东大会通过选举董事间接管理学校，董事会只对股东大会负责，而不受其他任何个体意愿支配，提高了学校的办学自主权。[①]

多元主体合作举办非营利性民办学校在权责关系上具有优势，也存在一定的局限性。在优势上，其一，多元主体股权份额清晰，学校法人财产权落实。多元办学主体以多种资产形式入股后，获得确定的股权份额，成为"股东"，但并非"经营者"，其投资资产所有权归属于学校，由学校获得使用权、处置权、交易权等。其二，办学主体不干涉资产，学校管理独立自主性强。作为股东的多元办学主体不再拥有入股资金所有权，从而获得股权收益权，他们不再直接干涉学校管理，非营利性民办学校获得经营权、管理自主权。其三，多元办学主体合作共融，教育资源优势分享。多元办学主体为了获得更高的股权收益，调动自身资源助力学校发展的积极性较高，有助于所举办非营利性民办学校同时汇聚多主体、各类型优质教育资源。尤其是中外合作办学，国外资本以品牌、资源、技术、知识产权、资金等合作办学，有助于引进和吸收国外先进的教育理念、方法、技术和内容。在局限性方面，其一，产权归属不清晰，最终导致办学主体产权不明确。落实学校法人财产权以多元主体清晰的产权结构为前提，多元主体、多类型资产的混合复杂性较强，可能存在部分资产数额难界定、资产所有权不清晰，导致办学主体股权份额不明确，最终造成办学主体权、责、利边界模糊。其二，容易造成多主体间权责分工不明确，从而导致相互推诿扯皮现象发生。混合所有制的职业院校，企业倘若不能将参与办学过程中形成的正外部性有效内化，企业的投入就得不到利益回报，削弱其参与积极性，可能会发生校企合作的"公地悲剧"。[②] 其三，产权流转通道不畅和产权保护不充分，成为资源共享、产权让渡的阻碍。以校企合作的多元主体办学非营利性民办职业学校为例，我国缺乏有关职业教育领域产权流转政策，院校期望企业投入技术、设备等，企业则在防止商业机密泄漏上有所顾虑，以及在所有权、管理权、监督权的平衡协调上，都可能

[①] 王一涛：《民办高校的内部治理与国家监管——基于举办者的视角》，中国社会科学出版社 2019 年版。

[②] 王为民、俞启定：《校企合作"壁炉现象"探究：马克思主义企业理论的视角》，载于《教育研究》2014 年第 7 期。

造成难以破解的产权让渡受阻、产权流转不畅等问题,① 难以实现优质教育资源的共享。

(三) 优化对策

我国多元主体办学的非营利性民办学校经过多年探索, 验证了一些成功的有效经验。其一, 以产权人格化清晰产权归属。如成立教育股份有限公司专门承担学校投融资和资产运营任务, 建立现代产权制度, 将股份归属权确切到人, 使产权人格化, 集体资产则以学校法人产权入股, 以此明晰各办学主体的所有权、使用权、管理权, 保护各方产权。② 其二, 以股权激励促进各方主体履行各自权责。以转让一定份额的股权为手段, 刺激参与主体实现财政目的。其三, 以有效的产权流转和保护制度促进资产混合。畅通产权流转渠道, 以切实有效的知识产权保护制度和失信惩戒, 打消知识产权、技术、设备等资产混合的顾虑。

多元主体合作举办非营利性民办学校, 各个主体产权归属明确、产权流转通畅、产权保护到位, 对助力民办学校发展具有极其重要的作用。一是协商制定资产核算标准、产权界定标准, 并签订产权归属确认书。协商一致资产核算标准, 或聘请第三方评估机构, 更公平、客观地开展资产核算、产权界定等流程, 签订产权归属确认书, 确定产权归属, 明确产权责任。二是签订具有法律约束效力的合作协议, 明确界定权责职能, 同时有助于相互监督。将合作协议上升到法律保护层面, 加大各主体违背契约协议、投机取巧、不履行职责的成本, 对履行职责并实现合作权益事项的, 予以一定股权激励和奖励, 促进深入合作积极性。三是协商制定产权流转过程中的产权界定、产权保护制度, 促进资源共享。产权流转过程包含产权准入、产权交易与产权退出, 包含授权、让权、用权、享权四个步骤。③ 需要协商制定保护合作产权的专门政策, 尤其是要明确剩余分配规则, 特别重视保护知识产权, 并有效实施产权保护。

三、治理体系搭建

多元主体合作办学所有者与经营者的分离, 使所举办非营利性民办学校治理体系的搭建更为顺畅。以混合所有制办学为例, 研究认为混合所有制办学模式可

---

① 王为民、尚晨晨:《职业院校混合所有制改革中的产权问题研究》, 载于《中国职业技术教育》2021 年第 7 期。

② 席东梅、刘亚荣:《混合所有制:职业教育活力所在——齐齐哈尔工程学院多元化办学探索之路》, 载于《中国职业技术教育》2014 年第 28 期。

③ 王为民:《合作产权保护与重组:职业教育校企合作机制创新》, 载于《教育研究》2020 年第 8 期。

以实现公私资本优势互补，有助于提高学校的社会声誉、获得更多资金支持，提升学校治理水平。[①]

（一）政策制度

我国支持社会力量单独或者联合举办民办学校，尤其是在职业教育领域的民办学校。《民促法实施条例》第九条规定，国家鼓励企业以独资、合资、合作等方式依法举办或者参与举办实施职业教育的民办学校。《国家职业教育改革方案》鼓励和支持社会各界特别是企业，积极支持职业教育。同时，注重发挥企业重要办学主体作用，各级人民政府可给予适当支持。[②] 多元主体合作举办非营利性民办学校在治理体系搭建上暂无相关政策可循，参照《公司法》对股份有限公司运行、管理相关规定，[③] 即成立"股东大会"，股东大会召开由董事会召集，对转让、受让重大资产等事项作出决议。职工代表进入董事会，董事会决议一人一票，设监事会，监事实行回避制度，不得由董事及高级管理人员兼任。

欧洲高等教育机构在高等教育市场化、私有化后越来越像混合机构，[④] 从全球范围看，多元主体办学模式也愈渐增多，一些公立学校也开始吸纳政府以外的多元主体资本。采用混合化办学模式的有：美国马兰立大学学院、英国伦敦大学下属学院、新加坡管理大学等。[⑤] 其治理结构，从本质上来说，并没有根本改变。由多元主体合作举办的非营利性私立学校，如英国迪拜大学，办学主体包括阿勒马克图姆基金会、迪拜国家银行、迪拜发展与投资局、劳斯莱斯公司、英国商会，以英国式的世界级教育模式为基础，提供高标准的学术研究，为阿拉伯世界及其他地区的技术创新和社会经济发展做贡献。该校实行校长领导下的委员会负责制，其治理结构为"校长－委员会－执行校长－首席行政官"。[⑥] 校长由酋长本人担任，执行校长由学校教授担任。委员会成员包含英国商会等办学主体代表，英国及迪拜行业领袖、学校教职工代表共 10 人。[⑦] 从治理结构看，集权形式减少多元主体权力博弈，基本实现了"校长领导－委员会决策－执行校长执行"

①　王华、阚明坤：《建立现代大学公私混合所有制产权制度》，载于《中国高等教育》2018 年第 Z3 期。

②　《国家职业教育改革方案》。

③　《中华人民共和国公司法（2018 年修正）》。

④　李盛兵：《高等教育市场化：欧洲观点》，载于《高等教育研究》2000 年第 4 期。

⑤　阚明坤、潘奇：《发展混合所有制职业院校初探》，载于《职业技术教育》2015 年第 4 期。

⑥　The British University in Dubai. Organisational Structure［EB/OL］.（2019 - 09 - 02）. https：// buid. ac. ae/wp - content/uploads/policies/1. 7. 1% 20Organisation% 20Structure. pdf.

⑦　The British University in Dubai. Council Members［EB/OL］. https：//buid. ac. ae/discover - buid/lead-ership/council - members/。

的运行机制。

（二）影响因素

在治理体系搭建上，多元主体合作办学大多借鉴股份有限公司的组建方式，依法签订联合办学协议，制定学校章程，成立董事会作为决策机构，建立现代大学制度。其一，强调多元主体共同治理。吸纳多元主体办学是共同治理的开始，建立现代制度、优化治理结构是共同治理的关键，其核心在形成多元主体协商治理的格局，强调多方治理，重视民主管理。其二，依托规范的决策运行机制。多元主体举办者举办非营利性私立学校，在法人治理结构安排上建立决策、执行和监督三位一体的运行机制，遵循"三权分离"，规范实施董事会领导下的校长负责制。其三，重视建立监督机制。除了成立监事会、党委、教职工代表大会、学生代表大会依然开展民主监督外，还可吸收政府、相关社会组织、行业协会、第三方评估机构对学校进行监督，助力各权力主体各司其职、相互配合又相互制衡，治理体系顺畅、高效。

多元主体合作办学在治理体系搭建上具有优势，也存在一定局限性。在优势上，其一，治理主体多样性，避免"单一资本控制"。相比单一办学主体背景下，容易导致"内部人控制"，使得治理结构走向单向性、封闭性、无效性的体系建设，多元主体办学使得学校治理主体更加多元、治理方式更加开放、治理过程更加科学。其二，运行机制的规范性，避免"一言堂"。有利于民主参与、互动管理、共同治理，构建既相互制衡又相互协调的法人治理结构。[①] 其三，利益主体的参与性，避免忽略诉求。通常，单一主体办学的非营利性民办学校，决策权力集中，民主监督作用发挥不充分。多元主体合作办学情况下，教师、学生及相关产业、行政部门等相关利益主体的参与度有望提高，由此可以兼顾到更加多元主体的利益诉求。在局限性方面，其一，可能导致股份争夺现象。当有某一个主体希望成为所举办非营利性民办学校的实际控制者，排除某一个或多个其他合作主体时，将产生股份争夺、经营权争夺、决策权争夺等恶意竞争现象，从而可能影响日常办学秩序。其二，可能产生多头管理问题。运行机制规范并不必然意味着实际运行工作能执行顺畅，由于存在多个举办主体，在实际执行决策的过程中，每个举办主体在执行措施上必然存在细微差别，学校的管理者在具体实施过程中容易出现不同的倾向性，从而导致多头管理、实施偏差等问题。其三，可能存在没有一个利益主体满意的治理实际。每一个利益主体基于自己的立场表达诉求，

---

① 董圣足：《教育领域探索"混合所有制"：内涵、样态及策略》，载于《教育发展研究》2016年第3期。

然而众口难调，照顾所有利益主体诉求、折中实施的结果，可能是没有任何一个利益主体满意实际实施举措。

（三）优化对策

多元主体合作举办非营利性民办学校的重点不在一味强调"多元优势"，体现模式创新优势的关键在转化"治理优势"。多元主体合作举办的非营利性民办学校从筹设、建立到运行的过程，就是不断健全、完善治理体系的过程。借助完善的制度安排和顶层设计，以健全规范的制度体系为基础，清晰地划分出资人及各利益相关者的权利、责任，积极引导社会力量参与学校治理，实现多元共治，让多元化办学优势转化为办学活力，推进建设治理体系和治理能力现代化，[1] 如建立"党委领导 - 理事会决策 - 监事会监督 - 校长负责 - 专家办学 - 教授治学"的管理体制。

多元主体合作举办非营利性民办学校，创新"决策 - 执行 - 监督"运行机制和管理体制，能助力多元主体资本更好融合，助推民办学校高质量发展。一是设立股东大会，协商各投资主体权责事宜。股东大会就是以决定重大资产转让、受让并明确权属为目标，切实明确各主体间的权责关系，一旦资产有所变动，召开股东大会更新资产权属，再次更新明确资产权属。二是建立决策机构董事会，决策民办学校运行、发展重大事项。完善董事会组成人员和议事规则，除了股东代表外，董事会还应引入更多元主体，聘请教育行政部门代表、行业组织代表、第三方评估机构、社会名士、学术权威、相关院校代表、师生代表、家长及校友代表等担任董事。增强决策的民主化和透明化，提升决策的多元化、科学性和有效性。三是保护校长执行权力，管理运行学校日常事务。多元举办主体在股东大会投资、确权，全部或部分主体成为董事进入董事会，代表股东大会意志行使投票权，一人一票平等决议，不再参与民办学校任何管理事务，由校长行使执行和管理权。四是保障民主监督，包括党委、监事会、教师代表大会、学生代表大会、社会监督等。完善全方位监督机制，依规设立党委，尤其是中外合作办学的非营利性民办学校，更要注重发挥党委全面领导作用，关注教材、教学、股权占比等教育主权相关事项。

四、经费筹措运营

多元主体合作举办的非营利性民办学校，其经费筹措手段以举办者投入、学

---

① 雷世平：《我国职业教育混合所有制办学体制改革研究》，载于《职教论坛》2020 年第 10 期。

费收入为主，政府资助在 PPP 模式中的投入占比较大。

（一）政策制度

多元主体合作举办的非营利性民办学校在经费筹措运营下暂无相关政策可循，参照《公司法》对股份有限公司相关规定：以募集方式设立，发起人所占股份不得少于股份总数的 35%。①

21 世纪以来，全球日益增长的竞争性需要和受限制的教育资源，以及学生和家长对教育多样化和差异化的需求，多元主体合作办学的形式愈渐增多，尤其是私营部门参与举办公立教育的 PPP 模式。以英国为例，2010 年新政府出台了一系列新的政策方案，加快多元办学模式进程。其中，"阿加德米学校计划"最具特色，② 是指以被关闭的公立学校校舍为基础，开办公助自治的新式学校，是一种典型的 PPP 办学模式。截至 2015 年，英国已成立 4 000 多所阿加德米学校，③ 部分办学质量较好的学校，成功进入英国业绩最好的公助学校阵营。④

（二）主要做法

我国多元主体举办的民办学校经费以举办者投入为主，据调查，多元主体合作办学的非营利性民办学校平均投资额相对较大，硬件、教学设备设施也相对较好。⑤ 中外合作办学的资金也相对较为充裕，尤其是在建设资金上。近年来，PPP 融资项目逐渐重现筹资实效，尤其是建设－经营－移交（Build－Operate－Transfer，BOT）项目融资方式。

多元主体办学在经费筹措运营上具备一些优势，也存在一定的局限性。在优势方面，其一，多元主体办学能很好地缓解办学经费问题，能汇聚国家财政、闲置国有资产、闲散社会资金，共同支持、资助民办学校发展，增强民办

① 《中华人民共和国公司法（2018 年修正）》。

② BAARS S. Lessons from London Schools：Investigating the Success ［Z］. Reading：CfBT Education Trust，2014.

③ DfE. Measuring the Performance of Schools within Academy Chains and Local Authorities ［EB/OL］.（2015 - 09 - 01）. https：//www. gov. uk/government/uploads/system/ uploads/ attachment_data/ file/ 415659/ SFR09_2015. pdf.

④ GIBB N. The Role of Leadership in School Improvement. Speech given at Brighton College Educational Conference，May 5，2016 ［EB/OL］.（2016 - 05 - 05）. https：//www. gov. uk/government/speeches/nick-gibbthe-role-of-leadership-in-school-improvement.

⑤ 夏季亭、贾东荣：《民办教育的探索与实践——山东民办教育发展战略研究》，齐鲁书社 2004 年版。

学校资金实力，同时减轻国家的教育财政负担。其二，PPP 模式办学的混合所有制在 BOT 模式外，鼓励采用 BT 模式（建设 – 移交，Build – Transfer）、TBT 模式（移交 – 建设 – 移交，Transfer – Build – Transfer）、TOT 模式（移交 – 经营 – 移交，Transfer – Operate – Transfer）等诸多 PPP 融资模式。其三，吸收更多元资本，持续增加资本类型。以资本吸引资本，形成资本多元化的良性循环路径。吸纳包括国有资本、集体资本、民营资本、个体资本、外资等在内的资本类型，并扩大社会捐赠总量。在局限性上，其一，多元资本类型、多种资本形式，包括所有资产及其资产的增值部分，加大了资本核准、登记和确权的难度，可能导致权责划分不清晰的问题。其二，PPP 融资模式可能存在垄断和效率低下的问题。一方面，PPP 投标成本普遍较高，限制了中小规模资本的注入，再加上普遍采用的特许经营制度，使 PPP 融资模式基本被大型资本垄断。另一方面，PPP 融资模式整体结构复杂，条件层层嵌套、审批层层过滤，除非各方配合默契，机制成熟，否则将引向较低的融资效率。其三，多元主体合作办学资金筹措运营重点不只是在一味扩大资本规模、增加资本类型，而应更注重盘活存量资本、实现资本增值和最终助力学校发展，有余力情况下再来扩大资本、增加类型，以存量吸引增量，推动所举办非营利性民办学校向前发展。

（三）优化对策

相比单一企业主体独立举办非营利性民办高校，多元主体合作办学对多元资本类型更为宽容，也催生了一些提高经费筹措运营能力的特别举措。其一，更规范地筹措运营资金或建立专门运营机构有助于盘活存量资本。国外及国内大多顶尖一流大学均建立基金会、资产管理运营公司等部门，对学校所拥有的所有法人财产进行统一管理，由专业管理人员进行专业资产运营，保证资产保值增值的同时，也有助于运用专业资产核准、登记、管理知识进行资产及其增值确权。能最大限度地运营资产，盘活存量资本，实现保值增值，保障资产权属清晰。其二，多元主体合作办学尤其是 PPP 模式能够实现公私资本的优势互补。尤其是近年来，PPP 模式再次成为中国地方政府基础设施融资和公共服务供给的重要工具。[1]推进 PPP 模式不仅是民办高校吸纳社会资本的有效途径，更是提升办学质量和办学效率、深化校企合作和产教融合、构建科学治理结构和现代学校制度的契机。[2]其三，由教职工持股引入个体资本的形式不仅有助于吸纳资本，更有助于提升教

① 谈婕、郁建兴、赵志荣：《PPP 落地快慢：地方政府能力、领导者特征与项目特点——基于项目的连续时间事件史分析》，载于《公共管理学报》2019 年第 4 期。
② 吕宣之：《民办高校融资路径优化与选择策略》，载于《教育发展研究》2019 年第 5 期。

职工积极性。《现代职业教育体系建设规划》允许在民办职业院校探索职工持股，如海口经济学院 400 多位教职工持有举办者海南赛伯乐教育集团的股份，教职工与学校息息相关，[①] 不仅加大了筹资范围，也调动教职工的工作积极性。

提高多元主体合作举办非营利性民办学校的经费筹措运营能力，一是探索公益信托制度。成立公益信托，赋予非营利性民办学校为受托人资格，以在校生为受益人。教育公益信托资产为学校的法人财产，受益人依法享有并消费所得收益，学校终止后，出资者有权收回资产。[②] 公益信托机制较好解决了非营利性学校资产"所用"与"所有"的关系，不仅维护了学校的法人财产权，也照顾到出资人的财产权利。二是成立专项合作融资项目组。包括 PPP 融资项目组等多元主体合作融资项目组，汇聚多元主体领导力量、融合多元主体领导意志，减少决策、审批、管理层级，加速决策 - 运行效率。同时，提升专项合作融资项目组成员的筹融资能力，针对性开展不同规模、不同领域的 PPP 融资项目，打破资本垄断和规模限制，更广泛地吸收更多元的资本类型。三是实施员工持股计划（employee stock ownership plans）。划定股份总量的一定比例允许教职工持股，并由持股教职工群体成立管理委员会，委员会可进入董事会参与重大事项决议，并由委员会统一实施股权收益分配。

随着民办教育的不断发展和高等教育经费的持续提升，多元主体合作办学将愈加成为民办学校发展的趋势。多数学校在发展、转型过程中，通过吸收其他社会资金，实现了从单一资本投入的办学模式转向多种资本注入的多元主体合作办学模式。在办学主体构成上，多元主体合作办学的诸多形式有多自然人合作办学、多私有企业合作办学、混合所有制办学等，混合所有制办学的具体类型除了PPP 模式、非公资产混合所有制模式、中外合作办学模式之外，还将产生更多类型。在权责关系划分上，多元主体合作办学避免了单一资本成分办学的"家族制""一言堂"弊端，各主体权责关系相对明晰。在治理体系搭建上，有助于保持民办学校独立法人地位和法人财产权，通过多主体合作共促优化非营利性民办学校的内部治理体系，更能适应教育市场环境，促进改革教育管理体制、建设现代大学制度。在经费筹措运营上，能汇聚国有资产、闲散社会资金、个体资本等多元类型，助推增强非营利性民办学校资金实力。从长远看，多元主体合作办学将是非营利性民办学校发展的重要趋势之一。

[①] 阙明坤、潘奇、朱俊：《探索发展混合所有制职业院校的困境及对策》，载于《中国职业技术教育》2015 年第 18 期。

[②] 王烽：《职业教育混合所有制办学的制度基础和突破路径》，载于《中国职业技术教育》2021年第 12 期。

第三节 公益为先的基金会办学模式

2021 年《民促法实施条例》明确，"国家鼓励以捐资、设立基金会等方式依法举办民办学校。"①《基金会管理条例》明确，基金会的财产及其他合法收入受法律保护，不得再进行分配，不得私分、挪用、截留、侵占基金会财产。② 基金会办学在制度上保障了民办学校办学收入不得分配，确保非营利性民办学校的公益性、非营利性。基金会办学模式明确民办学校所有办学收入均用于办学，有利于提升民办学校办学质量。在委托代理理论下，基金会办学是委托人政府向代理人社会组织（基金会）授权履行其职能（办学）的过程。③ 基金会办学是民办教育发展的重要趋向，也是国家民办教育政策的未来取向之一。

一、办学主体构成

基金会办学模式，是指社会力量或政府依法设立具有法人资格的基金会，再由基金会独立或共同举办实施学历教育的非营利性民办学校。由基金会举办的非营利性民办学校，简称为基金会学校。根据学段可分别简称为基金会幼儿园、基金会小学、基金会初中、基金会高中、基金会高校。以举办者基金会的非营利性属性实现非营利性办学，进一步保障民办学校法人产权。基金会可能是替代个人或企业举办非营利性民办学校、实现产权独立、保障非营利目的的最佳选择。④

（一）制度设计

国家鼓励社会力量设立基金会举办民办学校，但具体来说尚未形成体系化的配套制度。一方面，国家发布宏观性鼓励政策。2020 年《关于加快推进独立学院转设工作的实施方案》提出，可由地方政府设立教育基金会作为举办者。⑤

---

① 《中华人民共和国民办教育促进法实施条例》。

② 中国政府网. 民政部关于《基金会管理条例（修订草案征求意见稿）》公开征求意见的通知. (2016 – 05 – 26). http://www.gov.cn/xinwen/2016 – 05/26/content_5077075.htm.

③ 句华：《社会组织在政府购买服务中的角色：政社关系视角》，载于《行政论坛》2017 年第 2 期。

④ 黄洪兰：《基金会举办非营利性民办高校的现实基础、产权保障与推进策略》，载于《黑龙江高教研究》2021 年第 5 期。

⑤ 《关于加快推进独立学院转设工作的实施方案》。

163

2019年《中国教育现代化2035》鼓励设立基金会举办民办学校,①《加快推进教育现代化实施方案（2018－2022年)》指出创新教育举办模式,引导社会力量设立公益性基金会举办非营利性民办学校,探索基金会办学模式改革。② 另一方面,尚未形成具体的制度措施。除以上相关制度外,尚未见可遵循的配套制度发布。从举办主体来看,办学基金会可以为私法人基金会、公法人基金会。私法人基金会指由个人、企业、社会组织等社会力量捐资设立的基金会,公法人基金会指由各级政府、各类国家机构等公共部门捐资设立的基金会。

国外基金会举办私立学校的历史相对较长、数量较多、经验较为丰富。以国外基金会举办私立大学为例,自美国达特茅斯学院1819年正式成为全球第一所规范意义的基金会高校,至今已超过200年。目前,美国拥有多所基金会高校,如芝加哥大学、斯坦福大学等。其他建立了基金会高校的国家,如土耳其、瑞典、德国、意大利、法国、英国、日本等。从举办主体看,私法人基金会举办的基金会高校要多于公法人基金会举办的基金会高校。公法人基金会举办基金会高校的,以德国为代表。2003年,德国开始公法基金改革,哥廷根大学、法兰克福大学等著名高校都相继改革为依据公法设立的基金会,分别为乔治·奥古斯特基金会（Georgia Augusta Stiftungsuniversität）及法兰克福公法基金（Frankfurt Foundation under Public Law Stiftungsuniversität)。

（二）发展现状

从国内基金会办学的发展情况看,当前由基金会举办的学校,总体数量不多（见表4－3）,全部由私法人基金会举办。呈现如下特点,一是学前教育阶段多是特色幼儿园,输出独特办学理念。以特色鲜明的课程模式为引领,以园为本,塑造儿童的高尚人格和能力。主打特色课程也较为丰富,如国学课程、国际英语课程、机器人课程等。基金会举办的特色幼儿园大多分布在经济发展水平较高的城市,如北京、上海等。二是义务教育阶段多为希望学校,保障基本入学需求。基金会举办的希望学校大多分布在经济发展水平较低的中西部乡镇,如陕西、吉林、重庆等地的山村。三是高中教育阶段多为慈善学校,解决贫困学生入学困难。某基金会举办的中学,是一所全免费、纯慈善、全寄宿的民办高级中学,基金会截至2021年投入6.5亿人民币,共资助了3260名家庭困难学生。四是高等教育阶段以职业院校为主,个别探索研究型大学。由基金会举办的高校

---

① 《中共中央国务院印发〈中国教育现代化2035〉》,载于《人民教育》2019年第5期。
② 《中共中央办公厅国务院办公厅印发〈加快推进教育现代化实施方案（2018－2022年)〉》,载于《人民教育》2019年第5期。

中，职业院校占比达 60%，个别为研究型基金会高校。

表 4-3　　　　　部分由基金会举办的非营利性民办学校举例

层次	学校名称	年份	基金会办学地点及具体名称	
学前教育	上海儿童世界基金会长宁幼儿园	1986	上海	上海儿童世界基金会
	陶行知国际幼儿园	2018	辽宁	陶行知国际幼儿教育基金会
义务教育	中国海外青龙希望小学	2005	陕西	中国海外爱心基金会
	花西子希望小学	2021	云南	浙江省宜格慈善基金会
高中教育	国华纪念中学	2002	广东	广东省国强公益基金会
高等教育	仰恩大学	1994	福建	仰恩基金会
	贵州盛华职业学院	2011	贵州	威盛信望爱公益基金会
	广东碧桂园职业学院	2013	广东	广东省国强公益基金会
	西湖大学	2018	浙江	杭州市西湖教育基金会

注：1. 上表并非国内全部由基金会举办的非营利性民办学校，仅以上表部分例子为例。
2. 以上信息截至 2021 年 5 月 1 日。

另外，以下几种情况并不属于基金会办学。其一，基金会捐资任一阶段学校并设立奖助学金、专项基金。其二，基金会捐助公办学校但不成为举办者。如李嘉诚基金会多年来捐助汕头大学，但不是汕头大学的举办者，汕头大学为公办学校。其三，民办学校内设基金会为筹资机构。国内部分民办学校成立了基金会，作为筹资、管理捐赠、设立奖助学金的内设部门、机构，但并不是学校举办者，不属于基金会办学范畴。

（三）经验对策

基金会举办民办学校彰显基金会办学的制度优势，尤其是要突出办学主体优势。一是成立社会捐赠型基金会，作为民办学校的举办者。社会捐赠型基金会的所有捐赠来自社会慈善群体，并非明确捐赠人的家族型、企业型基金会，其慈善性、公益性更加突出，为捐赠人的慈善捐赠目的服务，能确保民办学校的非营利性。基金会相应的控制欲望较低，不具有一个"大家长"，出现"一言堂"现象的概率较低。对所举办民办学校的控制、干涉较少，能确保民办学校的办学自主权。二是减少民办学校对基金会捐赠的依赖程度，提高基金会所举办民办学校的经费筹措能力，拓宽除基金会之外的其他经费来源。三是建立外部监管体系，监督基金会履行举办权、落实举办义务情况。基金会举办民办学校的同时，还要履行划拨办学经费、监督管理民办学校的义务。教育行政部门建立相应的督导制度，督促基金会举办者依法履行举办义务，严肃查处不履行举办义务致使所举办民办学校陷入管理混乱、运行失序局面的行为，视情节严重，分别予以谈话、教育、警告、通报批评等处罚。

二、权责关系划分

基金会办学要凸显办学体制优势，以清晰划分权责关系为前提。否则，不清晰的权责关系，仍有可能使基金会办学退回到"家族制办学"。

（一）制度设计

在基金会办学的权责划分方面，尚无具体配套制度，主要参照相关条例执行。其一，政府支持。《民促法实施条例》明确，各级人民政府及有关部门优先扶持办学质量高、特色明显、社会效益显著的民办学校；县级以上人民政府对非营利性民办学校给予适当补助，参照同级同类公办学校的生均经费等经费标准和支持政策；出租、转让闲置的国有资产应当优先扶持非营利性民办学校。[①] 可见，国家支持非营利性民办学校的决心。基金会办学社会效益显著，有望成为各级人民政府及相关部门优先扶持对象。举办者依法制定学校章程，负责推选民办学校首届理事会、董事会或者其他形式决策机构的组成人员。其二，举办者依法办学。《民促法实施条例》指出，举办者可以参加、委派代表参加董（理）事会，并依据章程行使相应的决策权、管理权。为基金会参与民办学校决策机构、行使决策和管理权提供了政策依据。其三，民办学校依法自主办学。《民促法》《民促法实施条例》均赋予民办学校依法办学权力，及自主开展教育教学活动的权力。

国外基金会举办民办学校相较国内是一种普遍形态，尤其是在英、美、法、德等发达国家。以美国为例，K–12教育是州政府、县/市政府，从资助经费总量来说，私人基金会对基础教育的投入无法与高等教育媲美，但其作用不可忽视。如罗森沃尔德基金会为非裔美国人建校的计划成立，计划完成后即解散，在1917～1932年间，共建立了4977所乡村校舍，及作为学校辅助设施的380幢住宅及商店。[②] 私人基金会对高等教育的贡献最为突出，一些名牌大学的举办者都

---

① 《中华人民共和国民办教育促进法实施条例》。

② ［美］乔尔·L.弗雷施曼著，北京师范大学社会发展与公共政策学院社会公益研究中心译：《基金会——美国的秘密（平装合订本）》，上海财经大学出版社2015年版。

是基金会，如芝加哥大学、斯坦福大学、梅隆理工学院等。国外基金会办学模式在权责关系划分上的显著特点，是实现举办者基金会与学校法人之间的产权剥离与独立性，保障私立学校的法人产权落实，捐赠者、出资者及其家属对学校办学的控制和干预较少，并逐步退出私立学校的管理和经营，最终完成"去家族化"。

（二）关键特征

当前基金会举办民办学校的权责关系划分，呈现以下特点。从政府支持来看，存在较为明显的差异性。一些民办学校获得的资助相比另一些民办学校更多，根据《民促法实施条例》，这主要是由办学质量、社会效益决定的。从基金会与民办学校的关系来看，其一，民办学校高度自主。基金会给予学校教育教学完全的自主权，不干涉学校的管理，仅拨款。其原因可能出于对学校董事会、校长治校能力的信任，也可能是无暇顾及而疏于管理。其二，民办学校半自主。这类学校在国内基金会举办民办学校中占比最多，基金会给予民办学校高度自主，尤其是在教育教学方面。但在涉及学校发展方向、学校建设等重大事项或重大支出时，基金会将参与决策，且决策权较大。其三，民办学校不自主。基金会几乎掌握所有学校重要决策权和话语权，民办学校的办学自主权被挤压。个别学校曾经陷入不自主状态，在当地教育行政部门指导下，基金会适当退出了院校管理。

基金会办学在权责关系划分上具有显著的优势，也存在一定局限性。优势方面，其一，公益性突出有助于吸引政府较多资助和支持。与由营利法人企业或自然人法人个人举办的民办学校相比较，非营利法人基金会举办的民办学校的非营利性更可保证，公益性较强、社会效益较好，能获得更多来自政府的资助，包括生均拨款、补助、国有资产的优先支持等。其二，有利于落实民办学校的法人财产权。基金会作为办学主体能恒定学校法人财产的目的性、保证学校法人财产的独立性，且具有较为完善的内外部监督体系；基金会法人在保障非营利民办学校法人产权上，具有制度优势。[①] 其三，有利于保护民办学校办学自主权。基金会作为非营利性组织捐赠者，对所捐赠资产不拥有财产权，更不再拥有产权相应的支配权、所有权等，能保障所举办民办学校拥有更大的办学自主权。有利于建立现代学校制度，有效避免举办人、捐赠者直接干涉办学。局限性方面，其一，政府资助是综合考量办学质量、社会效益的结果，仅凭基金会举办的办学体制，办学质量不高并不能获得政府优先扶持。其二，基金会对所举办学校的监督责任发挥不到位，可能影响民办学校发展。基金会对捐赠的资产不具有财产权，个别家

---

① 黄洪兰：《基金会举办非营利性民办高校的现实基础、产权保障与推进策略》，载于《黑龙江高教研究》2021 年第 5 期。

族或企业基金会当自身资金不充分的时候，就会相应减少对所举办民办学校的捐赠，当企业自身也难以为继时，不仅将不再捐赠民办学校，也可能疏于管理民办学校。其三，基金会可能挤占所举办学校的自主权力。基金会可能会处于"强控制"地位，以实现捐资者的办学意志，可能有损高校自治。[①] 个别家族型或企业型基金会，可能有较为强烈的控制欲望，可能采用"家族制"的管理模式控制学校。个别基金会可能存在干涉过度现象，甚至引发师生抗议及相应社会舆论。

（三）经验对策

基金会办学模式厘清权责划分、落实各方权责，尤其是要凸显非营利性办学属性，明确各方主体定位。一是彰显公益性、非营利性办学特色，吸纳政府支持。基金会举办各级各类非营利性民办学校，发挥慈善优势，凸显社会力量兴办教育的公益效应，专注提升办学质量，以此刺激政府在政策制度、财政资助等方面的支持。二是主动协商与基金会间的规划、管理边界，完善学校督导。民办学校积极与基金会协商具体的权责边界，以助力学校发展为前提，明确落实双方权责。民办学校欢迎举办者基金会完全不干涉管理，当遇到重大事项时，主动寻求基金会在规划、管理上的指导。三是提升自身规划、管理能力。民办学校自身要不断提升办学能力，以依法独立行使办学自主权为目标，实行相应的长远规划和办学管理。对基金会介入过多的，以实际办学效益显示教育管理专业性，逐步降低基金会介入管理的必要性，落实办学自主权。

三、治理体系搭建

《远景目标纲要》规定，要健全党统一领导的监督体系。基金会办学模式的治理体系，同样遵循党委政治核心，董事会领导下的校长负责制。

（一）制度设计

在基金会办学的治理体系方面，尚无具体配套制度，主要参照相关条例执行。其一，党委政治核心。《民促法实施条例》强调，民办学校应当坚持党的领导。其二，董事会决策。《民促法》明确，民办学校应当设立董（理）事会等决策机构，人员构成应当包括举办者或其代表、党组织负责人、校长、教职工代表等。其三，校长执行。《民促法实施条例》赋予民办学校校长相应权力，包括教

---

① 刘金娟、方建锋：《我国基金会参与非营利性民办高校办学探索》，载于《复旦教育论坛》2019年第6期。

育教学、行政管理的权力。在高等教育领域，《高等教育法》提出高等学校实行党委领导下的校长负责制。

国外基金会办学模式依据各国国情、教育治理体系、社会环境、经济水平等情况而有所差别，在基金会办学的顶层设计、法制框架等具有显著差异，但大多数基金会举办的非营利性民办学校，均实行董事会领导下的校长负责制。其一，董事会组成结构较为多元。国外基金会举办的民办学校章程具有法律地位，并规定董事会成员应来自社会各界及学术界权威专业人士，并实行回避制。部分国家基金会办学模式回避制并不彻底，如土耳其所有私立大学均为基金会办学模式，且具有明显家族制色彩的治理特征，校董会主席由家族领袖或继承人担任，家族成员还占据一定的董事席位。[①] 部分国家基金会举办的民办学校回避制更加严格，如芬兰规定校长、副校长、教职员、教育部官员均不得为董事会成员，其目的在于最大限度保护民办学校的办学自主权。其二，董事会召开次数相对频繁。总体来说，国外基金会举办的民办学校，其董事会召开次数一般都多于国内要求的2～3次。如斯坦福《行政指南》（Administrative Guide）清晰、详细、操作化地规定董事会、校长、教务长等的聘任、履职，强调每年召开五次董事会。其三，校长职业化较为彻底。全球的基金会举办民办学校，基本全部实行校长职业化。校长的权责利较为清晰，行政权力较大。

（二）影响因素

从当前国内基金会举办的民办学校办学实践看，治理体系的完善主要受三方面制约。其一，党委政治核心具体政策指导性不强，落实较难。国内基金会举办的非营利性民办学校大多都成立了党委，但党委作用的发挥情况较为参差，大多数作用不大。相对来说，由政府选派党委书记的情况下，民办学校的党委政治核心作用发挥较好。其二，董事会最高决策机构的决策效力存在差异，整体上权力较大。国内基金会举办民办学校董事会多由教育行政部门相关人员、基金会相关人员、主要捐赠人、校长、副校长、教工代表、其他社会贤达等组成，一般每年召开2～3次董事会，决定学校重大事项。个别基金会重要领导或主要捐赠人管理欲望较强烈时，可能全面掌握学校决策权。其三，校长职业化仍处于探索阶段，相对来说决策权力较小。基金会举办的民办高校校长职业化尚未全面推行，一般仍从事学术研究，其他办学阶段则没有这个问题。校长执行董事会决策，依据《民促法》《民促法实施条例》负责学校的日常教育教学和行政管理工作，突

---

① K. Guruz. *The Development of Private Higher Education in Turkey* [M]. International Higher Education，2006，45（6）：11.

出执行。

相对来说，政府选派党委书记、董事会成员加强多元化、校长相应扩大决策权，有助于基金会举办非营利性民办学校发展。其一，政府选派党委书记更有助于党委政治核心作用发挥。党委肩负依法参与和监督学校重大决策的重任，政府选派党委书记，并由其兼任督导专员，监督作用发挥更为完善，受举办者基金会的影响较小，能较好地发挥政治引领、办学督导作用。其二，董事会成员更加多元化有助于提高董事会决策的科学性。强化董事会成员的多元化，依法吸纳举办者或相关代表、校长、教职工代表进入董事会外，鼓励吸引党组织负责人、社会贤达、学术权威、学生代表等进入董事会，更有助于适当约束举办者决策权力，适当扩大主要利益相关者决策权力，参考其他利益相关者建议，有助于提升决策的科学性，避免基金会过度干预。其三，校长决策效力扩大有助于提高民办学校决策针对性和落实程度。鉴于董事会召开次数，以及校长对民办学校日常教育教学及行政事项的掌握程度，董事会适当放权有助于提升决策的针对性，加速决策的执行和落实效率。

（三）经验对策

搭建基金会举办非营利性民办学校更为完善的治理体系，对提升办学质量具有重要作用。一是积极完善党委职能，提升党委政治核心地位。主动设立党组织，保证党组织建设的全覆盖和在各项工作中的领导作用。正确看待政府选派党委书记的积极作用，赋予党组织负责人在董事会的平等表决权，以及对民办学校决策的监督权，最大限度发挥党委政治引领作用。二是完善董事会内部组成，提高董事会决策科学性。积极吸纳热心教育事业的捐赠人、社会人士、专家学者进入董事会，鼓励幼儿园、基础教育领域吸纳高校研究学前教育、基础教育的专家学者，以及热心教育事业的企业家、慈善家进入董事会。三是强化校长专业性，扩大园长/院校长权力。在学校章程中明确规定园长/院校长的任职条件，提高学术水平、管理能力要求，并在章程中明确校长的决策、执行权力。依据校长学术方向、管理风格及能力，赋予校长专业能力范围内的决策权力。尤其是在校长学术水平较高、管理经验丰富、管理能力较强的情况下，适当扩大校长权力。

四、经费筹措运营

办学经费是民办学校正常运营的资金保障，基金会举办的非营利性民办学校办学经费，从来源渠道来看主要是捐赠收入，其余途径还有学费收入、政府资助、经营收入等。

（一）制度设计

在基金会办学的经费筹措运营方面，尚无具体配套制度，主要参照相关条例执行。一方面，经费筹集相关政策制度规定。《民促法》指出，民办学校董事会负责筹集办学经费。《民促法实施条例》为政府资助民办学校办学经费提供了政策支撑，明确指出可参照同级同类公办学校相关经费标准予以适当补助，包括生均经费、科研项目课题资金；并享受公办学校同等的税收优惠、用地优惠。另一方面，经费使用相关政策制度规定。《民促法实施条例》规定，非营利性民办学校资金往来，应当使用在主管部门备案过的账户，并由其实施监督。基金会举办的民办学校还需符合《基金会管理条例》，根据条例执行信息透露制度，保证经费公开透明，有利于拓宽财政拨款之外的经费来源。根据《民促法》，抽逃、挪用办学经费的，责令限期整改并没收违法所得，情节严重的予以停止招生、吊销办学许可证的行政处罚，构成犯罪的将追究刑事责任。

国外基金会办学模式下，私立学校的经费筹措运营具有一些通用规则。其一，捐赠收入在办学经费收入中的占比总体较高。以美国为例，美国作为基金会办学的代表，多为大企业家、慈善家通过基金会筹建办学，捐赠收入在办学经费中的占比总体来说较高。其二，筹资渠道较为多元。政府资助是重要渠道之一，如芬兰政府向阿尔托大学持续提供政策和财政支持，2012~2018 年政府资助占其年均办学经费比重高达 66.14%。[1] 此外，通常设立专业部门及团队，拓展其他多元渠道，包括附属企业、教育活动、后勤公司、投资回报、医院等。如瑞典查尔姆斯理工大学基金会合资拥有 7 家公司，2018 年合资公司收入总计 2.46 亿克朗，[2] 有力补充了办学经费收入。其三，经费使用以专业的投资策略为特点。国外基金会举办的非营利性私立学校，尤其是私立大学常用的投资策略一般包括留本管理、组合投资、保守支出三点。其中，留本管理是指学校办学经费中的某一部分本金长期限制流动，仅以利息投资；组合投资是指办学经费投资活动多元性突出，灵活采用不动产、自然能源、私募股权和债券等组合，科学分散投资风险；保守支出是指科学限定投资金额在全部办学经费中的占比。

---

[1]　Aalto University. 2018 Annual Board Report and Financial Statements［R/OL］.［2019 - 10 - 29］https：//www. aalto. fi/sites/g/files/flghsv161/files/2019 - 03/board_report_and_financial_statements_2018_aalto_university. pdf.

[2]　Chalmers University of Technology. Arsberättelse，Hållbarhetsrapport Arsredovisningar Chalmers 2018［R/OL］.（2019 - 2 - 28）https：//www. chalmers. se/SiteCollectionDocuments/om% 20chalmers% 20dokument/Chalmers% 20% C3% A5rsber% C3% A4ttelse/% C3% 85sber% C3% A4ttelse% 202018. pdf.

（二）实践探索

从国内由基金会举办的非营利性民办学校经费筹措运营实践来看，捐赠收入、学费收入是主要经费来源，其他收入渠道相对较少。其一，捐赠收入尤其是举办者基金会的投入是主要经费来源。基金会办学模式意味着基金会依法履行出资义务，承担所举办民办学校的大部分办学经费。各年报并不要求公开披露，以举办者基金会的经费收入为参考。各举办者基金会的年报显示，各捐赠收入占年度总收入的比重较高，基本都在90%以上，尤其是对于各希望学校以及国华纪念中学、西湖大学等并不收取学费的民办学校，或贵州盛华职业学院等学费大部分减免的民办学校来说。其二，学费收入是重要的办学经费补贴。对于收取学费的民办学校来说，学费收入在办学经费中的占比有所提高。其三，其他经费渠道相对较狭窄。基金会举办的民办学校拥有校办企业、开展投资活动和教育活动的较少，尤其是学前教育、基础教育阶段更少，高等教育领域相对较多。

基金会办学在经费筹措使用方面具有明显优势，也存在一定局限性。在优势方面，一是资金稳定性较高。基金会作为举办者，根据民办学校预算履行出资义务，相对企业举办者根据业绩进行投资，其办学经费具有更强的保障性、稳定性。二是慈善平台对捐赠吸附力较强。民办高校社会捐赠限于全社会教育捐赠文化尚未形成、学校影响力较小、社会声誉不高、人才培养质量有限等问题而总量较少，校友捐赠更微乎其微。基金会举办高校可从制度上确保学校的公益属性，为学校持续获得教育捐赠创造公益平台。三是获得政府支持和资助的概率较大。鼓励民办学校以知识产权、收费权等进行融资，鼓励金融机构开发适合民办学校特点的金融产品。由基金会举办的非营利性民办学校由于更为突出的公益性，可能获得政府的优先支持。在局限性方面，一是对基金会捐赠的依赖度过高，一旦基金会捐赠能力下降，可能导致民办学校难以正常办学。二是仅以慈善为捐赠吸引要点，捐赠总量提高较难。全社会的教育捐赠仍然以办学质量、社会声誉为主要的捐赠考量。三是校办企业等投资营利性与基金会办学纯慈善性存在冲突，举办校办企业等营利性经营和投资活动存在争议。相比企业举办的非营利性民办学校，基金会举办更加强调慈善性、公益性，从事营利性目的过强的经营事业，通常被认为是不适当的。

（三）经验对策

提高基金会举办非营利性民办学校的经费筹措能力，一是建立专业筹资队伍，提升经费筹集、使用专业性。培养或聘请具有专业筹资知识和能力的人员，提升筹资方案专业性，活用"感知效应""说服效应"，[①] 提升宣传文案刺激捐赠的作用；掌握市场规律和金融、投资等专业知识和技能，科学合理安排投资。二是拓宽经费筹资渠道，减少对举办者基金会的依赖。一方面，拓宽募款渠道。丰富捐赠项目，针对性提高不同主要慈善群体对捐赠项目的专注度，广泛吸纳教育捐赠。致力于教育教学，持续提升办学质量和人才培养水平，打造品牌形象、扩大影响力，以品牌效应加大教育捐赠意愿、吸引更多教育捐赠。鼓励各级各类民办学校成立校友会、校友基金会，吸纳校友捐赠。支持在海外设立基金会，进一步扩大募款范围，吸纳国外资本。另一方面，拓宽筹集路径。支持学前教育、基础教育阶段基金会学校设立与教育相关的课外补习、兴趣培训。支持高等教育阶段基金会学校设立成果转化型校办企业、科技园，刺激并加速成果落地与市场化进程，同时提升自身经营收入。三是提高经费使用效率，确保经费保值增值。灵活使用专业投资组合，有效分散市场风险，实现投资效益扩大化。借鉴留本管理、保守支出策略，根据基金总池规模划定留本比例、支出比例。规范经费的投资、使用过程与管理，杜绝违法违规行为发生，严格按照《民促法》《民促法实施条例》《管理条例》要求，履行信息披露义务。

基金会的"慈善性"与民办学校的"非营利性"定位与性质要求十分契合，基金会办学模式在办学主体构成上，能更为有效地保障基金会学校的非营利性、公益性、慈善性，尤其当举办者为社会捐赠型基金会时。在权责关系划分上，有利于实现举办权与管理权的分割，为现代化的学校制度建设提供重要基础。在治理体系搭建上，基金会学校越来越多地获得来自举办者基金会提供的战略规划、大学自治等方面的专业服务，[②] 科学践行党委政治核心、董事会领导下的校长负责制，助力架构现代化治理体系。在经费筹措运营上，基金会学校能稳定地得到举办者基金会的资金支持，借由基金会办学模式下学校产权的公益性转化，助力公众信任的培育，[③] 更为拓宽筹资渠道。随着基金会办学模式的不断成熟与扩大推广，我国民办教育的生态或将由此实现根本性变革，甚至带动我国整个教育系统的改变。[④]

---

① Töllinen A., Järvinen J., Karjaluoto H.. Opportunities and Challenges of Social Media Monitoring in the Business to Business Sector [A]. The 4th International Business and Social Science Research Conference [C]. 2012：1 - 14.

② 刘金娟、方建锋：《我国基金会参与非营利性民办高校办学探索》，载于《复旦教育论坛》2019年第6期。

③ 秦和：《基金会：非营利性民办高校制度创新的一种探索》，载于《教育发展研究》2019年第21期。

④ 熊丙奇．光明时评：基金会办学将如何影响民办教育发展？2021 - 05 - 17，https：//difang. gmw. cn/2021 - 05/17/content_34850593. htm.

第四节　无社会资本方的无举办者办学模式

2021 年《民促法实施条例》明确，无举办者的民办学校，其举办者权责由发起人履行。[1] 2020 年《关于加快推进独立学院转设工作的实施方案》提出，无社会举办方的独立学院可探索无举办者办学。[2]

一、办学主体构成

无举办者办学，即指没有举办者的民办学校。但因为登记要求，在办学许可证及章程上，一般都将创办者群体或发起人群体写在举办者位置。我国当前非营利性民办学校中，在办学许可证或章程中明确无举办者的，有北京经贸职业学院。

（一）制度设计

虽然相关政策鼓励探索无举办者办学，但尚未配套相应的制度，所以国内无举办者办学模式少之又少。一是因为无举办者模式可能在学校审批、评估过程中存在潜在阻碍。2016 年《民促法》定义了举办者的角色及其应履行的职责、义务，意味着举办者对民办学校具有重要作用。无举办者申请设立学校，可能导致审批困难、年检困难。二是国内民办学校发展时间尚短，无举办者办学的时机刚刚成熟。改革开放后，我国才开始发展民办教育，至今不过 40 余年，部分民办学校建立不足 5 年，由举办者办学是常见模式。三是我国民办学校投资办学的特色突出，多数民办学校都具有投资者控制特色。投资办学仍是当前民办学校的主要办学类型，通过办学取得合理回报是多数投资者、出资者、举办者的初衷，直到近年来捐资办学逐渐呈现，不要求合理回报、纯公益办学逐渐增多，无举办者办学模式也将不断增加。

国外私立学校的发展历史较早，不乏无举办者办学模式的非营利性民办学校。其中，最著名的当数哈佛大学。美国法律并不要求学校有举办者，除了一些营利性私立学校，实际上美国非营利性民办学校均具有较为明确的发起人，而举

---

[1] 《中华人民共和国民办教育促进法实施条例》，2021 年。
[2] 《关于加快推进独立学院转设工作的实施方案》，2020 年。

办者通常较为模糊，捐资办学的特征较为明显。1636 年，100 多名从欧洲到美洲的首批英国移民清教徒，建立新市民学院，成为美国历史上第一所学府，1638 年约翰·哈佛（John Harvard）牧师向哈佛捐赠 720 英镑和 400 余册图书，分别于 1639 年、1780 年更名为哈佛学院、哈佛大学。但哈佛大学集资办学的本质没有变，始终处于无举办者办学模式。其办学方向受时任校长的影响较大。1829 年，昆西（J. Quincy）出任校长，大力倡导理科教学。1869 年，查尔斯·威廉·艾略特（Charles William Eliot）担任校长，使哈佛成为美国的现代研究型大学。1909，洛厄尔（Abbott Lwrence Lowell）担任校长，更为重视本科生教育，并实行导师制。1933 年詹姆斯·布莱恩特·科南（James Bryant Conant）特任校长，建立创意奖学金制度，鼓励及吸纳有才华的学生而不只限于富家子弟，1945 年开始接受来自不同背景的学生。可以看出，无举办者办学模式下的非营利性民办学校，其办学方向、举措等受校长的影响较大。

（二）发展现状

国内无举办者办学的情况仍较少，一些民办学校创办者退出后，举办权并未移交给任何组织或个人，而是聘请专家学者、社会贤达等进入董事会，由董事会实行实质意义的举办权，虽然办学许可证上依然保留举办者，但其实已与无举办者办学无异。可预期未来几年无举办者模式学校数量可能逐渐增多，一是民办学校实际控制人年龄渐长，可能将无法继续参与学校管理，且其家庭成员不愿意接管。据调查，我国第一代的民办学校创办者、实际控制人已普遍进入老年期，以民办高校举办者为例，1/3 的民办高校举办者年龄已超 60 岁。[①] 二是作为民办学校举办者的企业倒闭或无力再维持民办学校办学，且没有其他企业接手。2006 年，据调查我国民营企业的平均寿命为 7.5 年，[②] 到 2016 年，调查结果显示我国民营企业的平均寿命降到了 3.7 年。[③] 举办者企业自身难保，无举办者办学的民办学校将可能持续增多。三是作为民办学校举办者的基金会退出，或民办学校发展到一定阶段与基金会达成协议探索无举办者办学。基金会也不可能永续存在，但民办学校举办者基金会无法再提供稳定的办学经费，或者民办学校发展壮大不再需要基金会等原因，主动或被动退出民办学校办学，协商一致后民办学校都可能探索无举办者办学。

[①] 王一涛：《民办高校的内部治理与国家监管——基于举办者的视角》，中国社会科学出版社 2019 年版。

[②] 中新网. 中国民营企业可平均寿命 7.5 年为何会患上国企病，2006 - 10 - 31，http：//www.chinanews.com/cj/news/2006/10 - 13/803796.shtml.

[③] 刘兴国：《中国企业平均寿命为什么短》，载于《经济日报》，2016 年 6 月 1 日。

无举办者办学具有优势，也存在一定局限性。在优势上，其一，脱离逐利追求，更专注于学校办学质量提升。无举办者意味着民办学校不被任何组织或个人所有，能杜绝"所有者"的回报诉求。所聘请的董事长、校长能将全部精力用于提升办学质量，从而实现公益办学的初衷和人才培养目标。其二，助力吸纳更多相关政策支持和优质教育资源。无举办者非营利性民办学校一般聘请教育行政部门退休领导干部、高水平公立高校退休领导干部或相关学术领域权威等担任校长、党委书记。借由校长、党委书记等的原职、身份和地位，获取更多政策优惠、财政资助、制度支持等，也能与原担任要职的公立学校实现人才、资源、设备共享。其三，实现完全自主，不再依附于任何组织或个人。脱离了举办者可能施加的控制，使得民办学校能通过董事会领导、校长负责来组织学校管理、运行和发展，较为完全地掌握学校的发展自主权。局限性方面，其一，董事长、校长的道德品质将影响学校的公益属性。当个别董事长、校长的权力欲望、金钱欲望胜过办学动机时，可能导致学校资产的损失或整个学校办学方向偏向功利目的。其二，一旦校长、党委书记等换届，相关政策及优质教育资源都可能面临重新调整甚至全面重组的情况。所聘请校长等为学校带来的政策优惠、优质教育资源，跟着人走的概率大于固定在学校内，下一任校长也将为学校带来自身所能争取的政策优惠、优质教育资源，那么在换届过程中，面临的重组问题将可能是一个大工程，甚至可能是整个办学方向的调整。其三，民办学校的发展受限于董事长或校长的能力。无举办者举办民办学校，董事长、校长具有较大控制权，作为学校发展的灵魂人物，董事长、校长的决策质量、执行能力，几乎决定着学校发展的方向、路径，对学校的健康、可持续发展具有绝对影响力，也可能导致学校发展方向的偏移和管理混乱，导致部分无序办学现象。

（三）经验对策

无举办者办学的非营利性民办学校要彰显优势，主要在于突出办学主体优势。一是消除逐利倾向，凸显教育公益性。无举办者意味着无所有者，所有资产归属于学校法人，由学校获得法人财产权。在创办人、发起人放弃合理回报诉求，不要求取得奖励、补助和回报基础上，可以完全实现教育公益性。二是聘请教育领域权威，引领学校高质量发展。将教育事业交给真正懂教育的人来管理，让在教育领域深耕多年的领导、专家、学者发挥余热，鼓励其借由自身地位、资源为所任职非营利性民办学校的高质量内涵发展带来优质的人才、教育、设备等资源。聘请教育行政部门退休的领导干部担任学校校长、党委书记，鼓励其借由自身地位、权威为所任职非营利性民办学校的高质量内涵式发展争取更多政策优惠、财政资助和制度支持。三是专注教育教学，提升办学质量。创办人、发起人没有营利诉求，所聘任的校长等原则上无营利权限，关注于学校教育教学的管理和发展事务，且没有资本对学校、董事会、校长等进行外部干预和控制，董事会、校长具有较高权力，能更好地制定适合学校发展需要的制度规章，助力学校可持续发展，持续提升教育教学和人才培养质量。

二、权责关系划分

相对有举办者的非营利性民办学校，无举办者办学模式下非营利性民办学校的权责关系划分更为纯粹，除了政府支持、资助、扶持、指导、监督外，所有其他责任均为学校自身权力。

（一）制度设计

《民促法实施条例》明确，无举办者办学的非营利性民办学校，由发起人履行举办权力。但大多发起人在放弃成为举办者的时候，就已经放弃了举办权及其相关权力，而是赋予所举办学校完全的独立办学自主权。所以，在无举办者办学的非营利性民办学校，由董事会全权决策学校重大事宜，由校长全权执行学校日常教学和行政管理。政府在办学过程中起着支持、监督等作用，学校办学不再受到任何其他外界因素影响和干扰。

在无举办者办学模式下，国内外的非营利性民办学校一致性较高，政府对学校有资助、监督等权力，并保护学校独立办学自主权。学校管理不受政府、党派等任何其他外界因素干扰。1780 年，马萨诸塞州议会通过《马萨诸塞州宪法》，[①] 对哈佛学院各项合法权利予以永久确认和保护。院务委员会及职员在一定范围内享有并行使相应的权力，继任者也拥有相应权力。同时，州长、副州长、州议会、参议院、哈佛学院的校长、公理会教堂的牧师们组成监事会，并拥有相应权力；[②] 但没有任何理由阻止州议会制定和颁发有利于哈佛学院发展的法律和规定。

（二）关键特征

无举办者非营利性民办学校的重要特征之一，在于拥有较大的自主权。以杭州仁和外国语学校为例，一方面，举办者不参与学校管理。仁和外国语学校章程

---

① Constitution of Massachusetts（1780）［EB/OL］.（2011 – 11 – 07），http：//www. nhinet. org/ccs/docs/ma – 1780. htm.

② 李子江、李卓欣：《哈佛大学章程溯源》，载于《大学教育科学》2013 年第 6 期。

明确的举办者有 6 位自然人，享有了解经营和财务状况，推荐董事和监事的权力。相当于仅拥有监事会的所有权力，且 6 位举办者都不参与任何学校管理事务。另一方面，学校享有独立办学自主权。政府对学校的支持、管理与其他非营利性民办学校一致，不存在特殊监管与督导，保护学校办学自主权，以董事会为学校最高权力机构。

无举办者办学模式下，非营利性民办学校的权责关系具有优势，也存在一定的局限性。在优势上，学校接受政府监督外，享受几乎完全的办学自主权，能不受资本控制、不被利益裹挟，举办者不控制只了解。办学自主权是所有学校期望的，拥有办学自主权意味着能根据学校需要制定更具针对性、更有发展性的政策，而不受外界干涉。在局限性方面，当学校遭遇债务危机、破产威胁等时，可能存在无人愿意承担、负责的问题。发起人、创办者、举办者只出钱不参与管理，放弃举办权也即表示不再对学校承担无限责任。而董事、校长均为聘请的专家、学者，负责管理之余，不对学校承担无限责任。这就造成当遭遇风险时，即使法律规定由发起人履行举办权责，在实践操作中不一定能贯彻落实。

（三）经验对策

无举办者办学的非营利性民办学校要彰显权责划分优势，主要在于保持无举办者状态。相对来说，无举办者办学模式是重要的办学体制创新，也是将体制优势转化为治理优势的重要尝试，要获得无举办者非营利性民办学校的办学优势，应该一直保持其无举办者办学模式，保证权责关系划分上的单纯性、稳定性。一旦非营利性民办学校以无举办者形式成立，在今后发展中也应保证不得再设立举办者。同时，也能保证实现发起人的创校志愿。即使有人投入高于发起人，也不得直接使其成为举办者，应由发起人始终履行举办者权责。一是发挥政府支持和监督作用，赋予发起人、创办者监事会权力。政府和发起人、创办者均不参与学校的具体教育教学、行政管理事务，仅查看了解学校相关运营情况和财务信息，以保证政治方向和办学方向。二是学校拥有较高的办学自主权，履行学校发展职责。保护学校独立办学自主权不受外界干涉，学校对自身发展具有决定权和发言权。三是保持学校无举办者属性，发挥无举办者优势。一旦民办学校确定为无举办者办学，明确不得再变更为有举办者模式。在学校发展过程中，遇到的学校负债、危机、破产等风险，由政府、发起人和创办者、学校、社会共同负责。

三、治理体系搭建

善治的本质，是政府与公民协同管理社会公共事务。[①] 大学的善治，取决于学校的内部治理结构，[②] 也就是内部治理体系的搭建。

（一）制度设计

作为现代大学制度基石的大学治理结构，可以推动和完善高校依法自主办学，建构足以应对"冲突和多元利益"需要的权力结构。[③] 无举办者办学模式，实则是允许社会更多参与大学治理的体制创新尝试，让更多的利益相关群体参与到非营利性民办学校的治理过程中。新《民促法实施案例》规定，无举办者办学的，由发起人履行举办者权责。实际治理过程中，由发起人推荐组建的董事会，及由董事会聘请的校长履行学校管理权责。尤其是，随着学校发展和作为自然人的发起人年岁渐长，无举办者非营利性民办学校将逐渐走向发起人成为历史的发展阶段，届时，无举办者办学模式的制度优势将更加凸显，社会参与治理的程度也将更加深刻。

国外无举办者办学的治理体系，以哈佛最有代表性，也以哈佛办学质量最高。哈佛大学成立两个管理委员会，一个是哈佛联合会（Harvard Corporation），目前由哈佛的校长、教职工共 13 人组成，决策、管理内容包含学术、财政、物质资源和整体福利。另一个是督学委员会（Board of Overseers），由哈佛大学校友会建立于 1642 年，委员会通常每年召开 5 次会议，负责一系列重要的职责，包括对哈佛各学院和院系进行定期的外部评估。评估目标在于，确保哈佛大学始终秉持其办学宗旨。委员会还为大学领导层提供优先事项、计划和战略举措方面的建议。[④] 这两个管理委员会合作发挥了与董事会同等的基本作用，共同帮助决策哈佛大学重大事项，保障各项事宜的质量和进展，并确保哈佛始终忠于其使命。总体上看，哈佛大学将诸多利益相关者纳入管理委员会，尤其是由校友组成的督学委员会，汇集了多元行业、多样领域的精英和资源。

[①] 俞可平：《国家治理的中国特色和普遍趋势》，载于《公共管理评论》2019 年第 3 期。

[②] 潘懋元、左崇良：《高等教育治理的衡平法则与路径探索——基于我国高教权责失衡的思考》，载于《清华大学教育研究》2016 年第 4 期。

[③] 龚怡祖：《大学治理结构：现代大学制度的基石》，载于《教育研究》2009 年第 6 期。

[④] Harvard University. Leadership and Governance［EB/OL］. https：//www.harvard.edu/about – harvard/leadership – and – governance/.

（二）影响因素

除了北京经贸职业学院明确登记为无举办者，有的集资办学的非营利性民办学校在多年发展过程中，其治理模式逐渐成为无举办者办学模式。从这些学校办学实践看，治理体系的完善主要受三方面影响。其一，发起人或创办者的教育情怀和公益初心。是否是真心实意地捐赠办学，全心全意地提升办学质量，将学校交给懂教育的人管理，坚持不干涉学校事务，坚持不让亲属、家族成员或一致行动人进入学校管理岗位，坚持不收取任何回报，包括增值部分和奖励部分，始终秉持教育初心。其二，董事会尤其是董事长规划运营学校的能力。无举办者办学情况下，作为最高权力机构的董事会筹集资金、发展规划、密切社会联系等能力，将直接影响学校发展的经济基础、顶层设计、社会支持。其三，校长管理教育教学的能力。作为院校最高执行责任人，校长对学校教育教学的规划负有第一责任，校长的教学思想、教育能力，直接影响到学校的教学方向、教育秩序。

无举办者非营利性民办学校在治理体系上具有优势，也存在一定局限性。一方面，在优势上。其一，避免资本控制。一些民办学校的人、事、财权高度集中在举办者手中，举办者以资本控制学校的特征十分明显。相较而言，无举办者非营利性民办学校发起人、创办者明确不参与学校管理，并在管理上实行明确的"亲属回避制"，使得发起人、创办者"捐赠办学"实际转化为学校自主办学。其二，促进党组织领导作用发挥。多数民办学校党组织领导班子成员平时只能抓党务、思想政治工作，不能参与学校的决策和监督；一些民办高校的党委书记存在与举办者或校长争夺决策权、执行权的"越位现象"。[①] 在这方面，无举办者办学模式较少受资本影响，党组织、董事会、校务会之间的合作特性更为突出，有助于促进党组织发挥政治引领作用，党委"缺位""越位"现象较少。其三，助力校长先进教育思想的落地。无举办者办学助力校长获得较高管理自主权而不受举办者控制，有先进教育理念、教育思想的校长能更自由、全面地贯彻落实教育举措，助推学校发展，类似于民国时期蔡元培先生的"兼容并包、思想自由"之于北大、梅贻琦先生的"所谓大学者，非谓有大楼之谓也，有大师之谓也"之于清华等。另一方面，在局限性上。其一，董事会募款能力有待提高。无举办者办学的发起人、创办者无需履行后续出资义务，使得经费筹措成为董事会的重要职责，但从当前几所董事会成员组成部分来看，经费筹措专业人员较为欠缺，相

[①] 王华、王一涛、樊子牛：《非营利性民办高校的四维内部治理结构研究》，载于《宁波大学学报（教育科学版）》2020 年第 2 期。

应地，造成董事会总体经费筹措能力有待提高。其二，董事会权力约束有待加强。民办学校党组织领导作用的法规政策仍不完善，无举办者办学的非营利性民办学校党委政治核心作用、监事会监督作用的发挥虽有提升，依然有限。再加上信息透露制度的不健全，某种程度上来说，无举办者办学情况下，董事长及其一致行动人权力较大，实际是行使着举办的"权"，但对其"权"的使用和"责"的履行监督有待加强。其三，校务会行政管理成熟度有待提高。校务会的关键执行能力关系到发起人或创办者的创办初心、党委的政治引领、董事会的高瞻远瞩、校长的先进理念等落实与否及落实程度、落细程度。而校长的行政管理能力，直接影响到校务会整体的行政管理成熟度。

（三）经验对策

结合国内外相关典型经验，无举办者办学非营利性民办学校发挥治理体系优势。一是丰富董事会多元类型，成立校友督学联合会。一方面，吸纳更多元化的学术权威、行业领袖、教育专家、社会名流等进入董事会。增加董事对社会经济发展整体情况的掌握程度，提升各项学校决策的科学性，同时，汇聚更多元化的社会资本支持学校发展。另一方面，重视校友智慧、整合校友资源、发展校友经济，各行各业的校友发挥智慧、共享资源、加大捐赠助力学校发展，提升校友督学联合会的管理、行政参与甚至决策层级。二是完善党委领导，加强监事会监督，平衡董事、校长权力。使党组织、监事会与董（理）事会和校长团队一起形成较为完整的治理结构，构建"领导－决策－执行－监督"的内部治理结构。[①]三是落实校长管理权力，强化学术委员会权力。保护校长对学校教育教学的整体统筹、布局权力，赋予一线教师在具体教育教学事务上的决定权、管理权、话语权，双方协调互进、合力共促学校发展。

四、经费筹措运营

无举办者非营利性民办学校的经费筹措渠道，主要靠学费滚动发展，以学费收入、自营事业收入为主，无举办者投入、政府资助视情况而定。

（一）制度设计

国家在"十三五"期间发布《关于印发"十三五"推进基本公共服务均等

---

① 王华、王一涛、樊子牛：《非营利性民办高校的四维内部治理结构研究》，载于《宁波大学学报（教育科学版）》2020 年第 2 期。

化规划的通知》，提出发挥慈善组织、专业社会工作服务机构的重要补充作用。①

从国际上看，部分国家对包括无举办者办学在内非营利性私立学校的政府资助较多，但大部分无举办者办学私立学校仍以捐赠、学费等为主要办学经费收入渠道。一方面，各国都给予私立学校一定的政府资助。私立学校的总经费中政府拨款的比重，匈牙利为70%、丹麦和奥地利为80%、挪威为85%；印度、韩国、菲律宾、泰国提供公共补助金；巴西、墨西哥享受税费补助；日本设立私立学校振兴财团及私立教育发展基金会；在英国、希腊、土耳其、美国的部分州和加拿大的部分省，国家只拨给相应的义务教育费用；② 一些无举办者私立大学科研能力较强，其获得的科研经费占比较高，从各级政府和企业得到一定数量的科研项目经费和竞争性项目经费。另一方面，无举办者非营利性私立学校的经费筹措运营，仍以捐赠收入、学费收入、科研赞助收入、投资收入为主。以国外一流顶尖的无举办者非营利性私立大学为例，哈佛大学成立了全资子公司哈佛管理公司，2019财年，哈佛大学获得社会捐赠19亿美元，占办学经费比重达35%，以及现有捐赠的增值部分，共占比43%；此外，获得科研赞助经费9.37亿美元，其中来自联邦资助的达到6.31亿美元，非联邦资助总计3.07亿美元。③ 2020财年，受疫情影响，哈佛大学学费、杂费、住宿费等收入减少1.38亿美元，捐赠收入仍达20亿美元，占办学经费比重46%，保证了疫情期间的办学；截至2020年6月30日，由于哈佛管理公司的强劲表现，哈佛大学的净资产增加了8.93亿美元，达到502亿美元。④ 其中捐赠收入占比最大，并形成了规模巨大的基金池，保障了私立学校的稳定、可持续办学经费供给。

（二）实践探索

从国内无举办者办学非营利性民办学校的经费筹措运营实践来看，相关经历主要集中在经费运营上，经费筹措的关注程度和筹集能力有待提升。如由理事会负责筹措办学经费，审核年度财务预算、决算。由院长拟定年度财务预算，监事检查学校财务情况。依法建立财务会计制度、资产管理制度。由校长直接主管财务工作，同时设置总会计师协助分管。同时，有的为了更好地管理政府资金使用，开设政府扶持资金专项账户，强化利用信息化手段，开发财务信息化系统。

无举办者办学非营利性民办学校在经费筹措运营上具有优势，也存在一定局

---

① 国务院. 关于印发"十三五"推进基本公共服务均等化规划的通知，2017 – 03 – 01，http：//www.gov.cn/zhengce/content/2017 – 03/01/content_5172013.htm.

② 黄藤主编、房剑森著：《中国民办教育发展报告》，中国社会科学出版社2003年版。

③④ Harvard University. Harvard Financial Report 2020 [R]. https：//finance.harvard.edu/files/fad/files/fy20_harvard_financial_report.pdf.

限性。在优势上，作为无举办者办学，虽然发起人、创办者不履行后续出资任务，但原始资金的规模大小也直接影响到后续资金需求的多少，不需要后续管理、后续资金的投入，给了慈善家只捐赠不需要管理的选择权，可能有助于吸收更多资本、更大规模的资金注入原始资金。在局限性方面，没有履行长期投入办学经费职责的举办者，可能造成经费难以保障，对学校筹资能力提出较高挑战。从当前来看，不仅是无举办者非营利性民办学校的筹集资金能力有待提升，整体民办学校的筹集资金能力都有较大提升空间。尤其是，目前我国民办教育捐赠总体较少。2019 年我国 GDP 接近 100 万亿元，但捐赠款物额仅 1 000 亿元左右。[①]

（三）经验对策

提高无举办者办学非营利性民办学校的经费筹措运营能力，一是吸纳更多原始资金，鼓励完全捐赠办学。以教育理念汇聚更多社会资本加入发起、创办团队，扩大原始资金规模，以集资办学、完全捐赠使得所有原始资金包括其增值部分滚动积累，完全用于学校办学。二是培养国家社会急需人才，争取更多政府资助资金。一方面，开展校企合作，培养应用型、技能型专业人才。丰富校企合作方式、扩大校企合作范围、加强校企合作深度，提高人才培养质量、就业率和用人单位满意度。建构主体多元、方式灵活、人民满意的产学合作教育格局。另一方面，依托模式创新，培养创新型、紧缺型专业人才。不断提升教育教学质量，坚持质量立校、特色兴校、人才强校。聚焦"十四五"时期国家紧缺的专业人才，依托新工科、新医科、新农科、新文科的"四新"建设，探索建立现代产业学院、储能学院等；及高水平公共卫生学院、区域医学教育发展中心、中医临床教学培训示范中心等。并争取更多政策性、扶持性、竞争性政府资助，包括相关科研课题项目经费、人才支援计划、扶助金等。三是密切校友联系，提升教育捐赠数量。从当前国内教育捐赠实际看，民办学校获得捐赠的最佳途径为校友捐赠。注重加强在校生归属感、获得感、幸福感，为毕业生发放校友卡、分区域成立校友会、定期组织校友活动，校庆日等重要仪式活动可邀请优秀校友代表参加，培育潜在捐赠人。建立捐赠回馈制度、健全捐赠反馈制度和信息透露制度，使得捐赠有获得感、成就感，提升校友持续捐赠意愿。

随着我国民办学校发展日久，无举办者办学模式成为了一项十分重要的办学体制创新探索，无举办者非营利性民办学校也将逐渐增多。在办学主体构成上，能彰显民办学校的非营利性、公益性，免除资本控制、举办者控制。在权责关系

[①] 单大圣：《非营利性民办学校的法人实现形式与治理机制》，载于《浙江树人大学学报（人文社会科学）》2021 年第 2 期。

划分上，政府支持、监督学校办学，发起人、创办者获得监事会所有权力，学校获得较为完全的独立办学自主权。在治理体系搭建上，党委持续发挥政治核心作用，董事会全权决策学校重大事宜，校长全权执行学校日常教学和行政管理。在经费筹措运营上，主要以发起人或创办者的原始捐赠、前期投入、学费收入为主，在争取更多的政府资助上具有相对优势，注重丰富捐赠活动、密切校友联系有助于提升教育捐赠的总量。随着非营利性民办学校无举办者办学模式的创新和发展，将为民办学校现代化制度、现代化治理做出重要尝试、提供重要参照，促进整体民办教育的现代化变革。

第五章

非营利性民办园的普及普惠发展创新

非营利性民办园是我国学前教育事业发展到一定阶段的必然产物。在民办教育分类管理政策正式出台前，为获取一定经济利益而举办的民办园就一直存在。但随着民众学前教育需求日益旺盛，以及越来越多的社会资本参与举办学前教育，民办园过度逐利问题开始成为我国民办学前教育乃至整个学前教育发展亟须解决的重要问题。因此，遏制民办园过度逐利行为，大力扶持、发展非营利性民办园尤其是非营利性民办普惠园，成为我国民办学前教育事业发展的主要关注点。

民办教育分类管理顶层制度设计的基本完成，为推动我国民办园规范发展奠定了基础。根据民办教育分类管理的原则和要求，同时结合我国学前教育事业发展的基本战略目标，我国民办园理论上可被分为四类：营利性的民办非普惠园、营利性的民办普惠园、非营利性的民办普惠园和非营利性的民办非普惠园，后两类民办园是当前我国民办学前教育政策重点关注与扶持的对象。但需要指出的是，在民办教育分类管理的大背景下，非营利性民办园因自身原有发展基础不同，各自发展诉求也存在很大差异。尽管现有政策法规明确提出可以通过多种方式扶持非营利性民办园发展，但分类管理让非营利性民办园不能再合法地从办学结余中获取"合理回报"，客观上引发了很多为了获得合理回报而投资办学的民办园举办者在面临分类登记的选择时，普遍产生如何收回投入和获取合法收益的担忧。实际上，国家有关非营利性民办园不得取得办学收益，以及不准对办学结余进行分配等规定，并没有完全否定民办园举办者获得合法收益的权益，举办者依然可以通过合法途径参与幼儿园经营管理，或以劳动报酬等方式获得相应收益，只是目前相关政策法规并未对此明确说明。本部分从当前我国非营利性民办园发展的基本现状入手，对发展特征、发展诉求、办学挑战等进行分析，指出当前非营利性民办园有效应对挑战、实现创新式发展的主要思路和举措。

第一节 非营利性民办园发展的现状与特征

作为推动我国学前教育普及普惠发展的重要力量，非营利性民办园正逐渐成为我国学前教育政策关注的重点对象。在目前的政策背景下，非营利性民办园要实现良性发展并更好地服务于国家整体学前教育发展战略，必须要在办园形式、教育教学模式、保障监管模式等方面进行改革创新。这是因为在民办教育分类管理政策出台之前，民办园已经基于自身利益诉求自发地形成了一套相对稳定的运行和管理机制，但一旦民办园实施分类管理之后，原有的利益格局必然会被打破，在这种情况下，非营利性民办园的办园形式也必然会发生变化。

一、非营利性民办园的主要办园形式

新中国成立以后，我国幼儿园的基本办园形式主要分为日托和全托（又或全日制和寄宿制），但随着社会经济的发展、民众生活条件的改善，目前全托（寄宿制）幼儿园已经很少，日托（全日制）幼儿园成为主流。在政府和民众对学前教育的重视程度日益增强的情况下，幼儿园的办园形式由于自身办学性质的变化也发生了很大变化。就目前非营利性民办园而言，按照幼儿园资产构成方式，可分为独资的非营利性民办园、合资的非营利性民办园；按照办学资产属性，可分为混合所有制非营利性民办园、单一制非营利性民办园；按照运营管理模式，则可分为集团化办园、独立办园、联合办园等。当然，上述不同分类下的办园形式存在一定的重合，结合对国内部分地区实地调研的情况，在当前民办教育分类管理的政策背景下，不同形式的非营利性民办园体现出不同的发展特点和趋势。

（一）独资办学抗风险能力弱，合资办学诉求落差大

独资办学的非营利性民办园主要指由单个人或企业单独出资经营、归个人或企业所有和控制，并独自承担办学风险的民办园；合资办学的非营利性民办园则是由两个及两个以上个人或企业等共同出资、共同经营、共负盈亏、共担风险的

非营利性民办园。目前我国非营利性民办园采取独资办学和合资办学的情况都十分普遍，但随着民办园分类管理政策的推进，采用这两种办园形式的非营利性民办园将面临不一样的发展环境。

就独资办学的非营利性民办园而言，由于所有的办学风险和收益均由个人或企业承担，相较而言，在日常经营管理方面的灵活度更大，更愿意在教育教学模式上进行改革创新，对民众的教育需求更为敏感。然而，与此同时，由于个人或企业资金实力相对有限，所以采用这种办园形式的非营利性民办园抵抗外部风险的能力较差，面对诸如疫情管控等特殊情况时，无法正常运营导致收支困难、退出办学的情况有很大的概率发生。如刘颖（2021）等通过调查发现，在新冠疫情背景下多数普惠性幼儿园办学都遇到了一定的困难，尤其是受到国家财政支持越少的普惠性民办园往往面临着越大的经营难题。① 其中的普惠园就包含相当一部分非营利性民办普惠园。本书研究调查同样发现，社会突发事件对于新建、正处于收支平衡关键期的非营利性民办园，尤其是非营利性民办普惠园冲击更大。非营利性民办普惠园由于执行普惠性收费标准，加之生均财政补贴标准偏低、不及时，资金借贷渠道有限等因素的影响，因疫情导致收入骤减，进而导致债务问题恶化，基本处在停办和破产边缘。

相较而言，合资办学的非营利性民办园因经费来源渠道较多，办学资金比较充裕，抵御外部风险的能力相对较好，但由于合资办学按照商业管理的一般思路，就意味着共同经营，因而在办学目标、办学理念等方面需要考虑不同出资者的利益诉求和管理理念，这对民办园在教育教学等方面能否及时、客观地根据社会需求进行改革创新产生了一定影响。调研发现，一些合资办学的非营利性民办园，为协调出资者的利益诉求，维持稳定的办学收益，在教育教学上更倾向于引进成熟的课程体系，推广模式化办学，希望尽快将成熟的教育服务"变现"，以满足部分出资者对合法办学收益的要求。

在民办教育分类管理背景下，独资办学和合资办学的非营利性民办园都面临着愈加严格的监管要求。相较而言，合资办学的非营利性民办园受到的影响更大。依据国家《关于学前教育深化改革规范发展的若干意见》中有关规定，社会资本不得通过兼并收购等形式控制国有资产或集体资产举办的幼儿园。这对于很多基于国有资产兴建的小区配套园舍合资举办的非营利性民办园而言，由于出资者较多且追求一定的办学收益，办学之初就普遍采用受托经营、协议控制等经营方式，按照最新的相关政策要求，将不得不对原有经营方式进行调整。至于如何

---

① 刘颖、张斌、虞永平：《疫情背景下普惠性幼儿园的现实困境及其化解——基于全国 4 352 所普惠性幼儿园的实证调查》，载于《中国教育学刊》2021 年第 6 期。

保障各类出资者的办学利益，目前仍在探索中。相比较而言，独资办学的非营利性民办园在处理自身利益问题时因出资者单一、相关利益诉求容易协调，因此在现有政策框架下受到的经营限制更少，可以根据外部政策环境和自身办学条件做出更多的独立决策。

（二）单一制民办园选择多，混合所有制民办园将成主流

单一制非营利性民办园也可以称之为单一私有产权结构的非营利性民办园，其区别于国有产权结构的幼儿园（即公办园）。从目前民办园产权结构整体情况看，土地、园舍等核心资产属于自有资产的、完全的民办园很少，大部分民办园的土地、园舍等核心资产属于国有或集体所有制，有学者将这类民办园称为混合所有制幼儿园。[①] 不同产权结构意味着要承担不同的法律责任和义务，因此单一制非营利性民办园和混合所有制非营利性民办园会面临不同的发展机遇。

单一制非营利性民办园通常在办学之初，已经通过土地出让的方式直接获得了土地、园舍等核心资产的产权，或是通过租赁等方式获得了土地、园舍等资产的使用权。鉴于目前民办园分类管理相关政策要求根据土地、园舍产权性质来确定民办园的办学属性，如要求占用规划建设的小区配套园办学的民办园必须举办成公办园或普惠性幼儿园，对于利用自有土地、园舍办学的非营利性民办园而言，显然其在选择办学方向上的自主性更大。初步调查发现，单一制非营利性民办园一般会作出两种选择：一是选择举办成非营利性的高收费民办园，二是选择举办成非营利性民办普惠园。这种两种选择分别对应两种办学价值取向：一种可称之为理想信念取向，即相较于关心幼儿园教育资源能惠及多少幼儿和家长，举办者更关心幼儿园提供的个性化、优质教育服务能否更好地体现自身办学理念；另一种可称之为公益价值取向，相较于提供个性化优质教育服务，举办者更关心幼儿园教育资源的惠及群体范围。从学前教育的公益属性出发，这两种办学取向都旨在最大限度地扩大办学的正外部性，因此在政策上理应得到支持和鼓励。不过，不容否认的是单一制非营利性民办园对获得合法收益同样有明显要求。如调查发现，有的单一制非营利性民办园在考虑了区域竞争空间、幼儿家长教育支付能力、政府支持力度等多种因素后，为获得足够的生源维持自身发展，会选择举办成非营利民办普惠园。因此，从引导民办园整体向着普惠、高质量方向发展的角度讲，如果政府能够针对单一制非营利性民办园，在土地、园舍等前期投入方面给予适当的补偿，同时进一步落实有关非营利性幼儿园的扶持政策，完善举办

---

① 杨冬梅、王默：《发展不同产权结构幼儿园的意义及其分类治理探讨》，载于《教育与经济》2016年第 2 期。

者相关权益保障制度，单一制非营利性民办园不仅会获得更多热衷于公益事业的社会资本的青睐，而且在教育教学模式上更容易有所创新和突破。

混合所有制非营利性民办园在产权结构上要更为复杂。按照《民办教育促进法实施条例》中的解释，民办学校指由国家机构以外的社会组织或者个人，利用非国家财政性经费面向社会举办的学校。基于此，从幼儿园的产权结构看，目前很多非营利性民办园实际上均属于混合所有制的民办园，即由国家机构以外的社会组织或个人投资，但所占用的土地、园舍等部分资产属于国有资产，如城镇小区配套园、转制民办园等等。以小区配套园为例，根据国家现有相关政策的规定，小区配套园一般只能举办成公办园或普惠性民办园，而小区配套园所占用的土地、园舍等通常归地方政府所有。如果小区配套园由民间资本参与举办成非营利性民办园，这类民办园就属于一种成本分担的混合制幼儿园。[1] 除此之外，目前还存在部分由国有企事业单位附属幼儿园转制形成的民办园，这部分民办园产权结构中诸如土地、房舍等部分资产属于国有或集体资产，通过转制引入社会资本后成为自负盈亏的民办园，同样属于混合所有制的非营利性民办园。总体而言，目前从非营利性民办园尤其是非营利民办普惠园的办学用地、生均经费等各种激励政策来看，非营利性民办园内在产权结构客观上日趋复杂，按照民办园分类管理的基本思路，混合所有制的非营利性民办园能充分调动各种社会资源，未来势必会成为我国非营利性民办园的主流。

（三）集团化办园、独立办园和联合办园三种形式各有优劣

当前，集团化办园是较为普遍的一种民办园办园形式，主要由多所幼儿园组成办学共同体，通过发挥龙头园的典型示范效应，并在幼儿园共同体内执行相对统一的教育理念、管理制度、评价标准，实现各种软硬件资源的共享。目前国内存在众多幼教集团，各集团旗下都拥有不少的非营利性民办普惠园。以红黄蓝教育集团为例，该集团拥有近400所幼儿园遍布全国，在北京、上海等地就有不少红黄蓝幼儿园属于非营利民办普惠园。与独立办园和联合办园的非营利性民办园相比，集团化办园由于能实现资源共享，在扩大优质教育资源、节约办园成本、抵抗外部风险方面具有很大优势。[2] 但集团化办园并非没有风险，优质教育资源过度集中就有可能产生垄断，规模效益会激励投资者追求更高的收益，而这会逐步损害教育的公益性。有关国外集团化办园的研究就指出，幼教集团达到一定规

---

① 余晖：《小区配套幼儿园产权之争背后的博弈》，载于《中国教育报》，2012年10月14日（2）。
② 李卓、罗英智：《幼儿园集团化发展的形态、矛盾及其消解》，载于《现代教育管理》2017年第11期。

模，为了获得更多经济利益，会产生"权力寻租"、逃避监管、忽视保教规律等"道德风险"。① 我国目前有关非营利性民办园发展的相关政策，规定非营利性民办园不能取得办学收益，且今后将大力支持发展非营利性民办普惠园的政策要求，基本上关闭了集团化办园从办学结余中获得收益的渠道。同时，由于民办园分类管理的相关政策对非营利性民办园的内部治理结构与方式也提出了相应要求，以兼收并购、受托经营、加盟连锁等方式组织的集团化办园会受到诸多限制。因此，采用集团化办园的非营利性民办园要完成内部治理结构与方式的转型，并重新确立新的盈利模式，必然要经历艰难的探索过程。

相比较之下，独立办园和联合办园具有自身独立的办学优势，未来可能会逐渐成为非营利性民办园发展的主流。这主要是因为独立办园和联合办园拥有更多的办学自主权，无需承担额外的办学义务。独立办园无论是独资、合资或混合所有制，举办者相对而言都是独立决策、自负盈亏，而联合办园则只是在办学理念、资源共享等方面进行合作，彼此只承担有限责任，日常也是独立决策、自主管理。独立办园和联合办园虽然抵抗外部风险的能力相对较弱，但面对民办教育分类管理的相关政策要求时，"船小好调头"，更容易调整自身发展战略。而且随着我国政府对非营利性民办园的常规扶持和补偿政策日益完善，采取独立办园或联合办园的非营利性民办园，由于办学更为灵活且办学风险更加可控，办学权益更容易明确，势必会获得更加长足的发展。

二、非营利性民办园的教育教学模式

目前我国幼儿园教育并没有设立统一的课程大纲和教育教学评价标准，现有的《幼儿园教育指导纲要》等相关政策文件更多是对幼儿园教育教学活动的规范性引导。这也是考虑到我国社会经济、文化传统、教育发展水平等方面存在明显的地区差异，很难用一种统一的标准指导幼儿园教育教学。从幼儿园课程教学的实施过程来看，教师自身的教育教学经验、幼儿园的外部发展条件、内部管理制度等，不仅影响幼儿园课程教学变革②，也影响着科学的幼儿园课程理念的落实。③ 基于这样的课程建设和教育教学规律，目前非营利性民办园的教育教学在

---

① 刘颖：《市场化与集团化对学前教育普惠和质量的挑战：英国的案例》，载于《外国教育研究》2019年第4期。

② 严仲连：《幼儿园课程实施适应取向的内涵、特点及影响因素》，载于《学前教育研究》2010年第2期。

③ 马春玉：《与幼儿发展连接：幼儿园课程理念落实的关键》，载于《学前教育研究》2020年第4期。

多种内外部发展因素的影响下，已经形成了一些固定的模式。

（一）本土课程园本化的教学模式

所谓本土课程园本化的教学模式，即参考、借鉴国内行业领域主流的学前教育课程理念及教学方式，从中选择适合自身实际情况的课程内容、思路和方法，开发园本课程并加以实践的模式。目前在民办园课程建设过程中可供借鉴的课程理念，除了来自前面谈到的相关国家政策文件，如《3-6岁儿童学习与发展指南》等，还包括实践领域具有一定社会影响的本土化教育模式，如"安吉游戏"。调查发现，不少非营利性民办园的管理者和教师不仅对国家相关政策文件中强调的诸如"重视儿童游戏""强调儿童主动建构学习"等教育理念十分认同，而且对目前业内比较流行的主流教育理念也比较了解，多数幼儿园都在努力将主流教育理念与园本课程实践相结合。但需要指出的是，这种教育教学模式之所以在非营利性民办园比较普遍，主要在于其适合非营利性民办园现有的教师队伍素质。从国内学者对我国民办园园长及一线教师的整体专业素养调查的结果表明，不仅大量民办园园长专业背景未达到国家标准，教学领导素养也比较薄弱，[1]而且一线教师整体专业素质也不容乐观。[2] 在这样的整体发展形势下，非营利性民办园对主流课程教育教学理念的借鉴与园本课程的开展，更多考虑园长和教师对相关专业内容的接受、转化能力，文化传统与思维范式上的接近，使得非营利性民办园教师对于更具本土文化语境的课程教学理念更愿意接受也更容易理解。因此，采用本土课程园本化的教学模式成为不少非营利性民办园的主要选择。

（二）外来课程园本化的教学模式

所谓外来课程园本化的教学模式，即参考和借鉴的课程理念、课程内容乃至课程实施及评价标准等均来自国外的相关课程模式，引进以后再结合幼儿园自身条件，并根据幼儿园管理者及一线教师自身的理解来创设的课程教学模式。目前国内非营利性民办园引进和借鉴的课程教学模式较多，常见的有蒙台梭利教育、方案教学、华德福教育、高瞻课程等等。这些课程模式一般都有比较体系的参考用书和教学材料，但不同的课程教学模式对教师专业素质及教育资源的要求不同，对其进行园本化改造以适应幼儿园自身发展要求，成为很多非营利性民办园

---

① 洪秀敏、魏若玉、缴润凯：《民办幼儿园园长专业素养的调查与思考》，载于《现代教育管理》2019年第1期。
② 王默、洪秀敏、庞丽娟：《聚焦我国民办幼儿园教师队伍的发展：问题、影响因素及政策建议》，载于《教师教育研究》2015年第3期。

的选择。调查发现，目前在众多的外来课程体系中，蒙台梭利教育、高瞻课程等属于体系化程度较高的一类课程，相关教学用书、配套玩教具也比较丰富，对幼儿园教师吸收、转化的要求较低，包括非营利性民办园在内的幼儿园比较倾向于优先选用此类课程教学模式。而如方案教学、华德福教育等因素对教师专业素质、课程意识等要求较高，一般只有发展基础较好、教师队伍整体素质较高的幼儿园会选用。无论选用哪一类课程模式，幼儿园一般都会对其进行园本化改造，但多数在改造时呈现出"混搭"的特点，即在对外来课程体系的课程内容等进行有限补充和删改的基础上，将外来课程放到幼儿园一日课程活动中的某些环节单独实施，而不是将其贯穿到幼儿园一日教学活动中。如某些非营利性民办园有专门的蒙氏课程环节或方案活动环节，在此之外则另外实施幼儿园自行研发的课程。

（三）外来课程与本土课程相融合的教学模式

这种课程教学模式试图结合外来课程与本土课程的优势，将其中所蕴含的核心教育理念渗透到幼儿园日常教育教学中，最终形成具有自身办学特色的园本课程体系。总的来看，外来课程自身存在的问题是幼儿园对其进行本土化要解决的首要问题，如蒙台梭利教育本身对体育、艺术等活动缺乏足够的关注，与我国注重幼儿全面发展的学前教育理念相悖[1]，而高瞻课程在教育理念及评价体系中又包含明显的文化差异，在实践中只注重形式上的运用，因此很难发挥其应有价值。[2] 虽然一些优秀的、主流的本土课程本身就包含着对众多外来课程理念的汲取和应用，但考虑到我国地区差异比较大，幼儿园在借鉴本土课程时，仍需要回归到课程的本质，分析和总结其中的教育理念，并进行园本化改造。从调查的情况看，一些非营利性民办园基于自身教师队伍素质较高、教研制度比较完善、园本课程建设经验比较丰富等有利条件，尝试同时对外来课程与本土课程进行借鉴和融合，形成了具有自身鲜明办学特色的课程体系。如调查的某所非营利性民办园虽然开园仅三年多，但凭借拥有一支专业的管理队伍和教师队伍，积极引进国外"森林教育"课程体系，同时结合本土游戏化课程实施理念，对"森林教育"强调的回归人性、亲身体验等理念进行本土化改造，对其中幼儿与自然界互动的方式进行调整，逐渐形成了以"森林教育"为特色，强调幼儿亲身参与、动手探索、与自然和谐共处的教育教学模式。

---

[1] 邓伟、罗岚、杜红春：《蒙台梭利教育本土化的探索》，载于《学前教育研究》2016 年第 7 期。

[2] 张琴秀、周潘伟：《高宽课程一日常规本土化的"症状"分析》，载于《陕西学前师范学院学报》2018 年第 10 期。

三、非营利性民办园的保障监管方式

非营利民办园所承担的公共责任和义务，决定了其必须在财务运行、办学质量、办学行为等方面得到相应的保障和监管，而目前民办教育分类管理相关政策法规对非营利性民办园相关方面的保障与监管也有专门的说明及要求。不过由于非营利性民办园在实际运行与发展过程中面临的问题与其他学段的非营利性民办学校有明显差异，因此在相应的保障监管方式上也存在着明显不同。

（一）财务运行的保障监管

不对办学结余进行分配而将其全部用于幼儿园继续办学，是现有政策法规对非营利性民办园的基本要求。为此，构建更加规范和科学的经费使用与财务管理制度就成为民办园分类管理制度推进的一项重要任务。总体来看，目前针对非营利性民办园财务运行的保障监管制度可分为内部制度和外部制度两方面。

内部制度主要指非营利性民办园内部经费使用和财务管理保障监管制度建设方面。按照新修订的《民办教育促进法》等相关政策法规要求，非营利性民办园不仅要依法建立规范的内部财务、会计、资产管理制度，而且要定期开展资产清查，并将清查结果向社会公布，以确保学校收取的各项费用主要用于幼儿园办学活动。但调研发现，目前一些非营利性民办园在构建和履行相关制度要求时仍存在一些不规范的现象。虽然绝大多数非营利性民办园基本上都能基于自身发展需要，按照相关政策法规要求主动建立相应的财务制度，但受办学规模、资产情况等因素的影响，不同非营利性民办园实际建立的内部财务管理制度在完善程度上因园而异。多数非营利性民办园的财务管理主要以满足自身办学决策和发展需求为限度，一些小型的非营利性民办园出于办学成本考虑，往往没有配齐专职的财务人员，而是聘用兼职的专业财务人员定期集中处理相关财务工作，日常财务工作则主要由园所其他管理人员兼任。除此之外，非营利性民办园自觉清查自身资产情况并向社会公布的情况也很少。

外部制度主要指由政府相关部门主导建立的、外部的非营利性民办园经费使用和财务管理制度。由非营利性民办园定期向政府相关部门提交，并由专业会计师事务所审计的财务会计报告，接受相关政府部门监督，是目前相关政策法规对非营利性民办园财务管理的基本要求。调研发现，单从政府部门制定相关政策的情况看，目前各地教育部门普遍按照《民办教育促进法》《民间非营利组织会计制度》等政策法规的要求，制定了相应的民办学校财务监管制度，将非营利性民办园纳入财务监管的范畴。而按照相关规定，多数非营利性民办园在筹办之初，普遍能够严格执行相应的财务管理规定，以此来获得办学许可证。如调研发现，多数地区都要求非营利性民办园在办学章程中写明幼儿园相应的财务制度、工作分工、人员资质等信息，同时需要向指定银行存入一定数额的风险保证金，存款回执则交由教育部门保存备案，最后由教育部门审批通过后才会向非营利性民办园发放办学许可证。此外，按照相关政策法规要求，每年定期按照相关要求向教育部门提供由专门的会计师事务所出具的幼儿园财务会计报告，亦已成为绝大多数非营利性民办园的常规工作。不过，考虑到第三方监管有其不足，一些地区在财务监管方面有着相应的加强措施，如上海除了依靠第三方会计师事务所出具的财务会计报告来判断非营利性民办园尤其是非营利性民办普惠园的财务状况外，教育部门还会定期组织人员入园进行财务审计，主要由相关专业人员从幼儿园实际发展需求的角度来评估幼儿园办学经费是否得到了合理使用，并以此给出相应的整改建议。

（二）保教质量的保障监管

对非营利性民办园保教质量的保障监管分为两方面：一方面是通过幼儿园自行组织的内部自评机制实现保教质量的保障监管，另一方面是由教育部门和其他专业机构组成的外部评价机制实现保教质量的保障监管。

一方面，目前非营利性民办园普遍有自行制定的保教质量自评标准和评估机制，但相关标准及执行方式差异大，存在整体评价工作不规范、无法做到对幼儿进行全面评价的情况。调研发现，不同非营利性民办园在保教质量自我评估标准、方式、内容等方面的差异，主要表现为评估目标及重心不同，且没有遵循相对统一的评估理念。有些非营利性民办园基于自身课程教学体系中配套的评价指标，重点关注幼儿发展状况评价，并将相关评价结果作为衡量整个幼儿园保教质量的重要依据；有些非营利性民办园则重点关注幼儿园常规管理事务的执行情况，将教师履职情况、常规工作的完成度等作为主要评估内容，以幼儿园各项内部事务是否有序、正常运转为衡量幼儿园保教质量的重要依据；还有的非营利性民办园重点关注课程教学体系的实施，集中对园所课程内容及相关教学工作开展的情况进行量化评价，如形成了多少活动教案、完成了多少教学任务等。而鉴于幼儿发展评价是幼儿园保教质量自评机制中最为核心的构成，实地调研发现，非营利性民办园在幼儿发展评价的科学性和全面性方面存在的不足更为突出。目前可供非营利性民办园开展保教质量自评工作参考的政策文件主要有 2001 年《幼儿园教育指导纲要》、2012 年《3～6 岁儿童学习与发展指南》以及 2022 年《幼儿园保育教育评估指南》，但这三份政策文件不能直接作为评价指标体系使用，需要根据幼儿园进一步转化和拓展。而调研发现，不少非营利性民办园在借鉴上述国家政策法规开展保教质量评价工作时体现出两种情况：一是不刻意参考国家相关政策文件，而是自行另设相应的教学评价指标体系，相关评价指标有时会有配套的课程体系。如在非营利性民办园中比较普遍采用的美国高瞻课程或蒙台梭利课程，都有相配套的评价指标体系，但这些评价体系并不完全对应着我国"五大领域"教学活动的相关要求。二是虽然参考国家相关政策文件来组织开展教学评价，但存在直接套用政策、缺乏深度转化的问题。如一些非营利性民办园将《3—6岁儿童学习与发展指南》中的相关要求视为幼儿发展的唯一目标，以此来组织和评估幼儿园的保教工作。

另一方面，虽然针对非营利性民办园保教质量的外部保障监管机制正在逐步完善，国家层面构建的相关政策法规也在日益健全，但当前各地在实际管理督导水平上仍有较大差异。目前适用于非营利性民办园保教质量评估的政策法规及相应的监管机制较多，国家层面除了有《幼儿园工作规程》《县域学前教育普及普惠督导评估办法》《幼儿园责任督学挂牌督导办法》《幼儿园办园行为督导评估办法》《学前教育督导评估暂行办法》《幼儿园保育教育评估指南》等，地方政府层面也有相应的督导评估政策。不过总体来看，目前对非营利性民办园保教质量的督导评估主要靠政府行政推动，由教育等相关行政部门直接承担和完成，真正贯彻管办评分离理念，依托第三方机构对非营利性民办园进行常态化、规范化督导评估的工作还在探索中。依靠行政推动的督导评估机制，主要是由教育部门按照相关政策要求，在自身职能范围内对非营利民办园进行办学等级评估与保教工作督导。如在一些经济发达、社会治理能力较强的地区如上海，依靠区教育部门督导室和片区督导相结合的方式，能够一定程度上实现对区域内非营利性民办园保教质量的定期督导评估。不过这样的督导监管机制客观上依然存在着监管评价职责分工不清、监管方法不科学、监管人员缺乏等问题①，亟待进一步得到完善和加强。

（三）办学经费的保障监管

作为非营利性民办园日常办学经费主要来源的保教费收取与幼儿家长的教育负担直接相关。因此，既要维持保教费收取合理、能满足非营利性民办园基本办学需求，又要减轻幼儿家长负担、凸显非营利性民办园的公益性和普惠性，目前针对非营利性民办园收费行为的保障监管制度主要采用限价和适当补贴两种策略。

---

① 秦涛、吴义和：《民办幼儿园政府依法监管的困境与出路》，载于《湖南师范大学教育科学学报》2019年第1期。

一方面，根据国家《关于学前教育深化改革规范发展的若干意见》等相关政策文件要求，非营利性民办园收费标准由省级政府制定，收费行为则由价格、财政、教育部门等根据各自职责分工管理，但从目前相关政策的具体执行情况看，主要关注的是非营利性民办园中的普惠性民办园，各地普遍对普惠性民办园执行政府指导价（即限价），执行标准主要参考当地公办园收费标准，对非营利性民办非普惠园则采取市场调节价。如天津市规定非营利性的非普惠性民办园收费标准采取市场调节价，但普惠性民办园收费标准按教育部门认定的等级最高不超过1 590元/生·月①；上海闵行区规定普惠性民办园的保教费标准不超过3 000元/生·月②；北京市则要求普惠性民办园的收费项目和标准不能高于同级公办幼儿园的政府指导价，即不高于900元/生·月。③ 同时，各地普遍禁止非营利性民办普惠园以举办兴趣班、特长班和实验班等方式另行收费。对于非营利性民办园的违规收费行为，也主要由价格、财政、教育等部门进行纠正和处罚。

另一方面，对非营利性民办园的财政补贴实际上区分了非营利性民办非普惠园和非营利性民办普惠园。总体来看，各地制定的适用于所有非营利性民办园的财政补贴政策如税费减免、土地划拨等，也适用于非营利性民办普惠园。但是除此之外，非营利性民办普惠园还可以享受针对普惠性幼儿园的各种财政补贴政策，如生均补贴、一次性奖励、专项补贴等。不过各地在具体执行标准和力度上有很大区别。如天津市针对普惠性民办园的生均财政补贴为每生每年不超过4 400元④，并明确免除非营利性民办园租用小区配套公共设施办园的租金，对租用非公建房屋办园的将给予一定的房租补贴⑤；上海市则规定普惠性民办园租赁教育局园舍（场地）办园可以适当减免租赁费用；北京市针对普惠性民办园的生均财政补贴为每生每月1 000元。⑥

（四）规范招生的保障监管

我国针对非营利性民办园（尤其是普惠性民办园）规范招生的相关政策，主要服务于满足民众对公平、普惠、优质的学前教育服务的需要，因此除了对收费标准进行严格监管，对招生对象也有一定要求，以确保招生标准、方式与提供公平且有质量的教育服务办学目标相匹配。根据《民办教育促进法实施条例》中的

---

① 《关于本市民办幼儿园收费管理有关问题的通知》，天津市发改委，2018年。
② 《闵行区普惠性民办幼儿园认定和管理办法》，上海市闵行区教育局，2021年。
③⑥ 《北京市市级财政支持学前教育事业发展补助资金管理使用实施细则（暂行）》，北京市教委，北京市财政局，2017年。
④ 《天津市普惠性民办幼儿园生均经费补助项目和资金管理办法》，天津市教委，天津市财政局，2019年。
⑤ 《天津市人民政府关于学前教育深化改革规范发展的实施意见》，天津市人民政府，2019年。

规定："实施学前教育、学历教育的民办学校享有与同级同类公办学校同等的招生权，可以在审批机关核定的办学规模内，自主确定招生的标准和方式，与公办学校同期招生。"也就是说，非营利性民办园可以根据自身实际情况自主确定相应的招生标准和方式。但在实际政策执行过程中，通常对不同类型非营利性民办园的招生自主权有不同规定。目前各地普遍通过行政命令、财政激励等多种组合手段，对非营利性民办普惠园的招生标准和方式进行引导、规范，但对非营利性民办非普惠园则没有相关要求。其中，一些地区要求建立在小区配套园基础上的非营利性民办普惠园，只能面向特定区域的幼儿提供普惠性学前教育服务，才能同时享受政府给予幼儿园的生均财政补贴。如上海市闵行区"小区生"政策，按"小区生"占园内儿童的比例来对民办园进行补贴，"小区生"占比越高，补贴力度越大。[①] 而多数地区则采取"大水漫灌"式的补贴方式：非营利性民办园只要愿意向民众提供普惠性学前教育服务，即按实际在园幼儿数给予生均补贴，并没有明确的招生范围限制。

总体来看，通过行政命令结合财政补贴的方式来规范非营利性民办园的招生行为，十分依赖政府的财政补贴力度。调研发现，不少地区由于政府提供的补贴标准偏低且执行不到位、不及时，很多非营利性民办普惠园迫于办学成本和生存发展的压力，以"一园两课"或"一园两班"的招生方式来提高办学收入，即同一所幼儿园面向社会提供普惠性和非普惠性两种学位以及与之对应两种不同的课程教学，"普惠班"幼儿不能享受和"非普惠班"幼儿一样的个性化、特色课程。类似情况还包括在正常的课程教学之外，开设各种兴趣班、特色班，额外收取费用等。[②] 对于类似招生不规范的问题，一些地方政府采取"民不举、官不究"的态度，算是在公共财政投入有限的情况下，努力在支持非营利性民办园生存发展与扩大普惠性学前教育资源之间实现平衡。

（五）队伍质量的保障监管

结合已有研究和实地调研情况看，非营利性民办园教师队伍在整体专业水平和队伍结构方面亟待更多的政策关注。如已有不少研究发现，普惠性民办园教师在职称水平、学历层次、工作经验等方面明显低于公办园甚至是一些企事业单位办园。[③] 而笔者调研也发现，非营利性民办园教师队伍结构普遍呈现不合理的

---

① 《闵行区普惠性民办幼儿园认定和管理办法》，上海市闵行区教育局，2021 年。

② 木须虫：《民办园"转公转普"不能违背办园规律》，载于《济南日报》，2020 年 8 月 25 日（F02）。

③ 洪秀敏、朱文婷、钟秉林：《不同办园体制普惠性幼儿园教育质量的差异比较——兼论学前教育资源配置质量效益》，载于《中国教育学刊》2019 年第 8 期。

"倒漏斗型"特征，即工作年限短且工作经验少、职称水平低的年轻教师占绝大多数，工作经验丰富的老教师、骨干教师则很少，且大多集中在管理岗位。从目前优化非营利性民办园教师队伍结构、保障教师队伍质量的相关举措看，主要涉及保障教师福利待遇和加强教师职后培训两方面。

在非营利性民办园教师福利待遇保障方面，中央到地方所制定的相关政策均体现出以强调幼儿园保障为主、政府奖补为辅的特点。具体而言，中央和地方政府制定的相关政策都强调了非营利性民办园在教师工资待遇保障方面的主体责任，而政府的责任则主要是一方面以奖补的方式补贴教师工资待遇，另一方面是为民办园举办者改善教师福利待遇提供建议和指引，并赋予教师平等的专业能力评定机会。如山东省规定，非营利性民办园教师平均工资不得低于本地区城镇职工平均工资水平，幼儿园应按规定参加职工社会保险；而上海市则鼓励普惠性民办幼儿园建立教职工年金制度，对建立年金制度的幼儿园在综合奖补中给予师资队伍建设专项支持，同时在评优评先、职称评定等方面给予非营利性民办普惠园教师平等对待。不难看出，现有政策重在明确非营利性民办园在保障教师工资待遇上的主体责任、着重引导其建立科学薪酬制度的同时，也在评先评优、职称评定等方面赋予非营利性民办园教师平等权利，以此为非营利性民办园举办者实施按劳分配、优化教师队伍结构提供重要参考，最终目的都是提升幼儿园教师职业吸引力，以此带动整个非营利性民办园教师队伍质量的提高。

在幼儿园教师职后培训权益保障方面，近些年从中央到地方政府纷纷推出了各类"国培""省培"计划，为非营利性民办园尤其是普惠性民办园提供丰富的免费培训和教研指导，同时鼓励非营利性民办园积极开展园本培训和园本教研。但总体来看，包括非营利性民办园在内的整个民办园教师相比于公办园教师，培训机会普遍比较缺乏。[①] 调查也发现，非营利性民办园教师所接受的职后培训不仅少于公办园，而且多为园所自发组织的园本培训，较少享受到政府免费提供的培训机会。其中除了有政府组织的、专门面向非营利性民办园教师的职后培训总体偏少的原因，也有非营利性民办园自身不重视的原因。调查发现，一些非营利性民办园出于自身发展条件和管理成本的考虑，一般要求教师无论是参加"国培项目"还是自行组织的内部培训，要尽量做到不影响正常教学工作，为减少重新安排岗位分工带来的额外管理成本，幼儿园主动安排教师外出接受培训的意愿并不强烈。

总体来讲，非营利性民办园各项发展条件的保障与监管，基本上围绕办学经费的来源与使用而展开，办学经费决定了诸如教师队伍建设、课程教学改革等与

---

① 陈放：《民办幼儿园教师专业发展困境与路径探析》，载于《教育评论》2018 年第 5 期。

办学质量密切相关的内容，对办学经费使用的监管和对办学质量的系统评估，亦可理解为是通过对非营利性民办园整个办学过程的过程性评估与结果性评估，共同保障非营利性民办园的规范发展。在这一过程中，对于非营利性民办园发展而言，无论是加强自身教师队伍建设与管理，还是合理确定招生门槛和向民众提供个性化教育服务，本质上都需要对非营利性民办园办学经费和办学质量的有效监管，倒逼非营利性民办园在上述方面不断优化自身相关制度建设，主动寻求创新突破。

第二节　非营利性民办园发展的新形势和新挑战

非营利性民办园是推进我国学前教育普及普惠发展的重要力量，在国家学前教育发展战略中占据着十分重要的地位。随着我国民办教育分类管理政策的深入推进，非营利性民办园发展也进入了新的战略机遇期。新形势下，非营利性民办园发展呈现出新诉求，同时也面临着各种各样的挑战。

一、非营利性民办园发展创新的背景

我国民办园教育经过多年探索，早已形成了一套自身的办学与发展模式，但随着民众教育需求的变化以及国家对民办园教育的重新定位，民办园发展模式面临系统转型的要求。其中，对非营利性民办园应承担何种办学义务以及遵循何种发展方式的要求，可以认为是基于对其在缓解普惠性学前教育资源短缺与提供个性化教育模式之间的冲突中，理应发挥重要作用的基本判断而提出的。这些要求考虑到了我国社会经济发展水平、学前教育发展的基本格局以及相关顶层制度设计的完成等因素，也共同构成了非营利性民办园未来发展创新的重要政策背景。

非营利性民办园的出现以及未来将要持续进行的相关政策探索，是我国学前教育发展到当下面临的必然选择。我国民办园教育在最初的发展过程中，公益性只是其自带属性，但并不是民办园自身的主要办学目标。尽管我国在政策法规层面一开始就将包括民办园在内的各类民办学校定性为公益性组织，即其属于民办非企业法人。但客观事实是，从 20 世纪 90 年代末以后开始，我国民办园快速发展的主要原因是，具有最强公益性的公办园教育无法满足民众教育日益增长的教育需求而形成的巨大幼教消费市场，学前教育领域成为众多社会资本关注的"蓝海"。时至今日，我国民办园教育经过不断地调整和发展，所形成的教育市场已

经不再是"蓝海",而是竞争日趋激烈的"红海"。这样的发展状态虽然客观上满足了很大一部分民众的教育需求,但围绕经济利益展开的办学竞争,导致民办园快速兼并、上市融资、寻求超大规模发展的趋势愈加明显,其造成的办学风险以及外部效应对民众教育权益的消极影响越来越明显,"入园难、入园贵"在相当长一段时间内仍是我国学前教育管理体制改革要重点解决的问题。在这样的背景下,构建更加健康、规范、可持续的民办园发展环境,围绕非营利性民办园发展开辟新的"蓝海",为民办园整体发展实现突破和创新提供新的可能,就成为我国民办园教育发展的内在要求。

按照当前强调社会治理的基本思路,民办园分类管理是要为社会力量参与提供更具公益性、且能兼顾自身发展利益的学前教育服务,创设一种新的发展路径和环境。这种发展环境为社会力量寻求适度参与学前教育公共服务并实现自身发展提供了选择。在国家寻求对各种社会资源进行更加合理、公平的配置的愿景下,非营利性民办园可以通过重新调整自身的利益诉求和服务方式,获准进入政府控制的教育资源市场,以实现政府确定的公益性目标和提供有质量的教育服务作为基本办学目标,进而获得更多公共资源的支持,最终达到一种新的发展状态。当然,非营利性民办园新的发展环境区别于依靠纯市场机制运作的民办园发展环境,但是二者有相通、相似之处,依然需要遵循等价交换的基本市场原则,这是政府与社会力量合作扩大非营利性民办园资源、推动我国民办园发展模式转型、构建相关外部保障制度的基本依据。

二、非营利性民办园发展的主要诉求

目前关于民办园分类管理的政策,从顶层制度设计上已经基本考虑到了非营利性民办园发展的各个方面,包括办学经费、财务管理、教育教学等,但从相关政策实际执行的情况看,应由地方政府负责制定的相关配套政策细则依然滞后于非营利性民办园实际发展的需要,尤其在具体的部门职责分工、政策执行督导等方面,政策执行依据缺失、缺位的情况还比较普遍。为此,从政府管理的角度讲,下一步相关政策的制定和完善,必须重点考虑如何满足当前非营利性民办园生存发展的诸多合理诉求,这也是非营利性民办园整体实现普及普惠、创新发展的关键。总体来看,目前非营利性民办园的主要发展诉求集中在办学自主权、办学利益保障、教师队伍建设三大方面。

(一)与办学自主权相关的发展诉求

所谓办学自主权,可以理解为学校对人、事、财等主要教育要素拥有自主协调和管理的权利。按照 2021 年最新修订的《中华人民共和国教育法》中的规定，我国学校具有自主管理、实施教育教学、自主招生、教师人事、经费使用等 9 方面的权利，而在更早的 2015 年由教育部发布的《教育部关于深入推进教育管办评分离 促进政府职能转变的若干意见》中还专门明确了各级各类学校在资源配置、人事管理、育人方式等方面的自主权。之所以强调要保障学校的办学自主权，根本原因在于相关权利背后隐含的是核心教育资源要素的配置，只有保障学校在相关资源要素配置方面的自主权，才有可能最大限度激发民办学校的办学活力。结合前面分析，从当前非营利性民办园发展的现实情况看，其亟待落实的办学自主权主要体现在招生收费、教育教学、自主经营三方面。

1. 自主招生与收费的诉求

结合已有研究和实地调查的情况看，目前，非营利性民办园中的普惠性民办园在招生收费方面的诉求最为强烈，具体表现为要求政府能真正落实幼儿园可以合理收费、自主招生的相关政策规定，切实保障幼儿园合法利益。

目前我国各地非营利性民办园收费办法由省级政府出台，具体收费标准需按照办学成本、市场需求等因素确定，其中非营利性民办普惠园的收费标准参考当地公办园收费标准来制定，执行政府指导价（即限价）。调查发现，不少地区的普惠性民办园举办者反映，由于各类办学成本在不断增加，幼儿园要保持原有办学质量，越来越依赖政府给予及时、充足的财政补贴，否则会面临无法收支平衡的困境，届时只能作出两种选择：要么降低办学质量，要么设法变相提高收费标准。但无论做出何种选择，都面临着相应的政策矛盾和冲突：降低办学质量会造成生源流失、收入减少、办学无法持续的后果，变相提高收费又不符合现有政策规定。此外，受地方财力不足、民办园财政投入体制不健全、政府学前教育治理理念不成熟等多种因素影响，政府财政补贴难以有效分担普惠性民办园办学成本的问题仍比较普遍，而同时为了实现学前教育普惠普及的发展目标，地方政府制定的普惠性民办园收费标准又偏低。在这种情况下，要真正落实非营利性民办园可以根据办学成本和市场需求确定收费标准和自主招生等相关政策要求，具体应满足普惠性民办园两方面诉求：一是允许普惠性民办园根据实际办学成本等因素在一定的弹性区间内提高收费标准，以增加办学收入；二是允许幼儿园在园所内提供收费非普惠的、更高质量的个性化教育供幼儿家长选择，以平衡提供普惠性学位的办学成本。调查发现，尽管目前这两种诉求与各地相关政策都存在一定冲突，但实际上不少地方政府对第二种诉求普遍持默许的态度。但从未来普惠性民办园健康有序发展的角度讲，相关政策制定仍需要考虑收费办法和补偿标准，同时为非营利性民办园根据市场需求提供多元化、不同收费标准的教育服务确立合法的政策依据。

2. 教育教学的诉求

目前非营利性民办园开展的教育教学活动十分多元，幼儿园自主设计、实施园本课程的情况十分普遍，但教学质量参差不齐的问题也客观存在。按社会主义市场经济发展的基本要求，非营利性民办园应基于自由交易、等价交换的基本原则向幼儿家长提供教育服务。因此，非营利性民办园应根据幼儿家长的实际需求，在选择提供何种教育教学模式方面拥有相应的自主权，这是其实现自身可持续发展的基本诉求。但现实情况是，很多非营利性民办园在教育教学组织与实施方面尚无法完全自主。

目前国家相关政策并未直接干预非营利性民办园的教育教学，但却通过影响非营利性民办园的各类办学资源，间接影响民办园对教育教学模式的选择。具体而言，非营利性民办园根据家长需求自主选择提供有质量的教育服务，需要有稳定且充分的教育经费，但目前相关政策对非营利性民办园的教育经费有着直接影响。其中表现最为明显的是有关小区配套园建设以及普惠性幼儿园发展政策对非营利性民办普惠园的影响。如前所述，普惠性民办园受收费标准受限、政府财政补贴标准偏低或不及时等情况的影响，主要办学经费来自家长缴费的同时，能够用于提升教育教学水平、满足幼儿家长更高层次教育需求的经费也十分有限。调研发现，一些非营利性民办园举办者明确表示，高收入家庭普遍对幼儿园办学水平有更高要求，在高收入家庭为主的高档住宅小区强推普惠性幼儿园，如果政府补贴不到位，幼儿园很难维持高水平办学来满足家长需求；民办教育分类管理政策出台之后，小区配套园被赋予了"非营利性"的属性，民办园举办者更不愿意轻易在提升教育教学水平上增加办学投入。对此，一些举办者认为，地方政府在规定小区配套园的办学性质时，除了要考虑幼儿园的实际办学成本，更应就小区幼儿家长的教育需求进行充分调研，在确定幼儿园的收费标准和补贴标准时，为非营利性民办园进行教育教学的创新与改革留下足够空间。

3. 自主经营的诉求

非营利性民办园在自主经营方面的发展诉求主要体现为举办者可以根据自身办学资产、办学理念以及幼儿家长需要，自主决定对办学资源进行分配和处置，以实现相应的办学目标。具体而言，一是可以自主选择办学定位，是提供普惠性还是非普惠性学前教育服务；二是可以自主选择日常经营管理模式，如联合办学、集团化办学等；三是可以自主决定如何对自身资产进行分配。而目前非营利性民办园相关诉求的实现都需要具备一定条件。具体而言：

第一，按照各地普惠性幼儿园认定和管理的相关政策，非营利性民办园选择举办成普惠性民办园，采取的是自愿申报的方式，但实际上有关"小区配套园"建设政策却根据幼儿园土地、房舍等产权属性，要求占用小区配套园的幼儿园必须举办成公办园或普惠园。而很多非营利性民办园在建园之初主要关注如何通过租赁等方式获得土地、园舍的使用权，加之长期以来很多小区配套园产权归属模糊，在目前仍有相当数量的小区配套园未彻底完成移交的情况下，一些地区已经按照移交完成后的情况进行管理。对于已经占用小区配套园办学多年的非营利性民办园而言，考虑到前期追加的办学投入或重新选择办学场地需要额外支付的办学成本，选择举办成普惠性民办园就成为一种必然选择。

第二，鉴于目前大多数非营利性民办园产权结构中有相当一部分属于国有资产或集体资产（如小区配套园），加之现有政策对非营利性民办园的内部治理结构有着专门要求，如相关政策中明确规定社会资本不得通过任何形式控制国有资产或集体资产举办的幼儿园，这对于预防纯粹商业化经营对非营利性民办园公益性的损害方面虽具有一定的积极意义，但对于很多已经采用相关经营模式多年的非营利性民办园而言，未来该选择何种新的经营管理模式迫切需要得到更多的外部支持。

第三，按照相关政策法规要求，非营利性民办园虽然对自身投资的园所资产拥有法人财产权，但在具体处置和分配过程中，仍需要遵守相关法律规定，如进行关联方交易要接受审查和公示，不得对办学结余进行分配等。但另一方面，对于多数投资办学的非营利性民办园而言，对合法收益的诉求又客观存在，而通过关联方交易、分配办学结余等又是很多非营利性民办园在分类教育管理政策正式出台之前比较常采用的资产处置方式。在民办教育分类管理背景下，为非营利性民办园提供更为明确的合理处置资产进而获得合法收益的指引，自然成为非营利性民办园的一个重要诉求。

（二）与办学利益保障相关的发展诉求

非营利性民办园更为复杂的产权结构和特殊的办学模式，使其既有与其他类型民办学校相同的办学利益诉求，也有着自身独特的利益诉求。总的来讲，多数非营利性民办园不仅客观上希望通过办学获取合理回报，也希望国家能够对其土地等资产的所有权和使用权给予法律保护，维护其合法办园的根基。

1. 合理回报的诉求

总体来看，目前我国大多数非营利性民办园仍然希望能通过办学获得一定的合理回报，这是由国内民办园基本的办学形式决定的。有研究者调查发现，当前国内大多数民办园属于筹资办学，其中多数民办园既想享受国家对于非营利性民办园的各种优惠和扶持政策，同时还想获得一定的合理回报。[1] 理论上讲，非营

---

① 王海英：《分类改革背景下促进民办幼儿园良性发展的政策建议》，载于《人民教育》2017 年第 24 期。

利性民办园追求一定的合理回报，并不一定与其公益性相冲突，但可以肯定的是，如果民办园举办者追求合理回报的诉求难以得到满足，就会极大损害举办者的办学积极性，最终导致非营利性民办园的公益性受损。因此，依法满足非营利性民办园对合理回报的诉求，对于非营利性民办园的健康发展至关重要。

目前非营利性民办园对合理回报的诉求，从获取方式以及分配方向上看，都发生了很大变化。在民办教育分类管理政策正式出台之前，相关政策对"合理回报"的解释并不明确，非营利性民办园一般通过直接从学费收入或对办学结余进行分配来获得合理回报，合理回报中的一部分用于举办者自身收益，一部分用于出资者股东分红；但在民办教育分类管理新政出台之后，非营利性民办园不再允许以上述方式获得合理回报，与此同时举办者和出资者的相关利益诉求，被局限为举办者或出资者通过亲自参与幼儿园管理获得合法劳动报酬，以及因存在租赁、借贷等关系而发生的合法关联方交易带来的如租金、利息等收入。这样的变化使得非营利性民办园举办者能够获得的"合理回报"骤然变少，进而导致幼儿园正常的经营管理活动受到影响。如调查发现，一些筹资办学的非营利性民办园举办者，在办学之初即以股东分红的方式与出资者签订相关协议，但随着分类管理政策的落地，举办者面临如何向股东和出资者兑现相关利益的问题，由此可能导致出资者不愿意追加投入甚至撤资等问题的出现。

2. 产权利益的诉求

产权利益是包括非营利性民办园在内的所有类型民办园需要切实保障的重要权益。我国现有政策对民办学校法人财产的占有和使用权、收益权、处分权等都有明确规定，尤其是对非营利性民办学校的产权有更为具体的区分和要求。但是，相比于其他类型的非营利性民办学校，我国非营利性民办园的产权结构往往更为复杂，因此非营利性民办园在产权利益方面也有其特别的诉求。

目前非营利性民办园对其产权利益的主要诉求是，对园舍、土地等资产的使用权和收益权能得到稳定、持续的保护。相比于其他类型的非营利性民办学校，我国多数非营利性民办园主要通过租赁的方式获得土地、园舍等核心办学资源的法人财产权，而土地、园舍的实际所有权归属于个人、开发商，或集体、国有企业以及政府等。除此之外，园舍土地性质也比较复杂，涉及了诸如教育用地、商业用地、工业用地、住宅用地等。在这种情况下，近些年，随着国家对民办园教育治理的深入，基于土地、园舍产权问题而对非营利性民办园提出的新要求，使得非营利性民办园的法人财产权受到一定影响。具体表现在两方面：

一方面是非营利性民办园面临无法基于园舍、土地的占有和使用权而获得稳定收益的问题。根据小区配套园治理的相关政策，占用小区配套园的非营利性民办园被要求举办成普惠性民办园，而一些地方政府在执行相关政策时，为实现区域学前教育普及普惠的目标,将"小区配套园"的范畴扩大为利用小区附近闲置土地、房舍改建的幼儿园,而不仅仅局限为规划中的小区配套园。对此,非营利性民办园无论是否选择办成普惠性民办园,其附属在土地、园舍使用权上的收益权都会受到影响:选择举办成普惠性民办园,有关土地、园舍等的租赁费用是否能得到补偿,以及补偿能否有效抵消因学费收入减少而带来的办学经费短缺问题。调查发现,现实中有相当一部分非营利性民办园在选择举办成普惠性民办园后,仍需要承担巨额的房舍租赁费用;选择举办成非普惠性民办园,则面临着要放弃土地、园舍使用权的情况。

另一方面是土地属性带来的非营利性民办园办学合法性问题。按照我国土地使用相关政策法规,包括幼儿园在内的民办学校办学用地的土地性质一般应为教育用地,但现实是相当大一部分非营利性民办园占用的土地并非教育用地,主要享有土地及其附设房舍的使用权。非营利性民办园在筹建之初,教育、消防、城建等部门主要关注房舍本身的安全性、教育性,符合相应的办学条件及要求,即颁发办学许可证。但随着城镇建设的推进以及学前教育普及普惠政策的落实,因土地性质不符合教育用地的要求,不少非营利性民办园面临办学合法性的问题。如调查发现,一些占用城乡接合部集体土地、工业用地、物流仓储用地等筹建的非营利性民办园,或是因城镇化建设面临租赁合约不满即被要求腾退园舍,或是被竞争对手举报办学用地不合规、非法办学,导致正常教学秩序受到严重干扰。对此,民办园办学用地合法性问题亟须在政策法规上进一步给予明确。

(三) 在教师队伍建设方面的发展诉求

从目前已有研究和实践探索看,提升幼儿园教师队伍质量的常规方式,主要是从影响幼儿园教师职业吸引力的关键要素入手,针对性地采取相应的策略,比如把好幼儿园教师准入门槛、提高幼儿教师工资待遇、科学评价幼儿园教师工作业绩、营造充分的专业发展空间等。[①] 但从幼儿园教师管理的角度讲,上述策略的有效执行,本质上需要建立在教师权利和义务相匹配的基础上。教师在自身职业生涯中如果始终能就个人权利和义务与幼儿园达成清晰的共识,即形成一种明确的"心理契约",按照目前有关教师专业发展自主性的相关研究来看,其相比于与组织达成的"经济契约",更能对教师专业发展产生积极的影响。[②] 基于此,对非营利民办园教师队伍建设情况的调查发现,目前相关诉求实际上可以概括为教师岗位晋升与专业定向相匹配的诉求、专业发展与工资待遇相匹配的诉求、专

---

① 滑红霞:《增强幼儿教师职业吸引力的策略》,载于《教育理论与实践》2014 年第 29 期。
② 胡平、刘俊:《心理契约发展与教师职业生涯管理》,载于《清华大学教育研究》2007 年第 4 期。

业角色与社会地位相匹配的诉求。

1. 职位晋升与发展定位匹配的诉求

幼儿园教师专业素养的提升需要建立在强烈的自主发展意识以及清晰的专业发展规划基础之上，其中教师对自我有清醒的认知并且有明确的专业发展定向是关键。[①] 在职位晋升诉求方面，非营利性民办园教师与其他类型幼儿园的教师虽无本质区别，但相比于营利性幼儿园，非营利性民办园更强的公益性客观上要求教师只有获得更好的职位晋升空间，更好地找准自身发展定位，形成清晰的职业发展规划，并以此获得专业发展的自主意识和专业认同感，才有可能抵消工资待遇等物质回报欠缺所带来的消极影响。同时鉴于教师强烈的自主发展愿望或动机是其实现专业发展的重要品质[②]，而教师的自主发展动机又受教师自我效能感的影响[③]，教师自我效能感又与自我经验、人际关系、学校管理、自我及他人的评价等因素紧密相关[④]，为非营利性民办园教师创建更好的职业晋升空间以及更适宜的专业发展激励机制，就显得更为迫切。但现实情况是，很多非营利性民办园教师不仅职位晋升空间有限，且园所内缺乏能将教师职业晋升与教师专业发展相挂钩的制度设计，根本无法支持教师获得足够的自主发展意识。调查发现，不少非营利性民办园教师在职位晋升方面，主要依赖幼儿园内部管理的推动，如幼儿园运用自己的教师职称评估体系，考察教师的专业能力，并以此为教师构建园所内部的职位晋升渠道。但受限于幼儿园的办学规模以及民办园之间彼此独立的办学模式，园所内部的职称认定很难得到其他民办园的认可。教师职位晋升空间相对封闭，加之教师在自我认知方面得不到有力支持，自我发展定位不准确，非营利性民办园教师在职位晋升方面的需求更难得到满足。因此，满足非营利性民办园教师在职位晋升方面的诉求，关键是为教师精准定位自身发展方向与构建规范的职位晋升渠道搭建桥梁，打通教师在行业内规范流动的障碍，为教师提供广阔的职业发展空间，以此激发教师自主发展的潜能。

2. 专业能力与工资待遇匹配的诉求

教师工资待遇不仅关系着教师的生存发展，而且在更深层面上还是影响教师专业认同以及专业发展自主意识的重要因素。基于此，在当前非营利性民办园幼儿教师队伍质量亟需提升的背景下，保障并满足教师对工资待遇的主要诉求，是强化教师专业认同和提升教师专业能力的重要选择。但有关教师激励和教师质量

---

① 索成林：《提高幼儿教师专业素养的基本策略教育理论与实践》，2016 年第 8 期。

② 季晓华：《教师专业自主发展的内困境及其策略》，载于《中国成人教育》2017 年第 3 期。

③ 庞丽娟、洪秀敏：《教师自我效能感：教师自主发展的重要内在动力机制》，载于《教师教育研究》2005 年第 4 期。

④ 赵传兵、李仲冬：《自我效能感与教师专业发展》，载于《教育探索》2006 年第 2 期。

的研究表明，教师工资待遇要充分实现对教师专业能力提升的激励作用，必须建立在合理的薪酬绩效考评基础之上。[①] 因此，考虑到在现有政策框架下，虽然非营利性民办园办学经费普遍有限，对提升教师工资待遇产生了消极影响，但通过构建合理的薪酬绩效考评机制，可以满足教师在工资待遇方面的基本诉求，同时，能够更好地助力教师的专业成长。不过调查发现，目前非营利性民办园在构建科学、合理的薪酬绩效考评机制方面依然存在不少问题，主要表现为薪酬绩效考评标准五花八门、标准各异，不能充分反映教师的专业能力和工作业绩。如有的非营利性民办园以教师完成的课时量为主要考核标准，同时考虑教师的教龄长短；有的非营利性民办园以教师的学历水平结合教师日常工作表现，如工作态度、出勤情况等确定教师的薪酬；甚至有的非营利性民办园主要基于管理者的工作经验以及其与教师的亲疏远近，采取"一人一议"的薪酬考评方式。总体来看，非营利性民办园在教师薪酬绩效考评方面存在的问题，客观上削弱了工资待遇对教师专业发展的激励作用。未来如果能借助外部专业指导和规范管理，促进非营利性民办园教师专业能力与工资待遇的匹配，必然会极大地促进非营利性民办园教师队伍质量的提升。

3. 专业角色与社会地位匹配的诉求

按照教师专业能力发展的一般规律，提升非营利性民办园教师队伍质量的基本出发点，是将幼儿园教师职业视为一种专业性很强的专门工作，以此按照专业人员成长的一般规律，给予各种内外部支持。从幼儿园教师专业发展的主动意识和自觉意识的生成机制来看，相关内外部支持要素不仅包括专门的培养培训过程，还包括教师真实的社会地位的提升。换句话说，政府对幼儿园教师专业角色的认定，需要与教师对自身社会地位的实际感知相匹配。在这方面，目前非营利性民办园有着明显的诉求。一般认为，幼儿园教师的社会地位包含职业声望、经济收入、社会权利。[②] 但调查发现，目前非营利性民办园教师对自身社会地位与专业角色的感知情况，同早期有关幼儿园教师社会地位的研究结果相似，即认为自身的专业角色和实际所拥有的社会地位并不匹配。[③] 此外，调查也发现，虽然在国家政策文件里以及学界行业内部普遍将幼儿园教师视为专业人员，但非营利性民办园教师并没有因为园所承担着更多的公益性责任，实际拥有更好的经济收入和社会地位；与在编的公办园教师相比，非营利性民办园教师在幼儿家长等社会群体的公共话语中，其所拥有的社会形象，与学界对幼儿园教师整体形象调查

---

① 李沿知：《美、英、澳三国基础教育教师绩效工资制度实施对办学质量的影响分析及启示》，载于《教师教育研究》2010 年第 4 期。

② 张晓辉：《幼儿教师的社会地位》，载于《学前教育研究》2010 年第 3 期。

③ 龙正渝：《幼儿园教师的主观社会地位及其改善》，载于《学前教育研究》2014 年第 2 期。

的结果没有本质区别，其在职业待遇、专业情况、社会地位等方面同样受到一定的负面评价。[1] 鉴于非营利性民办园的公益性接近于公办园，从权利和义务匹配的角度讲，非营利性民办园教师在工资待遇、社会权利等方面理应接近或向公办园教师看齐，以充分体现其专业贡献。从这点讲，非营利性民办园教师未来的专业发展，需要考虑从专业角色与社会地位匹配的角度出发，为广大教师提供更为系统的外部政策支持。

三、非营利性民办园发展面临的挑战

从政策制定与实施的一般过程看，目前非营利性民办园面临的发展挑战，属于政策完善过程中的正常情况，但相关挑战背后隐含的复杂利益关系必须得到足够的重视，否则会给非营利性民办园有效应对相关挑战造成干扰。总的来看，非营利性民办园发展正面临五方面的主要挑战，即：政策执行挑战、财务管理挑战、保教质量挑战、市场竞争挑战以及经营管理挑战。

（一）政策执行挑战

从教育政策的本质和逻辑起点看，教育政策执行过程中面临的主要挑战，主要是来自如何实现教育政策目标与教育政策执行方式的统一。进一步讲，教育政策执行时，如何兼顾各利益相关者之间的利益冲突，使得相应的教育政策执行方式与相关利益者的决策和行动方式尽可能一致。对于非营利性民办园而言，目前所面临的主要政策挑战表现为如何在政府成本分担政策执行不到位的情况下，尽可能实现自身办学目标。

推动非营利性民办园成为我国学前教育普及普惠和优质发展的中坚力量，是我国鼓励和支持非营利性民办园发展的主要目标。当前促进非营利性民办园发展的主要策略，是通过政府购买服务、综合奖补、减免租金等方式直接或间接地分担办学成本。在民办教育分类管理新政出台之后，在国家原有普惠性民办园发展扶持政策的基础上，土地划拨、政府补贴、捐资激励、税费减免等专门针对非营利性民办园的优惠政策，在理论上能够更多地分担非营利性民办普惠园的办学成本，同时也使非营利性民办非普惠园得到了一定的鼓励，由此来实现对非营利性民办园办学积极性的激发并有效促进普惠性学前教育资源的扩大。但现实情况是，目前各地建立的成本分担政策普遍存在执行力度不够、不到位，没有具体区

---

① 张丽敏、叶平枝、李观丽：《公共话语中的幼儿园教师形象——基于网络媒体新闻的内容分析与话语分析》，载于《学前教育研究》2020年第3期。

分非营利性民办非普惠园和非营利性民办普惠园的不同需求，因此相关政策实际执行时能真正发挥的激励作用比较有限。

具体表现为，在直接的成本分担政策方面，各地近些年都不同程度地出现了后续补偿优惠政策模糊、补贴不到位不及时，但却要求非营利性民办园尽快做出是否举办成普惠性民办园的选择，一旦选择举办成非营利性民办普惠园，就需要按照新的收费标准和资产配置方式进行"垫资办学"；而在间接的成本分担政策方面，最突出的是小区配套园在很多地区仍未彻底完成移交，依托小区配套园办学的非营利性民办普惠园仍需支付高额的校舍租赁费。由于我国多数非营利性民办园属于筹资办学，新政出台之后，允许取得"合理回报"作为非营利性民办园发展的重要激励手段随之被取消，替代性的激励手段就只有成本分担政策，在成本分担政策执行不到位的情况下，如何维持相应的办学质量并持续发展，自然成为非营利性民办园需要克服的重要政策挑战。

（二）财务管理挑战

财务管理挑战主要指在分类管理背景下，非营利性民办园在学费收入、经费筹措和使用等方面被提出了更严格的要求，而面对新的财务管理要求，非营利性民办园如何能在维护自己原有办学利益的同时，构建起更加规范和稳定的财务管理制度显得尤为重要。从目前非营利性民办园实际财务运行与管理的整体情况看，其所面临的具体挑战涉及以下三个主要方面：

首先，非营利性民办园的学费收入普遍受到一定限制，尤其是非营利性民办普惠园的学费标准一般执行政府指导价，在总的办学收入受限的情况下，如果各地与之配套的财政补贴标准偏低或补贴不及时，非营利性民办园不仅客观上无法维持正常的办学支出，甚至无法维护其合法的办学利益。调查发现，不少收费限价且接受财政补贴有限的非营利性民办普惠园，存在为了维持生存发展以及原有办学利益，在正常的常规教学活动外，另设其他的教育项目，通过为幼儿提供诸如陶艺、游泳、体适能等其他类型的服务，以此收取额外费用的情况。这与相关政策规定存在一定的矛盾冲突。各地制定的普惠性民办园管理政策普遍禁止利用特长班、兴趣班等方式额外收费，但与此同时，根据《民办教育促进法实施条例》中的相关规定，非营利性民办园可以基于公开、公平、公允的原则，通过利益关联方向幼儿提供额外收费的教育服务。因此，未来非营利性民办园如何合法增加办学收入，是其所面临的一个重要挑战。

其次，在经费筹措上主要是在日常经营或扩大办学规模时，如何找到合适、合法的筹资渠道。非营利性民办园在办学期间会面临各种办学风险，这对民办园的资金实力和融资能力来说是个巨大考验。按照相关政策规定，非营利性民办园按照商业活动筹资的渠道基本上都被禁止。如 2018 年《中共中央　国务院关于学前教育深化改革规范发展的若干意见》中规定："社会资本不得通过兼并收购、受托经营、加盟连锁、利用可变利益实体、协议控制等方式控制国有资产或集体资产举办的幼儿园、非营利性幼儿园。……办园一律不准单独或作为一部分资产打包上市。"对于已经按照商业经营模式办学多年的非营利性民办园而言，退出相应的经营模式就意味着要放弃原有筹资方式，重新确立一种合法的筹资或投资办学模式，如果缺乏相关政策指引，探索新的筹资办学模式必然是一个不小的挑战。

最后，在经费使用上面临的挑战，主要是如何合理合规地使用与分配办学经费。目前我国非营利性民办园的办学资金来源渠道十分多元，背后则包含着出资者对获得一定办学收益的需求。目前民办园分类管理相关政策明确指出，非营利性民办园的办学结余不得用于分配，也就是不允许出资人从办学收入中直接获取经济利益。尽管相关政策法规对非营利性民办园办学经费的使用有着严格的监管要求，但现实中非营利性民办园对办学结余进行分配的情况仍客观存在。如调查发现，一些集团办园下属幼儿园虽属于非营利性的民办普惠园，但幼儿园依然需要每年向集团上交一部分办学结余。这种明显违规的行为客观上需要得到及时有效的监管，但从合法办学、规避风险的角度讲，非营利性民办园如何在法律允许的框架内，找到一种新的经费创收与分配模式，不仅是从根本上解决非营利性民办园违规分配办学经费的客观要求，也是非营利性民办园合法维护自身利益、获得更多资本支持所要应对的基本挑战。

（三）保教质量挑战

保教质量挑战主要表现为，非营利性民办园要应对办学经费不足、不稳定可能导致的保教质量下滑，避免进入生源减少、经费紧张加剧的恶性循环。具体而言，非营利性民办园面临的保教质量挑战主要涉及如何提升幼儿园教师队伍质量和应对幼儿园教育教学质量下滑的风险。

一方面，保教质量提升的关键是提升幼儿园教师队伍质量。在当前非营利性民办园学费收入有限、筹资渠道受限的情况下，通过改善幼儿园教师工资待遇来实现教师队伍质量的提升，以此保证幼儿园办学质量的要求显得更为迫切。幼儿园教师作为园本课程建设与实施的主要执行者，其课程意识决定着能否在实际课程设计与教学活动中充分支持幼儿通过实际操作、直接感知、亲身体验等方式进行学习，并注重"五大领域"各领域内容的相互渗透和幼儿学习经验获得的系统性及完整性。从调研的情况看，目前非营利性民办园日常的教育教学内容虽然是"五大领域"均有涉及，但却存在两种教育倾向：一种是将"五大领域"教学内容分科化的倾向，在教学内容选择与安排上强调简单的平均分配，通常以教学周为单元，按照学科教学的思路，各领域每周安排相同固定时长的教学内容。这种安排忽略了各领域相互渗透和融合在推动儿童全面发展方面的作用，导致在固定时长内很难完成相应的教学内容，割裂了幼儿学习内容和过程的完整性、连续性，无法充分实现各领域的教育目标。第二种倾向体现为过多关注教育教学特色而忽略某些领域的教学内容安排，无法实现全面发展的教育目标。如有的非营利性民办园以蒙台梭利教育为特色，为突出蒙氏教育特色，引入相关理念和全套教学材料后，主要关注幼儿学习任务的完成，但对幼儿合作、人际交往等社会性的发展缺乏足够关注。这两种教学倾向本质上都源于非营利性民办园教师缺乏包括课程意识在内的应有专业素养。而要提升教师相关专业素养，主要是通过提高教师工资福利待遇来吸引高素质教师和加大对教师在职培训方面的投入两种方式。这就要求非营利性民办园必须围绕"开源节流"做文章，其中面临的挑战则是多方面的，需要在包括经费筹措、薪酬制度、内部治理、对外合作等一系列方面进行探索。

另一方面，目前非营利性民办园办学经费主要依赖学费收入，而业内普遍认可的、优质的教育教学模式，通常都需在教学材料准备和教师队伍建设方面保证较高水平的办学投入。不过由于非营利性民办园提升办学收入的空间相对有限，如何在教学材料和教师队伍建设等方面保证充足投入、实现高质量办学的同时，还能满足家长需求、实现稳定的办学收入，是非营利性民办园必须面对的挑战。调查发现，业内目前比较认可的一些主流教育模式或理念如方案教学、森林教育等，虽然需要较高的办学投入，但其包含的教育理念和教育价值并不被很多普通家长所认可。有相当一部分家长对幼儿入学准备存在误解，对提前进行小学知识教育有着比较普遍的需求。面对家长对"小学化"教育的需求，不少非营利性民办园选择迎合家长需要有其埋性的考量：由于"小学化"教育无需对相应的教学与学习材料进行频繁更新，同时教学过程和方式相对简单，以教师讲授和机械训练为主，对教师专业性要求不高，符合非营利性民办园在办学经费有限、无法在教师队伍质量提升和教学材料投放等方面增加投入时的理性选择。实地调研还发现，一些非营利民办园尤其是一些普惠性民办园，虽然能根据国家相关政策要求，在教育教学目标定位、教学内容选择上注意淡化"小学化"教育元素，但在具体教学过程中却普遍存在教学方法和形式相对单一，轻视幼儿亲身体验和建构性学习的情况，如在语言教育、数学教育等包含较多抽象知识经验的学习领域，主要采用行为主义教育方式，依靠识字卡片、图文结合演示等有限方式，集中对幼儿进行专门的文字书写、数字运算等训练。这种对教学目标和教学内容中的"小学化"教育元素做"减法"，但却忽视教学方法与形式"小学化"问题的教育倾向，一定程度上反映了非营利性民办园举办者从根本上解决幼儿园教育"小学化"问题的意愿并不强烈，长此以往可能造成幼儿园办学质量下滑的风险。因此，非营利性民办园如何突破对"小学化"教育的依赖，真正关注优质教育教学模式的探索与创新，发挥引导家长形成科学育儿观的作用，是其实现可持续发展的重要挑战。

（四）市场竞争挑战

非营利性民办园可能面临的市场挑战主要表现为，在现有非营利性民办园管理政策框架下，按照市场机制运行的基本规律和等价交换的基本原则，如何避免办学市场化倾向侵蚀非营利性民办园的公益性和削弱其市场竞争力。

非营利性民办园尤其是其中的非营利性民办普惠园的主要办学目的，是为民众提供更具公益性的教育服务，因此非营利性民办园不能完全按照市场规律采取"价高者得"的办学方式。这就必然需要从政府管理的角度，对驱动民办园发展的市场机制进行有效管控，以免损害学前教育的公益性。[①] 如前所述，在学费收入依然是非营利性民办园主要办学经费来源的情况下，非营利性民办园客观上存在为迎合家长不合理的教育需要而提供教育服务的"市场化"办学倾向。在普通幼儿家长缺乏科学育儿观和理性教育需求的情况下，非营利性民办园至少面临两方面的挑战：一是在如何获得稳定的办学收入的同时，又能凸显办学的公益性。这对于不用执行限价政策的非营利性民办非普惠园而言，可以通过向愿意支付更多保教费入园的幼儿提供个性化、高质量的教育服务来部分实现其公益性，但对于需要执行限价政策的非营利性民办普惠园而言，在外部支持不确定的情况下，要获得稳定且充足的办学收入，首先需要考虑如何以最低的办学成本投入提供民众最普遍需要的教育服务，虽然开展"一园两课"或"小学化"教育能获得足够多的家长支持，但明显违背学前教育公平和有质量发展的初衷；二是如何引导和满足幼儿家长的合理教育需求，避免因盲目迎合家长需求而导致办学质量下降，引发不合理的价格竞争。如调查发现，非营利性民办园教育"小学化"问题的凸显，不仅直接损害了幼儿的发展权益，而且也引发了幼儿园之间不合理的价格竞争。一些非营利性民办园举办者担忧，如果只考虑控制办学成本而选择简单迎合幼儿家长的不合理教育需求，虽然短期内会获得家长支持，但长远看却有可能造成非营利性民办园出现同质化发展以及"劣币驱逐良币"的情况出现。

---

① 刘磊：《新〈民促法〉背景下政府对民办园的有效治理——基于对学前教育市场功用与限度的分析》，载于《教育科学》2018 年第 6 期。

（五）经营管理挑战

非营利性民办园在经营管理方面面临的挑战，主要体现为如何准确把握行业发展方向以及跟上时代发展需要、不断完善幼儿园内部治理体制，以此提升办学效益。

具体而言，一方面是非营利性民办园如何根据自身发展基础和条件，充分把握国家相关政策方向，确定自身合理的办学方向和发展重点。调查发现，目前一部分非营利性民办园在最初做出营利或非营利性的选择时，对国家有关产权结构、税费政策、经费使用等方面的要求存在一定误解，只重视非营利性民办园能够享受的政策红利，而轻视背后隐含的发展空间和办学义务，持"两头吃"的侥幸心理选择举办非营利性民办园。但随着民办园分类管理政策的推进，非营利性民办园开始在保证自身合理收益、提升管理效能、强化办学竞争力等方面面临一系列挑战，而依赖原有办学模式想要获得稳定办学收益、实现幼儿园持续发展的路径逐渐行不通，如何根据社会发展需要确定新的发展定位和办学模式，亟待进行相应的突破和创新。另一方面是非营利性民办园如何根据民办园分类管理的相关要求，完善并规范幼儿园内部治理体系，规避办学风险，形成稳定的办学模式，也是亟待应对的重要挑战。从调查的情况看，目前不少非营利性民办园面对国家对民办园分类发展的相关要求，在内部管理体制上还未做好充分准备，依然沿用原有管理模式。这对规范使用办学经费、稳步提升办学水平都产生了不良影响。如调查发现，一些采用集团化办园模式发展起来的非营利性民办园（其中包括一部分普惠性民办园），采用协议控制、固定上缴办学收益、以利益关联方交易转移办学结余等的情况都有不同程度体现。随着国家对非营利性机构的监管日趋严格，这样经营管理模式显然存在一定办学风险。在目前行业联盟发展不成熟、外部管理支持有限、非营利性民办园自身队伍建设专业性不强的情况下，要实现自觉规避相关办学风险，认真研究和领会相关政策法规，进一步优化和完善幼儿园内部治理体制，对非营利性民办园而言都是很大的挑战。

第三节 非营利性民办园普及普惠发展的创新举措

面对非营利性民办园发展的新挑战和新诉求，亟待在民办园顶层制度设计、内外部治理机制、改革发展战略上进行突破和创新。根据我国民办教育分类发展的基本思路，未来我国非营利性民办园发展需加快转变原本不尽合理的利益分配格局与分配方式，重新定位自身办学目标，基于民办教育分类管理的基本原则和方向，在关系自身发展质量的诸多教育要素上进行持续探索。

一、开展园本课程教学改革实验，优化常规办学成本结构

虽然幼儿园教育质量与办学成本之间存在密切联系，但不一定高投入就意味着高质量的教育活动。调查发现，一些非营利性民办园在日常教育教学成本投入方面，因管理方式低效、教育理念陈旧、教师专业能力不足等多种因素影响，实际教育效果与教育成本并不匹配。在政府成本分担有限、短期内加大分担力度可能性不大的情况下，不少非营利性民办园开始尝试从优化园所日常办学成本的角度进行探索，在资源管理、课程教学体系等方面，进行相应的改革与实验，确保降低日常办学成本的同时，保证教育质量稳定乃至逐步提高，提高现有资源的使用效率。如一些非营利性民办园通过对园所日常办公与教学材料使用情况进行成本核算，建立办公耗材使用等管理制度，以规范教学材料使用，减少不必要消耗，做好资源回收利用，实现节约办学成本的目的；还有的非营利性民办园基于教师专业培训和能力提升，改革日常教育教学模式，更多地利用自然资源来丰富幼儿动手操作和亲身体验的机会，减少高结构的、昂贵的玩教具购置，以此在保证教育效果的同时，降低日常办学成本等。

二、探索保教质量科学评估机制，推动家长育儿理念更新

从教育治理角度讲，幼儿家长对非营利性民办园的保教质量信息了解越丰富、越准确、越便利，越有利于幼儿家长深度参与幼儿园办学质量监管，进而督促幼儿园规范办学，同时通过参与保教质量评估，幼儿家长的育儿理念也能得到启迪和更新。这对于幼儿家长形成对幼儿园教育的理性期待，进而激励幼儿园不断提升办学质量同样重要。因此，无论是对于非营利性民办园还是政府，分别从各自职责出发，推动保教质量科学评估机制的建立，是引导幼儿家长有效参与非营利性民办园监管，推动非营利性民办园有质量发展的关键。调查发现，尽管各地引导幼儿家长参与保教质量评估以及育儿理念更新的方式还比较有限，如相关信息公示主要涉及的是办学许可证颁发情况、幼儿园办学性质和办学级别、明厨明灶、卫生保健等常规办学信息，真正与幼儿园保教质量关联的信息披露很少。对此，鉴于行业竞争的需要，目前一些非营利性民办园依托幼儿园课程教学工作的开展，主动定期向幼儿家长提供依据专业的幼儿发展评估标准整理编订的儿童成长档案，以此向家长展示幼儿园保教质量与水平；同时结合家园联系册、幼儿

园开放日等常规活动，向幼儿家长展示幼儿园保教模式和理念，以此提升幼儿家长对幼儿园保教质量的认可度，扩大幼儿园影响力，获得稳定、良性的生源与办学收入。

三、重视满足教师多元发展需求，大力加强教师专业认同

目前有关非营利性民办园教师工资待遇保障的相关政策法规，主要是规定工资待遇的基本结构和类型，并没有明确的执行标准，同时鉴于非营利性民办园包括学费收入在内的办学收入总体有限，区域内非营利性民办园教师工资待遇提升空间并不大，总体水平偏低。近些年随着民办园竞争和幼儿园教师总体短缺的加剧，不少非营利性民办园开始探索除了提升教师工资待遇之外的教师队伍招聘与建设方案。其中一个主要思路是尽可能满足教师的多元发展需求，从教师的专业实践以及专业成长入手，全方位提升和强化教师对园所的专业认同感，以稳定教师队伍。如不少非营利性民办园会建立园所内部与工资待遇挂钩的职称晋升制度，定期对园所教师专业能力进行评定，并以此作为提升教师工资待遇、强化教师专业成就感的重要依据；有些非营利性民办园通过向教师职工子女提供收费低廉的园所学位等方式，满足教师兼顾工作与养育子女的需要；有些非营利性民办园则借助园所合作、联合办学等方式，为积极谋求专业发展的教师提供多种职业发展方向，如推荐专业能力强的教师在本园或合作园担任管理者，或承担园所对外教育培训服务的讲师，为教师在个人收入、专业声望等方面提供补偿等。

四、创新园所日常经营管理模式，依法依规获取合理回报

鉴于如加盟连锁等商业运营模式不能被用于非营利性民办园的经营管理，而按照中央在如何处理政府与市场的关系方面提出的"法无禁止即可为"的治理理念，非营利性民办园在现有政策框架下依然有通过办学获得合理回报的可能性。虽然，目前我国相关政策法律并未明确非营利性民办园如何合法地获得合理回报，但现实中一些非营利性民办园已经在突破传统的商业运营模式，通过拓展自身服务职能，利用现有教育资源，在法律框架下通过以下几种途径来谋求合理回报：一是为幼儿家长提供正常教学安排之外的额外看护服务并收取适当的费用，如假期托管、休息日托管、临时托管等；二是为关联性机构或其他园所提供诸如课程建设、管理制度、后勤保障等方面的指导和服务，如为其他幼儿园培训教师、提供餐饮、采购教学材料等；三是与其他行业机构联动或增设其他产业，利用自身专业实力强化其他行业机构的产品或服务的品质，如研发玩教具、开设家

长学校等；或是直接增设相关早教产业，从中获取相应收益，如入驻房地产项目来提升小区服务品质，以此获得合作资金支持，或是针对 0～3 岁幼儿另设早教机构等等。

五、构建非正式行业发展联盟，推动行业自律、信息共享

目前，我国非营利性民办园发展模式相对稳定，但在保教质量、经营管理、市场竞争等方面面临的挑战主要还是受长期以来相对封闭办学模式的影响，未能形成一个对自身发展起到约束作用的行业联盟以及相应的自律机制，使得不同的非营利性民办园各自为战、自说自话。鉴于非营利性民办园自觉完善内部治理机制、提升办学水平、优化资源配置依然需要遵循市场规律，所以仅仅依靠政府外部监管还远远不够，基于行业健康发展的内在要求，围绕办学质量提升，形成行业信息能够广泛流通、行业发展规则明晰的行业联盟就显得很有必要。从调查情况看，近些年一些地区就出现了由非营利性民办园自发形成的非正式准行业联盟或团体，他们积极与法律服务机构、高校科研机构、政府行政部门以及其他非政府组织等联动，就共同关心的发展问题，通过组织学术研讨、观摩学习、教育资源共享等方式，统一发展思路，推动行业自律。可以推断，随着行业联盟的建立与发展日趋成熟和规范，有助于在政府管理与非营利性民办园之间搭建起顺畅、良性的互动平台，既能为政府对非营利性民办园进行科学管理和科学决策提供更广泛的信息反馈，同时也能为非营利性民办园发展提供更清晰的专业发展愿景。

第六章

非营利性民办义务教育学校的
优质均衡发展创新

自从新《民办教育促进法》要求"不得设立实施义务教育的营利性民办学校"后，我国民办义务教育学校正式告别了"合理回报"时代，向分类管理制度下的非营利性民办义务教育学校过渡。随后，新《民办教育促进法实施条例》又对民办义务教育办学行为规范进行了严格界定，通过解决提前筛选学生、关联交易、协议控制等一系列重点和难点问题，引导义务教育民办学校回归促进教育均衡化和高质量发展的初心。当前，在国家大力规范民办义务教育发展的新环境下，非营利性民办义务教育学校如何适应国家政策要求和人民群众教育期待，实现更加优质均衡的发展，成为民办义务教育改革发展面临的重要任务。

第一节　非营利性民办义务教育学校发展的现状与特征

1997 年，我国民办小学和民办初中在校生规模，分别仅占普通小学在校生总数与普通初中在校生总数的 0.37% 和 0.88%，民办义务教育学校的办学力量还相当薄弱①。1997 年 7 月 31 日，《社会力量办学条例》提出"鼓励社会力量

---

① 中华人民共和国教育部：《教育统计数据》，http：//www.moe.gov.cn/jyb_sjzl/moe_560/2020/.

办学，维护举办者、学校及其他教育机构、教师及其他教育工作者、受教育者的合法权益，促进社会力量办学事业健康发展。"民办教育在国家政策的支持下开始发展起来，尤其是 2002 年《中华人民共和国民办教育促进法》出台之后，民办教育发展速度有了质的飞跃。随着民办教育的整体发展，我国民办中小学规模逐年扩大，2020 年我国民办普通小学 6 187 所，在校生数 966.03 万人，占普通小学在校生总数的 9.01%；民办初中 6 041 所，在校生 718.96 万人，占普通初中在校生总数的 14.63%[①]。民办义务教育充分发挥了体制机制较为灵活的优势，获得了较大的办学自主权，对于满足多样化、选择性教育需求做出了巨大的贡献，促进了教育改革创新，但是在发展过程中也存在一些问题，包括：一些地区民办义务教育占比过高，公立义务教育供给有所不足；民办义务教育提前招收和选拔学生的情况较普遍；"公参民"学校带来的教育公平问题等争议；以及通过协议控制非营利性民办学校在境外上市导致的过度资本化等问题。

一、民办义务教育的占比

（一）民办义务教育在我国部分地区占比较高

2012～2019 年，我国民办中小学在校生数和所占比例同步提高，在 2016 年新《民办教育促进法》出台明确提出义务教育阶段禁止营利以后，民办义务教育依旧保持了稳定的发展势头。2019 年，全国民办小学在校生数占比达到 8.95%（见图 6-1），民办初中在校生数占比达到 14.24%；在广东（22.12%）、河南（17.57%）、浙江（13.21%）、上海（12.78%）、河北（11.92%）、海南（11.4%）、山西（10.77%），民办小学在校生数占比超过 10%；在山西（25.81%）、安徽（24.26%）、广东（23.24%）、河南（21.09%）、河北（20.34%）、浙江（17.55%）、上海（16.32%）、湖南（15.49%）、江苏（15.26%），民办初中在校生比例超过 15%（见图 6-2）。

---

① 中华人民共和国教育部：《2020 年全国教育事业发展统计公报》，2021-08-27，http://www.moe.gov.cn/jyb_sjzl/sjzl_fztjgb/202108/t20210827_555004.html.

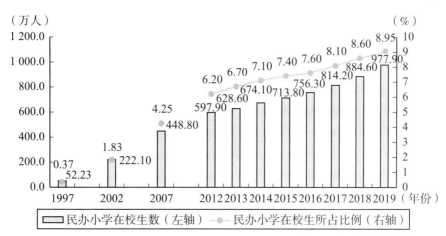

**图 6 - 1　1997 年、2002 年、2007 年、2012～2019 年
我国民办小学在校生及所占比例**

资料来源：教育部规划司 . 2019 全国教育事业发展简明统计分析 . 中华人民共和国教育部 . 教育统计数据 . http：//www. moe. gov. cn/jyb_sjzl/moe_560/2020/.

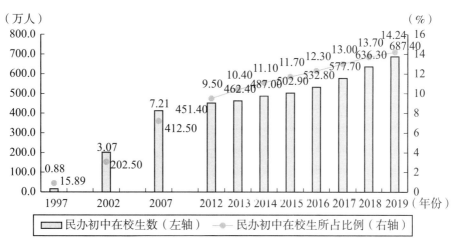

**图 6 - 2　1997 年、2002 年、2007 年、2012～2019 年
我国民办初中在校生及所占比例**

资料来源：教育部规划司 . 2019 全国教育事业发展简明统计分析 . 中华人民共和国教育部 . 教育统计数据 . http：//www. moe. gov. cn/s78/A03/moe_560/moe_2896/.

（二）我国民办义务教育占比相较于 OECD 国家整体偏高

从国际比较来看，在世界主要发达国家，义务教育主要由各国政府通过公办教育提供。据经合组织统计，在 38 个 OECD 国家中有 25 个国家私立小学在校生

219

总数低于10%，有22个国家私立小学在校生数低于我国，有25个OECD国家私立初中在校生数低于15%并低于我国，有22个国家私立初中在校生数低于10%。私立义务教育占比较高的国家有比利时、智利、英国、西班牙、澳大利亚，私立小学和初中在校生数占比几乎都在30%以上。在美国，私立小学在校生占比为8.8%，私立初中为8.9%，均低于10%。[①]（见图6-3、图6-4）

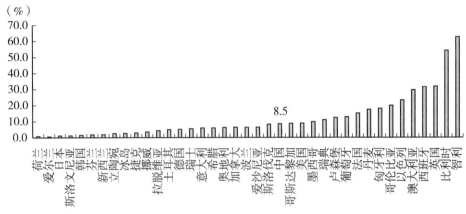

图6-3　中国和OECD国家民办小学在校生比例

资料来源：OECD. 2019 Share of Students Enrolled by Institution. OECD Statistics，https：// stats. oecd. org/.

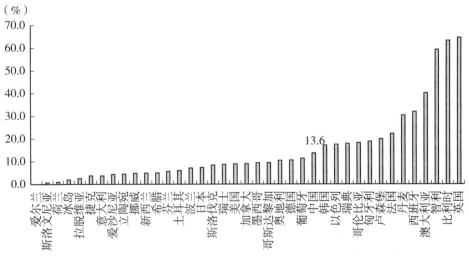

图6-4　2019年中国和OECD国家民办初中在校生比例

资料来源：OECD. 2019 Share of Students Enrolled by Institution. OECD Statistics，https：// stats. oecd. org/.

---

①　OECD. 2019 Share of Students Enrolled by Institution. OECD Statistics，https：//stats. oecd. org/.

二、民办义务教育学校的招生和择校

（一）提前选拔学生破坏教育生态

义务教育发展的目标是实现基本均衡发展，为全体适龄儿童提供较为公平的入学机会。然而，近年来，一些民办中小学没有在提供多样化、特色化教育服务上与公办教育实现差异化发展，而是逐渐在升学和应试的赛道上与公办学校展开竞争，违规争抢生源、利用考试提前选拔学生、跨区域招生、超计划招生的乱象频发，部分民办学校利用高收费、筛选生源、高薪聘请教师等方式垄断优质生源和教师，巩固自身优势地位，很大程度上加剧了"择校热"，破坏了教育生态，在有的地区造成了"民强公弱"的局面。同时，一些民办学校利用高昂的学费筛选出家庭背景较好的生源，较少招收来自弱势群体家庭的学生，长期发展下去可能加剧学校之间的两极分化，不利于教育均衡。

（二）入学竞争增加儿童的学业压力

由于很多民办学校都在小学和初中设置入学选拔考试，家长不得不在幼儿园阶段就开始备战幼升小，将学业负担和升学压力不断放大。为了能进入好的学校，有的家长违背幼儿成长规律地"鸡娃"，增加了孩子的校外培训负担和压力，有的地区出现了幼儿园"小学化"的现象，孩子被剥夺了大量的玩耍时间。义务教育阶段的招生选拔因此助推了"应试教育"，有学者认为，应试教育以标准化的考试制度为基础，并以考试分数决定学生的分流去向。应试教育的考试传统模式，几乎都是以知识记忆为主，这意味着，记忆能力占有优势的学生、愿意重复记忆的学生、有机会反复操练习题的学生往往都能在考试中占得先机。[1] 因而，应试教育本质上不利于创造性人才的培养和选拔，也不利于人的全面发展。

三、民办义务教育学校的办学体制

（一）公办转制学校兴起

20 世纪末期，教育市场化的浪潮席卷世界各国，我国支持和鼓励社会力量

---

[1] 王玲：《三边联动：中国的教育理念及其运行研究》，南京大学博士学位论文，2020 年。

办学的同时，也开始探索办学体制改革，"民办公助""公办民助"等多种办学形式开始出现。1993 年，北京十一学校开始探索国有民办模式改革，提出公办学校的"五自主"（自主筹集日常办学经费、自主招生、自主用人、自主工资分配、自主教育教学实验改革）办学体制改革。1994 年国务院颁发《关于〈中国教育改革和发展纲要〉的实施意见》提出，"企事业单位和其他社会力量按照国家的法律和政策多渠道、多形式办学。有条件的地方，也可实行'民办公助''公办民助'等形式"。1996 年《全国教育事业"九五"计划和 2010 年发展规划》提出："现有公立学校在条件具备时，也可酌情转为'公办民助'学校或'民办公助'学校"，为公立学校转制提供了支持。1997 年原国家教委《关于规范当前义务教育阶段办学行为的若干原则意见》指出："各地在义务教育阶段办学体制改革中，可依实际情况实行'公办民助''民办公助'、社会参与、举办民办学校等多种形式"，为义务教育学校转制提供了政策依据①。转制学校的实质是"国有民办"，即学校的所有制形式不变，但其经营权或管理权则交给社会团体或公民个人，其最大的特点在于可以同时享受公办学校和民办学校两种不同的优惠政策，是一种公办民营性质的特殊学校。2001 年《国务院关于基础教育改革与发展的决定》强调公办学校办学体制改革应当着重改造薄弱学校和扩大优质教育资源，并要求确保国有资产不流失。转制学校在成立之初，在拓宽经费筹措渠道、提供教育选择等方面，起到了积极作用，但是在办学体制改革的过程之中，转制学校原本都是办学水平较高的公办学校，本应免费就近入学的公立教育转制后变成了高收费学校，违背了改造薄弱学校的初衷，引起了教育公平问题的争议。

（二）"名校办民校"的"公参民"模式开启

2004 年《中华人民共和国民办教育促进法实施条例》规定"实施义务教育的公办学校不得转为民办学校"，公办学校举办民办学校要做到"两不得""五独立"，意味着公办学校不允许转制为民办学校，但是可以作为出资人独资或合作兴办民办学校。推动了一批教学条件好、师资力量雄厚、社会信誉度高的公办中小学，按照"名校办民校"的模式，以"换牌—收费"的方式在较短时间内扩充优质教育资源，全国各地涌现了一大批"公参民"学校。以重庆市为例，2019 年初，重庆市"公参民"中小学校共 50 所，在校生共 9.8 万人，专任教师

---

① 方建锋：《公立转制中小学未来发展走向的政策研究——以上海地区为个案》，上海人民出版社 2017 年版。

6 310 人，本校派出在编教师 2 617 人，占比 41.5%[1]。随着"名校办民校"模式的愈演愈烈，一方面与政策原本的"改造薄弱学校、满足群众的教育需求、扩大优质教育资源"的制度设计初衷相背离，与我国义务教育普惠普及、免费就近入学的基本原则相背离，本应免费的教育资源变为高收费加剧了家长的负担，影响了教育公平；另一方面也抢占了优质的公办教师资源和优质生源，挤压了公办学校和纯民办学校的办学空间，对教育生态产生了不利的影响。为此，重庆、成都等地开始严格"公参民"学校审批和管理，不允许新审批"公参民"学校。2019 年 9 月，重庆市发布了《关于进一步规范公办中小学参与举办民办学校的通知》，规定从 2019 年 9 月起全面停止审批公办中小学参与举办民办学校，规范现有 50 所"公参民"学校管理，具备"五独立"办学条件的比例达到 100%[2]，同时开始纠治入学资格与楼盘销售挂钩问题。有的地区要求限制"公参民"学校中公办教师的比例。2017 年 6 月，郑州市出台了《郑州市教育局关于进一步规范公办学校参与举办民办学校办学行为的意见（试行）》，要求向"公参民"学校选派的教师总数不超过该公办学校在编教师总人数的 10%。2017 年 12 月，浙江省出台了《浙江省人民政府关于鼓励社会力量兴办教育 促进民办教育健康发展的实施意见》，规定"对于符合区域规划、弥补教育资源短缺、促进区域均衡发展的薄弱民办中小学校，当地政府可通过挂职、支教等形式，派遣一定数量的公办学校在编教师予以支持，派遣数量不得超过该民办中小学校教师总数的 20%。"

四、民办义务教育的经费来源

从民办义务教育的经费情况来看，2007～2018 年，我国民办普通小学的总经费收入逐年上升，从 2007 年的 97.67 亿元增加为 2018 年的 786.71 亿元；民办初中的总经费收入从 2007 年的 139.05 亿元增加为 2018 年的 709.97 亿元。2018 年，在民办小学的总经费中，预算内教育经费占比为 17.64%，举办者投入占比为 5.97%，学费的占比为 66.04%，捐赠收入的占比为 0.49%。在民办初中的总经费中，预算内教育经费占比为 15.86%，举办者投入占比为 6.99%，学费的占比为 65.19%，捐赠收入的占比为 0.46%（见图 6-5）。[3] 可见，民办义务教育

---

[1]　根据调研数据整理。

[2]　中共重庆市纪委、重庆市监察委员会：《中共重庆市委工作委员会关于巡视整改进展情况的通报》，http://jjc.cq.gov.cn/html/2020-08/05/content_51030736.htm。

[3]　教育部财务司、国家统计局社会科技和文化产业统计司：《中国教育经费统计年鉴 2019》，中国统计出版社 2020 年版。

的经费来源以学费收入为主，举办者投入水平较低，政府对民办义务教育的投入水平不足，社会对民办义务教育的捐赠很少。

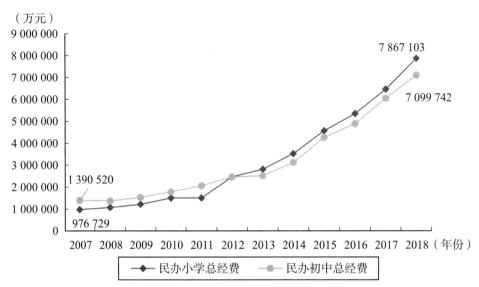

图 6 – 5　2007 ~ 2018 年我国民办小学和民办初中总经费的增长情况

资料来源：根据《中国教育经费统计年鉴 2008 – 2019》整理。

（一）民办义务教育的经费来源主要依靠学费收入

在民办义务教育的总经费收入中，学费收入的占比最高。2007 ~ 2018 年，民办小学和初中的学费收入占总经费的比例均保持在 60% 左右，2016 年开始有明显上升趋势，学费收入占比呈逐年上升趋势，民办小学占比从 2015 年的 60.26% 上升为 2018 年的 66.04%，民办初中学费收入占比从 2015 年的 59.57% 上升为 2018 年的 65.19%（见图 6 – 6）。近些年来，义务教育阶段民办学校学费上涨明显，即使 2016 年新《民办教育促进法》规定禁止举办营利性的义务教育之后，举办者依赖于高昂学费来获取回报的惯性并未改变，部分学校通过关联交易套取学校收入获取灰色回报。

（二）民办义务教育的举办者投入比例较低

随着民办学校经费投入的增加和学费标准的攀升，举办者投入比例却有明显下降趋势，举办者对民办普通小学的投入占民办普通小学总经费的比例从 2007 年的 13.82% 下降为 2008 年的 9.76%，2016 ~ 2018 年，又从 7.93% 下降为 5.97%。举办者对民办普通初中的投入占民办普通初中总经费的比例，从 2007

年到 2018 年一直处于 10% 以下，并且有所下降，2007 年为 8.99%，2018 年降低为 6.99%（见图 6 – 7）。

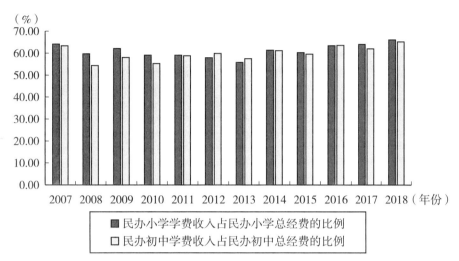

图 6 – 6　2007 ~ 2018 年学费收入分别占民办小学和民办初中总经费的比例

资料来源：根据《中国教育经费统计年鉴 2008 – 2019》整理。

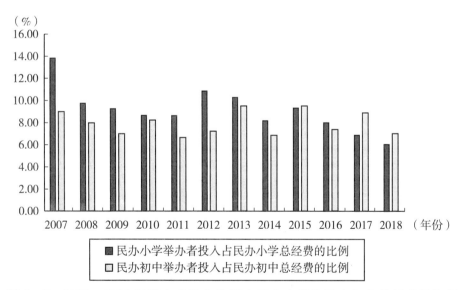

图 6 – 7　2007 ~ 2018 年举办者投入分别占民办小学和民办初中总经费的比例

资料来源：根据《中国教育经费统计年鉴 2008 – 2019》整理。

（三）国家财政性教育经费对民办义务教育的投入显著提高

2018 年，国家财政性教育经费占民办小学和民办初中总经费的比例分别为

225

17.82%和16.15%。财政性教育经费以预算内教育经费为主，预算内教育经费占民办小学总经费的比例从2007年的3.93%上升为2012年的10%以上，到2018年达到17.64%；预算内教育经费占民办初中总经费的比例从2007年的4.68%上升为2018年的15.86%。从预算内教育经费在各级各类教育之间的分布来看，2018年，我国预算内经费投入在民办义务教育的比例为42%，相较于2007年的36.29%上升了5.72%，其中预算内经费投入在民办普通小学的比例为23.18%，较2007年的13.47%上升了9.71%。而在此期间，我国预算内经费投入在民办高等学校的比例从2007年的30.27%下降为2018年的19.93%（见图6-8）。可见，政府承担义务教育的能力、责任和水平都有明显上升。

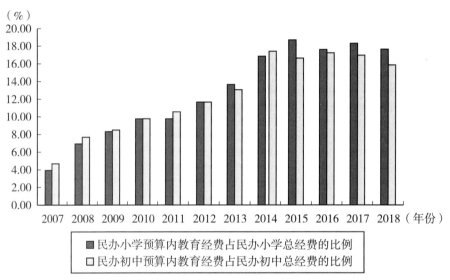

图6-8　2007～2018年预算内教育经费分别占民办小学和民办初中总经费的比例

资料来源：根据《中国教育经费统计年鉴2008-2019》整理。

（四）民办义务教育的捐赠收入占比还很低

长期以来，我国民办教育在本质上都是投资办学，捐资办学的比例很少。从民办学校捐赠收入的情况来看，捐赠收入在民办义务教育学校总经费中的比例很低，捐赠收入占民办小学总经费的比例不到1%，占民办初中总经费的比例不到2.5%。并且随着我国民办义务教育经费总数的提升，2010年～2018年，捐赠收入占民办义务教育总经费的比例还呈现下降态势（见图6-9）。

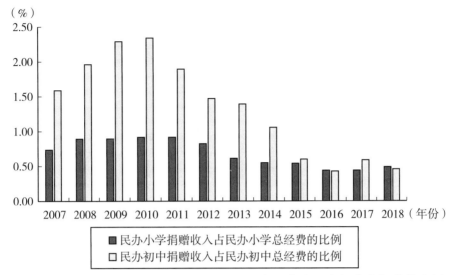

图 6 – 9　2007 ~ 2018 年捐赠收入分别占民办小学和民办初中总经费的比例
资料来源：根据《中国教育经费统计年鉴 2008 – 2019》整理。

五、资本对民办义务教育的介入

2012 年以后，我国各种类型的教育创业公司如雨后春笋般涌现，吸引了大批资本的集聚，2016 年，新《民办教育促进法》的出台给民办教育利用资本市场融资提供了条件。截至 2018 年上半年，共有 272 只教育股（A 股、港股、中概股、新三板）上市，总营收 822.42 亿元，净利润 103.51 亿元[①]。在教育资本化进程中，VIE 架构是我国教育企业赴境外上市时所普遍采用的一种商业运作模式。随着民办学校分类管理改革的推进，越来越多的教育企业通过 VIE 架构与境外资本对接，实现对境内包括非营利学校在内的民办学校的"协议控制"[②]。2014 年 11 月，枫叶教育集团在港股上市，这是基础教育集团成功上市的首个案例，截至 2021 年 8 月，枫叶教育集团在国内外 30 个城市控制 120 所学校[③]。继枫叶教育集团后，成实外教育（2016 年）、宇华教育（2017 年）、睿见教育（2017 年）、天立教育（2018 年）、博骏教育（2018 年）、21 世纪教育（2018年）也都纷纷赴港上市。此外，2015 年，海亮教育赴美股上市，主营学前教育

① 贾国强、宋杰：《给教育资本立规矩：教育类上市公司的"危"与"机"》，载于《中国经济周刊》2018 年第 10 期。

② 潘奇、董圣足：《VIE 架构在教育领域的应用、问题及其对策》，载于《教育发展研究》2018 年第 5 期。

③ 枫叶教育集团：《集团简介》，http：//www. mapleleaf. cn/about/561. html。

和 K12 教育，博实乐教育则于 2017 年赴美上市。通过 VIE 架构，上市的教育公司得以一边通过控制境内的非营利民办学校享受政府的优惠政策，一边运用关联交易转移学校收益获取回报，资本的无序扩张严重违背了义务教育的公平、公益性原则。

第二节 非营利性民办义务教育学校
发展的新形势和新挑战

新《民办教育促进法》及实施条例，对民办学校关联交易、协议控制、兼并收购、打包上市、学费监管等进行的一系列规范和要求，旨在遏制教育的资本化运作，加强民办教育的公益属性。此后，《关于规范民办义务教育发展的实施意见》《关于规范公办学校举办或者参与举办民办义务教育学校的通知》等配套政策也出台了进一步规范民办义务教育的具体举措，包括民办义务教育占比压减，公参民学校转制等，使民办义务教育面临着诸多的新形势和新挑战。

一、民办义务教育学校面临的形势

（一）中央和地方政府要求加快义务教育结构调整

为落实政府的义务教育责任，强化民办义务教育规范管理，2021 年 5 月 16 日，《关于规范民办义务教育发展的意见》出台并要求，地方各级政府应加快义务教育结构调整和布局优化，民办义务教育在校生占比较高的地方要通过多种方式积极稳妥加以整改。在文件的要求下，各地开始调整民办义务教育的结构。《关于规范民办义务教育发展的实施意见》出台后，湖南、江苏发文明确调减民办义务教育占比，民办初中、小学在校生人数占义务教育在校生总数的比例将控制在 5% 以下，河南、河北等地的民办义务教育学校也开始减招[1]。一些民办义务教育占比较高的地区，如河南省周口市下发了《周口市规范民办义务教育专项工作实施方案》，明确要求停止审批新的民办义务教育学校，已有民办义务教育学校逐年调整，将全市民办义务教育在校生规模占比控制在 5% 以内，2022 年底

---

[1] 财新网：《全国民办义务教育规模大调减，中部县城是风口浪尖》，https：//www.caixin.com/2021 - 07 - 03/101735478.html。

全部完成。在此背景下，民办义务教育占比较高的地区面临不同程度的挑战和压力。

（二）实施"公民同招"规范招生入学

"公民同招"是指公办学校和民办学校要在规定的时段内，同步报名、同步开展录取、同步注册学籍工作，实行该政策是为了制止少数学校愈演愈烈的提前"掐尖"招生行为。2019 年 3 月，《教育部办公厅关于做好 2019 年普通中小学招生入学工作的通知》要求，所有公办和民办义务教育学校严格遵守义务教育免试入学规定，规范民办义务教育学校招生管理，坚决防止对生源地招生秩序造成冲击。2019 年 6 月，《关于深化教育教学改革全面提高义务教育质量的意见》进一步要求"民办义务教育学校招生纳入审批地统一管理，与公办学校同步招生；对报名人数超过招生计划的，实行电脑随机录取"。《民办教育促进法实施条例》除了对民办义务教育公民同招做出规定外，还将"公民同招"扩大到整个学历教育及学前教育。《关于规范民办义务教育发展的意见》则要求"民办义务教育学校不得以公办学校或公办学校校区、分校的名义招生，也不得以'国际部''国际课程班'等名义招生"，更为加强了对民办学校招生入学的规范与管理。

作为实现义务教育均衡化的手段之一，"公民同招"政策的实施产生了积极正面的影响，一是有助于落实义务教育免试就近入学的基本原则，杜绝以成绩、竞赛、证书等方式提前选拔学生，使所有学生尽可能地享受到公平的教育权利；二是降低了民办学校的生源依赖，迫使民办学校更加关注自身教育质量，促进公、民办中小学的公平竞争；三是为学生降低了学业压力，降低了为幼升小、小升初去接受教育培训和刷题的需求。

（三）义务教育"公参民"学校面临清理

《民办教育促进法实施条例》从法律层面对义务教育"公参民"学校治理做出了规定，要求实施义务教育的公办学校不得举办或者参与举办民办学校，也不得转为民办学校。2021 年 7 月，国家《关于规范公办学校举办或者参与举办民办义务教育学校的通知》细化了义务教育"公参民"学校的转制落实方案，要求四种情形的民办义务教育"公参民"学校可举办为公办学校。可以继续举办民办学校的条件是，公办学校与其他社会组织、个人合作举办的民办义务教育学校，符合"六独立"要求，但是公办学校要逐步退出。这些法律政策的出台意味着义务教育"公参民"学校将要面临清理，根据实际情况回归公办或者转为纯民办学校。同时，公参民学校的公办编制教师也需在回到公办教育系统和留在民办学校之间做出选择。

（四）限制从民办义务教育学校获利的行为

《民办教育促进法实施条例》主要从三个方面对办学者从民办义务教育学校获利的行为进行了严格的限制。第一，明令禁止义务教育民办学校开展任何关联交易，否则要承担法律责任。第二，加强财务监管。规定非营利性民办学校所收取的费用、开展活动的资金往来，都应当使用在有关主管部门备案过的账户，有关政府主管部门应当对该账户实施监督。第三，防止过高收费。《民办教育促进法实施条例》要求民办学校建立成本核算制度，合理确定收费项目和标准，从而对民办学校的学费水平也做出限制，避免过高收费，套取高额回报，损害教育的公益性。

（五）严格监管上市公司间接控制义务教育民办学校

《民办教育促进法实施条例》的出台对资本无序扩张进行了严格控制，尤其是对运用 VIE 模式控制义务教育和学前教育阶段的民办学校做出了最严格的规定："任何社会组织和个人不得通过兼并收购、协议控制等方式控制实施义务教育的民办学校、实施学前教育的非营利性民办学校"。同时，为治理民办教育集团盲目扩张、无序竞争，《民办教育促进法实施条例》要求民办教育集团"应当保障所举办或者实际控制的民办学校依法独立开展办学活动，存续期间所有资产由学校依法管理和使用；不得改变所举办或者实际控制的非营利性民办学校的性质，直接或者间接取得办学收益；也不得滥用市场支配地位，排除、限制竞争。"

为避免民办学校被资本裹挟，拓宽民办学校的融资方式和渠道，《民办教育促进法实施条例》规定："国家鼓励、支持保险机构设立适合民办学校的保险产品，探索建立行业互助保险等机制，为民办学校重大事故处理、终止善后、教职工权益保障等事项提供风险保障。""金融机构可以在风险可控前提下开发适合民办学校特点的金融产品。民办学校可以以未来经营收入、知识产权等进行融资。"

（六）落实国家课程标准

为了保障民办学校的社会主义办学方向，需严格落实国家课程标准。《民办教育促进法实施条例》一方面对民办学校的课程开设做出规定，要求开齐开足国家课程。规定"实施普通高中教育、义务教育的民办学校可以基于国家课程标准自主开设有特色的课程，实施教育教学创新，自主设置的课程应当报主管教育行政部门备案。"另一方面，《民办教育促进法实施条例》还对目前在民办学校使用境外教材的现象进行严格规范。规定"实施义务教育的民办学校不得使用境外教材"。

二、民办义务教育学校的诉求

面对民办义务教育整体规模的压减和一系列新法新政的出台，民办义务教育学校举办者一方面感到不安和疑虑，另一方面又期待随着对民办学校办学行为的严格规范，政府对民办教育的支持能更加到位，举办者办学行为能更加规范。

（一）学校的生存和发展诉求

当前，随着民办义务教育的结构调整以及"公参民"学校的转制，有的民办学校转为公办，部分民办学校被暂停招生或关停。重庆的 48 所公参民学校 39 所转为公办，剩余 8 所举办为民办，1 所停办，"公参民"转制任务全部完成。义务教育结构调整不仅涉及公参民学校，民办义务教育学校面临同样挑战。河南省周口市目前有民办义务教育学校 462 所，在校生达 43.34 万人，占比 34.2%。2022 年底前将完成规范民办义务教育调整工作，规范后周口全市将预计保留民办学校 40 余所，在校生近 5 万人；预计购买学位 2 万多个；收购学校 60 多所，学位 6 万多个；关停 200 多所，分流在校学生 8 万余人①。对于规模压减幅度较大的地区，生存下去继续办学是主要诉求，在举办者退出办学的前提下，学校希望能够通过政府购买服务来维持学校的存在。

民办教育政策的逐渐完善使过往通过规模扩张获得发展的时代彻底结束，民办义务教育唯一的出路就是提高质量和办出特色。举办者期望能够通过举办高质量的民办学校获得差异化发展空间，通过落实"一校一策"政策，因校而异、因地制宜地保障学校持续运行。

（二）举办者合法权益的保障诉求

随着分类管理政策的落实，一方面，举办者日益期望各地政府能够出台政府分类支持民办教育发展的细则，尤其是在税收优惠、土地政策、终止办学时的补偿等方面。另一方面，举办者也产生了很多疑虑，新政策环境下举办者的个人资产投入如何得到保障，是否出资的资产就此捐赠给了学校？举办者兼任校长或学校重要管理职位给自己开具高工资是否属于关联交易？政府指导价的设置标准是否符合办学成本并利于学校的可持续发展？

---

① 九派新闻：《周口：全面启动规范民办义务教育专项工作》，2021 - 10 - 03，https：//baijiahao. baidu. com/s？ id = 1707769863768917566&wfr = spider&for = pc.

（三）教师的衔接和流动诉求

随着义务教育"公参民"学校的治理，部分民办学校转制为公办学校，这带来了教师衔接和流动的问题。一些由公办学校派出的教师回到派出学校，这使"公参民"学校出现了优质教师流失的问题。另外，由于"公参民"学校转为公办，本校教师的工资待遇也有所下降，同时，教师需要重新考取编制，由此占用教师的大量时间，对教学质量可能带来影响。因此，转公的"公参民"学校希望能够保障教师队伍的平稳过渡，在编制上给予倾斜和保障。

三、义务教育学生家长的诉求

（一）城市普通家庭优质教育资源的获取诉求

在学校差距客观存在的前提下，帮助孩子获取进入优质中小学的入学机会继而进入到优质大学就读是我国中产阶级家庭的普遍诉求。再生产理论认为，在社会职业分层的过程中，教育的功能就是把中下阶层排挤到较低等级的职业位置上。一般来说，具有优势地位的社会群体或阶层，往往通过借助社会地位优势向子女提供更加优质的教育资源，促使子女更有可能在教育竞争中取得成功。而来自较低阶层或处于劣势地位的人，由于父母的帮助和家庭资源支持不足，其往往会在教育机会竞争中被淘汰出局，所以在步入社会后也难以取得很好的职业位置[1]。有学者认为，家庭教育精细化压力与焦虑已经成为中国城市中等收入群体的公共社会问题。处于社会中上层的家长力图利用自己的经济实力和社会、文化资本等优势确保孩子在接受教育上的优势，处于社会中下层的家长则希望通过尽可能的经济支持和精力投入，为孩子创造社会阶层向上流动的机会[2]。

"公民同招"的实施有利于杜绝义务教育招生选拔，提高入学的公平性。然而，由于学校之间的差异客观存在，"公民同招"使摇号进入好的民办学校具有很强的不确定性，这一方面使部分家长将购买学区房视为更为"靠谱"的方案，可能加剧公办优质学校的拥挤和进一步推升学区房的价格；另一方面，对于选择参加民办学校摇号的家长来说，如果报名名额低于学校招生名额则会全部录取，若超过招生名额则摇号录取，学生在没有被录取的情况下需要统筹安排到公立学

---

① 李春玲：《教育不平等的年代变化趋势（1940—2010）》，载于《社会学研究》2014 年第 2 期。

② 易彬彬：《城市中等收入家庭精细化教育的生成逻辑与风险》，载于《南京社会科学》2020 年第 12 期。

校就读，符合房户一致原则的学生按照片区就近入学。在有的地区，公办学校将选择公办小学的孩子作为第一批验证对象，将报名参加民办小学但没有录取的孩子作为第二批，如果公办小学在第一批验证后招满，就不再安排第二批报名验证，不再按照房户一致原则就近入学，使得报名民办小学没有录取的家长感觉不公平。

（二）落后地区和弱势群体均衡教育资源的获得诉求

就读民办学校的群体中一般存在两大弱势群体，一类是城市中的流动人口随迁子女，另一类是农村留守儿童。在城市中，由于民办学校对于户口和住房的要求不如公办学校严格，部分流动人口随迁子女就进入了民办学校就读。在农村地区，随着本世纪初农村学校布局的调整与实施，农村儿童聚集在乡镇中心学校，出现了班额大、上学远、住宿条件差等问题。而在此期间蓬勃发展的民办学校，凭借寄宿条件好、严格的教学管理、十二年一贯制的升学便利，很好地满足了农村家长尤其是留守儿童家长的需求。对于流动和留守儿童家长来说，尽管受到制度和经济条件的限制，但他们也存在择校需求，宁愿缴纳高昂学费也希望孩子进入到条件稍好的学校，帮助孩子取得好的教育成就以改变家庭经济地位。

第三节　非营利性民办义务教育学校优质均衡发展的创新举措

民办义务教育的相关法律法规逐步完善，但新老政策之间的过渡和衔接还有待进一步畅通。同时，各地在推进新《民办教育促进法》及新出台《实施条例》中，有关分类管理、关联交易、公民同招、公参民转制等促进非营利性民办义务教育发展的具体举措时，容易受到不同地方民办义务教育发展的具体程度和客观环境差异的影响，因此，政策实施还应因地制宜，积极稳妥推进。需要重点厘清和解决法律要求与义务教育民办学校办学现实间的几对矛盾：第一，义务教育民办学校占比压减与客观现实中占比过高之间的矛盾；第二，公民同招与民办学校生源依赖之间的矛盾；第三，"公参民"学校转制要求与部分地区公参民学校占比高且发展强劲之间的矛盾；第四，法律规定的不允许非营利性民办学校分配办学结余和举办者投资办学获取回报之间、非营利性中小学学费政府指导价与民办学校高收费之间的矛盾；第五，资本的逐利性和教育的公益性之间的矛盾。

一、因地制宜调整民办义务教育结构

（一）强化政府承担义务教育的责任

1997 年，国家财政性教育经费支出占国内生产总值的比例为 2.44%，而到了 2019 年这一比例达到了 4.04%，这体现出我国的经济发展水平已经能够支撑各地政府更好地承担起教育的责任。因此，当前要进一步强化义务教育政府保障责任，省级教育督导部门要督促民办义务教育招生规模占比偏高的地方切实履行政府职责，增加公办学校资源供给，坚决防止将政府举办义务教育的责任推向市场。随着民办义务教育结构调整，可能会产生公办学校承载量有限，公办学校大班额、大校额、学生回流等问题，各地政府要对这些问题做好应对预案。

（二）实施"一校一策"的民办义务教育结构调整方案

民办义务教育结构调整要坚持因地制宜、一校一策。一些地区民办义务教育占比过高是民办中小学长期规模扩张导致的，在 2022 年底前压减到 5% 的政策目标意味着部分民办学校可能要退出办学。因此，各地应根据本地民办义务教育的数量和比例进行规划和布局，尽早发布本地区的调减目标和实施方案，明确本地民办学校结构调整的具体实施方案，明确"公参民"学校的转制方案，根据不同学校的调整目标做好学校资产、教师、学生的安排和过渡，同时出台对举办者投入进行补偿的政策。对于财政实力有限、公办资源不强的县级地区来说，应结合停止招生、逐步减招、政府收购等多种方式稳妥推进。对于保障城市流动人口和留守儿童的入学需求且办学规范的民办学校，要充分利用政府购买服务的方式来实现调减目标。县级人民政府根据本行政区域实施学前教育、义务教育或者其他公共教育服务的需要，可以与民办学校签订协议，通过政府购买服务等方式，委托其承担相应教育任务。要进一步加强农村小规模学校的建设，深入推进实施贫困地区义务教育薄弱学校基本办学条件、义务教育薄弱环节改善与教育能力提升等重大项目，提高家门口的学校质量，满足农村儿童就近上好学校的需求。各地政府在进行教育治理的时候也需要进行甄别，重点规范办学资质和教师资格不足、办学质量低下的民办义务教育学校，为高质量民办教育留出发展空间，保护优质教育资源，形成教育多元化发展的良好生态。

（三）加强民办义务教育政策宣讲

各地要加强对新出台的民办义务教育政策及本地的具体调整方案的宣讲和解

读，提升各级政府、民办学校举办者和公众对政策的理解，同时广泛听取利益相关者的意见，防止对政策的误读或者执法过度，对民办义务教育的健康、可持续发展造成影响。

二、平衡升学需求与质量追求的关系

（一）严格落实"公民同招"

在入学政策上进一步落实"公民同招"，通过摇号录取学生，有利于在入学分配机制上加强学生的多样性，让来自不同家庭背景和不同学术能力的学生都获得公平进入公办和民办学校的机会，破除学校对生源的依赖，回归教育的本质。义务教育民办学校要严格遵守义务教育免试入学规定，地方教育行政部门要将义务教育民办学校招生纳入审批地统一管理，并与公办学校同步招生，民办义务教育学校不得以任何形式提前选择生源。如果民办义务教育学校的报名人数超过招生计划，则应引导学校采取电脑随机派位的方式招生。招生过程中，一定要按照规定的招生范围、招生计划、招生时间、招生方式等统一招生，严禁违规争抢生源、"掐尖"招生、跨区域招生、超计划招生和提前招生。严禁以各类考试、竞赛、培训成绩或证书证明选拔学生，严禁以高额物质奖励、虚假宣传等不正当手段招揽生源，严禁收取或变相收取与入学挂钩的"捐资助学款"，严禁以各类竞赛证书、学科竞赛成绩或考级证明等作为招生依据。

（二）破除公办学校选拔生源的"示范效应"

从我国中小学办学的实际情况看，仍有部分地区的优质公办学校在"小升初"阶段存在选拔优质生源的问题，公办学校的这种"示范效应"使九年或十二年一贯制利用自己长学段优势招收更低比例的摇号学生，化解"公民同招"的影响，而仅有初中没有小学段的民办学校受到政策冲击较大[①]。因此，要将公办学校同民办学校一同治理，禁止公办初中利用学科竞赛成绩"点招"优质生源。

（三）多措并举解决"择校热"

虽然"公民同招"政策得到顺利实施，但公办学校"学区房"愈发火爆，

---

① 王一涛：《义务教育"公民同招"政策的制定、执行与路径优化——兼论我国民办教育政策变迁》，载于《教育与经济》2021 年第 5 期。

学区房价格居高不下，主要还是由于教育资源不均衡所导致的。一方面，要实行"多校划片"、随机摇号入学，推动教师和管理干部的跨校流动，将优质高中的招生名额直接分配到不选择生源的初中，遏制学区房虚假宣传；另一方面，要引导学校培育自身的优质品牌，实现内涵发展，这些举措将有利于推动义务教育高质量均衡化发展，降低家长对择校的需求，从根本上促进教育公平的实现。

（四）改革教育评价

家长、学校和社会都要扭转应试教育导向，破除功利化教育思想。根据国家《深化新时代教育评价改革总体方案》规定，要想从根本上破除义务教育阶段的学生选拔问题，必须要从"唯分数、唯升学"的单一评价转变为注重德智体美劳并举的多元教育评价体系，从而为我国培养创新人才提供支撑。2021年5月，国家出台了《关于进一步减轻义务教育阶段学生作业负担和校外培训负担的意见》，明确要求提升学校育人水平，减轻义务教育阶段学生过重的作业负担和校外培训负担。在学生评价方面，政策要求要进一步降低学生考试压力，改进学校考试方法，克服唯分数的倾向。在学校和教师评价方面明确要求，严禁地方各级党委和政府下达升学指标或片面以升学率评价学校和教师。

三、系统清理义务教育"公参民"学校

（一）细化义务教育"公参民"学校的退出机制

对于与"六独立"要求差距较大，以国有资产为主体的学校，需要明晰产权归属，可采取恢复公办学校性质或者政府向民办义务教育学校购买服务等方式，也可以探索委托管理、特许学校等办学模式，完善管理程序，以时间换空间。对于基本符合"六独立"要求的中小学，要进一步明确办学主体，完善相关法律手续，健全内部管理体制，理顺与公办学校的关系，成为完全独立民办学校。"公参民"学校停办，应当妥善安置在校学生。严格按照法律法规对学校资产进行清算，提出清算和安置方案，确保国有资产不流失，确保退出过程平稳、有序。各地应尽快建立起教师在公、民办学校之间的流动机制，做好教师编制、教师福利保障的衔接和管理，避免优质教育资源的浪费和流失。

（二）规范转制义务教育"公参民"学校的经费管理和招生管理办法

在完成转制之前，要进一步压实主体责任，加强对义务教育公参民学校办学经费的监管。公办学校向民办义务教育学校提供服务的，应当按照国家有关规定履行审批程序后签订协议，有偿服务费收入按照"收支两条线"管理。公办学校应当规范学校名称、简称的使用标准，不得违规输出品牌。民办义务教育学校也不得利用公办学校品牌开展宣传或其他活动。"公参民"学校转为公办学校后，学校不再向全部在校生收取学费、住宿费。

四、强化民办义务教育的公益属性

（一）加深举办者对民办义务教育公益性的认识

由于民办义务教育属于公共产品，在各级各类民办教育中，其公益属性是最强的。自 2016 年新《民办教育促进法》确立了民办教育分类管理制度以来，营利性和非营利性民办学校分类发展，已经开始逐步获得了广大民办学校举办者的理解和支持，但落实民办义务教育的非营利属性，势必会冲击举办者的实际利益。目前，部分民办教育举办者或参与者对教育公益属性的认识不到位，希望通过举办民办教育获取利益的办学行为依旧存在。因此，应进一步加深举办者对教育的公益性、教育的非营利性以及营利性教育之间关系的认识，使举办者将教育公平和教育公益性作为办学重要原则。

（二）对学费收入进行监管

学费收入是民办学校的主要收入来源，也是资本进入教育的利益源头。应充分利用信息化手段和财务专用平台，全面加强对民办学校学费账户的监管，防止以学校资产或信用作背书对外盲目扩张，防范随意抽取办学资金、压缩办学支出行为的出现，提升教育质量。运用办学成本核算制度，加强非营利性民办学校学费标准的监管，加强义务教育阶段民办学校收费标准调控，坚决防止过高收费。进一步加强对非营利性民办学校办学的财务审计，严禁非营利性民办学校通过关联交易转移办学收益。监管民办学校的过高收费和财务状况防止学校追求过高回报损害学生和家长的利益。安徽省起草了《安徽省非营利性民办学校收费管理办法（征求意见稿）》，上海市也起草了《上海市民办中小学收费管理试行办法（征求意见稿）》，非营利性民办学校"实行政府指导价管理"将成为规范义务教育民办学校学费的重要举措。

（三）深入落实民办义务教育支持政策

《国务院关于鼓励社会力量兴办教育促进民办教育健康发展的若干意见》明确："国家积极鼓励和大力支持社会力量举办非营利性民办学校。各级人民政府要完善制度政策，在政府补贴、政府购买服务、基金奖励、捐资激励、土地划拨、税费减免等方面对非营利性民办学校给予扶持。各级人民政府可根据经济社会发展需要和公共服务需求，通过政府购买服务及税收优惠等方式对营利性民办学校给予支持。"[1] 从落实情况来看，近年来，中央财政积极支持民办教育的发展，2020 年春季学期起，统一全国义务教育生均公用经费基准定额为小学 650元、初中 850 元。该政策覆盖所有城乡义务教育民办学校，中央财政对民办学校按照不低于生均公用经费基准定额的标准补助公用经费。[2] 目前，全国各地正在加快落实民办学校分类登记，根据分类管理制度落实对民办义务教育学校的生均经费、税收、土地等支持政策，为人民群众做好教育公共服务保障。第一，要建立非营利性民办义务教育学校的财政经费保障机制。例如，重庆市相关政策明确规定，区域内民办义务教育的生均公用经费国家财政补助标准与公办义务教育学校相同。在购买服务方面，上海通过向民办中小学采购学位支持其发展，对每个学位的补贴逐步增长；深圳市也向民办中小学购买学位，小学每生每学期 3 500元，初中每生每学期 4 500 元。[3] 第二，要促进公办、民办学校之间的互动和资源共享，促进教师的合理流动，形成公办和民办教育相互之间公平竞争、和谐发展的格局。第三，要加大教育捐赠行为的税收优惠力度，增强社会各界教育捐赠的积极性，倡导和鼓励捐资办学、教育家办学，让教育回归本质。第四，要满足民办学校合理的融资需求，通过开发适合民办学校的金融产品以及合理的抵押制度，让民办学校在需要提升质量和办学投入时能够获得办学所需资金，从而免受资本的裹挟。

五、引导资本有序退出义务教育民办学校

目前，受到《民办教育促进法实施条例》的影响，2021 年 6 月开始，海亮

---

[1] 《国务院关于鼓励社会力量兴办教育促进民办教育健康发展的若干意见》。

[2] 中华人民共和国教育部：《对十三届全国人大四次会议第 7977 号建议的答复》，2021 - 11 - 02，http：//www. moe. gov. cn/jyb_xxgk/xxgk_jyta/jyta_jijiaosi/202111/t20211102_577168. html。

[3] 阙明坤、段淑芬：《新形势下民办教育的转型发展》，载于《人民政协报》2021 年 7 月 28 日第 010 版。

教育、成实外教育、枫叶教育、博实乐教育纷纷停止经营义务教育学校。2021年11月30日，成实外教育、博骏教育、天立教育、枫叶教育和光正教育（原睿见教育）5家港股上市公司因延迟披露财报而宣布停牌。12月14日，枫叶教育宣布复牌并发布年度业绩，自2021年8月31日起，集团已剥离受《民办教育促进法实施条例》影响的学校。截至2021年8月31日，股东亏损31.28亿元，其中持续经营业务亏损6.72亿元，枫叶教育旗下原本经营有62所义务教育学校。12月19日，光正教育发布年度财报显示亏损22.79亿元，较上年同期下降554.2%。另外，美股上市公司海亮教育也在财务报告中指出，自2021年9月1日起丧失对旗下11所涉及义务教育学校的控制权，占全部自由学校数量的64.7%，确认资产减值损失约2.52亿元。① 因此，要引导资本有序退出义务教育的民办学校。第一，对VIE模式控制非营利性学校进行严格监管，出台具体的有关如何实施VIE结构的相关政策及规定，明确VIE结构的内容定义及其实施办法。第二，完善税收优惠制度，对于由上市公司实际控制的非营利性民办学校不提供税收优惠。第三，对于同时控制营利性和非营利性不同类型民办学校的教育集团加强监管，剥离非营利性的教育阶段独立办学，防止利用非营利性地位获得的土地、师资、税收待遇、学生资助支持营利性民办学校的发展。第四，对民办教育投融资加强监管，强化反垄断和防止资本的无序扩张，防止资本对民办学校办学产生不利影响，确保民办教育坚持社会主义办学方向，实现自身的健康可持续发展。

六、在国家课程大纲规范下开设特色课程

民办义务教育学校要切实加强党的建设，建立党组织领导下的校长负责制，完善议事决策制度，将党的领导、党的建设贯穿民办中小学办学治校、立德树人的全过程，确保社会主义办学方向。办学特色是民办学校的生存之本，因此，要在完成国家规定的课程前提下，保障民办义务教育学校的办学自主权，允许学校自主开展特色课程。国际课程理念的民办学校要将国际课程进行本土化融合，使学生有一颗中国心，培养具有国际视野的社会主义接班人。禁止使用境外教材，有效防止国际课程和教材对我国义务教育的冲击。此外，民办义务教育学校还应充分探索其他品牌特色，如艺术、体育、科技等多种特色的办学类型，满足不同天赋学生的个性化教育需求，同时实现自身的差异化、多元化发展。

---

① 许洁、张安：《义务教育资产被剥离后，枫叶教育等上市公司转型路在何方?》，载于《证券日报》2021年12月28日第B2版。

七、保护义务教育各方合法权益

（一）保护家长和学生的受教育权

家长具有多元化、个性化和高质量的教育需求，有的农村地区家长具有孩子到民办学校寄宿的需求，在城市地区的流动人口由于没有户口进不了公立学校。因此，在民办义务教育结构调整时，对于满足弱势群体教育需求利益的民办学校应当通过政府购买服务的方式进行解决。同时要通过在重点地区试点促进公立教育多样化、探索公办委托等方式在不收取学费和不选拔学生的同时提供高质量的公立教育，满足家长的教育选择需求，促进不同类型学校之间的竞争。

（二）保障民办学校教师的权益

要依照事业单位保险制度解决民办教育养老保险和职业年金，完善教师在公、民办义务教育学校之间的合理流动机制，落实职称评审的同等权利，将民办义务教育学校教师人事档案纳入统一管理，落实民办义务教育学校教师科研立项、评奖评优的同等权利，畅通教师的晋升和流动通道。

（三）保障民办学校举办者的合法权益

明确民办学校在终止办学时的奖励和补偿机制，鼓励举办者长期办学。非营利机制不是不能产生利润，而是利润不能用于投资性分红，同时强调以直接经营者的利益优先，这是非营利机制的基本特点。发展非营利机制需要一整套的法律、财税、治理体系的支撑[1]。教育公益性离不开一定的制度保障，主要包括禁止利润分配、权利配置、组织形式、税收等方面[2]。

总体看来，虽然政策环境在变化，但是"支持和规范并举"的民办教育政策方向不会变，义务教育实现公平而优质、均衡而多样、全面而特色的目标不会变。在此情况下，各级政府应当加强主体责任，充分保障义务教育的供给和投入，为人民群众提供均衡而优质的基本公共服务。民办义务教育学校的举办者则

---

[1] 张守礼：《阳光与阴影——新政下的中国学前教育发展》，载于《教育经济评论》2019年第5期。
[2] 魏建国：《教育公益性、非营利性教育与营利性教育》，载于《教育经济评论》2016年第7期。

应抓紧国家政策机遇期，一方面，积极加强自我规范和自律，严格依法办学，提升教育的公益性；另一方面，提升办学质量和特色，加强互助合作，通过提升质量、办出特色、促进均衡等方式，满足人民群众多层次教育需求，从而获取自身生存和发展的空间。

第七章

非营利性民办高中的优质特色发展创新

实现非营利性民办高中优质特色发展，是关系我国基础教育质量提升、教育资源协调供给、保障教育公平的重要内容。新《民办教育促进法实施条例》的颁布，明确了高中阶段非营利性民办学校财政支持、税收优惠和用地保障等方面的扶持措施，为非营利性民办高中的优质特色发展扫清了制度障碍。[1] 非营利性民办高中优质特色发展目标的实现，需要在国家顶层设计基础上，坚持问题导向、实践导向，明确非营利性民办高中发展需求，系统性思考相关问题的改进路径，最终推动非营利性民办高中办学质量的稳步提升。民办教育分类管理政策法规的基本完善为我国非营利性民办高中发展奠定制度基础。根据我国非营利性民办学校发展要求，同时结合我国民办高中教育发展的现实需要，我国的非营利性民办高中可具体分为两大类：非营利性民办普通高中和非营利性民办职业高中。两类非营利性民办高中在发展过程中面临着既有源于非营利性民办高中发展共性原因造成的困扰，也有不同教育类型特殊性需求影响下的发展难题，明确我国非营利性民办高中的发展诉求，结合诉求对非营利性民办高中的各项发展难题予以回应，探索非营利性民办高中高质量发展的创新举措与可行路径。

---

① 钟秉林. 贯彻实施条例推进民办教育高质量发展，2021 – 05 – 17，http：//www. moe. gov. cn/jyb_xwfb/moe_2082/2021/2021_zl38/202105/t20210517_531845. html.

第一节　非营利性民办高中发展的现状与特征

一、民办高中发展现状

随着我国高中教育普及化发展，民办高中能够满足人民大众对于多元化发展的教育需求，促进高中教育规模扩张。同时，2016 年《民办教育促进法》颁布后，民办学校分类管理改革进一步释放了民办高中发展空间，激发了社会力量举办民办高中的办学热情，推动民办普通高中与民办职业高中进入新发展阶段。

（一）民办普通高中发展现状

第一，民办普通高中数量及占比不断增加。从数量来看，2010 年以来我国民办普通高中数量呈上涨趋势。截至 2020 年，全国共有民办普通高中 3 694 所。从数量占比来看，民办普通高中总数占全国普通高中总数的比例呈总体上升趋势，从 2010 年的 17.78% 增长至 2020 年的 25.95%（见图 7 - 1）。

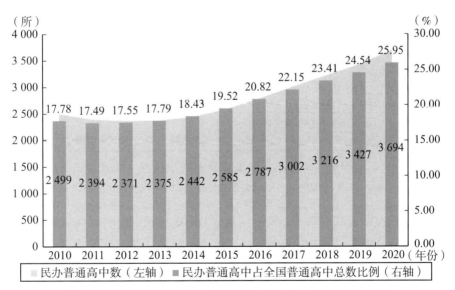

图 7 - 1　2010 ~ 2020 年全国民办普通高中数及所占比例

资料来源：根据 2010 ~ 2020 年《中国教育统计年鉴》数据资料整理而成。

第二，民办普通高中学生数及占比不断增加。随着分类管理改革的深入推进，民办教育发展进入新时期，民办高中教育教学质量不断提高，使其成为了众多家长和学生的优先选择。一是民办普通高中在校生数及占比不断增加。2010～2020年，民办普通高中在校生数持续增长，由230.07万人增至401.29万人。同时，民办普通高中在校生所占比例稳步增长，由2010年的9.48%增至2020年的16.09%（见图7-2）。二是民办普通高中招生数及占比稳步增长。2010年，民办普通高中招生数为80.95万人，至2020年民办招生人数达到了153.39万人。同时，民办普通高中招生数所占比例由2010年的9.68%增至2020年的17.50%（见图7-3）。三是全国普通高中毕业生数及占比持续增长。2010年，民办普通高中毕业生数为74.28万人，至2020年达到108.53万人。同时，民办普通高中毕业生所占比例由2010年的9.35%增至2020年的13.80%（见图7-4）。

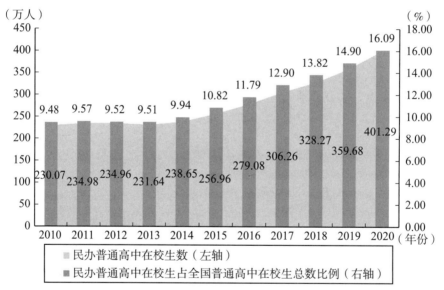

图7-2　2010～2020年全国民办普通高中在校生数及所占比例

资料来源：根据2010～2020年《中国教育统计年鉴》数据资料整理而成。

第三，民办普通高中教职工及专任教师数不断增长。随着《国家中长期教育改革和发展规划纲要（2010-2020年）》（以下简称《教育规划纲要》）和《民办教育促进法》等配套法律法规的颁布施行，民办普通高中社会地位不断提升，对师资力量的社会吸引力显著增强。一是全国民办普通高中教职工数及占比波动增长。2010年，民办高中教职工数仅有41.36万人，至2020年增长至67.67万人。其中，2011～2012年教职工数有所下降，可能与部分省市推行免费高中

图 7 - 3 2010～2020 年全国民办普通高中招生数及所占比例

资料来源：根据 2010～2020 年《中国教育统计年鉴》数据资料整理而成。

图 7 - 4 2010～2020 年全国民办普通高中毕业生及所占比例

资料来源：根据 2010～2020 年《中国教育统计年鉴》数据资料整理而成。

教育改革和公办中职学校支持政策改革有关。[1] 同时，全国普通高中教职工数占全国高中教职工总数比例整体呈上升趋势，2010 年为 7.91%，2020 年升至 22.95%。其中，受前述政策改革影响，2012 年比例有所下降，为 13.07%（见图 7 - 5）。二是民办高中专任教师数及占比波动变化。2010～2015 年先增后降，2015～2020 年匀速增长。2010 年，民办普通高中专任教师数 34.36 万人，2011 年增至 45.22 万人。2011～2015 年，教职工数显著下降，2015 年降至 15.33 万人。2015～2020 年，专任教师数逐年递增，至 2020 年增至 26.60 万人。同时，民办高中专任教师数占比呈现先增后降再增的趋势。2011 年最高，为 29.05%，2015 年降至 9.04%，2015 年之后，所占比例稳步提升，2020 年增至 13.76%（见图 7 - 6）。

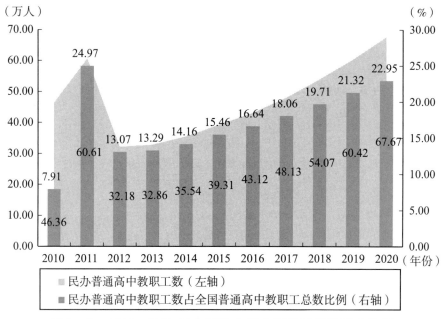

图 7 - 5　2010～2020 年全国民办高中教职工数及所占比例

资料来源：根据 2010～2020 年《中国教育统计年鉴》数据整理而成。

---

[1]　为解决农村义务教育学校代课教师问题，2006 年 3 月教育部新闻发布会宣布，可将符合条件的代课教师转为公办教师或清退代课教师。

图 7-6　2010～2020 年全国民办高中专任教师数及所占比例

资料来源：根据 2010～2020 年《中国教育统计年鉴》数据整理而成。

第四，民办普通高中经费收支水平逐年增长。一是民办普通高中教育经费收入水平持续增长。二是民办普通高中教育经费支出水平不断增长。三是民办普通高中经费总收入占全国普通高中教育经费总收入的比例波动提升（见图 7-7）。

（二）民办中等职业学校发展情况

第一，民办中等职业学校数量下降，占比波动变化较大。出于进一步优化教育结构，推动基础教育转型升级的目的，国家对职业教育的政策扶持力度不断加大，公办中等职业学校发展环境不断优化，规模大幅扩大，对民办中等职业学校的发展产生巨大冲击。2010 年以来，我国民办中等职业学校数量逐年减少，从 3 123 所减至 2020 年的 2 063 所，总体减少率高达 33.94%。同时，民办中等职业学校占全国中职学校总数的比例呈波动变化，2010～2014 年快速下降，2014 年比例降至最低 19.73%，2015 年后开始平稳回升，2020 年升至 20.85%（见图 7-8）。

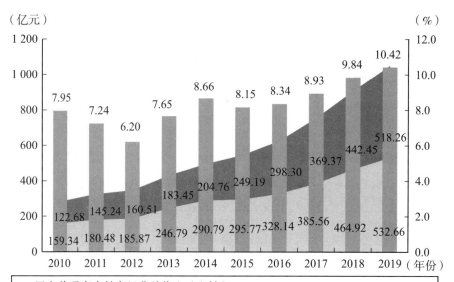

图 7 - 7 2010 ~ 2019 年民办普通高中教育经费收支情况

资料来源：根据 2011 ~ 2020 年《中国教育经费统计年鉴》数据整理而成。

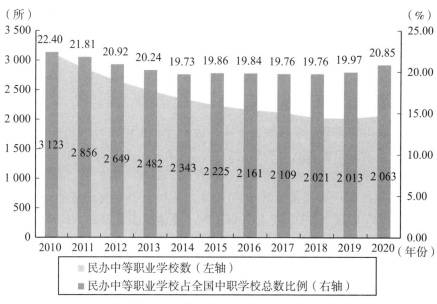

图 7 - 8 2010 ~ 2020 年全国民办中等职业学校数及所占比例

资料来源：根据 2010 ~ 2020 年《中国教育统计年鉴》数据资料整理而成。

第二，民办中职学生数及占比波动增长。随着国家对中等职业教育关注度不断提升，国家不断加大对公办中等职业教育扶持力度，民办中职囿于自身实力和竞争力的客观差距，发展空间受到一定压缩。至 2014 年《关于做好 2014 年高中阶段学校招生工作的通知》等文件明确提出，要推动"普职协调发展"后，民办中职教育对学生吸引力逐渐回升。一是民办中等职业学校在校生数及占比波动增长。2010 年，民办中等职业学校在校生数为 306.99 万人，2015 年下降至183.37 万人。2015 年后呈现波动上升趋势，2020 年达到 249.4 万人。同时，民办中职学校在校生占全国中职学校在校生总数同样呈现波动增长态势，2015 年后开始波动上涨，至 2020 年增至 14.99%（见图 7 - 9）。二是民办中等职业学校招生数及占比波动增长。2010 年，民办中等职业学校招生数为 113.19 万人，2015 年下降至 70.93 万人，整体呈现出平稳下降趋势。2015 年以后呈现波动上升趋势，至 2020 年达到 101.46 万人。同时，民办中等职业学校在校生所占比例在2015 年后波动上升，由 2010 年的 13.04% 增至 2020 年的 15.74%（见图 7 - 10）。三是民办中等职业学校毕业生数及占比先减后增。2010 年，民办中等职业学校毕业生数为 96.71 万人，2017 年降至 56.23 万人。2017 ~ 2020 年，呈现逐渐上升趋势，2020 年达到 65.68 万人。同时，民办中等职业学校在校生所占比例先降后升，由 2010 年的 14.67% 变为 2020 年的 13.55%（见图 7 - 11）。

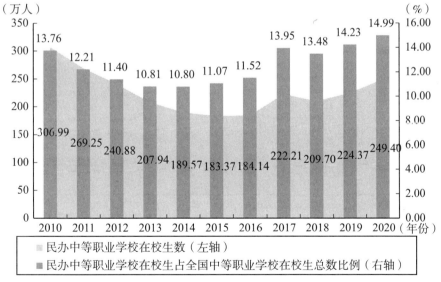

图 7 - 9 2010 ~ 2020 年全国民办中等职业学校在校生数及所占比例

资料来源：根据 2010 ~ 2020 年《中国教育统计年鉴》数据资料整理而成。

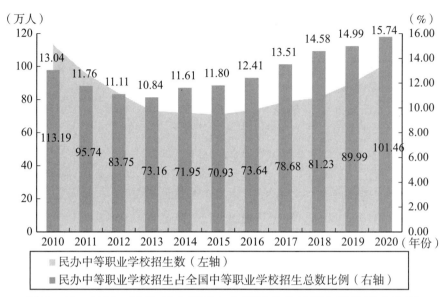

图 7 – 10　2010～2020 年全国民办中等职业学校招生数及所占比例

资料来源：根据 2010～2020 年《中国教育统计年鉴》数据资料整理而成。

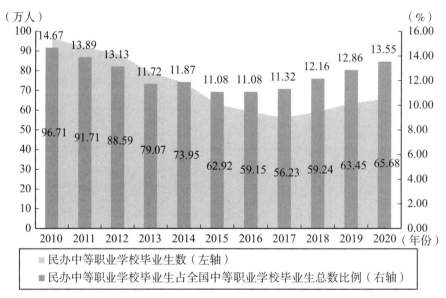

图 7 – 11　2010～2020 年全国民办中等职业学校毕业生数及所占比例

资料来源：根据 2010～2020 年《中国教育统计年鉴》数据资料整理而成。

第三，民办中等职业学校教职工及专任教师数先降后增。受公办中职教育蓬勃发展现实、国家脱贫攻坚战略实施和职业技术教育受重视程度提升等政策叠加影响，民办中等职业学校教职工及专任教师吸引力经历了先降后增的过程，影响民办中职发展。一是民办中等职业学校教职工数及占比先降后增。2010～2016年，民办中等职业学校教职工数下降，2016年降至10.28万人。2016～2020年稳步提升，2020年增至12.61万人。与此相似，民办中等职业学校教职工数占比同样呈现先降后增情况。2010～2016年，民办中等职业学校教职工数所占比例逐年降低，2016年降至9.46%；2016～2020年逐年提升，2020年提升至11.64%（见图7－12）。二是民办中等职业学校专任教师数及占比先降后增。2010～2016年，民办中等职业学校专任教师数下降，2016年降至7.01万人。2016～2020年稳步提升，2020年增至8.85万人。同时，民办中等职业学校专任教师数所占比例变化与此同步。2010～2016年，民办中等职业学校专任教师数所占比例先逐年降低，2016年降至8.35%。2016～2020年逐年提升，2020年提升至10.32%（见图7－13）。

图7－12 2010～2020年全国民办中等职业学校教职工数及所占比例

资料来源：根据2010～2020年《中国教育统计年鉴》数据整理而成。

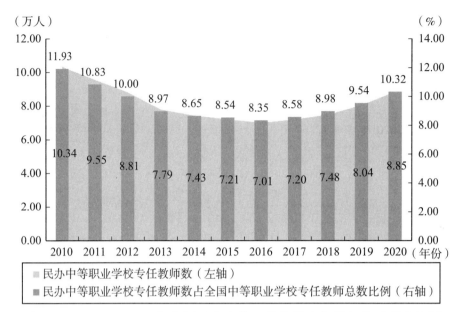

图 7 – 13 2010 ~ 2020 年全国民办中等职业学校专任教师数及所占比例

资料来源：根据 2010 ~ 2020 年《中国教育统计年鉴》数据整理而成。

第四，民办中等职业学校经费收支水平稳中有增。从统计数据看，一是民办中等职业学校教育经费总收入稳中有增。二是民办中等职业学校教育经费总支出稳中有增。三是民办中等职业学校教育经费总收入占全国中等职业学校教育经费总收入的比例先降后增（见图 7 – 14）。

二、非营利性民办高中发展现状

经四十余年的发展，我国民办高中取得了一定的成就，为我国基础教育质量提升提供了新的发展范式。非营利性民办高中是社会资本同地方教育资源结合的发展形式，发展非营利性民办高中有助于满足地方基础教育发展需要，调动地方基础教育发展积极性，带动区域内公民办高中有序竞争，提升社会对高中教育期望，非营利性民办高中的发展为我国基础教育质量水平的提高做出了巨大贡献。

（一）非营利性民办普通高中发展现状

近年来，我国民办普通高中在国家政策支持下，逐步实现了从野蛮生长到制度规范，从宏观管理向分类改革，从边缘补充到重要支撑的发展变革。非营利性民办普通高中在国家顶层设计与地方管理改革同步推动下，实现民办高中的制度创新。

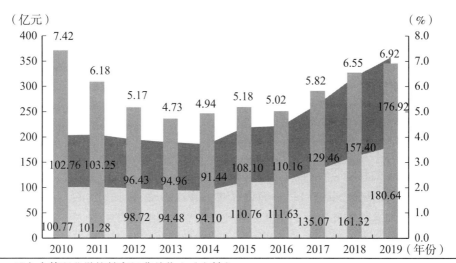

图 7-14 2010～2019 年民办中等职业学校教育经费收支情况

资料来源：根据 2011～2020 年《中国教育经费统计年鉴》数据整理而成。

第一，国家顶层制度设计逐渐完善，规范化改革措施逐步落地。2021 年，《民办教育促进法实施条例》的出台，标志着我国民办教育顶层设计初步完成。各地区参照国家相关政策文件要求落实非营利性民办普通高中办学改革。一是非营利性民办普通高中的投入方式相对明确。一方面，坚持公益属性办学得到明确。国家规定无论哪种性质的民办高中都需坚守教育公益属性，贯彻执行党的教育方针，落实立德树人的根本任务。另一方面，非营利性民办普通高中办学激励措施得到明确。在非营利性民办学校不得获取办学收益的背景下，国家进一步明确通过政府补贴、基金奖励等方式对学校进行奖励，同时规定非营利性民办学校享有与公办学校同等的税收优惠政策。通过免税审核的非营利性民办学校，政府依法免除其企业所得税，用电、用水、用气、用热等学校办学的基础资源，享受与公办学校同等价格政策。另外，国家也鼓励和支持社会力量对非营利性民办学校给予捐赠。[①] 二是非营利性民办普通高中的扶持政策不断完善。一方面，非营利性民办普通高中的教师待遇相对提高，非营利性民办高中教师享有与公办学校教师同等的人才引进支持政策。另一方面，非营利性民办普通高中同公办学校享受同等的用地政策。非营利性民办学校教育用地由地方政府根据用地规划及现实

① 《中央有关部门贯彻实施〈国务院关于鼓励社会力量兴办教育促进民办教育健康发展的若干意见〉任务分工方案》，教育部门户网，2017 年。

需求统一划拨，非营利性民办学校在土地供给、校园建筑建设立项、规费减免、基础水电能源供应等方面，依法享有与公办学校同等的优惠政策。三是非营利性民办普通高中的监督管理方式不断明确。一方面，国家加强对非营利性民办普通高中的资金监管。《民办教育促进法实施条例》规定，民办学校应依法依规对国有资产和捐赠财产进行使用、管理和监督。营利性和非营利性民办学校的资金收入应分别纳入学校银行结算账户和有关主管部门备案的账户进行使用和监督，教育、财政等相关部门要强化对非营利性民办学校签订交易协议的监督和管理。另一方面，国家强化对非营利性民办普通高中收费的监管。《关于进一步加强和规范教育收费管理的意见》①（以下简称《收费管理意见》）提出，可以对民办学校收费事项专门建立审计制度，尤其要强化对非营利性民办学校的关注，对非营利性民办学校举办者及合作者存在的办学不规范行为做出规定，不得从学费等办学收益或结余中牟利，不得以关联交易等形式挪用办学财产。

第二，管理方式不断细化，地方改革持续推进。民办教育顶层设计基本完成后，各地方结合国家相关政策文件，依据本地区民办教育发现需要，地方相继出台了专门规范分类管理后非营利性民办学校发展的地方性政策法规，以适应和支持本地区民办教育发展，客观上推动了非营利性民办普通高中的发展。一是地方非营利性民办普通高中的扶持方式不断创新。一方面，要积极探索基金会对非营利性民办普通高中的作用。如上海市要求要鼓励非营利性民办学校积极探索基金会在学校管理运行和办学方式创新中的作用。②另一方面，进一步加大财政支持和税费优惠力度。如辽宁省明确了要加大教育扶持资金对非营利性高水平民办学校重点项目的支持力度。③江苏省规定，获准举办的非营利性民办学校教学用地、用房免除契税。江西省明确要引导非营利性民办学校加强在技术服务和科研等方面的经费投入。④二是地方非营利性民办普通高中扶持政策逐渐完善。一方面，部分地区建立了非营利性民办普通高中收费调节机制，市场成为重要影响因素。如山东省规定，中等学段及以下非营利性民办学历教育机构、非营利性民办学前教育机构收费实行政府指导价。⑤温州市也对非营利性民办中小学收费标准进行了政府定价和调价，并要求各级政府依法强化民办学校收费行为监管。另一方

① 《关于进一步加强和规范教育收费管理的意见》，教育部门户网，2020年。
② 《上海市人民政府关于促进民办教育健康发展的实施意见》，上海市人民政府网，2017年。
③ 《辽宁省政府关于鼓励社会力量兴办教育促进民办教育健康发展的实施意见》，辽宁省人民政府网，2017年。
④ 《江苏省政府关于鼓励社会力量兴办教育促进民办教育健康发展的实施意见》，江苏省人民政府网，2018年。
⑤ 《山东省人民政府关于鼓励社会力量兴办教育促进民办教育健康发展的实施意见》，山东省人民政府网，2018年。

面，省市收费管理规范陆续出台。各地方人民政府可以限定由公办学校参与、接受政府财政补贴、使用国有资产的非营利性民办学校的最高收费标准。吉林省、西安市、济南市、台州市出台了专门的非营利性民办高中学费公示牌，安徽省发布了非营利性民办学校收费办法征求意见稿，越来越多的省市通过制定非营利性民办普通高中的学费标准，对地方非营利性民办高中进行规范扶持。三是地方监督管理制度不断完善。一方面，部分省市强化了财务监管与市场监督。宁夏要求加强对非营利性民办学校银行账户的监管，实行备案制。财务预算决算报告中应对财政性经费收入与使用状况进行说明，不断健全报备制度。[①] 另一方面，一些省市明确了保障与优化非营利性民办普通高中的办学措施。如北京鼓励非营利性民办学校积极争取捐赠，鼓励其设置教育基金会，不断扩大捐赠来源。

第三，师生发展瓶颈显现，保障水平亟待提升。非营利性民办普通高中的受教育经费投入上限受到制约，尽管其办学收入全部投入学校发展运营，但总量上的巨大差异导致其与同类型公办学校间差距逐渐拉大，学校内部教师和学生相应权利受到损害。一是教师社会保障水平不高，社会地位受到损伤。一方面，教师的社会保障水平不高。当前，中央公共财政预算中尚未设立专门支持非营利性民办教育发展的相关款项，公共财政支持力度不足，导致学校教师的整体收入水平偏低。同时，部分学校出于节约办学成本的考量，教师社会保险缴纳标准较低，教师退休后收入水平同公办教师差距较大。另一方面，非营利性民办高中教师的社会地位持续受损。政府对非营利性民办高中教师享有同公办教师同等地位的政策支持不足，学校对教师重要性的认识不完善，民办高中教师"雇员"身份与公办高中教师"教育公务人员"身份差距较大。二是学生发展的限制条件较多，影响学生能力提升。一方面，高昂的学费限制学生的自由成长。非营利性民办普通高中学费标准相对公办学校更高，学费是办学经费的主要来源，学生家庭选择借款或贷款方式帮助学生完成学业，使学生担负起沉重的经济负担和心理负担。另一方面，学校发展限制条件较多，无法满足学生多元发展需求。部分非营利性民办普通高中还停留在外延式发展阶段，寻求规模扩张和扩充办学经费仍是主要发展需求，有限的办学经费主要集中于对学校基本教育教学工作的满足，无法兼顾学生学业发展、就业创新能力培养、良好生活习惯养成等方面的需求。三是部分学校教育服务水平差距显著，学生能力水平不一。非营利性民办普通高中教育服务水平受地方经济、政治、文化和自身发展理念影响，校际差距相对较大。经济欠发达地区与发达地区的非营利性民办高中在师资水平、教学水平、课程质量、

---

① 《宁夏回族自治区人民政府关于鼓励社会力量兴办教育促进民办教育健康发展的实施意见》，宁夏回族自治区人民政府网，2018年。

学生素质等方面存在差距。

（二）非营利性民办职业高中发展现状

中等职业教育是我国基础教育阶段的重要组成部分，在现代职业教育体系中占据着基础性地位。近年来，中等职业教育经过资源整合、重点培育等一系列国家政策调整，发展质量取得了实质性进步。与此同时，非营利性民办职业高中在国家职业教育政策环境变迁背景下，形成了相对特殊的发展现状。

第一，人才培养取得一定成效，质量提升面临挑战。2015年前后，国家加大对公办中职学校扶持力度，公办职业高中的学费减免、优惠入学等条件客观上促进了职业高中的整体发展，但对民办非营利性职业高中产生了冲击。一是市场因素左右非营利性民办职业高中人才培养方向。受学校办学经费匮乏，市场依赖度高的现实制约，一定数量的非营利性民办职业高中尝试转向升学教育模式。部分地区出现为获取生源，不得不将中等职业教育重新定位为升学教育，不断加大文化课比重，刻意降低实习实训课程占比的现实情况。二是人才培养"空心化"现象多发，人才培养同地区经济发展需求结合不紧密。一些民办职业高中盲目开设热门专业，使得学校培养出的人才与用人市场的人才素质需求不匹配，如此在浪费了宝贵教育资源的同时，也损害了学生的利益和学校的长远发展。三是客观因素制约技术教育方式革新。受经费、师资、课程等资源的限制，部分地方非营利性民办职业高中人才培养的素质结构与市场需求的契合度不高，无论是在教育教学设施等硬件设备，还是在课程体系、教学过程、教材内容、教学方式等软件资源上都远远滞后于企业技术革命的速度，这都使得民办职业高中所培养出来的人才难以满足当下企业对高素质专业技能人才的需求。

第二，办学模式基本确定，同地方社会经济发展需求结合不紧密。地方非营利性民办职业高中经过数十年的发展，其内部对于教育资源的整合方式基本确定，通过开设热门专业迎合市场发展需求的市场反馈模式基本建立。然而，近年来地方民办非营利性职业高中发展呈现出逐渐脱离地方社会发展需求实际，过度追求服务都市需求的办学导向。一方面，同地方优势产业对基础技术技能人才的需求对接不同步。地方非营利性民办职业高中一般服务于地方职业人才培养需求，以满足快速提升学校就业人数，提升教育满意度的目标。随着城市化进程的推进，国内就业市场普遍存在中高级技术技能人才短缺的问题，部分学校转向以培养紧缺专业人才为目标，能够在短期内实现高就业率，完成政府和社会的预期值。然而，随着经济结构从增量扩能为主转向调整存量、做优增量，传统的"人口红利"发展模式基本终结，经济增长将更多依靠人力资本质量和技术进步。这意味着以外向输出为主要方向的传统的中职教育发展模式，将随着市场结构的快速转变，迅速淘汰以低技术含量培训为主要方式，以低端服务业就业为主导的就业市场将在市场迭代调整下被快速取代，难以实现可持续发展。另一方面，对开展基础农业教育必要性的重视不足，加剧地方"失人"现象。当前，非营利性民办职业高中开设专业主要面向城市发展需求，面向农业发展的人才培养十分不足。这是因为部分非营利性民办职业高中成长于城镇化提速阶段，城镇化水平的高速提升使得这些学校在办学过程中形成了"城镇化与农业相悖""农业衰败"的错误认识。地方非营利性中职教育往往会因年轻人欠缺"为农"意愿和农村人口不断减少的表象而剥离农业教育，使得学校目标定位存在严重"离农"现象，忽略了农业所隐含的重要经济发展潜力和对社会安定的重要性，这既不利于城乡融合发展，也不利于地方吸引人才，限制了地方发展的活力，加剧了城乡差距。

第三，普职融通教育改革滞后，学校可持续发展的阻力较大。非营利性民办职业高中作为社会资本举办的非营利性职业学校，其发展不可避免地受到"普职分流"情况下技术技能教育不利因素制约，普职融通教育改革是最大限度保证职业教育与普通教育优势互补、共同发展的可行选择。一是政策关注度不足，自主探索成为发展的主要方式。地方非营利性民办职业高中在国家推进普职融通教育改革过程中，受自身教育发展水平与隶属关系制约，较少有民办职业高中进入地方"普职融通"改革实验名单。地方非营利性民办职业高中的普职融通自主探索实践，一方面为学校的高质量发展和可持续发展提供实践经验，提升了社会关注水平；另一方面容易造成偏离职业教育发展目标，偏向升学教育的人才培养方式。二是工学结合、校企合作的培养方式建设缓慢。由于缺乏管理与行业指导，学校与地方企业的合作范围往往局限于举办方"朋友圈"的大小，广域、深度、融合的校企合作模式较难形成，更毋论根据企业发展需求，推进针对性的人才培养、技术创新等协同合作。三是部分地区政策支持未落地，"双师型"师资队伍建设严重滞后。有的地方的非营利性职业高中存在教师队伍数量不足、整体水平不高、组成结构不合理、职业教育兼职教师不足的现实情况。在人才引进上，对于高水平、高学历的"双师型"教师吸引力不足，工资待遇和社会保障水平较低，办学成本相对较高，但投入严重不足。

三、非营利性民办高中高质量发展的现实基础

非营利性民办高中高质量发展目标的实现，是充分利用民办教育体制机制优势，立足国家宏观教育政策背景环境，扎实推进基础教育改革举措落地，理顺民办高中内部管理与各要素协调发展的复杂现实条件相互作用的最终结果。从国家政策背景、基础教育改革举措、高中教育体制改革现实角度出发，思考非营利性

民办高中实现高质量发展的现实支撑有利于明确未来发展方向，推动民办高中办学水平及质量的进一步提升。

（一）国家宏观教育政策支撑

首先，民办教育分类管理改革为非营利性民办高中的发展提供了法律基础。自 2016 年出台《民办教育促进法修法决定》之后，中央和地方在贯彻落实《民办教育促进法》的基础上，不断完善相关法律制度体系，《鼓励社会力量兴办教育若干意见》《民办教育促进法实施条例》相继出台，为非营利性民办高中的发展奠定了政策基础。一是新修订的《民办教育促进法》规范了非营利性学校办学行为。2016 年 11 月 7 日第十二届全国人大审议通过《民办教育促进法修法决定》，为民办教育分类管理改革铺平了道路，一方面，废止了"不得以营利为目的举办学校及其他教育机构"的相关规定，为社会力量举办营利性民办学校打开了窗口[①]；另一方面，明确了"非营利性民办学校的举办者不得取得办学收益，学校的办学结余全部用于办学"的办学红线。二是《关于鼓励社会力量兴办教育促进民办教育健康发展的若干意见》（以下简称《若干意见》）和《民办学校分类登记实施细则》明确鼓励非营利性学校的政策导向。2016 年《若干意见》对非营利性民办高中的扶持方式创新、内部治理体系建设、教育教学质量提升、管理服务水平提高等方面做出了细化规定和明确要求，总体彰显了国家鼓励和支持非营利性民办学校发展的政策导向。《民办学校分类登记实施细则》明晰了非营利性民办学校的设立审批流程、登记方式及补偿奖励办法，对非营利性民办学校发展起到规范作用。三是《民办教育促进法实施条例》（以下简称《民促法实施条例》）出台，明确了非营利性民办学校发展的支持体系与规范思路。2021 年 4 月，国务院通过了修订后的《民促法实施条例》，对非营利性民办学校的收费标准、准入范围、财政支持方式、法律地位、管理评价方式等进行了清晰说明。

其次，"普职比大体相当"政策为非营利性民办高中发展提供了新机遇。中等职业教育是我国现代职业教育体系的重要组成部分，也是高中阶段教育的"双核"之一。当前，在国家"鼓励高中阶段学校多样化发展"的背景下，中职教育与普通高中教育同样都具有十分重要的地位，"普职比大体相当"政策还需继续大力推进。[②]"普职比大体相当"政策为非营利性民办高中利用自身体制机制灵活性，结合社会资源优势实现中等职业教育质量提升提供了历史机遇。一是非

---

① 王帅、吴霓、郑程月：《民办教育分类管理的推进概况、突出问题与对策建议——基于对国家和地方 29 省相关政策的文本分析》，载于《当代教育论坛》2019 年第 6 期。

② 石伟平、李鹏：《"普职比大体相当"的多重逻辑、实践困境与调整方略》，载于《中国职业技术教育》2021 年第 12 期。

营利性民办职业高中是贯彻"普职比大体相当"政策的重要载体。中职教育与区域经济发展具有同频共振的特点，中等职业教育的质量往往影响区域经济发展的整体程度与水平。地方快速提升中职教育质量需要非营利性民办中职利用自身同企业联系紧密的特点，创新职业教育办学方式，提升实践性知识传授比例，快速开发产学研用结合的职业教育课程，实现从学生学到企业实践的全程培养。① 二是非营利性民办高中有助于优化区域内不同类型教育发展的比例，有助于推动政府普职比划定的科学性。"普职比大体相当"政策是关系到地区高中教育质量、高中后教育发展方向、社会教育水平提升和终身教育体系建设的核心。地方政府对普职比制定的依据受地方教育拨款额能力和教育资源总量限制，举办非营利性民办职业高中能够突破传统公办中职教育拨款依赖性强的客观限制，能够以较少的教育经费投入撬动较大的社会投入，能够极大地满足地方政府基于地方需要划定科学的普职比。三是非营利性民办高中客观上增加了职业教育受教育机会，满足职业教育受教育需求。"普职比大体相当"政策为不同类型学生提供了差异化的受教育机会，非营利性民办高中客观上丰富了接受相应职业教育的可能性。非营利性民办中职为中西部贫困地区、民族地区、边远地区和革命老区的学生，家庭经济困难、残疾学生和进城务工人员子女提供了高中教育机会。② 同时，现代职业教育体系的进一步完善，使得非营利性民办中职学校的学生能够自主选择就业、升学、创业、留学等多种发展渠道，丰富了学生接受更高层级教育的选择性。

最后，国家考试制度改革推动非营利性民办高中加快提升办学质量。考试制度改革对高中阶段教育产生了巨大的制约效应，非营利性民办高中的发展受考试制度的影响更为显著。一是高考制度改革指引非营利性民办高中的改革发展方向。高考改革趋势直接引导非营利性高中的资源配置和经费投入方向，在高考改革实践推动下，大学自主招生形式影响了高中的课程设置，是高中课程内容调整的风向标。多样化的招生机制推动了非营利性民办高中特色化、多样化的办学实践，为解决流动人口子女升学、填补区域教育资源差距做出巨大贡献。二是学业水平考试改革是推动非营利性民办高中实现多样化、特色化发展的制度依托。学业水平考试为学生提供了探索多样化课程的选择机遇，引导着普通非营利性高中课程设置风向，为课程多样化划定边界，围绕学业水平考试科目，制定多样化、特色化、定制化的课程选择，是非营利性民办高中实现错位竞争、差异化办学，提升办学质量的重要优势。三是中考分流为非营利性民办高中的差异化发展和竞

---

① 万翼、叶清：《加快普及高中阶段教育背景下的民办普通高中发展策略》，载于《教育学术月刊》2009 年第 12 期。

② 石伟平：《新时代我国中等职业教育发展若干重大问题再思考》，载于《中国职业技术教育》2018年第 25 期。

争提供了可能。出于缓解中考择校、流动人口子女入学、职业教育需求等因素，国家对中考后教育进行分流，客观上为非营利性民办高中与公办高中实现差异化竞争，提供了政策支持与生源保障。非营利性民办高中发挥办学主动性，主动对接普通高中不愿投入资金和精力的职业教育特色分流需求，满足有多样化发展需求学生的受教育意愿，为差异化竞争打开了一扇窗。

（二）高中教育改革实践

首先，非营利性民办高中的组织灵活性助推内部改革升温。非营利性民办高中较之公办高中拥有更为灵活的教育管理、办学体制活性，是非营利性民办高中敢于改革、勇于探索的底气来源。一是办学体制特征决定多元化办学成为必然选择。非营利性民办高中一般由自然人或相关法人单独或联合举办，地方政府对非营利性民办高中给予适当补贴和财政支持。经费相对独立的现状决定非营利性民办高中的办学质量是学校生存的唯一依托，千方百计提升内涵建设成为非营利性民办高中的办学价值引导和追求。多元化办学为非营利性民办高中（普通高中和职业高中）提供了更为充裕的资金来源、更优质的生源质量、更便捷的提升通道，同时也有助于缓解地方教育财政不足的压力，满足地方对于差异化教育资源的需求。二是非营利性民办高中的管理归属相对明确，有助于教育改革实践活动的开展。《民办教育促进法》中明确提出各级各类民办学校依照现有教育管理层级进行分头管理，非营利性民办普通高中由所属市、县进行分头管理，非营利性民办职业高中管理以"县级以上地方各级人民政府为主"。教育主管部门对于统筹协调地区非营利性民办高中所需教育资源，能够做到一体推动、协调运行，同时受自身体制灵活性影响，非营利性民办高中受地方行政管理能力差距影响更小，多样化发展除依赖地方政策支持、经费拨款外，更多依赖学校合作办学、多元筹资等方式实现。三是民办教育发展规范相对完善，完备法律体系保障学校自主权。我国高中教育法律保障欠缺的现实则成为制约普通公办高中多样化发展的重要因素，公办教育的公有制属性使得在相关权属尚未澄清前提下，相对深入、复杂的体制改革、管理改革较难推行。同时，我国民办教育立法工作稳步推进，至2021年《民促法实施条例》出台，我国民办教育政策体系顶层设计基本完成，非营利性民办高中的自主发展在相关法律法规及政策文件中进行了详细的说明，能够基本规范非营利性民办高中的办学行为。

其次，课程改革支撑非营利性民办高中高质量发展。课程是高中教学的核心单元，近年来我国课程改革发展趋势逐渐走向多样性、灵活性和开放性的课程建设，使得非营利性民办高中的教学质量更具竞争力。① 一方面，普通高中课程改革实践推动非营利性普通高中课程竞争力的提升。课程改革对于普通高中的课程类型、体系和教育教学方式提出了更高要求，需要遵循学生的多样化学习需求进行改革。非营利性民办普通高中较之公办高中的最大优势，恰恰在于其相对灵活的教育教学目标设定，新型教学方式的引入和创新课程建设，利用自身体制优势推进课程改革实施是非营利性民办普通高中与公办高中相比最大的竞争优势。另一方面，应用型课程建设推动非营利性民办职业中学内涵提升。培养具有一定职业教育理论素养与实践能力的职业人才是非营利性民办职业中学的主要办学目标，应用型课程建设是学校目标实现的载体和依托。应用型课程建设的关键在于实践课程的落地与实施，非营利性民办中职基于市场发展需要，能够灵活地调整课程设置名录，引导学生学用结合，贴近生产实践；同时，基于学校自身同举办方的紧密联系，利用自身优势举办"独角兽"学科，有助于提升职业教育社会吸引力；在社会资源加持下，"双师型"教师聘任渠道相对通畅，有助于课程设计成效的达成；同社会的紧密联系，能够迅速地检验课程设置成效，及时调整课程内容，实现教育与市场的有机联动。

最后，领导体制活性成为支撑高质量发展的重要因素。非营利性民办高中的领导权、管理权与所有权相对分离，权力分散有助于明确不同机构行使权力的边界，形成合力促进学校教育质量的提升。一是校长管理权的落实为学校教育改革提供了底气和空间。与公办学校不同，非营利性民办高中校长主要承担学校日常事务管理责任，是履行高中教育教学改革和质量提升的第一责任人。相对来说，非营利性民办高中基于多样化、特色化发展目标的实现，校长在课程设置、专业调整、招生倾向等方面拥有较高办学自主权，同时民办高中"唯升学"导向相对较轻，校长拥有较大改革空间。同时，校长的"职业经理人"身份决定其作为管理专业人员的权力边界，相对完善的绩效考核标准与工作压力成为其不断提升专业水准、推动学校改革的重要动力。二是相对清晰的党委领导权边界为学校改革指明了方向。与公办教育相比，民办教育虽然与市场联系更为紧密，与国家政治文化运行机制的联系相对较弱。② 非营利性民办学校党委主要聚焦贯彻党的教育方针，监督非营利性办学目标实现和落实学校立德树人根本任务等思想领导事宜。在非营利性民办学校日常运行中，一般不直接插手学校的日常运行，有效避免了传统公办学校内部政治领导权力与行政管理权力的边界不清晰，减少多头领

① 张宁娟、武向荣：《国际视野下的高质量基础教育及其体系构建》，载于《教育科学研究》2021年第9期。
② 光明网．加强党的全面领导民办教育怎么做，2021-08-04，https：//m.gmw.cn/baijia/2020-08/04/34054470.html.

导的弊端。三是董事会领导权的进一步明确，为学校发展创造良好环境。董事会领导下的校长负责制是非营利性民办高中的领导体制，党组织、理事会（董事会）和校长间的关系和分头工作体系相对明确，职责担当相对清晰。同时，建立理事会对董事会权力进行监督，有助于进一步避免董事会对校长领导权的侵犯。

（三）教育理论支撑

首先，正义论为非营利性民办高中未来办学指引方向。罗尔斯正义论提出了公平平等原则和差别平等原则，其实质是对资源的公平分配。非营利性民办高中的发展需要坚持差别补偿原则，平等地分配有限的教育资源，同时针对教育弱势群体适当给予补偿性分配。一是明确特色化办学是实现公平发展的重要手段。特色化办学是非营利性民办高中破除地方教育资源存量"危机"，实现教育资源增量提升的手段。非营利性民办高中在办学质量、水平、生源等方面同地方普通高中存在差距，特色化是吸引优秀生源和教师力量的唯一出路。结合自身办学优势，精确定位发展方向，找准自身在管理体系、课程设置、教学方法、人才培养、文化建设等方面的特色办学突破口，进行重点攻关。二是推动政策落地与施行是保障公平竞争的依托。正义是帮助最不利者改善生活的行为，以地方教育发展需求为前提，推动非营利性民办高中的地方支持落地，在财政扶持、准入、办学用地、税收优惠等方面适当给予非营利性民办高中更多优惠，推动中央转移支付部分教育金额用于非营利性民办高中经费支持。尝试推动面向偏远地区、少数民族地区、西部地区的教育扶贫，对口支援政策落地非营利性民办高中，做到非营利性民办高中的扶持政策升级、落实。三是实现教师规范管理是体现内部公平的重要前提。建立统一的教师选拔机制，鼓励学校提升"自我培养"教师比例，实现针对师资需求缺口的自我补充，打通教师交流渠道，推动民办高中教师教学水平提升，建立激励性考评体系，鼓励教师的自我提升与专业发展。适当提升非营利性民办高中教师保障水平，在职称评定、考核、专业培训等方面向同水平公办教师靠拢，在社会福利、养老保险方面进行补充。同时，坚决处分违反师德师风条例的教师，设立教师考核预警机制，实现奖惩有度、有据、有节。[①]

其次，培育学生的核心素养是非营利性民办高中人才培养的重要目标。核心素养是指学生应该具备的，能够适应个体终身发展需求和经济社会发展需要的必备品格与关键能力。[②] 从核心素养的培育看，学生核心素养的形成主要通过学校

---

① 欧以克、陈秀琼、付倩：《广西边境地区民办高中教育发展境况及优化路径——基于正义论视角》，载于《民族教育研究》2020 年第 6 期。

② 林崇德：《面向 21 世纪的学生核心素养研究》，北京师范大学出版社 2016 年版。

教育来获得，非营利性民办高中作为教育发展的重要环节，探索适合自身办学实际的核心素养培养路径十分重要。一是以课程改革助推核心素养培育。基于核心素养发展要求，对非营利性民办高中的课程体系进行深化与再审视，需要结合民办高中课程设置现状，明确学科化的教学目标设定、针对性的教学内容准备、全过程的学业表现核准，推动学生核心素养培育。二是以学业质量标准考量核心素养培养情况。核心素养是涉及学生人生发展全面能力的统称，其内容相对宽泛。学业质量标准是衡量一定阶段内学生学习能力和水平的标准化要求，是核心素养的阶段性体现。非营利性民办高中需要参考核心素养发展目标，对学校内部学业质量标准进行修订，强化学生能力获取的阶段性考查，而非课程内容的掌握情况，需同地方主管部门一起制定量化、分级的质量标准考核方式。[①] 三是以整体环境塑造推动核心素养培育。学生核心素养的培养是贯穿生命全程的持续获得过程，价值观、道德水平和行为规范的获得是家庭与社会、学校共同作用的结果。非营利性民办高中要积极同社会、学生家庭相沟通，共同助力学生核心素养培育，要发挥同社会联系紧密的特点，推动适龄学生接受适当社会教育，推动学生更多地接受义务劳动、志愿服务教育，实现全方位育人。[②]

最后，人力资本理论引导非营利性民办高中的办学倾向。人力资本主要指人身上代表的资本价值，包括个体的教育、职业技能等支出和接受教育的机会成本等。外在表现为个体的知识能力、生产技能、管理技能、劳动技能以及身体健康素养等存量的综合。人力资本理论对非营利性民办高中的人才培养目标、办学行为产生影响。一是提升学生人力资本价值是非营利性民办高中人才培养的关键追求。非营利性职业高中毕业学生的就业情况、普通高中学生升学情况成为吸引优质生源、同公办学校进行竞争的重要方面。同时，市场对于拥有较高教育资本的学生给予了更为积极的正反馈，加剧了非营利性民办高中对于学生知识赋能的迫切性。二是人力资本价值直接影响非营利性民办高中的办学行为。非营利性民办高中办学质量的评价标准受市场影响更为显著，学校针对市场欢迎的专业学科、知识技能进行重点开发，利用校本课程和职业技术课程创新，满足市场需求，实现学生潜在人力资本提升。同时，在教师聘任方面，学校倾向于聘请青年高学历教师和退休骨干教师，一方面，青年教师的教育素养较高，教学技能的学习接受程度较快，同时工资支出水平较低，能够以较低的价格获取更高的价值。另一方面，退休骨干教师自身拥有极高的教育教学水平和教育素养，聘请他们付出的价格相对低于获取的人力资本价值。三是对更高人力资本价值的追求有助于激发学

---

① 姜宇、辛涛、刘霞等：《基于核心素养的教育改革实践途径与策略》，载于《中国教育学刊》2016年第6期。

② 林崇德：《中国学生核心素养研究》，载于《心理与行为研究》2017年第2期。

校办学活力。非营利性民办高中主要收益来源于学费及部分政府补贴，学校办学水平的提升是教师与学生在有限资源限制下进行努力和合作的结果。获取更高的人力资本价值，一方面，可以激发举办者投入热情，提升非营利性民办高中举办者的情感认同和社会地位。另一方面，是对教师教学成果和学生学习的阶段性认可，有助于形成良好的师生氛围和学习环境。

第二节　非营利性民办高中发展的新形势和新挑战

非营利性民办高中是我国高中教育高质量发展的重要发展极，在大力推进高中阶段教育优质特色发展的新形势下，非营利性民办高中正成为社会高度关注的一种教育类型，社会对其发展充满了期待。然而，非营利性民办高中实现优质特色发展仍面临着人才培养、师资队伍、管理体制和政策支持等方面的挑战。

一、人才培养形势和挑战

人才培养是非营利性民办高中高质量发展的核心任务，是决定高中发展质量水平的生命线。根据《2020 年全国教育事业发展统计公报》数据，我国民办高中学生数呈现总体上升的趋势，民办普通高中和民办中职学校的在校生数和招生数稳步提升。[①] 在校生数不断增加的同时，非营利性民办高中在生源选择、培养方式等方面有待进一步强化和提升，以促进自身人才培养质量水平的提升。

一方面，部分学校生源选择空间较小，人才培养质量成效受影响。一是招生限制性措施客观存在，"公民同招"政策效果待强化。《民办教育促进法实施条例》规定，民办学校与公办学校在招生权方面应受到同等待遇，招生规模在遵照审批机关所核定的额度之内，可以自行设定以何种标准和方式与公办学校实现同期招生。《意见》[②] 规定，审批地应对民办义务教育学校进行统一管理，民办学校与公办学校实行同步招生；如若报名超出既定计划人数，则采用电脑派位、随机录取的方式。然而，出于不同地方政府对公民办教育发展需求认识不同，"公民同招"政策效果有待加强，如不得测试、考试、提前招生等对非营利性民办高

---

① 教育部网站：《2020 年全国教育事业发展统计公报》，2021 年。
② 《中共中央国务院关于深化教育教学改革全面提高义务教育质量的意见》，中央政府门户网，2019 年。

中的招生限制仍旧存在。[①] 二是生源质量差距客观存在，影响教学效果呈现。普通非营利性民办学校在地方教育序列中竞争力普遍不高，学生整体学习水平、学习习惯和学习评价相对较低，尽管民办高中拥有一定程度的生源筛选权力，但整体质量差距将持续影响非营利性民办高中的教学效果。三是部分学校招生宣传手段不科学，违规宣传损害学校形象。少数民办高中在招生过程中缺乏法治意识和正确的办学指导思想，招生计划不合理，程序不规范，还存在鼓吹升学率，宣扬中、高考状元，组织统一的学科知识和竞赛类考试等违规现象，夸大虚假宣传、故意隐瞒、欺骗欺诈、恶性竞争等违规招生现象时有发生，不仅损害了家长和学生的合法权益，还对学校的社会形象造成不良影响。

另一方面，校际差距逐步拉大，人才培养方式创新不足。一是办学目标定位差异显著，"补充教育"与"选择教育"并存。其一，非营利性民办高中成为广大偏远地区高中教育序列的"有益补充"，发挥着为受教育者提供额外教育机会的功能。[②] 其二，存在着将高水平民办高中作为提供优质教育资源的"选择教育"，客观上加重了我国基础教育优质资源分配不均的现实状况。二是特色化人才培养模式建设滞后，素质教育与职业教育目标未完全实现。其一，受升学压力与市场压力双重影响，民办普通高中素质教育活动课程往往让位于能够直接服务升学的知识性课程，自身优质素质教育资源未能发挥全部功用。其二，民办职业高中出于吸引生源、保障生存等原因，不得不淡化自身职业教育属性，人才培养向升学教育模式靠拢，造成职业教育向普通教育模式倾斜，阻碍民办高职教育的特色化发展。[③] 三是校际投入差距不断增大，高中教育公平问题逐渐凸显。其一，同一地区不同举办方举办的民办高中受投入水平影响，其师资水平、教学设施、生源质量等均存在显著差异，民办高中的分化现象逐渐显现。其二，不同地区民办高中受地方经济发展条件影响显著，一线城市同二线城市，一、二线城市同其他城市间教育投入差距悬殊，民办教育资源时空分配不均，极大地影响了基础教育公平的实现。

二、师资队伍建设形势和挑战

加强师资队伍建设和维护教师权益是非营利性民办高中落实民办教育法律法

---

① 方建锋：《近年来上海市民办中小学招生工作的问题及对策》，载于《上海教育科研》2009 年第 1 期。

② 欧以克、陈秀琼、付倩：《广西边境地区民办高中教育发展境况及优化路径——基于正义论视角》，载于《民族教育研究》2020 年第 6 期。

③ 黄琳：《我国中职教育发展定位的争论与反思》，载于《职业技术教育》2018 年第 19 期。

规，实现自身可持续发展的重要依托。但在实际办学过程中，仍存在教师保障不完善、师资结构不合理、重要性认识不足等问题，制约着学校发展。

第一，部分学校教师保障不完善，阻碍公益性、高质量办学目标实现。教师水平、收益水平和生源水平是影响民办高中办学质量提升的主要因素，一些非营利性民办高中存在教师待遇保障落实不到位、教育经费支持力度不足、招生限制措施较多等现实问题。一是部分非营利性民办高中教师待遇保障落实不到位，教师教学热情难以激发。《民办教育促进法实施条例》明确了县级以上政府可采取政府补贴、以奖代补等方式引导和支持非营利性民办学校切实保障教师待遇。然而，部分地区对非营利性民办高中的奖励措施与教师发展经费拨款水平较低，压缩非营利性民办高中教师专业成长空间，不利于发展稳定的教育教学队伍，激发教师教学热情。二是有的地区非营利性民办高中教育经费支持力度不足，收支平衡维系困难。参照公办高中生均经费等标准进行经费补助和支持是实现非营利性办学的重要支撑。然而，部分地方对非营利性民办高中的财政支持相对不足，非营利性民办高中的办学收入仍以学杂费为主要来源。客观上，非营利性民办高中收费水平较高的现实情况淡化了非营利性办学的价值趋向，导致社会对非营利性民办高中办学目标的误解加深，加剧了学校的收支失衡。三是一些地区非营利性民办高中招生限制措施较多，影响非营利性办学积极性。积极引导和支持非营利性民办学校发展已经成为政策共识，当前部分地方对于民办高中"跨区招生"限制同国家政策要求间存在较大优化调整的空间，相关地方政策对于非营利性同营利性民办高中间的招生限制未做明确说明，直接影响非营利性民办高中的办学预期，影响办学积极性。

第二，有的高中师资结构不尽合理，教师专业发展空间受压缩。师资队伍是决定学校教育教学水平的关键，受民办学校发展需求和教师法律地位影响，非营利性民办高中存在教师队伍结构失衡、专业发展道路不畅、待遇保障两极化等问题，制约质量提升。一是部分民办高中教师结构失衡，学校可持续发展受阻。一方面，教师的年龄结构不合理，青年教师和老年教师人数相对较多，壮年教师人数较少，呈现哑铃式结构分布，两极分化严重。[1] 另一方面，教师的学科结构相对失衡，主课教师（语、数、外）相对较多，副课教师相对较少。二是有的民办高中教师队伍稳定性较差，教师成长空间不足，离职率较高。民办高中教师是民办高中的聘任人员，民办学校利用市场化竞争机制进行人员调配，压缩教师个人的专业发展进程，利用竞争与淘汰机制保障学校教育教学质量。三是存在民办教

---

[1] 翟雅楠、李锦云：《河北省民办中学师资建设的问题与对策》，载于《河北师范大学学报（教育科学版）》2013 年第 9 期。

师待遇保障水平两极化分布情况。一方面,"明星校"与普通高校教师待遇差距显著。非营利性民办高中办学收入主要来源于学费收入与地方财政拨款,部分地方民办"明星校"教师工资收入显著高于地区教师平均工资水平,普通民办高中教师待遇则一般低于或持平于地区教师平均工资水平。另一方面,民办高中在职教师与退休教师待遇差距显著。绩效工资与奖金构成民办高中教师的主要收入来源,基本工资占比相对偏低。教师退休后,养老保险投保额度成为影响退休金数额的主要因素,造成民办高中教师职前职后待遇差距的巨大鸿沟。

第三,师资建设重要性认识不足,可持续发展目标实现受影响。一是有的学校对非营利性民办高中教师的地位属性认识不足。在非营利性民办高中发展过程中,存在轻视教师队伍建设,将教师培养的重要性排在学校硬件设备改造、影响力扩张、学生生源保障之后的现实情况。在学校发展规划中,往往将教师工资待遇、福利保障、专业发展等问题作为学校发展的未来改善性条件进行定位。[1] 客观上,对于教师地位属性的轻视直接影响了学校办学质量提升。二是部分高中教师队伍建设规划落实难,市场要素影响教师专业发展。分类登记改革后,非营利性民办高中普遍明确了自身教师队伍发展规划,但受地方教育发展导向、市场影响下的办学压力增加、办学成本增长等因素影响,非营利性民办高中教师队伍发展规划落地存在较大障碍,调整发展规划或未完全参照规划进行师资队伍建设的情况时有发生。三是有的高中教师队伍集群效应不显著,整体发展观未明确。受民办高中教师队伍结构不合理客观限制,非营利性民办高中教师的发展资源相对较少,教师群体间内部竞争更为激烈,教研共同体的作用空间相对更少,直接影响多学科合作教学、校本课程研发等教学实践,不利于形成以中青年骨干教师为主体、新老教师合作推动教学实践的集群效应显现。

三、管理体制改革形势和挑战

分类管理改革后,中央和地方教育管理部门通过出台系列政策文件,进一步强化了对非营利性民办高中的监督与管理。当前,非营利性民办高中主要存在治理机制不完善,支撑力度不足、内部管理机制有缺陷,机制建设待加强、外部监管不充分、方法需完善等问题,制约非营利性民办高中管理体制革新。

第一,部分非营利性民办高中的治理机制不完善,发展支撑相对不足。高中教育特殊性决定了地方对于民办高中教育的政策支持相对谨慎,政策创新风险难度高、支撑力度不足等现状在学校行政管理方式、办学方向和管理边界等方面造

---

[1] 周海涛:《民办教育分类管理政策实施跟踪与评估研究》,经济科学出版社 2019 年版。

成困扰。一是存在教育管理粗放化现象，忽视民办教育内在差异性。地方教育主管部门将非营利性民办高中纳入现有教育管理体系，忽视了民办学校与公办学校、非营利性民办教育与营利性民办教育、民办普通教育与民办职业教育的内在差异，不利于地方民办高中充分利用自身优势资源实现快速发展。二是有的学校内部办学导向单一化，教育功利化风险不断加剧。以升学为目的的办学目标成为地方民办高中发展的指标器，市场需求促使不同类型民办高中（民办普通高中与职业高中）向"升学基地"转化，不利于基础教育的健康发展。三是部分地方对非营利性民办高中的管理边界模糊化，地方教育管理权力逐渐泛化。地方政府针对民办高中的规章细则相对较少，主要依托现有高中教育管理体制进行监管。受基础教育特殊性制约，地方管理部门对非营利性民办高中"不敢不管，能管尽管"，一方面极大占用了地方教育管理资源，另一方面不利于民办教育发挥自身体制机制活性，提升教育质量。

第二，部分非营利性民办高中内部管理存在缺陷，机制支撑相对不足。科学、完善的内部运行与决策管理机制是保障民办高中非营利性办学目标得以实现的重要前提，有的非营利性民办高中存在法人治理结构不完善、督导制衡机制未落地、资产管理和财务管理制度不健全等问题。一是部分学校的法人治理结构不完善，内部权力边界不清晰。一些非营利性民办高中的决策层与管理层在践行非营利性办学的目标和方式方法上存在偏差，董事长权力泛化，影响学校办学方向与计划的最终确定，学校董事会、监事会间权责分工不清晰，党委参与决策对公益性办学的重要支撑地位未凸显。二是部分非营利性民办学校的内部督导制衡机制未落地，内部监管缺位。在部分非营利性民办高中的内部管理体系中，监事会未成为常设监督机构，对民办高中公益性办学监督不完善；教职工代表大会和工会职能发挥不充分，教师参与民主管理、民主监督的权力受到限制，民主监督能力建设受到削弱。三是有的非营利性民办学校资产与财务管理制度不完善，财产权保障不到位。部分民办高中存在财务管理标准和目标不明确、财务管理不规范等现象，不利于对学校办学资产与财产进行实时监督。具体表现为财务报表编制不规范，专职财务人员数量不足，或由行政人员兼任，财务管理水平低，规划能力不足，审计制度落实不到位，监督执行力较低。

第三，一些地方对非营利性民办高中办学监管责任落实不充分，监管方法待完善。地方政府是非营利性民办高中的监管主体，受具体发展条件与能力制约，一些地方对非营利性民办学校的办学监管存在监督管理边界模糊、外部审计和核算制度建设不到位、税收优惠未落实等现象。[①] 一是部分地方非营利性民办高中

---

① 张国霖：《我国普通高中教育发展中的政府角色》，载于《教育理论与实践》2009 年第 10 期。

的监督管理边界模糊，管理目标"不聚焦"现象普遍存在。民办高中实现非营利性办学目标的保障和监管不到位，有的地方针对非营利性民办高中的规章细则相对较少，主要依托现有高中教育管理体制进行监管，对于民办高中获取超额办学收益、违规办学的监管待强化。二是一些地区非营利性民办高中的外部审计和会计核算制度建设不到位，政府指导职能发挥不充分。审计与会计核算制度是民办高中实现非营利性办学的重要保障，政府在推动相关制度建设方面发挥指导作用。非营利性民办高中的第三方审计制度建设滞后，民办学校会计核算制度建设不规范，有的地方对非营利性民办高中的年度财务报告、决算报告和预算报告报备制度建设推动不足。三是部分省市非营利性民办高中税收优惠落实不到位，管理责任不明确。针对非营利性民办学校的税费减免力度有待加大，现有非营利组织的所得税税费减免优惠落实不到位，非营利性民办学校企业所得税税额占比较高，超过 10%。[①]

四、外部环境形势和挑战

新修订的《民办教育促进法》和《民办教育促进法实施条例》初步明确了我国民办教育的顶层设计，教育部及各省市关于民办教育发展的相关条例、办法进一步完善了对于民办教育的政策支持。但对于地方非营利性民办高中的政策支持，仍存在分类登记政策不完善、筹资渠道不明晰、合作办学制度不规范等问题。

第一，一些地区分类登记政策待完善，政策指引亟须加大力度。我国民办教育分类登记政策体系建设已基本形成，各地市根据国家分类登记管理要求出台相应地方性细则，推进民办学校分类登记改革。但分类登记仍存在政策体系不完善、程序衔接待细化、管理体系待优化的现实问题，制约着非营利性民办高中的未来发展。一是部分地方分类登记政策体系不完善，地区非营利性办学指导供给不足。在国家顶层设计指引下，各省市纷纷出台实施意见以推动新法新政落地，但总体上与"国务院30条"基本同质，创新性较少，宏观性、指导性、原则性特征明显，缺少对地方民办高中发展的特殊性进行考量，政策内容与结构创新性不足。受不同地区民办高中数量、规模、层次、类别的差异性因素影响，出现相关政策落地难、推广难等问题。当前，仅有部分省市依据地方民办教育发展情况与实际需求，尝试细化了非营利性民办学校的政策支持办法。二是部分地方分类

---

① 胡卫、张欣、方建锋：《营利非营利分类管理下民办学校税收问题与建议》，载于《复旦教育论坛》2020 年第 4 期。

登记程序衔接流程待细化。部分地区在非营利性民办高中办学申请流程、名称预核准、分类登记过渡期设置等方面存在不合理现象，对于重新登记为非营利性的高中学校，名称核准环节缺失、过渡期设置不合理或不明确、转变办学方式的申请流程不清晰等问题困扰地方非营利性民办高中的办学实践。三是分类登记改革的管理体系待优化。面向非营利性民办高中的地方教育管理部门的职能体系不完善，面对地方繁重的分类登记任务，现有管理部门合力不足，加剧了分类登记改革效率的内部耗散。一方面，地方民办教育管理部门职能等级相对较低，较难满足非营利性民办高中分类登记后的发展改革需求；另一方面，非营利性民办高中的发展涉及多个政府部门的职责范围，分散化的管理策略进一步造成了分类登记改革效率的内部耗散。相关法律法规和各省市分类登记实施细则在方向和原则上达成了共识，但在具体操作和部分细节问题上还未能达成一致。例如，对于非营利性民办高中适用何种扶持政策，奖励补偿、税费优惠如何具体执行等问题，不同部门存在较大分歧，这使得政策落地效果打折扣。

第二，筹资渠道不通畅，非营利性办学保障待强化。充足的办学经费是支撑民办高中发展的首要因素，适当拓宽非营利性民办高中的办学筹资渠道是服务非营利性办学的重要手段。当前，我国相关法律制度规范不断推进，非营利性学校筹资的限制性措施不断消解，但非营利性民办高中仍旧面临经费结构不合理、筹资效果不显著、风险防控能力不足的现实问题。一是有的学校经费结构不合理，筹资渠道与方式单一。我国非营利性民办学校办学经费筹措渠道方式相对简单，主要以学杂费为主要收入来源，近年来政府财政支持力度有所增加，社会对于非营利性民办高中的捐赠数量较少，经费不稳定性仍旧较大，维持经费收支平衡难度较大。二是有的非营利性民办高中社会筹资效果不显著，筹资能力较差。受历史因素制约，民办高中对筹资的重视程度不高，筹资人才储备相对不足；自身教育社会认可度较低，知识转化价值不高，影响筹资工作的开展。同时，政府对于非营利性民办高中的筹资指导不足，教育金融产品开发等新兴方式的支持力度不足。三是部分非营利性民办高中的金融风险控制水平不高，风险承担能力不足。民办高中以社会组织为办学基础，其风险鉴别能力较公办学校更低，学校抗风险能力较低。同时，受市场规律影响相对较大，金融产品及金融服务可能成为推动民办教育背离非营利性办学，增强教育金融化风险的因素。

第三，合作办学机制不健全，操作性细则待落地。合作举办非营利性民办高中有助于地方充分利用社会资源，实现优势教育资源的互补利用。地方非营利性民办高中合作办学形式主要包括以混合所有制办学、多私企合作办学和多自然人合作办学等形式。非营利性民办高中合作办学仍存在内部运行机制不统一、外部监管能力不足、操作性细则不落地等现实问题。一是合作办学的内部权力构成相对复杂，运行机制不统一。董事会领导下的校长负责制是民办学校的组织形式，但受内部权力主导力量影响，部分合作举办的非营利性民办高中内部的办学方向主导权、行政管理权、决策权、财政权等权力掌握较为分散，不同人员（包括教师、中层管理者、高层管理者、举办者、合作举办者）参与治理的权责范围尚未明确，不同学校部门间的话语权差距较大，不利于科学的内部治理机制形成。二是部分地区对合作举办的非营利性民办学校监管水平不高，增加办学风险。部分地方民办教育主管机构层级较低，管理人员较少，执法能力相对不足，无法承接对多主体合作举办学校情况的监管任务。地方对非营利性民办高中的监管主要集中于教学评估，系统性评估体系未建立。三是合作举办非营利性民办高中的操作性细则未落地。合作的方式不明确，解决争端的思路方案、有效合作的方式方法同样不明确，不同形式的合作流程直接影响合作各主体权利与义务。不同高中内部的争端解决办法差异性较大，影响合作办学方式的推广效力。

第三节　非营利性民办高中优质特色发展的创新举措

在我国大力推进非营利性民办高中优质特色发展的背景下，面对学校改革发展面临的新形势和新挑战，亟需非营利性民办高中办学的新思路和新作为。当前，对于我国非营利性民办高中而言，应聚焦创新人才培养模式创新、完善教师发展制度、健全学校治理机制、优化国家政策支持体系，夯实学校优质特色发展根基。

一、创新人才培养模式，提高学校育人质量

在分类管理改革的历史机遇期，非营利性民办高中需明确培养高质量人才的发展定位，加快建设高质量人才培养体系，集合政策红利与自身发展优势提高学校生源质量，打造契合非营利性民办高中发展实际的特色人才培养模式。

一方面，改善生源质量，多措并举提升人才培养水平。生源质量水平是影响民办高中整体教学质量的第一道关卡，是影响非营利性民办高中人才培养水平的重要因素。一是深入贯彻落实"公民同招"政策，破除非营利性民办高中不合理招生限制。国家《民办教育促进法实施条例》和《关于鼓励社会力量兴办教育促进民办教育健康发展的若干意见》对民办学校招生限制的取消进行了说明，地

方教育主管部门应落实相关政策要求，取消不合理的限制措施，分类分步推进非营利性民办高中招生限制的开放，制定科学合理的招生规划限额，推动实现非营利性民办高中同公办高中同等招生待遇水平。二是提升优质生源吸引水平，创新教育教学方式。非营利性民办高中要依托自身特色化发展的办学优势，同公办高中展开错位竞争，在综合化、职业化、特色化等方面实现追赶超越，同时要革新教育教学方式方法，打破应试教育藩篱，推动学生核心素养培育水平提升，用教学成果吸引优秀生源进行错位竞争，提升自身在地方教育序列中的水平与口碑。三是革新学校招生宣传方式，树立良好的学校形象。通过树立正确的办学思想，规范设置学校办学规划，重点突出差异化、补充式、复合化人才培养成果，以素质教育成果赋能学校对外宣传工作，同时尝试开展社会劳动教育、社区志愿服务等方式转变学校对外形象，实事求是提升自身办学吸引力。

另一方面，创新人才培养模式，推动优质公平发展。促进非营利性民办高中实现公平且高质量的发展，就是要推进民办普通高中、民办职业高中在教育质量、办学特色、持续发展等方面实现质量突破，逐渐消弭民办高中校际差距，推动民办高中差异化人才培养体系建设。一是推动发展水平整体提升，实现优质教育资源整合。探索民办教育资源再分配机制，支持非营利性民办高中高水平教师校际交流、资源互换，开展优秀高中发展经验交流会，探索公民办高中教师互访机制。鼓励"明星校"在原有基础上走特色化发展道路，给予一般民办高中激励性补贴，实现整体提升。善于把握政策红利，在教育部明确公办学校禁止举办复读班的政策要求下，尝试建设高水平的高考复习班，以教育质量与水平助推自身发展。二是推进特色化人才培养体系建设，实现民办高中差异化发展。其一，民办普通高中要破除"唯升学""唯分数"的发展路径依赖，增强劳动、音乐、体育、美术等素质教育活动占比，积极探索艺术高中、体育高中等多元办学模式，变民办教育资源优势为素质教育培养优势。其二，民办职业高中回归职业教育特色办学，明确地方技术技能人才培养目标定位，在地方政策支持基础上主动发力，探索区域内或跨区产教融合、校企合作新机遇，打通产业界与职业教育兼职教师聘用通路。三是维护基础教育公平，增强非营利性民办高中财政投入合理性。其一，统筹区域内民办高中财政投入需求，采用差异化财政支持策略，以现实发展为基础"奖优扶弱"，针对农民工学校、少数民族学校等公益性学校专款专用，保障地区基础教育公平。其二，明确地方财政对非营利性民办高中支持比例，保障不同城市民办教育经费投入的基本公平，同时增强地方民办教育投资吸引力，吸纳优势地区外溢资源为我所用。

二、完善教师发展体系，提升教师队伍整体水平

教师队伍建设是民办学校发展改革的重要任务。随着非营利性民办高中进入高质量发展新阶段，推动学校办学模式创新、实现师资队伍均衡配置、提升教师建设优先级成为发展的必然要求。

第一，推动非营利性民办高中办学模式创新，拓宽教育资源供给渠道。实现非营利性民办高中办学水平整体提升，需要激发学校的内生发展动力，以问题为导向，实现办学模式的持续革新。一是健全民办高中教师社会保障体系，提升教师教育教学专注度。一方面，适当提升非营利性民办高中教师工资待遇与绩效水平，综合考量社会贡献、学校区位等因素，对学校进行鼓励性拨款。有条件的学校可探索对离退休教师的适当补贴，为教职工办理补充养老保险等。另一方面，青年教师职前培训应更多侧重于教师师德师风建设，在职培训侧重于教学技能学习、教学工具使用等实践层面。设立青年教师发展计划项目，对自有教师校外进修与职称晋升进行奖励，探索搭建教师交流机制，扩展教师发展平台，提升青年教师归属感。二是拓宽非营利性民办高中经费来源渠道，实现可持续发展。一方面，统筹区域内民办高中财政投入需求，采用差异化支持策略，对非营利性民办高中施行"奖优扶弱"的扶持计划，针对农民工学校、少数民族学校等公益性学校专款专用，保障地区基础教育公平。另一方面，地方明确针对非营利性民办高中的捐赠优惠政策，结合地方发展现实，对捐赠企业和个人在税收、政策等方面进行补偿和鼓励。三是推动非营利性民办高中与公办高中开展深度的校际合作。一方面，非营利性民办高中通过购买管理服务、教学资源、科研成果等方式，与公办高中实现教学资源共享，推动基础教育阶段优质教育资源优化配置，促进自身生源水平与质量的提升。另一方面，通过合作办学实现地方跨区教育合作，逐步理顺民办高中"跨区招生"的关系，实现共赢式发展。

第二，实现师资队伍均衡配置，畅通教师生涯发展渠道。教师队伍水平是民办高中教学质量与学校发展的根本保障，非营利性民办高中的教师队伍建设需要重点解决好教师结构调整、教师成长与社会保障体系建设等问题。一是优化教师结构，提升非营利性民办高中就业吸引力。制定民办高中教师队伍人才储备计划，提升民办高中对于校内青年教师与校外青壮年教师吸引力，根据学校实际需求进行人才储备调整，从工资待遇、社会福利、社会地位等方面增大对于 5～10 年教龄熟手教师的综合吸引力。二是畅通民办高中教师专业成长通路，为青年教师发展预留空间。青年教师职前培训应更多侧重于教师师德师风建设，在职培训侧重于教学技能学习、教学工具使用等实践层面。同时，设立青年教师发展计

273

划，对自有教师校外进修与职称晋升进行奖励，探索兄弟学校教师交流机制，扩展教师发展平台，提升青年教师归属感，待遇留人与情感留人"两手抓"。三是健全民办教师社会保障支持体系。利用财政手段拉高非营利性民办高中教师最低工资待遇与绩效水平，综合考量社会贡献、学校区位等因素对学校进行鼓励性拨款。有条件的学校可探索对离退休教师补交五险一金，政府适当进行补贴。"明星校"可尝试为教职工办理补充养老保险等保障措施。

第三，提升教师队伍建设优先级，凸显教育教学集群优势。强化非营利性民办高中的公益性属性，革新民办高中教师"雇员"身份定位，强化"教育者"属性地位，突出教师核心地位。一是强化教师在非营利性民办高中办学中的核心地位。突出教师在教学质量、人才培养、社会评价和学校发展中的核心地位，切实优化非营利性民办高中教师在工资待遇、福利保障、专业晋升等方面的现实条件，在统筹学校各项建设、对外宣传和招生投入的同时，显著提升教师个人体验水平。二是切实履行和遵守教师队伍建设规划，利用市场推动教师专业发展。确立非营利性民办高中的内部教师队伍建设规划，以公示的形式向全体教师公开，接受民主监督。充分利用市场优势，主动拓展专业教师、"双师型"教师队伍规模，办学方向调整转要以师资队伍建设和人才储备为基础，积极探索教师在职培训与校企合作的双向结合，以市场优势促进教师专业发展。三是凸显民办学校校本课程建设优势，体现教师队伍集群效应。扩充民办学校教师发展通路，转非营利性民办高中教师内部竞争消耗为互利共生，发挥民办教育特色化办学优势，实现地方课程、校本课程的创造性开发，实现教师群体的良性互动，凸显非营利性民办高中教师多元学科背景下的教研集群效应。

三、健全学校治理机制，增强内外治理效能

非营利性民办高中治理水平提升是实现民办高中高质量发展的重要支撑。实现非营利性民办高中治理结构转型，需要强化地方民办高中教育政策供给，健全民办高中内部治理机制，提升政府督导监督水平。

第一，完善非营利性民办高中治理方式，助推民办教育管理方式革新。民办高中是我国高中教育的重要发展极，利用好民办高中体制灵活性的优势，对探索公、民办教育协同，公办教育创新发展具有重要意义。一是提升地方教育治理能力，推动民办高中特色发展。一方面，强化地方主管部门在民办教育经费申请、管理、审计、扶持及发展中的指导与监督作用，针对民办高中非营利属性进行专业政策供给。另一方面，加强同职业教育部门的协调沟通，在民办职业高中特色发展层面积极寻求合作与支持。二是响应政策红利，促进民办高中多元化发展。

普职分流政策为民办职业高中发展提供了充足的生源支持，民办高中应充分利用政策红利期引导自身发展变革。一方面，民办职业高中要充分领会政策目标，实现职业化、特色化的技术技能型人才培养，推动职业学校回归职业教育本职；另一方面，民办普通高中要打破固有"升学基地"定位，结合地方非物质文化遗产传承、地域文化传播开展特色教育，实现内涵式发展。三是明确政府治理的边界，释放民办高中发展活力。地方尽快出台有关非营利性民办高中治理的相关细则，制定准入负面清单制度，明确禁止性办学行为，划定政府治理的边界。一方面，有助于营造良好政策环境，推动地方民办教育部门责任聚焦。另一方面，通过简政放权有助于激发民办高中发展活力，吸引社会资本投资。

第二，健全非营利性民办高中内部治理机制，推动现代学校制度建设。健全非营利性民办高中内部治理机制，需要从清晰内部治理结构、推动督导制衡机制建设、完善资产和财务管理制度入手，着力推动非营利性民办高中学校管理制度规范化。一是完善非营利性民办高中内部治理结构，明确各部门权责关系。进一步明确举办者参与民办高中日常运行的权力边界，落实董事会领导下的校长负责制，进一步明确党委参与日常决策的重要地位，强化党委同地方教育主管部门的紧密联系，明确在非营利性民办高中日常运行中教育教学权、行政管理权、思想领导权的权力归属，以制度形式予以确认。二是完善学校内部督导制衡机制，提升内部监管水平。提升监事会在非营利性民办高中日常管理中的权重范畴，发挥党委在监事会中的领导监督作用，重点对可能影响公益性办学目标实现的重大举措进行监督和限制。发挥教师和学生参与民办监督的实际效用，落实民办高中教职工代表大会制度，进一步推动学校内部监督、管理水平的提升。三是完善非营利性民办高中的资产与财务管理制度，保障公有资产充分发挥效力。非营利性民办高中需要制定适合自身发展实际的财务管理标准体系，规范学校财务管理运行机制，实现对学校资产的实时监督。加强对财务管理人员进行在职培训，不断提升财务管理人员素质水平，同时可依托第三方财务审计部门进行监管，促进资产管理和财务管理水平的提升。

第三，促进政府监督管理水平提升，更新管理服务理念。更新治理理念、提升地方政府监管水平，是释放非营利性民办高中发展活力，推动民办教育社会职能实现的重要前提。一是推动非营利性民办高中专项管理改革，明确民办教育部门管理权限。尽快完善有关非营利性民办高中治理的相关细则，制定准入负面清单制度，打造良好的政策环境，推动地方教育部门明晰责任，针对民办高中非营利属性进行专业政策供给，划定政府治理的边界。二是建立非营利性民办高中的会计审核制度，充分发挥政府外部监督职能。强化地方在民办教育经费申请、管理、审计、扶持及发展中的指导与监督作用，进一步规范民办学校会计核算制度，引入第三方审计机构进行外部监督。推动建立同地方财务管理审核体系相匹配的非营利性民办高中资产清查年度申报制度。三是适当减轻非营利性民办高中税费负担。适当缩减非营利性民办高中的税收范围，对较好履行非营利性办学的民办高中给予适当的外部激励。对连续通过政府财务审核达一定年份的非营利性民办高中，可适当扩大其免税范围，向公办学校税费征收标准进一步靠拢。

四、优化政策支持体系，强化发展制度引领

非营利性民办高中是服务地方教育教学发展需求的教育主体，强化地方非营利性民办高中政策供给，需要从强化地方政策引导、创新办学筹资渠道、推动合作办学制度完善等方面入手进行思考。

第一，完善非营利性民办高中的地方支持体系，强化政策制度引领。非营利性民办高中的高质量发展需要地方分类管理政策给予适当支持，完善地方分类登记支持办法，细化地方分类登记衔接流程，健全地方分类登记管理体系有助于激发非营利性民办高中办学潜能，实现服务升级。一是推动地方分类登记支持办法完善，探索非营利性办学督导机制建设。鼓励地方民办教育管理部门制定特色化、指导性、创新性、可操作性的分类登记实施办法，结合地方民办高中发展需要，针对民办普通高中和民办中职学校、普通校与示范校发展差异，推动地方分类管理政策改革与实验。探索政府主管部门对辖区内非营利性民办高中进行办学督导，扩大办学督导范围内容，可邀请相关领域专家为有需要的高中提供包括教育教学质量、资金使用流向、宣传规范和内部管理规范等在内的督导评价。二是持续细化地方分类登记衔接流程。出台相应补充政策，在名称预核准、过渡期设置与协调、办学属性转变等方面，对登记为非营利性的民办高中给予规范标准与意见，明确管理责任单位，规范政府与学校协调沟通方式流程，切实推动地方非营利性民办高中的发展，为民办学校转向非营利性办学扫清制度障碍，消除心理负担。三是健全服务地方分类登记的管理体系建设。进一步推动非营利性民办高中管理体系的完善，强化地方民办教育管理部门协调合作，推动地方民办教育管理部门发挥出"1+1≥2"的管理合力。一方面，要适当提升地方民办教育管理部门级别，提升服务非营利性民办高中未来发展的能力。另一方面，推动建立居中统筹的民办教育协调管理机制。地方要敢于创新、优先创新，尝试实现非营利性民办高中的突破性发展，推动国家及地方各项政策效果的切实达成。

第二，创新办学筹资渠道，扩大学校办学经费来源。办学经费短缺是长期困扰民办学校发展的关键问题，拓宽学校筹资渠道是地方民办高中解决经费问题的重要措施。分类管理改革后，充分发挥民办教育体制机制优势，扩充办学筹资渠

道，提升筹资水平，成为民办高中破解自身发展难题的关键环节。一是明确非营利性民办高中资金支持方式，创新办学筹资渠道。进一步明确和落实地方政府对非营利性民办学校的政府专项补贴、基金奖励等支持责任，探索和引导地方政府设立非营利性民办高中发展专项资金，专门用于鼓励和支持非营利性民办高中的办学活动。同时，适当扩展投融资渠道，创新教育投融资机制，充分发挥地方财政资金的引导、示范作用，扩大民办学校办学资金来源。二是结合地方经济发展需求，拓宽民办高中社会筹资渠道。一方面，提升非营利性民办高中社会认可度，鼓励民办高中通过基金会模式对社会捐赠进行管理，适当放开针对非营利性民办高中的捐赠冠名行为。另一方面，鼓励和支持地方政府利用金融手段支持非营利性民办高中发展，在保证风险可控的前提下开发民办教育保险产品，用以保障民办高中办学质量。三是强化地方金融监管机构对非营利性民办高中金融产品的监管。非营利性民办高中是公益性办学机构，其内部制度及外部监管体系主要针对办学行为进行设计规划，出于拓展办学经费而试水金融服务产品的行为，特别需要具备相应资质的监管机构进行指导监督，为非营利性办学目标的实现保驾护航。

第三，完善合作办学制度机制，合力提升办学质量水平。非营利性民办高中的办学属性直接影响学校办学主体构成、权责关系划分、治理体系搭建、经费筹措运营的制度设计与治理特征，合作办学具有多元参与、公民融合的制度特点，有助于创新办学方式，提升办学质量。一是建立现代学校制度，理顺内部权力结构。非营利性民办高中需要明确董事会领导下的校长负责制是学校的基本组织管理形式，明确党委的政治领导和监督权、校长的行政管理权、董事会及理事会的指导监督权，同时，积极发挥教职工代表大会和工会对学校发展的监督、反馈权力。二是提升地方主管科室层级，强化针对合作办学的风险监测。要确立针对合作办学行为的统筹监管体系，教育管理部门、民政部门、金融部门和市场监管部门需要对涉及合作办学的非营利性民办高中进行周期性的监管、巡查。同时要强化同执法部门的协调力度，对违法办学行为进行坚决制止，保障非营利性办学。三是加速制定符合地方发展需要的非营利性民办高中合作办学守则。明确地方非营利性民办高中的合作对象范围、合作方式、争端解决机制和协调机制，厘清不同办学主体的内部权利义务，实现科学合作、依规办学。

第八章

非营利性民办高校的高质量发展创新

新发展阶段，民办高校进入提质培优、增值赋能的新阶段，发展重点由原先注重规模扩张向更加关注结构优化转变，发展要求由注重达标考核向更加关注特色品牌转变，发展取向由注重学校建设向更加关注师生成长转变，发展评价由注重水平高低向更加关注人民满意转变。对于非营利性民办高校而言，无论从内部建设还是外部发展来看，都将面临着新的使命和挑战，要求其在目标定位、办学理念、发展模式等方面实现深度转型，助推高质量发展。

第一节　非营利性民办高校发展的现状与特征

经过四十余年的发展，我国民办高等教育取得了丰硕的成果，特别是《民办教育促进法》的颁布与实施，有力推动了民办高等教育规模的扩大和质量的提升，民办高等教育是我国高等教育事业的重要增长点，在推进教育现代化、建设教育强国、推动高等教育改革发展等方面做出了积极的贡献。经过多年发展，各地纷纷涌现出一批注重内涵发展、办学特色鲜明的非营利性民办高校。

一、民办高校发展现状

(一) 民办高校办学规模快速增长

随着社会环境不断优化,民办高等教育规模不断扩大。一是民办院校数量持续增加。据 2020 年全国教育事业发展统计公报,截至 2020 年,全国民办高等教育机构 1 547 所,民办学历教育普通院校 771 所,其中独立学院 241 所,占全国普通高校总数的 28.16% 左右 (见图 8 - 1、图 8 - 2)。[①] 二是在校生人数增长迅速,截至 2020 年 12 月,全国民办院校在校生数量为 791.34 万人,在校生已经占到全国普通高校在校生 3 285.29 万人的 24.08% (见图 8 - 3、图 8 - 4)。三是民办普通院校的本科院校有了一定的发展,截至 2020 年全国民办本科高校为 432 所,其中 5 所民办本科院校具备硕士学位培养资格,在校研究生 509 人,充分体现了未来民办教育发展的大方向。四是民办高等教育经费支出持续增加,中国民办高等教育经费支出 1 252 亿元,同比增长 7.3% (见图 8 - 5)。

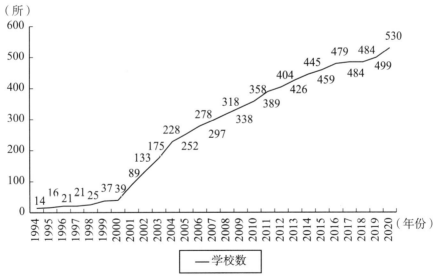

图 8 - 1 我国历年民办院校数量 (不含独立学院)

资料来源:2020 年全国教育事业发展统计公报. 中华人民共和国教育部政府门户网站,http://www.moe.gov.cn/。

---

① 2020 年全国教育事业发展统计公报. 中华人民共和国教育部政府门户网站,http://www.moe.gov.cn/.

图 8 - 2　民办独立学院数量

资料来源：2020 年全国教育事业发展统计公报．中华人民共和国教育部政府门户网站，http：//www. moe. gov. cn/。

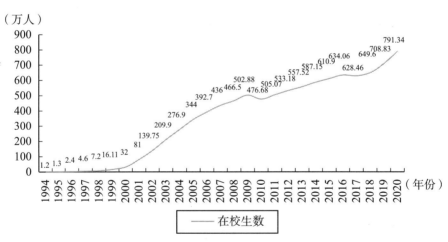

图 8 - 3　我国历年民办院校在校生数（2004 年起含独立学院）

资料来源：产业信息网，https：//www. chyxx. com/industry/202105/949753. html。

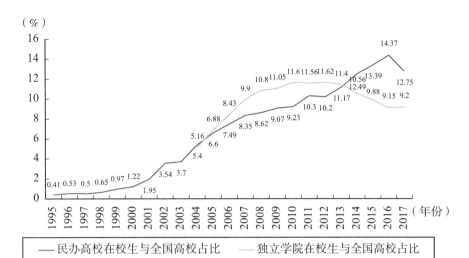

图 8 – 4　1995 年以来民办高校和独立院校在校生数量在全国占比

资料来源：教育部网站，http：//www.moe.gov.cn/。

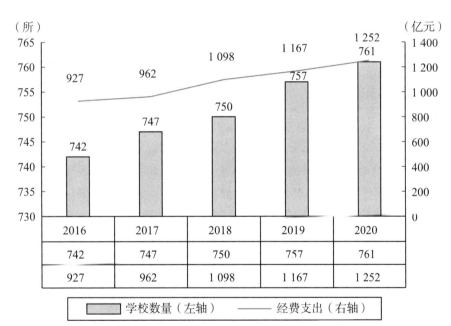

图 8 – 5　2016 ～ 2020 年中国民办高等教育高校数量及经费支出

资料来源：产业信息网，https：//www.chyxx.com/industry/202107/965228.html。

（二）民办高校办学层次不断提高

在 2020 年，全国民办普通高校的数量为 771 所，其中民办本科院校 191 所，民办专科院校 339 所。可以看出，专科教育占据半壁江山，民办高等教育的办学层次以专科层次教育为主（见图8-6）。

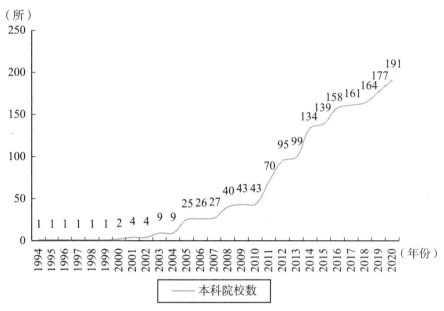

图 8-6　历年民办院校本科院校数（不含独立学院）

资料来源：2020年全国教育事业发展统计公报．中华人民共和国教育部政府门户网站，
http：//www.moe.gov.cn/。

　　一直以来，教育部门对于民办院校举办本科教育的审批流程较为严格。1994年，福建仰恩大学从华侨大学分离出来，这是我国最早的民办本科院校。直到21世纪，民办高等教育发展的环境逐渐优化，社会各界对民办教育的认可度越来越高，民办院校举办本科教育得到突破。2000年，黄河科技学院获批成为本科院校开始招收本科学生，这是全国第一所独立建校并升格为本科院校的民办高校。2002年，三江学院和杉达学院先后审批通过成为本科院校。2004年，浙江树人大学等5所民办高校获批成为本科院校。同年，《民办教育促进法》颁布实施。至此，我国有9所具有独立颁发本科学历资格的民办院校。2005年，16所民办高校通过教育部审批成为本科院校。2008年，13所民办院校获批升格为本科院校。此后，民办院校升本工作一直在持续开展。截至2020年，我国共有民办本科院校191所，独立学院241所。就目前我国民办教育的发展趋势来看，我国民办院校升格成为本科院校的数量仍将持续增加（见表8-1）。

表 8－1　　　　　　　2020 年我国民办院校类型、层次结构

民办高校类型		数量
民办专科（高职）院校		339
民办本科高校（432 所）	独立设置的民办本科高校（其中包括由独立学院转设而来的民办本科高校）	191
	独立学院	241
合计		771

资料来源：2020 年全国教育事业发展统计公报。

2011 年，国家学位办选择一批"特殊需求的项目专业硕士"试点，有 83 个院校申报，52 所院校通过评审成为试点单位。最终，吉林华侨外语学院、河北传媒学院、北京城市学院、西京学院和黑龙江东方学院 5 所民办院校成为首批专业硕士培养院校。虽然仅有 5 所民办院校成为试点单位，但大大增强了民办院校突破发展瓶颈、提高办学层次的信心。然而，从当前发展情况来看，民办院校要提升办学层次还有很长的路要走。

（三）民办高校师生队伍不断壮大

近几年，随着民办高校发展环境逐渐利好，民办高校的生源规模不断扩大，师资队伍也不断壮大。据统计，2019 年，我国民办院校在校生总数为 708.83 万人，较 2018 年增长 59.23 万人，涨幅 9.12%（见图 8－7）。

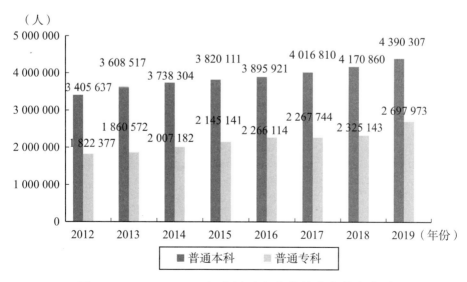

图 8－7　2012～2019 年我国民办高等教育在校生数量

资料来源：产业信息网，https://www.chyxx.com/industry/202105/949753.html。

一直以来，我国都把教育放在举足轻重的位置。随着我国经济的不断发展，国家更加重视对教育的财政投入，教育财政所占比例越来越高，高等教育的师资队伍不断壮大，师资情况不断得到改善。2016~2019 年，民办普通高校教师数量逐年增加。2019 年，教职工人数 46.22 万人，专任教师 33.98 万人。总体上来看，民办高校的师资队伍逐渐完善和提高（见图 8-8）。

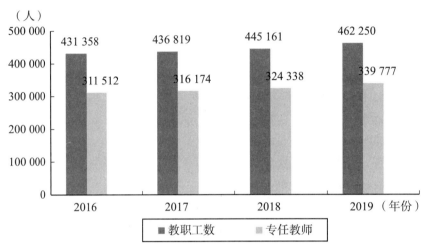

图 8-8　2016~2019 年民办普通高等教育师资统计

资料来源：教育部网站，http://www.moe.gov.cn/。

（四）民办高校教育经费不断增加

民办高等教育经费收入包括中央和地方各级政府的公共财政投入、举办者投入、学宿费收入、各类科研活动产生的收入、捐赠收入、社会服务收入及其他教育经费收入。2015~2019 年，民办高等教育经费总收入从 925 亿元增长为 1 348 亿元，年增长率为 9.9%。2020 年，中国民办高等教育经费总收入约为 1 502 亿元，同比增长达到 11.4%。随着民办高等教育的不断发展，民办高校教育经费支出也呈现出明显上升趋势，尤其是 2018 年以来，我国民办高等教育经费支出超过一千亿元，已达到 1 098.11 亿元（见图 8-9）。

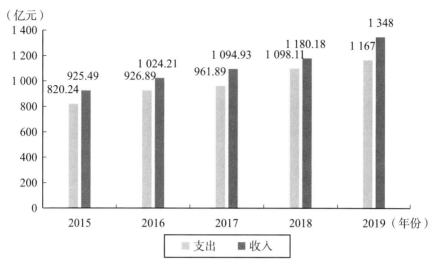

图 8-9　中国民办高等教育经费情况

资料来源：2020 年中国教育经费统计年鉴。

二、非营利性民办高校发展现状

（一）整体概况

随着《民办教育促进法》的修订以及一系列分类管理配套政策的出台，非营利性民办高校正式获得了法律的界定，其法人性质和法人地位进一步得到明确，发展环境不断优化，也迎来了政策红利期，非营利性民办高校将成为我国民办高等教育的主力军。

2010 年，国务院办公厅颁布《关于开展国家教育体制改革试点的通知》，明确将上海市、浙江省等地和吉林华桥外国语学院作为探索民办学校分类管理改革的试点地区和院校。在政府政策的引导下，试点地区和院校在非营利性民办高校的办学理念、法人治理结构、内部管理体制、财务管理制度等方面做了很多有益的探索。

2013 年，由 26 所民办高校发起成立了非营利性民办高校联盟，联盟高校承诺，倡导并坚持非营利性公益办学方向，不谋求任何回报，办学结余全部用于学校的建设与发展，成员单位建立协同创新、交流互助的关系。非营利民办高校联盟为民办高等教育分类管理改革做出了重要的创新性探索，是联盟成员高校与政府之间共同的奋斗目标、价值追求和责任担当，也为非营利性民办高校畅通了新的沟通交流渠道。截至 2015 年，非营利性民办高校联盟扩大至 74 所高校，盟员单位包括吉林外国语大学、北京城市学院、宁波财经学院、黑龙江东方学院、青岛滨海学院、福州外语外贸学院、黄河科技学院、广东培正学院等。非营利民办高校联盟的成立，有利于引领民办高校改革创新，引导非营利性民办高校依法治校、规范管理；有助于民办高校树立良好的社会形象、扩大非营利性办学的影响力；同时，也为政府和非营利性民办高校搭建了合作平台，以平台为依托，打造一批民办高等教育国家示范项目，推动非营利性民办高校高水平、特色化发展。

通过查阅"非营利性民办高校联盟"中部分成员高校的网站，了解各校办学情况发现，从办学条件和规模上看，联盟中大部分学校尤其是本科高校，办学基础坚实，办学特色鲜明，且已形成一定的办学规模（见表8-2）。

表8-2　　26所"非营利性民办高校联盟"发起高校的办学情况

学校名称	占地面积（亩）	建筑面积（万平方米）	教学仪器设备值（亿元）	在校生	专任教师	现有本科专业数
吉林外国语大学	1 054.5	32.99	—	12 000	1 000	8个专业硕士点/45个本科专业
北京城市学院	1 975	48.5	2.45	23 983	1 023	10个专业硕士点/62个本科专业
河北传媒学院	3 094	65.15	2.03	22 280	1 439	3个专业硕士点/46个本科专业
西京学院	1 858	68.74	2.361	16 434	975	5个专业硕士点/41个本科专业
黑龙江东方学院	889	34.2	0.89	12 829	759	2个专业硕士点/43个本科专业
黄河科技学院	2 800	103.55	4.28	40 928	1 878	68个本科专业
上海杉达学院	808	37	3.1	15 732	760	40个本科专业
浙江树人大学	1 230	65.28	2.2	17 000	1 013	50个本科专业
无锡太湖学院	1 755	42.99	1.296	17 052	1 078	36个本科专业
广东培正学院	861.3	33.54	—	16 893	670	42个本科专业
福州外语外贸学院	1 500	48	1.4	18 500	570	36个本科专业
河北外国语学院	2 107	123	0.903	26 000	1 424	52个本科专业
黑龙江外国语学院	801.8	77.66	—	9 200	492	22个本科专业

续表

学校名称	占地面积（亩）	建筑面积（万平方米）	教学仪器设备值（亿元）	在校生	专任教师	现有本科专业数
湖南都市职业学院	536	30.79	0.514	16 200	225	30 个专科专业
湖南信息学院	1 336.4	22.81	1.198	18 588	783	26 个本科专业
江西科技学院	2 000	85	—	29 881	1 369	39 个本科专业
宁波财经学院	1 700	78	2.389	19 085	882	42 个本科专业
青岛滨海学院	1 200	93.5	1.97	23 584	1 397	48 个本科专业
山东英才学院	1 892	59.18	1.037	21 201	769	38 个本科专业
三江学院	1 007.8	39.27	1.497	21 373	622	52 个本科专业
武汉生物工程学院	1 700	80	1.6	24 445	1 200	46 个本科专业
西安翻译学院	2 149.2	54.39	2.162	25 614	1 251	38 个本科专业
西安欧亚学院	956.3	38.83	1.693	15 512	793	38 个本科专业
西安外事学院	2 425	66.72	1.8	24 832	1 301	45 个本科专业
云南工商学院	1 778.7	55.31	0.971	30 977	903	34 个本科专业
南通理工学院	690.74	33.75	0.72	5 756	307	36 个本科专业

注：以上数据中，无锡太湖学院、青岛滨海学院的数据来源于该校 2019～2020 学年本科教学质量报告，云南工商学院的数据来源于该校 2018～2019 学年本科教学质量报告，吉林外国语大学、黑龙江东方学院、湖南都市职业学院、江西科技学院、南通理工学院、福州外语外贸学院、黑龙江外国语学院、西安外事学院等的数据均来源于学校官网简介，其余学校的数据均来源于各校 2020 - 2021 学年本科教学质量报告。

（二）办学理念、定位

办学理念是非营利性民办高校办学的出发点和价值追求，包括办学理想、办学使命、发展目标、办学定位、教育理念、学校精神等方面。非营利性民办高校的办学理念强调公益性导向，坚持非营利属性，把社会效益放在首位。

例如，首家"探索非营利性民办高校办学模式"试点单位的吉林外国语大学始终坚持社会效益第一，走公益性办学道路的办学思想。学校提出"坚持公益性，努力建设非营利性高水平民办大学；办学要无愧于家长的信任、学生的时间、社会的关注和教育者的良心"的办学思想和"以学生为中心，办最负责任教育"的教育理念；上海杉达学院"以诚信对待社会，以严谨的教育管理取信于社会，以较高的教育质量回报社会"的办学宗旨，凸显其公益办学的特点；西安翻译学院全面贯彻落实新修订的《民办教育促进法》，将"建设高水平、特色鲜明、具有地方示范作用的一流民办大学"作为学校的发展目标，秉承"敢为人先、无私奉献、爱生如子、厚德敦行"的"西译精神"和"高尚教育"的理念，始终坚持"不以营利为目的社会主义公益性办学方向"；广东培正学院是一所捐资办学的民办高校，其办学方针是"公益办学、规范办学、诚信办学、特色办学、质量至上"。

从办学定位来看，除了西湖大学等个别高水平民办高校定位为研究型大学外，大部分非营利性民办高校以应用型本科院校为自身的办学类型定位，以立足地方、服务社会，培养应用型人才作为基本办学思路。例如，作为浙江省首批应用型本科建设试点示范高校的宁波财经学院提出，基于区域经济社会及新产业、新业态发展需求，在"双创"价值引领下，培养高素质应用型人才；浙江树人学院则提出，致力于培养高级应用型人才，主动服务区域经济社会发展和国家战略举措；上海杉达学院希望将学校建设成为应用型、国际化、高水平的民办大学，将学生培养成为具有中华美德、国际视野和创新能力的高素质、应用型人才；黑龙江东方学院提出"蒙以养正 学以致用"的校训，强调要注重理论联系实际，坚持融会贯通、崇尚实践、强化学生能力的培养，重在致用和创新。西京学院提出培养能从事本专业实际工作、解决一定复杂问题的一线工程师或行业应用型人才，打造具有"匠心精神 + 艺术素养"的应用型人才。

（三）师生发展

1. 学生

非营利性民办高校的学生受高考招生政策的影响较大，随着招生政策的不断变化，我国非营利性民办高校的生源结构逐渐多样化和多元化。从生源类型来看，宁波财经学院在面向普通高考考生统一选拔的同时，还开展了面向优秀中职毕业生的单独考试招生、面向应届优秀高职毕业生的专升本考试招生，实施综合统一高考、高中学考、高校综合素质评价的"三位一体"考试招生等；浙江树人大学在校生中也包括了本、专、艺术、专升本等不同层次类别的在校生；而西湖大学的学生大部分为本科或硕士赴海外求学的优秀中国学生，有45%的学生为本科毕业，55%为硕士毕业，其中还有部分学生是参加工作后重新回到校园求学的社会人士。有的高校还有留学生，以及与国外大学联合培养的本科生。以吉林外国语大学2019级在校生为例，其本科生数为10 870人，占全日制在校生总数的比例为91.82%，其中，与国外大学联合培养的本科生454人，研究生946人，学历留学生23人。2019～2020学年，浙江树人大学的全日制在校生总数为

17 991 人，其中本科在校生 14 332 人。2020 年，实际录取本专科生 5 984 名（其中，本科生 4 337 名）。浙江树人大学还设有港澳台交流机制，且与日本、韩国、美国等 18 个国家和地区的 70 余所院校和机构建立了友好的交流关系，积极开展校际互访、讲学讲座、双学位联合教育等国际化合作培养活动。从生源地来源来看，大部分院校以所在地省份生源为主，如宁波财经学院 2020 年浙江省生源人数为 15 034 人，占总人数的 79.67%；无锡太湖学院 2020 年新录取学生生源中 50.92% 的学生来自江苏省。

2. 教师

随着分类管理改革落地推进，非营利性民办高校获得了政府越来越多的政策支持。"落实与公办高校教师同等权益、解决民办高校教师社会保障问题"等政策的出台，使得非营利民办高校教师福利待遇得到了更好的保障，师资队伍越来越壮大，教师学历职称结构有了很大改善，教师队伍的稳定性有了很大提升。以部分非营利性民办本科院校为例（见表 8-3），像宁波财经学院、浙江树人大学等本科院校的教职工都在千人以上，且专任教师超过 600 人，副教授以上高级职称教师人数占比 30% 左右。无锡太湖学院和吉林外国语大学副高以上职称教师占比都超过 60%。就教师总体学历水平来说，大多数民办高校教师的学历水平都有明显提升，这些高校大批量引进博士，具有博士学位的教师人数的比例不断提高，具有硕士研究生学历的教职工占比高达 85%。除专任教师外，各校也积极聘任其他高校的兼职教师。如吉林外国语大学现有专任教师 648 人，外聘教师 106 人，折合教师总数 701 人。浙江树人大学还建有一支 500 余人规模的、相对稳定的外聘教师队伍，其中 40% 以上具有高级专业技术职务；无锡太湖学院引进了各级各类高层次人才，其中包括江苏省"333 工程"、江苏省中青年突出贡献专家、高校"青蓝工程"培养对象、江苏省优秀教师等，更是聘请了国务院政府特殊津贴专家、全国教学名师、特聘国外名校兼职教授、国内产业教授等优秀人才，还包括徐芑南、缪昌文等 10 名中国工程院院士担任高校特聘教授。

从具体政策层面来看，各地政府纷纷出台相应政策支持非营利性民办高校教师发展，落实非营利性民办高校教师在职称评审、福利待遇等方面，与公办高校教师享有同等待遇。上海、浙江、安徽、辽宁等省份对非营利性民办高校教师实行与公办学校同等的人才引进政策，支持民办高校教师在所在地安家落户。不少地方政府还划拨专项经费用于补贴民办高校骨干教师培养。如上海市，先后发布了《关于实施民办高校"强师工程"教师培训项目的通知》《上海市民办教育"民智计划"管理办法》等，成立了市级民办高校教师专业发展中心，引导民办高校根据学校自身特点形成各具特色的校本研修机制，多种方式提升教师综合素质与专业能力；浙江省则明确非营利性民办高校在资格认定、职称评定、进修培养、评优评先、国际交流等方面享有与公办学校教师同等的权利；江苏省实施"青蓝工程"项目，要求适当向民办院校倾斜，旨在加强对民办高校中青年骨干教师的培养；重庆市明确规定民办学校教师培训经费的支出比例不得低于其教职工工资总额的 2.5%。此外，还有些地方政府采用创新举措来完善民办学校教师社保分担机制，保障教师合法权益。如温州，对登记为事业单位的非营利性民办学校推行编制报备员额制度，即符合一定条件的民办学校教师享有非财政供养的民办事业编制，并鼓励学校为教师建立企业年金，解决教师的后顾之忧，使非营利性民办学校教师实现基本享有公办学校教师同等待遇。宁波市本级则明确设立教师社保资金专项补贴，对非营利性民办学校教师参加社保的学校承担部分每年给予 50% 的财政补助。

师资队伍是民办高校高质量发展的第一资源。各民办高校也都非常重视加强教师队伍建设，通过一系列整体性的制度设计，如成立教师发展中心、鼓励教师下企业锻炼、改革教师考核评价机制、提升教师工资待遇等，为民办高校教师队伍建设和教师专业发展创造良好的环境。浙江树人学院积极鼓励教师攻读博士，培养了浙江省"万人计划"青年拔尖人才 1 名，入选"浙江省高校领军人才培养计划"9 名，同时持续实施高层次人才培养计划，通过聘请企业行业的专业技师人才参与教学和教材编制、拜业界人士为师等途径，较好地推进了应用型师资的建设。目前"双师双能型"教师比例达 70% 以上。吉林外国语大学将教师队伍建设作为提升教学质量的根本，通过外引内孵的方法，不断优化教师队伍，提升整体教学水平，且高校实施"华外名师""华外优青""华外英才"人才项目，精准扶持，高效培养；构建了集教师培训、研究交流、教学咨询、支持服务功能为一体的教师教学发展服务体系，全面引领教师教学能力提升和职业发展。2019～2020 学年，教师进修、培养与交流人次达 1 493 人次（见表 8 - 3）。

表 8 - 3　　26 所"非营利性民办高校联盟"发起高校的师资情况一览表

学校名称	专任教师总数	副高以上		博士研究生		硕士研究生	
		数量	占比（%）	数量	占比（%）	数量	占比（%）
吉林外国语大学	648	548	84.57	233	35.96	368	56.79
北京城市学院	1 023	326	31.87	958（硕士以上学历）		93.65	
河北传媒学院	1 439	561	39	71	4.93	868	60.32
西京学院	975	406	41.64	275	28.21	633	64.92
黑龙江东方学院	759	309	40.71	194	25.56	451	59.42

学校名称	专任教师总数	副高以上		博士研究生		硕士研究生	
		数量	占比（%）	数量	占比（%）	数量	占比（%）
黄河科技学院	1 878	836	44.52	163	8.68	1 205	64.16
上海杉达学院	760	328	43.16	252	33.16	404	53.16
浙江树人大学	1 013	403	39.78	341	31.15	80.7	
无锡太湖学院	1 078	539	49.95	301	27.92	621	57.61
广东培正学院	670	144	21.49	29	4.3	496	74.03
福州外语外贸学院	570	155	27.19	285（硕士以上学历）		50	
河北外国语学院	1 424	657	46.1	89	6.3	978	68.7
黑龙江外国语学院	492	207	42	371（硕士以上学历）		75.4	
湖南都市职业学院	225	95	42.2	281（硕士以上学历）		46.9	
湖南信息学院	783	320	40.86	52	6.64	646	62.5
江西科技学院	1 369	—	—	651（硕士以上学历）		47.6	
宁波财经学院	882	296	33.56	786（硕士以上学历）		89.12	
青岛滨海学院	1 397	590	41.76	1 165（硕士以上学历）		82.45	
山东英才学院	769	265	34.46	613（硕士以上学历）		79.71	
三江学院	622	366	58.84	100	16.08	441	70.9
武汉生物工程学院	1 200	300	25	972（硕士以上学历）		81	
西安翻译学院	1 251	419	33.49	932	74.5		
西安欧亚学院	793	241	30.45	687（硕士以上学历）		86.63	
西安外事学院	1 301	531	40.81	267	20.52	—	—
云南工商学院	903	674	74.64	28	3.1	389	43.08

学校名称	专任教师总数	副高以上		博士研究生		硕士研究生	
		数量	占比（%）	数量	占比（%）	数量	占比（%）
南通理工学院	307	106	34.53	257（硕士以上学历）		83.8	

注：以上数据中，无锡太湖学院、青岛滨海学院的数据来源于该校 2019～2020 学年本科教学质量报告，云南工商学院的数据来源于该校 2018～2019 学年本科教学质量报告，吉林外国语大学、黑龙江东方学院、湖南都市职业学院、江西科技学院、南通理工学院、福州外语外贸学院、黑龙江外国语学院、西安外事学院等校的数据来源于学校官网简介，其余学校的数据均来源于各校 2020～2021 学年本科教学质量报告。

（四）资金筹措

民办教育分类管理改革给非营利性民办高校的多元资金筹措带来了新的发展机遇。法人性质的非营利性界定、办学的完全公益性、办学收益的不可分配等规定为政府财政资金和国有资产投入非营利性民办高校扫除了政策障碍和思想顾虑。一方面，各级地方政府扩大了民办高校的收费自主权，民办高校可以通过"优质优价"，提高收费标准，增长学杂费收入。如福建省在 2017 年就发文允许民办本科高校学费开始实行自主定价；河北省在 2018 年也提出"放开本科及以上非营利性民办高校住宿费、非学历教育收费标准，由高校自主确定收费价格"。浙江省 2020 年提出"实行更加开放的分类定价机制"；2020 年 9 月，江苏省发展改革委发布《关于进一步推进民办高等学校学历教育收费改革的通知》（征求意见稿），面向社会公开征求意见。根据征求意见稿，江苏省将逐步推进省内民办高校学历教育收费改革，首先选择部分民办高校为试点单位，放开这些学校的教育收费。在这些政策红利期，很多民办高校的学费收入都有了大幅增长，成为民办高校办学资金的重要来源。另一方面，各级政府在加强对民办学校普遍扶持的基础上，突出强调在土地、税收、价格政策等方面上重点支持非营利性民办学校的发展。如陕西省政府从 2017 年开始，每年划拨 3 亿元专项资金用于支持省内民办高校，同时划拨 4 亿元支持非营利性民办高校的重大项目建设。2016 年，上海市出台实施分两批共 3.2 亿元的专项资金政策，该资金政策用于支持民办高校发展，具体用于学科专业建设和师资队伍发展，以改善教学条件，提升教师能力。山东省在 2019 年安排了专项基金约为 0.6 亿元，用于支持民办高校的发展；江苏省采用间接政府资助的方式支持民办高校发展，省内实行学生资助模式，政府不直接划拨财政资金，而将其以补助的形式发放学生，扩大民办高校学生的受教育权；同时还建立了还款救助机制，这使得无锡太湖学院的资金来源有了一定程度的保障。

在社会捐赠方面，虽然我国民办高校接受社会捐赠的金额还非常有限，但随着分类管理的深入实施，非营利性民办高校的办学影响和社会声誉的正向效应不断增强，非营利性民办高校获得社会捐赠将会有突破性进展。根据统计，截至 2019 年12 月，我国共 60 家民办高校发起教育基金会，占民办高校总数的 7.97% ,[①] 尽管大多数教育基金会属于民办高校的内设机构，但也在一定程度上为民办高校发挥了筹资功能。如浙江树人学院设有浙江树人大学暨王宽诚教育基金会，成立于 1992年 3 月，基金会净资产 2 612 万元，其中 2020 年接受捐赠 209 万元，2019 年接受捐赠 144 万元;[②] 西安外事学院教育基金会成立于 2016 年 4 月，净资产 373 万元，其中 2020 年接受捐赠 209 万元，2019 年接受捐赠 144 万元。[③] 这些教育基金会的公益支出主要用于民办高校的教育设施、设备和基建等项目，以及高校人才培养、师资队伍建设等。同时，非营利性民办高校争取政府科研经费的能力也有所增强，如浙江树人学院积极与企业行业紧密对接，采用"政产学研"的方式成立多主体参与的产教融合共同体，先后成立了多家具有特色的行业学院，进一步推进校企合作和产教融合。通过校企合作，获取资金 2 000 万元；2019～2020 学年，成功申请横向课题 220 多项，科研经费到款额 3 700 多万元。[④]

（五）人才培养、学科科研和社会服务

民办高校的办学定位大多以应用型为主，非营利性民办高校更注重对应用型人才的培养，并大多将这一理念体现在办学过程中，人才培养类型逐渐丰富，人才培养内容和培养方式更加多元和开放。虽然非营利性民办高校在人才培养方面更加注重应用型，但同时各个高校又结合本校的实际情况，融合高校自身的文化和特色。

1. 人才培养

人才培养方面，民办高校在兼顾社会人才需求的同时，更加注重结合本校特色，呈现出多元性、实用性和开放性特征，具体体现在以下几方面：第一，更加注重社会需求，开始加强与企业、行业的合作，纷纷成立产业学院、校企合作实训基地等，加深校企合作和产教融合；第二，更加注重国际化合作与交流，开始与不同国家的高校联合培养学生，民办高校留学生数量明显增加，民办高校国际

---

① 吕宜之：《分类管理视域下非营利性民办高校多元筹资的境遇与对策》，载于《教育与经济》2020第 5 期.

② 浙江树人学院王宽诚教育基金会统计数据。

③ 西安外事学院教育基金会：《西安外事学院教育基金会 2020 年度工作报告》，2021 - 04 - 29,http：//ef. xaiu. edu. cn/info/1021/1366. htm。

④ 浙江树人学院，科研概况 . https://www. zjsru. edu. cn/info/1078/6848. htm。

化发展趋势越来越明显；第三，更加注重政校企协同育人，以学生未来就业岗位需要为导向，通过制定应用型人才培养制度，与行业企业进行联合培养，构建校企共同育人机制。相关企业行业共同参与学校人才方案的制定，包括课程的开发与制定、校企合作方案、教学体系构建、学生实践等育人工作。在国际化办学方面，很多非营利性民办高校积极开展与国外高校的交流与合作，实施联合培养学生，通过学分互认等实现人才培养国际化。典型的如积极推进国际化办学的吉林外国语大学，该校不断引进优质国际课程资源，仅 2019 年就引进了 40 余门国际课程，同时，搭建国际科研平台，建立了俄语教学与研究中心、韩国语教学与研究中心、西班牙语国家文化研究中心和缅甸华文教育研究中心，大力推进课程国际化和科研国际化进程；依托国际交流大厦和地球村举办国际会议、大使讲坛，搭建国际交流平台，开拓学生国际视野，培养学生国际化意识；另外，围绕国家和地方经济社会发展需求，学校增设了塞尔维亚语、匈牙利语、泰语等语种专业，整体上，学校下设外语语种基本覆盖东北亚国家和"一带一路"沿线主要节点国家。无锡太湖学院不断扩大与国内外知名高校的联系，联合培养学生，与英国西苏格兰大学联合成立无锡太湖学院苏格兰学院。通过共同成立学院，实现教学、师资等优质教育资源共享，不仅推动了学院的国际化发展，而且能培养具有国际视野的高端人才。学生可获得中、英两国、两高校的"双学位"，填补了全国同类高校空白。2019年，无锡太湖学院与英国班戈大学签订合作协议，共同举办本硕连读项目。

2. 学科科研

高等教育从"外延式发展"到"内涵式发展"阶段，我国非营利性民办高校也越来越认识到学科、科研对高校发展的重要作用，纷纷增加对科研的投入，并取得了一定的建设成果，非营利性民办高校的学科水平和科研能力不断得到提升。主要表现在：第一，民办高校的学科专业体系较为完善。学科专业建设是高校运行的重要载体。我国民办高校尤其是本科高校都已形成了一定规模的学科专业体系，并且以社会需求和专业水平为导向，建立了专业动态调整机制。民办高校囿于资金、师资等因素，布点最多的学科为文学和管理学，其次是工学和艺术学。第二，民办高校的科研产出增长显著，后发优势明显。近年来，民办高校在学术论文、课题申报、科研成果等方面都取得了较大进步，论文、课题等数量大幅增加，与公办高校的差距正在缩小，但在一定程度上也存在区域发展不均衡的现象，东部、中部的民办高校科研起步较早，科研水平相对较高。部分高校在特色研究领域已形成了自身特有的研究优势，整体科研水平正在逐步提高。以西京学院、宁波财经学院为代表的民办高校科研"第一梯队"呈现快速发展态势。如连续三年问鼎中国民办本科院校科研竞争力排行榜榜首的西京学院，近年来共获批纵向科研项目 460 余项，签订横向课题合同 1 700 余项，科研经费达 4.6 亿余元，授权专利 1 600 余件，获得国家级科研奖 2 项，省级科研奖 26 项，陕西省专利奖 1 项。第三，民办高校重视应用型研究。部分民办高校在科学研究中解决了区域经济发展中所面临的技术困难，大大提高了服务区域经济和社会发展的能力，增进了学校和区域社会经济发展之间的联系；一些民办高校通过对自身发展战略、发展模式、发展路径等问题的研究，极大地促进了自身的发展，从而提升了学校教学质量和社会服务能力，为更多教师创造了科研成长的平台，提高了民办高校吸引、凝聚高水平教师的能力，实现科研发展和师资队伍建设良性循环。如浙江树人学院以应用型试点示范高校建设为契机，特别注重应用型人才培养平台的建设，建立了 481 个校外实习实践基地，先后成立了华为 ICT 学院、绍兴黄酒学院、树兰国际护理学院等 13 个行业学院，为生产实习、技能实践和毕业实习等创造了真知真学、真题真做的实践教学和应用型科研条件。

3. 社会服务

非营利性民办高校除了日益重视人才培养和科研方面的工作，社会服务成为非营利民办高校又一项重点工作。民办高校利用自身的办学资源和优势为社会提供服务，在服务社会的同时提高自身理论研究与社会实践的贴切程度，提升办学水平和能力。主要体现在以下几方面：第一，人才培养服务。包括学历和非学历教育、职业技能培训、专题项目培训等；第二，科学研究服务。包括各种根据区域经济需求开展的科研应用研究、成果转化和咨询服务；第三，文化传播服务。包括各种公益性质的传承和传播传统优秀文化活动、民生方面服务活动等。通过查阅部分非营利性民办高校的本科生就业质量报告发现，民办高校的大部分毕业生选择留在当地就业，平均比例为 75% 左右，为当地社会发展提供充足的人力支持；用人单位对民办高校毕业生的总体综合素质评价和满意度逐年上升。同时，非营利性民办高校还为当地提供了大量的在职教育培训、成人学历教育培训应用研究和各种公益服务等。如北京城市学院作为北京市专业技术人员继续教育基地，每年面向社会开展专业技术人员继续教育，为北京市区域经济发展服务。该校还成立了首都城市治理与综合执法研究所、首都城市环境建设研究基地、北城心悦社会工作事务所等研究机构，作为高端智库，致力于建言献策，为北京城市发展提供决策咨询；承办政府委托或各类基金委托的社区服务项目、社工培育、社区公益服务和专业社区支援服务等。

三、非营利性民办高校的发展特征

分类管理背景下，非营利性民办高校作为一种新的高校组织分类形式和产权制度安排，是我国民办教育事业发展的重要力量，是一项福利性的教育制度安排，它具有准公共产品属性，也将成为我国民办高等教育的主流发展方向。非营利性民办高校举办者不取得办学收益，办学结余全部继续用于办学，不追求经济利益和回报，其办学动机和办学行为与社会民众的愿望和需求更接近，与政府目标更一致，有利于学校办学条件持续改善，有利于学校更加聚焦人才培养和学生的长远发展，能更好地满足人民群众对高等教育的多样化、差异化、特色化教育需求。从世界范围来看，非营利性民办高校比营利性民办高校的生命周期更长，原因在于非营利性民办高校可以得到政府更多的支持、吸引到更多的社会捐赠、吸引更多优秀人才的加入，能更有效地抵御外部风险、应对政策的变化。

目前，我国非营利性民办高校总体发展健康有序、态势良好，不断凸显其独特的优势，在发展过程中呈现出以下主要特征：一是办学类型多样，办学层次丰富。办学类型上，大部分非营利性民办高校办学类型以教学型、应用型为主，多为应用型本科或高等职业教育专科，人才培养以应用技术型为核心；也出现了西湖大学这样"高起点、小而精"的新型研究型大学；在办学层次上，随着5所民办高校成功获得硕士学位授予权，非营利性民办高校已形成了专科、本科并重，研究生教育逐步起步的高等教育层次全覆盖局面。二是举办主体多元。非营利性民办高校的举办者既包括民主党派办学、企事业单位办学，也包括基金会办学，其他社会团体组织办学和个人出资办学等形式，充分体现了复杂多样的办学诉求。三是区域发展多样化。我国各省市在经济发展水平、文化传统、资源获取等方面存在显著差异。在外部环境、政策制约下，非营利性民办高校的发展也凸显出地域差异。如广东、浙江等地区的非营利性民办高校紧贴市场需求办学，多渠道筹资、办学机制灵活，学校在人才培养、产教融合、教育教学等方面都取得了新突破；陕西、江西等地区办学成本相对较低、人才需求旺盛，为非营利性民办高校办学提供了积极的政策环境。四是社会声誉不断提高。非营利性民办高校的办学公益性消除了先前民办高校法人属性不清、产权归属不明等问题，社会认可度和办学声誉有大幅提高；经过多年发展，各地已经拥有一批注重内涵发展、办学特色鲜明的非营利性民办高校。

四、非营利性民办高校的个案分析

（一）吉林外国语大学

吉林外国语大学2003年升格为民办普通本科高校，2005年获得学士学位授予权并开始联合招收硕士研究生；2006年通过司法公证，举办者将学校所有资产全部捐献给社会；2010年通过教育部本科工作合格评估，并成为"探索非营利性民办高校办学模式"教育体制改革的试点单位；作为个人举办的民办高校，该校积极探索非营利性办学，学院始终坚持公益性办学理念，通过明确高校法人非营利性属性，注重内涵建设，积极探索高水平非营利性民办大学的发展路径，对我国非营利性民办高校高质量发展具有模范作用。

1. 非营利性高水平民办大学的探索与实践

学校办学二十余年来，实现了从专科、本科到研究生层次的渐进式发展，其创办者以创建百年名校为愿景，坚持公益性办学理念，坚持把社会公益放在第一位，学校是全国民办高校中第一所坚定地提出公益性办学、不要个人回报的学校。学校围绕办学目标和办学定位，坚持与时俱进，坚持一切工作以学生为中心，办最负责任的教育，在完善治理结构、健全管理制度、强化内涵建设、提高人才培养质量等方面展开了一系列有益的探索与实践，在我国民办高校选择非营利性办学道路、坚持公益性原则等方面发挥了引领和示范作用。

第一，在法人治理结构方面，举办者勇于放权，丰富理事会成员结构，让更多的内外部相关利益者参与决策。第二，学校不断完善各种规章制度，用制度规范管理。民主化、制度化、程序化的管理理念伴随学校发展始终，在办学过程中，坚持依法治校，用法治思想处理学校管理中的各种难题和问题，做到权力、责任和义务有法可依、有法必依，同时可以预防权力腐败和权力滥用。第三，明确学术委员会的功能与作用，将学术委员会作为学校最高学术机构，独立处理一切学术性事务，学校举办者、行政不加干预；同时注重发挥学术委员会在人才培养、学科建设、专业设置、学术发展、职称评审等方面的作用，真正做到了学术权力与行政权力的相互独立。同时，不断调整和优化学术委员会结构，由原来以行政领导为主转变为以学术领域有影响力的教授、专家为主。第四，重视党组织的作用。积极发挥党委在民办高校中的政治核心作用，党委主要成员进入学校理事会、校务委员会等决策机构；同时积极推进基层党组织的建设，实现党组织与行政组织的"无缝对接"，保障了学校的正确办学方向。第五，不断完善监督机制。学校通过监事会、财务委员会等机构加强对学校办学行为、经费使用、重大建设项目、资产管理等事项的监督，确保学校办学的公益性。在保证办学民主化方面，学校定期召开教职工代表大会和学生代表大会，保障师生在学校治理和决策方面的参与度。经过多年的探索与发展，学校初步形成了具有非营利性高水平民办大学特色的治理结构体系，不仅规范了办学行为、控制了办学风险，而且为学校赢得了良好的社会声誉，对其他非营利性民办高校完善治理结构体系极具借鉴意义。

2. 发展经验与影响

该校能有今天的成绩，得益于其坚持办学的公益性，坚守高水平应用型大学的办学定位，坚持走非营利性办学的发展路线。学校公益性办学精神贯穿学校发展始终，公益办学理念引领学校发展实际，并坚持将非营利性办学思想根植于学校文化中，引领学校发展；紧密联系社会，围绕社会需求制定人才培养计划，实现"精品办学"，以培养高质量应用型人才提升学校竞争力，实现跨越式发展。

（1）以捐赠产权作为大学制度的逻辑起点。

该校是全国唯一一所对财产进行公证的民办高校。举办者从建校之初就注重厘清外部管理体制和法人财产权的归属，注重理顺举办者、学校法人和主管部门的关系；在 2006 年通过财产公证的方式将近 4 亿多元的学校资产捐赠给社会，放弃其个人对校产的所有权；2010 年学校成为国家教育体制改革"探索非营利性民办高校办学模式"的试点单位。举办者选择放弃学校的所有权形式来实现学校真正的非营利性办学，以捐赠产权作为学校现代大学制度建设的逻辑起点，有助于明晰学校所有权、经营权、收益权、处分权以及各权利之间的关系，保证非营利性民办高校财产的独立性，对办学者及其主要成员有较强的约束和激励作用，也能获得社会和政府的高度认可，同时也为学校建立现代大学制度、完善内部治理结构、构建民主化管理奠定了坚实的基础。

（2）以"非营利性"文化引领学校发展。

学校以公益性精神为核心，以"非营利性"文化引领学校科学发展，确立了"求公致远，追求百年"的发展战略目标和总体目标，致力于创办非营利性百年民办高校；确立了"一切为了学生成人、成才和成功"的办学使命和办学理念，明晰了学校精神文化的重要内容和核心内涵，凝聚师生共识，走内涵发展的道路；教职工对学校愿景和使命强烈认同，社会公众对学校非营利性属性高度认知，通过培育以公益精神为核心理念的文化软实力来支撑学校提升办学水平和内涵发展已成为全校师生的共识。

（3）以社会需求为导向实现"精品办学"。

学校自建校以来，始终以社会需求为导向，围绕社会需求进行人才培养，始终服务于地方社会经济的发展，为社会输送大批量高水平应用型人才，成为高水平非营利性民办高校发展的榜样。学校始终坚守录取分数线，保证生源质量，以学校教育资源的可承载力控制办学规模；学校重视师资队伍建设，采取各种措施提高师资水平；围绕社会需求调整学科和专业，不断更新人才培养模式和体系，不断加强与企业行业的合作。同时，积极探索适切的硕士研究生培养模式。吉林外国语大学的成功办学之道值得其他非营利民办高校认真学习和借鉴。

（二）浙江树人学院①

1. 应用型非营利民办高校的探索与实践

浙江树人学院创办于 1984 年，2003 年升格为本科院校。学校以"立德树

① 参考浙江树人学院 2020～2021 学年本科生教育质量报告。

人、为国植贤"的办学宗旨，秉承"崇德重智、树人为本"的校训，以"面向需求，注重应用"为培养理念，坚持学科建设引领，注重人才培养与经济社会转型、创新发展深度对接，与行业、企业深度对接，着力培养人才的应用实践能力和创新创业能力。经过 30 多年的办学积淀，走出了一条应用型民办高校发展的独特之路。目前学校设有 50 个本科专业，涵盖了文学、管理学、医学、理学、工学、法学、经济学、艺术学等 8 大学科门类，形成基础扎实、多学科协调发展的学科专业体系。学校紧密对接浙江"八大万亿产业"和"四大历史经典产业"，重点加强康养、信息、环境、服务业等学科群建设，形成医工信交叉、文经管集聚、多学科协同发展的学科专业布局，着力打造医工信、环境健康、现代服务业三大学科交叉平台。

学校以行业学院为抓手，引导"一个专业对接一个行业（产业）"，以行业或产业需求来确定各专业的培养目标和要求，构建专业培养体系，制定人才培养方案。立足学校"教学服务型"办学定位和"高级应用型"人才培养定位，将高级应用型人才培养总目标细化为复合应用型、现场应用型、职业应用型三种类型，与产业发展紧密连接。学校依托企业、行业协会，先后成立了 13 个行业学院、481 个校外实践教学基地，建立了"链链对接、双向嵌入、六维协同"的应用型专业建设体系，不断优化办学定位，明晰专业建设思路和方向，重组人才培养方案与流程，以实践应用为主旨，将通识教育、专业教育和素质教育完全融合，以"平台+模块"结构建构课程体系，调动学生学习主动性和积极性；校外实践基地集聚了一大批专业教师和职业场景，拓宽了实践教学空间资源，丰富了专业教师资源和实践教学内容资源。校外实习和实践教学安排，不仅能满足实践实习教学需求，更能有效地提高人才的应用能力、职业适应能力和综合实践能力的教学效果。此外，学校还不断创新课堂教学模式，开展了"校企合作移动课堂""校园移动课堂""田野移动课堂"等多种教学模式，如开展"校企合作移动课堂"教学。企业选派经验丰富的专业岗位人才与教师一起共同承担课程教学任务，可以在校内开展校企合作课堂教学，也可以将课堂搬到企业现场开展课堂教学；双方一起共同研究课程知识模块，选择教学案例和教材、改革课程评价方式等等。树兰国际医学院、信息科技学院、城建学院等专业学院师资队伍的实践教学能力特别强，案例均来自真实的社会岗位，容易激起学生学习兴趣，有助于提高学生知识理解及转化能力。近几年来，学校共获批各级各类产学合作协同育人项目 40 多项，浙江省级产教融合示范基地 2 个，浙江省发改委产教融合联盟 1 个，浙江省教育厅产学合作协同育人项目 3 项，智慧康养产业学院已被列入省级重点产业学院建设点。学校为企事业单位输送了一大批优秀人才，用人单位都非常认可学校毕业生的综合能力。

2. 发展经验与影响

（1）构建以"行业学院"为标志的应用性培养平台。

面向浙江支柱产业对应用型人才的需求，以行业生产链、技术链、创新链的各个环节为服务对象，坚持"学校主导，互利共赢"，通过政、校、企、行（行业协会）、院（研究院）多种合作方式，组建实体的产教融合共同体。遵循从治理结构共同构建、培养方案共同制定、教学团队共同组建到教育教学共同组织、培养成效共同评价、利益责任共同分担；形式上，从行业学院参与各方共同组建理事会、联合开发面向行业应用场景的课程体系，到合作组建教学团队、协同过程评价，建立了多方共赢的产教融合框架；逻辑上，则实现了从多主体协同的制度安排、行业用人标准和人才培养标准统一，到行业优势资源与教学资源系统集成、学校与社会内外联动，直至持续改进的质量保障体系，完成了课程由基于学科转向基于应用，师资由学校单方转向多方联合，人才培养由以知识为中心转向以问题为中心，培养效果评价由单维度转向多维度的推进。

（2）构建高素质应用型师资队伍。

学校非常重视教师队伍建设，一方面通过分类管理、综合考核评价，让不同类型的教师充分发挥专长，帮助青年教师快速成长。通过实施"'双师双能型'师资建设工程""千人业师"和"百业培师计划""青年教师培养工程""师资队伍国际化建设工程"等，支持教师下企业锻炼或在职攻读博士学位及进入博士后培养；另一方面大力引进各类高层次人才，助推学科发展。学校通过实施"直签""直聘"等制度，创设人才引进的"绿色通道"，先后引进 3 名院士，领衔医学、信息科学团队建设，聘用 3 名省特级专家等担任校学术委员会成员；引进 8 名国家杰出青年、国家级教学名师；全职聘用了一批博士生导师以及 151 第一层次人才等担任学术团队带头人和二级学院领导；引进了近 50 名海内外博士、博士后人才。此外，还注重对兼职教师队伍的建设，以行业学院为平台，与杭州本地一些知名企业、社会科研机构等合作，聘请企业、行业技术骨干人才，共建理论与实践、教学与管理相融合的应用型教学团队，建立一支稳定的外聘教师队伍。目前有"双师双能型"教师 204 人，占专任教师的 20.04%。积极依托行业学院组建了 30 多个教学团队，全校引进了 1 700 多人（次）业师。

（3）形成独具特色的应用型人才培养体系。

一所高校办学有没有特色主要看其是否培养了特色人才，只有独特的人才培养模式才能培养出具有特色的人才。浙江树人学院初步形成了"1234"高级应用型人才培养的总体思路："1 个目标"——高级应用型人才培养；"2 个突出"——强调德育为先、能力为重；"3 大体系"——构建理论教学、实践教学、素质拓展；"4 大改革"——实施应用型导向下的课堂、专业、课程和综合领域的改革。学校自建校以来，为国家和社会培养了 8 万余名应用型人才，涌现出了许多杰出校友。

（三）西湖大学

1. 新型高水平民办大学的探索与实践

西湖大学的前身是浙江西湖高等研究院，由施一公、陈十一、饶毅、潘建伟等科学家发起筹建，2018 年 2 月，由教育部正式批准成立。它是一所社会力量举办、国家重点支持的新型非营利性民办高校，定位为高水平研究型大学。学校坚持"小、精、尖"发展，不追求大而全，适当发展学科，培养高端拔尖人才。目前学校设有理学院、工学院、生命科学学院三个二级学院，和复旦大学、浙江大学共同实施"跨学科联合培养博士学位研究生"，现有 8 个博士研究生招生专业，在校博士生近千人；学校拟于 2023 年开始招收本科生，现有五个本科专业，预计到 2026 年，在校生规模将达到 5 000 人。学校面向全球招聘领军人才和世界级学术人才，截至 2021 年，已从全世界 17 个国家和地区招聘了 177 名博士生导师。作为一所新型研究型大学，西湖大学致力于尖端科技突破，聚焦基础前沿科学研究，注重学科交叉融合。[1] 学校集聚高端人才、建设一流学科、培育高水平人才、产出高水平成果，积极为实现科教兴国战略和创新驱动发展战略提供智力支撑。[2] 西湖大学的成立标志着我国非营利性民办高校进入了一个新的发展阶段，翻开了中国民办高等教育多元化发展的新篇章。

作为新型高水平民办大学，西湖大学在成立伊始，就带着诸多崭新的基因，引发关注。具体来说，一是办学理念新型。西湖大学以创建世界一流大学为目标，聚焦前沿科学技术研究，推进基础研究和学科交叉融合，坚持特色化办学、差异化发展，坚持公益性、非营利性办学；二是举办主体新型。目前我国大部分民办高校是由企业、行业协会或自然人创办，而西湖大学是由西湖教育基金会作为举办方，基金会办大学；三是治理模式新型。西湖大学按照现代大学制度的要求，对内构建了完善的治理体系和新型运行管理机制；对外则建立了新型的大学－政府关系和大学－市场关系。在民办教育分类管理和高等教育"双一流"建设背景下，建设以西湖大学为典型代表的新型高水平民办大学，有利于树立标杆，激发高等教育改革、创新活力；有利于发挥鲶鱼效应，形成公、民办高校之间的良性竞争，有利于弥补国家财政教育经费的不足，是我国经济社会转型和高

---

[1] 西湖大学网站，https：//www.westlake.edu.cn/。
[2] 熊丙奇：《西湖大学的办学模式和办学制度设计值得关注》，载于《上海教育评估研究》2018 年第 3 期。

等教育高质量发展的客观需要。

2. 西湖大学的发展经验与影响

（1）人才培养：自主灵活、联合招收。

在人才培养方面，西湖大学采取多学科交叉、同国内外一流高校联合培养的模式，用超常规方式培养具有国际水平的顶尖科技人才和创新领军人才。学校充分体现学校个性、包容、灵活的办学特色，采取灵活的选拔方式，注重发挥学生的个性和创造力，建立了通识与专业贯通的人才培养新模式，设立具有交叉学科属性的前沿性课程，帮助学生在课程学习中增强科研敏感度、提升学术研究思维、视野、素养等，为他们未来在科学研究领域成为拔尖创新人才奠定坚实的基础。

（2）办学经费：多元筹资、募集捐赠。

西湖大学办学的高起点、高定位、高投入，也带来了对办学资金的高需求，开辟多元的筹资渠道成为必然。西湖大学的办学经费主要有五部分构成，其中举办者出资和政府财政拨款是主要来源，同时还有学费收入、科研收入、社会服务收入以及人才收入等。西湖教育基金会作为西湖大学的举办者及西湖大学捐赠基金的筹资主体，是连接西湖大学和社会的枢纽，专门负责为学校筹集办学资金，推动学校的创建与发展，但不直接参与西湖大学的具体运营[1]。西湖教育基金会属于非公募基金会，有专业团队负责基金会运转，建立了一系列完整的筹资机制和筹资方案。截至 2018 年底，已有近万名捐赠人，协议捐赠金额超过 43 亿元，到账金额超过 15 亿元；基金会拟用 10 年左右的时间建立一个 200 亿 ~ 250 亿元的资金池，保障西湖大学可持续发展。

（3）组织管理：接轨国际、现代大学制度。

西湖大学积极借鉴国际一流私立大学的治校经验，实行董事会领导下的校长负责制。董事包括当然董事和推举董事，校长、党委书记、师生代表都是当然董事。推举董事由举办者推举，主要是对学校发展有重要意义的社会知名人士。董事会作为学校最高决策机构，是紧密联系社会各单位、筹措教育发展资金的重要平台，同时设立监督机构，包括监事会等其他重要机构，如顾问委员会、校务委员会和学术委员会等。校长被赋予了最大的治校空间，独立行使教育教学和行政管理权，同时给予教师最大的治学自由。西湖大学重视党的领导，依规设立中共西湖大学委员会，充分发挥党组织的政治核心作用，坚持把握正确的办学方向，参与学校重大事项决策管理。

---

[1] 郝亮、金怀梅：《关于多元化发展背景下中国民办高等教育改革破局的思考——以西湖大学设立为例》，载于《长春师范大学学报》2020 年第 7 期。

第二节 非营利性民办高校发展的新形势和新挑战

自 2016 年 11 月《民办教育促进法》的修订和 2021 年 5 月《民办教育促进法实施条例》的正式出台以来，我国民办教育分类管理改革进入纵深推进的新时代。营利性和非营利性民办高校分类扶持、规范管理、差异化发展成为民办教育改革发展的政策导向，也导致民办高校在新的政策背景下面临新的机遇、新的挑战，学校的使命愿景、办学理念、治理结构、文化内涵、发展轨迹等都会发生相应的改变。在这个新的历史时期，非营利性民办高校应认真研判新形势，牢牢抓住新机遇，积极应对新挑战，突破办学瓶颈，激发体制机制优势，推进学校事业的高质量发展。

一、非营利性民办高校高质量发展的新阶段

党的十九届五中全会提出了"以推动高质量发展为主题"，强调"建设高质量教育体系"。在我国高等教育进入普及化阶段的背景下，民办高等教育正在发生内涵变化，发展重点由"规模扩张"向"结构优化""内涵提升"转变，转变发展方式、实现高质量发展是新发展阶段非营利性民办高校改革发展的时代趋势。

（一）明确以分类管理促进规范发展

2016 年 11 月，《民办教育促进法》修订完成，是民办教育领域立法的重大突破。新法针对民办教育领域内法制法规建设落后、一些领域存在政策漏洞和盲区等问题做出了明确规定和完善，更是旗帜鲜明地表明了要对民办教育实现营利性和非营利性分类管理。之后，教育部等部门先后出台了《国务院关于鼓励社会力量兴办教育促进民办教育健康发展的若干意见》《民办高校分类登记实施细则》《中华人民共和国民办教育促进法实施条例》《营利性民办高校监督管理实施细则》等政策文件，明确规定民办高校在设立审批流程、分类登记条件、变更注销内容、监督管理机制等内容，对促进民办高校分类管理、明确营利性和非营利性学校分类发展提供了坚实的政策保障，也为促进民办教育规范发展奠定了制度基础。各地政府也都在探索多种方式规范民办学校办学行为，保障受教育者、教职工和学校的合法权益，防范办学风险。

（二）鼓励非营利性民办高校优先发展

教育具有公益属性，无论是营利性还是非营利性民办高校都要始终把社会效益放在首位，二者在所有权和收益权上存在差异。非营利性民办高校的性质决定其举办者不能取得办学收益，办学结余不能分配，全部投入学校，用于继续发展。非营利性民办高校作为高等教育的重要组成部分，发挥着与地方公立高校同等重要的作用，具有准公共产品属性，其办学动机和办学行为与社会民众意愿更接近，与政府的目标更一致，表现出更强的公益性，理应是政府公共财政扶持的主要对象。国家出台的分类管理有关的系列政策，在收费定价、用地政策、税收政策、资产管理、教师待遇、捐资激励和财政扶持等方面对非营利性民办高校做出更加合理的制度安排，一方面，为举办者依法办学提供了明确的依据，为管理者依法行政、依法治校和依法管理提供了可操作的指南，另一方面，也对相关利益者不碰触法律底线、准确把握法律界限提出了更高要求，也为公共财政资金投入非营利性民办学校的合理性和安全性有了更好的保障。可以预见，政府在未来一段时间内会采用更多方式，更直接地支持非营利性民办高校。

二、非营利性民办高校高质量发展的新要求

党的十九届五中全会提出的"建设高质量教育体系"为新时期我国非营利性民办高校指明了方向，也提出了新的更高的要求。

（一）新时代对民办高等教育发展的新要求

"十四五"时期，我国社会经济发展的战略主题是"高质量发展"。《中华人民共和国国民经济和社会发展第十四个五年规划和二〇三五远景目标纲要》明确提出："建设高质量教育体系"。社会经济发展到新的阶段，必然对教育提出新的要求。建设高质量教育体系，促进民办教育高质量发展，为"十四五"期间民办教育的发展指明了方向，也是新发展阶段对民办教育提出的新要求。20 世纪 80 年代以来，我国民办教育得到快速发展并取得一定成绩，特别是《民办教育促进法》的实施，不仅推动了民办教育的规模化发展，同时实现了民办教育的质量提升，在推动我国实现高等教育大众化、缓解上学难等方面做出了重要贡献，成了我国高等教育事业的重要组成部分和高等教育改革的重要力量。根据 2020 年全国教育事业发展统计公报的数据，截至 2020 年 12 月，我国普通高校共 2 738 所，其中，民办普通高校 771 所，占我国普通高校的 28.16%。可以看出，民办教育

在我国教育事业发展的重要地位，构建高质量高等教育体系，实现高等教育高质量发展，离不开民办高校的重要参与。反过来，没有民办高等教育的高质量发展，就难以构建高质量高等教育体系，难以实现高等教育高质量发展的目标。由此可见，推动民办高校高质量发展是建设高质量教育体系、实现教育强国的必然要求。

（二）国家对民办教育高质量发展的新导向

一系列政策和实施条例的出台，是对新《民办教育促进法》内容的细化，进一步明确了法规的可操作性，将法规内容落地实施，使新时代民办教育的发展有法可依。《民办教育促进法实施条例》的出台实施，标志着我国基本形成了规范的民办教育顶层设计体系。新阶段，在规范民办教育发展的基础之上，推动民办教育走向高质量发展道路。新法明确了民办教育应当始终坚持中国共产党的领导，这是坚持党对教育事业全面领导的具体体现，也保证了民办教育正确的发展方向；新法明确了新阶段民办教育的办学属性，在办学过程中要注重办学公益性；明确了新阶段民办教育的根本任务，无论什么样层次的民办学校，都始终要把立德树人作为根本任务，加强对社会主义核心价值观的教育，培养出具有远大理想的新时代青年。新法明确了治理机制，为更好地建立民办教育的治理体系规定了具体方向和操作路径。

（三）社会对民办教育高质量发展的新期盼

随着经济水平的提高，人民群众对高质量教育的需求不断增加，不再停留在"有学上"的层面，社会和群众对民办教育有着品牌和质量的双重要求。因此，民办教育必须转变只注重规模的"粗放式"发展模式为"精益求精"的内涵式发展方式。各地掀起创建高水平民办高校的热潮，民办高校要强内涵、抓质量、引名师、树特色、创品牌，努力走出质量洼地。现阶段，民办教育虽然面临着分类管理的新形势、实现高质量发展的新要求、落实立德树人任务的新挑战、提升治理能力和治理水平的新任务，但这恰恰也是社会对民办教育发展提出的新要求，是群众对民办教育高质量发展的新期盼，为民办教育今后的发展指明了道路。

三、非营利性民办高校高质量发展的新挑战

非营利性民办高校把坚持走内涵式发展、特色化办学，不断提升办学水平和

人才培养质量，在建设高质量民办教育体系中积极作为当作自身办学的目标和内在要求。但在实际办学过程中，依然面临着举办者观念有待转变、办学实力有待提升、治理体系有待完善、扶持政策有待落地等诸多挑战。

（一）举办者层面：举办者对新法新政实施的担忧较大

通过调研访谈不同举办者，举办者在办学资产、政策扶持和政府态度等方面有所担忧。具体表现为：

1. 选择"非营利性"利益调适幅度较大

中国多数民办高校是在鼓励投资办学的国情下发展起来的，起初具有投资办学的本质特性。例如，上海的 21 所民办高校中，除杉达学院一家已明确非营利性办学以外，其余高校或明确营利性办学或尚处于观望状态。新《民促法》明确规定民办高校选择"营利性"则"可以取得办学收益"，选择"非营利性"则"不得取得办学收益"，这与以往"合理回报"模糊界定存在本质差别，与"合理回报"相比，非营利性民办高校办学收益的调适幅度较大，短时间内投资办学者的思维转向相对滞后。《民法典》规定："非营利法人终止时，不得分配剩余财产，自然人合法的私有财产，可以依法继承。"① 非营利性民办高校在终止办学后，不能分配财产，也不能继承办学财产；但是营利性民办高校在办学终止时，可以选择分配或继承财产。也就是说，如果选择"非营利性"，起初的投资办学将转变为"捐资办学"，对于资产高达数亿元的民办高校来说，财产分配和继承的调适幅度较大，导致民办高校的举办者对选择"非营利性"心存顾虑。

2. 举办者对分类管理存在不同解读

实行分类管理是对前一阶段民办高校发展不规范的纠偏，是民办高等教育走向健康发展的必由之路。但调研发现，民办高校的举办者对分类管理仍然存在不同解读：一部分举办者心存侥幸，认为选择登记为非营利性以后，实则延续以往，采取多种途径取得办学收益。但《实施条例》第四十五条明确规定，民办高校应当建立利益关联方交易的信息披露制度。对非营利性民办高校的关联交易、关联方转移办学收益等行为，教育部门、税务部门、人社部门等将联合起来建立监督管理与审核检查制度，过往的"模糊区域"将触碰法律红线，构成犯罪的，将依法追究刑事责任。另一部分举办者则心存悲观情绪，认为未来生源、政策等不确定、社会认可度不高的情况下，选择登记为"营利性"，便主动放弃各项优惠扶持政策，学校难以持续发展。在此背景下，民办高校的举办者面临"营、非"选择的两难境地。

---

① 《中华人民共和国民法典》第一编，第三章：法人。

（二）利益相关者层面：利益相关者众多且构成复杂

《全国教育事业统计公报》数据显示，截至 2020 年 12 月，全国民办普通高校 771 所，占全国普通高校总数 2 738 所的 28.16%；民办高校在校生 708.83 万人，占全国高校在校生总数的 21.36%。另据国家统计局数据，2019 年，全国民办高校教职工共有 46.23 万人。民办高校分类管理政策实施过程中，涉及上述高校中包括举办者在内，教职工和学生等众多群体，政策执行风险难度偏大。其中，举办者同时承担了"营、非选择"的决策者与政策被执行者的双重身份属性。但中国民办高校的举办者构成较为复杂，有关调查显示，30% 属于个人办学，30% 属于企业办学，10% 属于国有民办，10% 属于共同治理，其余 20% 属于股份制形式。不同举办者的发展诉求差异较大，其中，为追求更多的政府扶持和社会认同，国有民办型和共同治理型的民办高校的举办者乐于选择"非营利性"民办高校进行转设登记；个人办学型的民办高校举办者则倾向于既希望获得政府扶持，又可以获得一定的办学回报。此外，截至 2020 年底，中国还有独立学院 189 所，占民办高校总数的 25%。独立学院的办学主体多元、合作模式多样、各地差异较大，情况也更加复杂，其转设进度直接影响到民办高校分类管理进程。

（三）师资层面：师资队伍的高质量发展支撑力不够

新时代民办教育拥有了新的时代内涵，对民办教育从业者提出了新的挑战，建设一支高素质、专业化的教师队伍成为民办高校实现高质量发展的重要支撑。目前，民办教育师资队伍建设面临诸多问题，主要表现为民办高校教师的社会地位和法律地位低于公办学校教师、各种福利待遇和社会保障力度差距悬殊、高层次人才引进难度较大、教师培训与师资队伍建设政策支持力度不够。要建设一批高水平师资队伍，离不开政府的系列政策出台和措施落地，支持非营利民办高校加强高水平师资队伍建设。新时代的民办教育是建立在新发展理念和发展内涵上的，必须进一步明确新时代民办教育发展的核心问题，明确新时代民办教育的发展方向，完善民办教育发展模式，关注民办教育人才培养和师资队伍专业化建设。

（四）政府层面：分类管理的配套政策还不完善

国家层面政策法规需要进一步完善。2021 年 4 月，国务院已经正式颁布修订后的《民办教育促进法实施条例》（以下简称《实施条例》），对于民办高校关联交易、集团化办学等各界关切的内容作出明确规定，为分类管理提供了重要遵循。但对于非营利性民办高校的财务监管、治理结构、第三方评价等事项仍有待进一步完善，民办教育工作部际联席会议确定拟制定的《民办高等学校内部治理实施细则》《非营利性民办高校监督管理实施细则》《非营利性民办高校财务监管办法》等文件仍未出台。省级层面的实施细则仍原则性过强、操作性偏弱。虽然 31 个省级政府沿袭国家规定先后出台了地方民办教育促进法实施细则，但一些关键问题仍相对模糊，相关政策服务并不完备。民办高校法人身份转变缺乏明确的政策指导。举办者做出"营、非选择"前，必须开展学校自查工作，但却没有完备的配套政策指导来界定民办高校的资产权属、用地、资金来源等内部决策信息，而这些信息直接影响分类管理的有效推进。

第三节　非营利性民办高校高质量发展的创新举措

非营利性民办高校高质量发展是经济社会发展、全面贯彻党的教育方针的客观需要，也是非营利性民办高校实现自身可持续发展的主动选择。非营利性民办高校实现高质量发展需要全面加强党的领导，创新多元举办方式，明确应用型办学定位，创新人才培养模式，加强师资队伍建设，加大政策落实力度。

一、全面加强党的领导，彰显办学公益属性

非营利性民办高校的高质量发展，最根本地体现在始终坚持党对非营利性民办高校的领导，落实党组织的政治核心地位。近年来，国家先后出台了一系列政策法规，使民办高校党建工作的重要性提升至前所未有的高度，也使民办高校党建工作进入有法可依、有据可循阶段。2016 年 11 月，新《民促法》中专门新增了民办学校党组织条款；2018 年 12 月，中共中央办公厅印发的《关于加强民办学校党的建设工作的意见（试行）》中强调，新时代要切实加强党对民办学校的领导，充分认识民办学校党建工作的重要性，充分发挥党组织的政治核心作用。2020 年，中组部等五部门出台的《民办学校党建工作重点任务》，推动了全面从严治党在民办高校的落地见效；2021 年 5 月，《民办教育促进法实施条例》则对民办学校党的建设提出了明确要求，也为全面加强党对民办学校办学的领导指明了发展方向、提供了根本遵循。加强党的建设，有利于保证非营利性民办高校的办学方向，凸显办学公益属性，规范办学行为，树立良好的社会形象。

（一）彰显党组织在办学立校中的政治核心地位

首先，保证方向是前提。加强党对非营利性民办高校的全面领导，是非营利性民办高校坚持正确办学方向的根本保障。非营利性民办高校要坚持社会主义办学方向，发挥党组织的政治核心作用，坚守教育的公益属性，坚持党和国家的教育方针，坚守教育初心，勇担育人使命，依法办学，依法治教。其次，促进发展是目的。发挥党组织政治核心作用的根本目的是促进民办高校的改革与发展，提高人才培养质量，落实立德树人的根本任务。在学校党建、思想政治教育和德育工作中切实发挥党组织的领导作用，在课程建设、教材选编、干部选用等重大问题上，党组织要把好政治关，把培育和践行社会主义核心价值观融入民办高校人才培养的全过程。最后，维护和谐稳定是保障。民办高校的办学规模、办学特点、师生背景的复杂性、各利益主体的不同诉求决定了民办高校和谐稳定工作的重要性和艰巨性。只有充分发挥民办高校党组织的凝聚力、影响力和战斗力，才能克服重重困难，协调各方利益诉求，化解和应对各种矛盾，维护各方合法利益。

（二）健全党组织参与决策和监督的有效机制

一是加强顶层设计。章程是民办高校"宪法性"文件，学校章程中应明确规定党组织的职能、作用，落实党的教育方针，确立党组织在内部治理结构中的地位。二是健全"双向进入，交叉任职"机制。学校党委主要负责人依法定程序进入学校决策机构董事会、办学执行机构校务委员会等，保证民办高校党组织发挥政治核心作用，参与学校重大事项的决策，构建党委与行政民主决策、科学决策、集体领导、同向同行的机制。三是落实党建工作责任制。加强民办高校党组织建设，压紧压实党建工作的主体责任，明确党组织研究决定、参与讨论研究，以及政治把关的具体事项，建立相应制度规范和运行机制，规范办事流程。利用党代会、党委会、党政联席会等形式，促使党委、行政形成合力，确保党建工作与其他工作深度融合，加强基层党组织在民办高校中的战斗堡垒作用。

（三）完善民办高校党建工作保障机制

一是健全工作机制。民办高校要加强党办、组织部、宣传部、纪检等党的组织建设，重视二级学院党委、党总支建设，明确工作职能和工作机制，持续做好基层党组织建设工作，实现党建工作在基层全覆盖。二是强化人员保障。民办高校应本着高效、精干的原则，合理设置党务管理岗位、落实党务工作人员的编制，配足配好专职党务工作人员，选强配优基层党组织书记队伍；定期组织党员、干部的专题培训，提升党务工作人员的政治理论素养和自身职业素养；通过开展"党员示范岗"等表彰活动，加强对民办高校党务工作者的情感激励和精神鼓励，提高其归属感。三是加强经费保障。稳定的经费来源是开展党建工作的重要保障。教育和组织部门应探索建立民办高校党建工作专项资金，全额返还民办高校上缴的党费并每年拨付一定比例的党建经费予以支持，民办高校应将党建工作经费列入学校年度经费预算，建立专项党建工作经费，保障党务工作者享有相应的党务津贴，稳定党务干部队伍。

二、探索创新举办方式，构建多元办学模式

民办教育分类管理改革逐步深入，规范与高质量发展成为主流基调。非营利性民办高校探索校治理体制机制作出相应调整成为必然趋势，过去以规模取胜的办学模式将逐步让位于以质量取胜的办学模式。探索基金会办学、混合所有制办学等多元办学模式能够为我国民办高校治理模式的先天不足提供解决方案，为非营利性民办高校可持续发展提供保障机制。

（一）探索基金会办学模式

基金会办学是指以基金会作为学校的办学主体，利用募集社会资金举办的民办学校。基金会和民办学校都是独立法人，两者并非从属关系，基金会是学校的举办者，对学校的法人财产权行使管理职能。以捐赠资产作为逻辑起点构建的基金会办学模式能够从学校治理架构、运行管理等源头上保障民办学校的办学公益性和非营利性。民办教育进入分类管理时代，结合我国国情和学校办学实际，探索基金会举办非营利性民办高校的办学模式符合国家的宏观制度设计和非营利性民办高校自身发展的现实需求。基金会办学将国家政策要求、举办者捐赠办学意愿、高校发展诉求都很好地结合在一起，对推动民办教育分类管理改革、破解非营利性民办高校筹资困境、激发民办高校办学活力、推进高质量可持续发展等方面都具有非常重要的现实意义。

基金会办学模式在当前民办教育分类管理改革中有重要价值和独特优势。基金会本身的非营利组织法人属性和公益属性，与非营利性民办高校的本质属性具有天然的内在一致性，能够确保非营利性民办高校的资产属于社会公共资产。基金会各利益相关者"协同治理"模式及其高度自治、规范化和专业化的运作要求也有助于完善其所举办的民办高校的治理结构，能更明晰学校产权和办学权之间的边界，有效实现举办者与办学者分离、决策权和执行权分离，并充分保障民办

高校的办学自主权，形成多元共治、分权制约、权责明确、民主监督的现代大学治理体系。此外，基金会作为举办者，能够增加公众的捐赠信心，帮助学校树立良好的社会形象，消除个人或企业作为举办者的潜在逐利现象，为学校受到更多捐赠者的青睐、多渠道获得社会捐赠提供了法律保障和声誉保障。同时，对政府的财政资金、国有资产投入非营利性民办高校扫除了政策障碍，为非营利性民办高校可持续发展提供了强有力的资金保障。

目前国外基金会创办的私立高校有：美国卡耐基基金会捐资举办的卡耐基梅隆大学；洛克菲勒基金会捐赠建立的芝加哥大学；德国公法基金会作为举办者的法兰克福大学、奥斯纳布吕克应用科技大学、汉诺威希尔德斯海姆大学，国内以基金会作为举办者举办的民办高校有：泉州仰恩基金会举办的仰恩大学，威盛信望爱公益基金会举办的贵州盛华职业学院，李嘉诚基金会举办的广东以色列理工学院，西湖教育基金会举办的西湖大学等。

西湖大学是我国基金会办学的典型代表，它的举办方和捐赠基金筹资主体是杭州市西湖教育基金会。西湖大学借鉴了美国加州理工大学的规模和斯坦福大学的办学理念，由顶尖科学家领衔，办学从博士研究生教育起步，办学定位于"高起点、小而精、研究型"。西湖大学聚焦基础性、前沿科学技术研究，坚持发展有限特色学科，培养拔尖创新人才，注重学科深度交叉融合。学校的日常运行经费主要由西湖教育基金会承担，办学经费渠道主要包括举办者基金会出资、办学学宿费收入、竞争性科研项目经费、人才政策经费和政府的各专项扶持资金等。

正在筹建的东方理工大学也参照了西湖大学的基金会办学模式。成立于2020年10月的宁波市虞仁荣教育基金会，注册资本500万，其出资人虞仁荣是韦尔股份创始人，号称中国芯片首富，2021福布斯富豪排行榜以123亿美元位列181名，是宁波镇海中学85届校友，决定在家乡宁波捐资200亿元高标准建设一所理工类的新型研究型大学。2021年3月登记注册东方理工高等研究院，目前学校已完成基本选址。东方理工高等研究院聚焦新一代科技革命和信息产业的前沿应用，布局人工智能、微电子学、信息与通信工程等领域的学科研究，同时开展各学科之间的交叉研究，促进新兴学科发展。

目前基金会办学模式在我国尚属起步阶段，仍处于探索状态，基金会自身也面临筹资、治理与合作、沟通等方面的问题。外部环境上，还需要政府加大引导和支持力度。但我们有理由相信，在新一轮民办教育分类管理改革推进过程中，非营利性民办高校的基金会办学模式必将体现出特有的现实价值和示范作用，基金会也将会成为除了个人、企业以外的第三大非营利性民办高校举办主体。

（二）探索混合所有制办学模式

非营利性民办高校混合所有制办学模式是指多元办学主体以资本、技术、知识等要素共同参与举办、经营管理权共治、坚持非营利性办学理念的民办高校。不同所有制资本包括国有资本、集体资本、社会资本等在教育领域交叉融合，形成了混合所有制办学。非营利性民办高校混合所有制办学在民办高校分类管理、内涵发展中也有其独特的优势。一是有利于获得更多资金的支持。国有资本或集体资本的多元投入为民办高校注入了充足的财政经费支持，一定程度上吸引了社会资本对民办高校的进一步投入，激发了社会投资非营利性民办教育的热情，有助于解决民办高校办学资金困难问题；二是有利于提升社会声誉。混合所有制办学可以获得不少公共资源，可以消除社会公众、学生家长对民办高校过度营利的担心，在生源竞争中处于优势地位；三是有利于提升治理水平。单一举办者的民办高校往往出现举办者单边控制、权力独大、治理结构失衡现象。混合所有制建立的过程也是非营利性民办高校治理结构完善的过程，政府相关部门作为举办主体必然参加学校决策机构、参与决策，能对民办高校的各项决策执行进行规范管理和有效监督，有助于提升治理能力和治理水平。

目前，混合所有制办学在民办高职院校和独立学院转设工作中都已有了很多有益的尝试和成功案例。但也在办学主体、产权归属和协调治理等方面存在着诸多困境，如目前在法律与制度上对于学校资产、产权的交易、退出事宜存在一定冲突，导致不同所有制性质的资本进入教育领域心存顾虑。由于利益诉求和法人属性的不同，参与混合所有制办学的多元办学主体的愿望、需求难以协调一致。如何鼓励、规范非营利性民办高校探索混合所有制办学，突破办学瓶颈，发挥市场机制在非公共教育资源中的配置作用，准确把握各办学主体的内在动机，吸引更多的社会资源进入民办高等教育领域，是今后民办高等教育领域混合所有制办学值得关注的问题。

非营利性民办高校要突破混合所有制办学困境，首先应加强顶层设计，明晰不同办学主体的产权保护，把握多元主体的利益诉求，合理协调各方权力和利益，消除不同所有制资本介入教育领域的顾忌。其次，要探索建立中介机构，为教育产权的评估与交易提供专业高效服务，为国有资本和社会资本的进入、退出提供多元化的渠道和全方位的保障。再次，在分类管理改革的背景下，按照公平而有差别的原则，地方政府可通过税费优惠、财政扶持、购买服务、贷款贴息、用地优惠等形式的配套政策来鼓励和支持非营利性民办高校开展混合所有制办学。最后，要进一步完善政产学研深度融合的运行机制，加强统筹协调，构建科学决策、多方参与、民主管理的协同创新生态，强化校企深度合作、产学研深度结合的耦合机制。

三、明确学校办学定位，理清改革发展思路

进入民办教育分类管理新时代，非营利性民办高校要抓住国家政策红利，利用教育体系改革契机，积极寻求自我变革。充分发挥民办高校办学体制机制优势，利用自主、灵活、高效的办学特质，推动学校在战略提升，专业布局调整，人才培养水平提高，科研成果转化率，社会服务水平，内部治理能力和办学成果等方面进一步提高质量，实现创新驱动发展。

具体而言，一是找准办学定位，基于学校的历史沿革、现状反思，对学校的办学特色、专业特色、文化特色有清晰的定位，结合国家战略发展与地方经济发展需求，集中优势力量发展优势学科、培育特色专业，以科学发展、错位发展、内涵发展的战略定位和高质量、高水平、特色化的办学产出来赢得社会各界认可。二是立足满足人民群众多样化、差异化教育的现实需求，利用体制机制优势充分挖掘潜力，在人才培养定位、专业内涵建设、课程资源开发、校园文化建设等方面，强调创新与融合，用个性化的教育产品、多样化的供给服务来满足社会及群众日益增长的多元教育需求。三是改革科研管理和考核评价机制，大力推进应用型科研和产学研协同创新，充分整合资源，深化开放协同，大力提高科研成果转化率、科技服务辐射力，以及科研对教学的支撑力。四是加强品牌宣传，提升社会影响力。将学校文化品牌的凝练和塑造作为增强办学核心竞争力的首要手段，立足于办学特色、质量、成果，凝聚师生力量，丰富社会活动，营造良好的舆论氛围，着力提高学校知名度和社会影响力。

四、完善内部治理结构，提高管理运行效率

完善非营利性民办高校内部治理结构，推进高校治理能力现代化，建立决策更加科学、执行更加高效、监督更加有力、激励更加有效的现代大学制度是非营利性民办高校高质量发展的要求，也是当前民办高等教育改革的攻坚重心。

一是优化董（理）事会结构。加强董（理）事选聘和履职管理，对董（理）事任职资格、身份限制、任免程序等作出具体、明确的规定，避免出现“利益集团”，可选聘举办者、师生代表、高等教育专家、相关行业专家以及社会贤达等进入董事会，以确保董事来源的专业化和多元化。同时，对董事会的工作职责、议事规则等应予以明确。作为决策机构的董事会，应充分发挥宏观决策、遴选校长、筹集资金以及协调外部关系等职能，厘清与学校党委会、行政办公会的权力边界，并与学校管理团队保持良好的“决策距离”。二是要保障校长的办学自主

313

权。建立校长及其管理团队的遴选和培养制度，实行校长任期制，在信任的基础上给予校长充分的授权，健全目标责任制及激励考核制度，充分保障校长以独立的办学理念、卓越的学术水平、成熟的管理才能、良好的合作能力对民办高校实行科学高效管理，实现学校的办学理想和发展目标。三是要完善民办高校章程的修订。章程是民办高校内部最基本的纲领性文件，也是其实现依法治校、自主管理的重要依据。非营利性民办高校要结合分类管理新要求、新变化和办学实际，依据主体明确、属性明晰、依据充分、要件齐全、权责对等的原则，重新修订民办高校章程，明确办学的非营利性，完善治理结构和内部管理制度，提高章程执行和实施效率。四是发挥学术委员会的作用。作为学术性组织，应加强学术委员会的学术监督作用，鼓励科研创新，推动教师学术事业进步和教育教学水平提升，并带动高校内部学术发展、提升民办高校教育质量。五是要积极探索包括监事会、教代会、纪检审计等多种形式的民主监督制度，完善内部权力的监督、制衡机制，最大限度发挥各监督主体的职能，整合监督力量，形成监督合力。

五、深化教育要素改革，创新人才培养模式

人才培养是民办高校办学的核心价值体现，也是学校教育教学水平的真实体现。民办高校面向市场办学对培养创新应用型人才具有先天优势，能够担负起培养创新人才的历史重任。探索与地方经济社会发展相适应的民办高校应用型人才培养目标，创新符合民办高校发展的应用型人才培养新模式，培养满足企事业单位岗位需求的应用型复合型人才，需要民办高校改变传统的教学管理方式，最大限度凸显自身办学特色，调动教师和学生两方面的积极性、主动性和创造性，以"生"为本，科学配置资源，提高教育教学效益。

一是建设应用型课程。要充分依托高校、企业、行业、社会等各方要素和资源优势，共同构建与市场和企业实战项目相对接、与科技创新发展趋势相对接的应用型课程体系，将企业技术攻关、产品创新、商业模式创新、渠道创新等内容同课程设计相联系，课程实施强调学生、教师与工作情境、生产活动的交互，强调行动导向和企业实际项目驱动，推进课程学习、第二课堂活动、项目孵化、社会实践之间的有机融合。二是建设高水平专业。推动应用型、技术技能型人才培养方式变革，引导民办高校紧密对接产业链、创新链设置复合型专业，紧贴地方社会经济发展需要，形成特色专业集群，培育品牌特色专业，做到"人无我有，人有我优"，通过建设高水平专业，培养出适销对路的人才。三是建设产业学院。支持和引导民办高校获取行业资源，构建校企合作、产教融合教学平台，支持建设产业学院和产业平台，提升非营利性民办高校的应用研究能力和科技转化与服

务能力。在合作模式上，要充分利用非营利性民办高校的体制机制优势，突破各种壁垒，深化产权主体结构、所有制结构、治理结构改革，创新校企合作模式和合作机制，主动对接相关企业的经营发展战略，合作共建实体性质的"混合制"产业学院，通过合作契约明确人财物投入责任、产权归属、利益分配、运行模式和退出机制，以消除企业方的资源投入顾虑，畅通"混合制"产业学院多方合力共促、资源整合共享的路径，构建校企双方共为主体、双向介入、深度融合、全程互动、责权利明确、产学研用一体化的深度合作模式，形成互利共赢的事业发展共同体。

六、健全教师发展机制，提高师资队伍质量

民办高校进入以质量求发展的阶段，师资队伍是学校高质量发展的核心力量，也是民办高校形成竞争优势的基础。由于办学体制不同、教师身份地位不同，非营利性民办高校教师队伍建设存在制度性障碍，依靠类似公办高校的常规手段很难解决现实问题。学校管理者需要用超常规的创新思路，充分发挥民办高校体制机制优势，通过完善政策、整合资源、优化环境，让优秀人才在民办高校"引得进、留得住、用得好"。

一是实施民办高校"强师工程"，推动将民办高校教师纳入各项在职专项培训计划，设立和供给人才引进资金，支持非营利性民办高校适当引进国内外优秀教师人才、教学名师和学科带头人。二是加强"应用型"师资队伍建设，选派教师尤其是专职专业教师到企业一线深度挂职锻炼，支持在职教师开展创新创业实践活动，实施高技能教师培养计划、企业拜师计划等着力提升校内专职教师的应用实践能力；另外，选聘企业优秀管理人才、高技能人才担任产业教授、专兼职教师，完善兼职教师准入标准和管理规范，着力增强具有丰富实践能力、多元化来源的专兼职教师力量；尝试与企业共建二级学院，推动院校与企业共同管理，推动教学实训基地常态化使用，推动企业技术专业人员教师化。通过多种渠道，打造一支高水平有活力的兼职教师队伍。三是完善青年教师成长路径。鼓励民办高校通过设立教师发展中心，推动骨干教师专业和教育教学能力提升，支持公民办高校教师合理流动，地方可尝试制定工龄、教龄、社保等互换方式，推动教师水平提升。通过师徒制、技能大赛、学历职称提升等手段帮助青年教师加快专业发展步伐。四是提高教师工资福利待遇。进一步落实公民办教师平等法律地位，采取购买补充养老保险、职业年金等形式，提升教师福利待遇和保障水平；同时，改革校内收入分配制度，以实绩和贡献为依据，收入分配向一线教师和教学、科研效果突出的教师倾斜，从愿景、物质、情感、环境等多方面构建具有民

办高校特色的激励机制，充分激活广大教师谋事、干事的主动性和积极性。五是深化考核评价制度和职称评聘制度改革，打破唯学历、唯文凭、唯论文的教师评价与职称评聘标准，建立看实践经历、看工作能力、看人才培养成效的新标准，引导教师主动、自觉朝着"市场型""实战型"方向发展。

七、强化政策制度引领，落实国家各项政策

随着 2021 年 5 月《民办教育促进法实施条例》的正式颁布，我国民办高等教育全面进入分类管理、规范办学的新阶段。从各地情况看，尽管各省的分类管理政策陆续出台，但涉及产权、土地、税收等相关配套政策都尚未落地，分类登记进展缓慢，许多民办高校的举办者对分类管理改革尚存有困惑，还处于观望、等待期。为此，需要各级政府切实回应民办高校举办者的诉求，在塑造良好的外部政策环境上下功夫，给民办高校提供明晰的、具有可操作性的政策安排。一是加强顶层设计，健全政策体系。明确国家、省、市各级政府的职责，健全、完善民办教育政策体系，强化各政策之间的衔接和协同推进；地方政府应建立工作专班或联席会议制进行多部门统筹，共同推进民办教育改革措施的逐步落实，满足地方民办教育发展需求。二是加快推进分类管理改革，落实与公办高校同等的政策待遇。明确和细化营利性与非营利性两类不同性质民办高校的设置标准、产权制度、财务规范等，通过实施分类管理，保证非营利性民办高校在财政支持、税收、土地、教师身份和养老保险等各方面的优惠政策能切实落地见效。探索非营利性民办高校公共财政扶持新机制，逐渐由直接财政奖补转向间接支持，采用诸如：生均补助、专项补贴、评奖评优、购买服务等方式解决财政支持难题。三是落实规范办学，明晰民办教育改革政策导向。加快制定、出台非营利性民办高校的监督管理办法，明确非营利性民办高校的设置标准，依法落实非营利性民办高校法人财产权，细化举办者变更核准程序，规范学校财务和资产管理，防止非营利性民办高校的举办者继续通过学校控制权，发生违规的关联交易并获得非法利益。四是强化民办教育行业自律。非营利性民办学校治理应广泛吸收表现良好的高校联盟、行业协会、社会中介机构参与共治，通过多方监督与治理强化非营利性民办教育发展秩序，同时结合社会发展需求与院校发展实际，推动民办高校内部治理水平的进一步完善。

第九章

非营利性民办学校办学模式创新的未来走向

民办学校在办学过程中逐步形成的规范化结构和运行机制，逐渐演变成为一种相对稳定的办学模式，办学模式是学校与办学实践、投资行为、管理方式间共同形成的稳定的权力结构。办学模式创新一般涉及治理体系建构、教师队伍建设、经费使用与管理、文化氛围营造等方面的改革创新，办学模式创新只有与内部赋能建设相结合才能有效促进民办学校质量的提升。[①] 本部分内容着重解答三大核心问题：新形势下，非营利性民办学校办学模式创新过程中，不同利益相关方的内生诉求是什么？非营利性民办学校办学环境现状如何？未来应该采取何种举措创新办学模式、促进非营利性民办学校高质量发展？首先，研判不同主体的利益诉求，全方位、广角式呈现新形势下不同利益相关者的内生需要；其次，基于前期调研数据和现有文献分析，从外部赋能和内部赋能两方面，揭示非营利性民办学校办学资源的供给现状，分析其办学赋能模式的特征；最后，从思想观念、组织共创、资源共用、文化建设四大方面，描绘未来非营利性民办学校办学模式创新的方向，提出针对性对策建议，促进非营利性民办学校高质量发展。

---

① 潘懋元、邬大光：《世纪之交中国高等教育办学模式的变化与走向》，载于《教育研究》2001年第 3 期。

第一节　非营利性民办学校不同主体的利益诉求研判

创新非营利性民办学校办学模式，不能仅关注举办者一方利益，而应平衡各利益相关者的利益要求，不能一味强调眼前的办学成效，更应关注长远永续发展，不能仅关注学生学业成绩，还要关注学生的全面发展，不能仅注重学校自身收益，更要承担起立德树人使命、提高办学的社会效益。因此，将直接利益相关者纳入非营利性民办学校办学全过程，尊重、满足不同利益相关者的核心诉求，既是一种伦理要求，也是一种战略需要。本部分将精准研判非营利性民办学校办学实践中各利益相关者的诉求，最大限度地挖掘各方的内生需求，共同致力于学校办学目标的达成，助推学校综合竞争力的提升和办学模式的创新。

一、举办者

新《民办教育促进法》第十条指出："举办民办学校的社会组织，应当具有法人资格。举办民办学校的个人，应当具有政治权利和完全民事行为能力。"由此，可以认为民办高校的举办者可以是自然人，也可以是社会组织。与公办学校有所不同，非营利性民办学校举办者的办学诉求更加复杂，一方面，举办者应当给学校提供多种资源支持，保障学校健康运行，这是所有办学者的一致共识，另一方面，受投资办学等因素影响，非营利性民办学校举办者的办学动机较为复杂，获得一定的经济效益是办学诉求之一。

（一）促进学校平稳健康发展

不同于其他营利性社会组织，民办学校是社会主义教育事业的重要组成部分，也是教育改革发展的重要力量，这就决定了举办者首先要保持学校稳定，以确保教育方针的落实和教育目标的实现，这也是举办者的基本诉求。具体来看，民办学校举办者希望学校有稳定的办学资金和丰富的教育资源，能够切实保障学校办学自主权，维护学校的合法权益不受侵犯，为学校改革和发展提供必要的支持和保障，确保学校各项事业有条不紊，确保教书育人事业平稳有序。

（二）参与管理的权力和地位

一般而言，获得学校控制权和提高社会地位是举办者举办非营利性民办学校的重要动机。举办者最大的权力是依法对学校办学行为进行指导、监督和规范，同时考核和评估学校办学水平与办学质量，依据实际办学情况，调整学校教育资源配置，纠正不符合教学规律的办学行为，任命学校校长、理事长以及其他应由举办者任命的人员等，举办者往往希望自己的这些权利能够得到切实保障。

（三）取得办学中的合法权益

民办教育分类管理政策推行之后，非营利性民办学校不得取得经济回报，2003年《民办教育促进法》关于"民办学校的举办者可以获得合理回报"的规定就此废止。但获得经济回报是民间资本进入教育领域的原始动力，民办学校创办初期，不少举办者是以产业投资的思维举办民办教育，希望通过办学改善自身物质条件，获得经济回报。虽然民办高校章程中明确不需要合理回报，但不少学校依然变相利用国家监管漏洞获得经济回报，以民办高校为例，投资办学是其基本属性，获得对学校的控制权，进而获得经济利益是民办高校举办者的根本目的，尤其是作为私营企业的举办者，其需要为股东创造价值，因此对经济回报的诉求最为强烈。值得注意的是，分类管理政策之后，一些知名民办高校举办者变更呈频繁之势，例如，作为山东省最大型的民办高校山东英才学院，在其被宇华教育收购90%股权后，其举办者完成从个人举办向企业举办的变更，巨大的收购数额（14.92亿元）折射出举办者对经济回报的强烈诉求，也让民办高校的公益性陷入风雨飘摇之中，企业型举办者具有诸多经济效益，最大的效益是举办者可以借助市场机制，转移学校控制权，即通过公司股份继承方式间接实现对举办权的继承，躲避民办教育促进法关于举办者变更的手续。[①] 未来，非营利性民办学校可发挥自身的公益性，探寻在政府支持下高效办学的空间和路子。

二、各级政府

各级政府的科学领导与管理，无疑是推动非营利性民办学校办学模式创新的基本要素之一。作为教育行政主管部门，我国各级政府部门在学校改革和发展过程中发挥着主导作用。总体而言，各级政府多通过行政手段，研制和实施发布相关政策，借助财政性经费，扩大或优化教育经费投入结构，调集所在地区的人力、物力、财力，改善学校办学条件等方式，促进学校高质量发展。对非营利性民办学校而言，政府虽然不是直接举办者，却是民办学校改革发展的主要管理者、制度环境提供者、合法权益保障者。

---

① 刘亮军、王一涛：《民办高校举办者变更：诱因、影响及规制》，载于《江苏高教》2021年第2期。

（一）加强民办教育党的领导

2016 年 12 月 29 日，国家《关于加强民办学校党的建设工作的意见（试行）》明确，民办学校承担着培养社会主义建设者和接班人的重任，各级党委（党组）要充分认识民办学校党建工作的重要性、紧迫性，按照全面从严治党要求，加强党对民办学校的领导。加强党对教育工作的全面领导，是办好民办教育的根本保证，也是政府对民办学校（非营利性民办学校）办学的第一诉求。非营利性民办学校必须进一步提高政治站位，深刻理解教育工作的政治属性，坚持党对教育事业的全面领导，坚持社会主义办学方向，坚持立足中国民办教育实际，坚定不移地探索中国特色的非营利性民办学校办学模式。各非营利性民办学校要进一步健全和完善党的领导机制，优化党的组织体系、制度体系、工作机制。

（二）贯彻落实党的教育方针

对各级政府而言，最根本的诉求是希望民办学校尤其是非营利性民办学校能坚持党的教育方针不动摇。2021 年 4 月 29 日，第十三届全国人民代表大会常务委员会第二十八次会议审议通过关于修改《中华人民共和国教育法》的决定，将第五条修改为"教育必须为社会主义现代化建设服务、为人民服务，必须与生产劳动和社会实践相结合，培养德智体美劳全面发展的社会主义建设者和接班人。"将党的教育方针落实为国家法律规范，进一步明确了教育事业应当"培养什么人、怎样培养人、为谁培养人"这一根本问题。民办教育是我国社会主义教育事业的重要组成部分，也必须不折不扣地遵循、落实，不能有例外。

（三）推进学校依法规范办学

2013 年，《中共中央关于全面深化改革若干重大问题的决定》提出要"深入推进管办评分离，扩大省级政府教育统筹权和学校办学自主权"，这是国家第一次提出"教育管办评分离"。2015 年《教育部关于深入推进教育管办评分离促进政府职能转变的若干意见》提出，要建设依法办学、自主管理、民主监督、社会参与的现代学校制度，这在下放学校办学自主权的同时，也进一步明确了学校应当履行的义务。具体包括加强学校章程、完善学校配套制度建设、完善学校内部治理结构、完善校务公开制度、健全面向社会开放办学机制等方面。这是新时期政府对民办学校尤其是非营利性民办学校的基本要求，非营利性民办学校必须按照相关法规政策要求依法规范办学。

三、教职员工

教职员工既是学校办学的核心资源和教育教学工作的重要参与者，也是学校权益保障的重要对象。因此，教职员工不仅希望能够依法民主参与办学，而且希望得到公平公正的物质待遇和良好的专业发展环境。

（一）参与民主管理，落实监督决策权

作为非营利性民办学校的一员，教师应当依法享有民主决策权和监督权。一方面，教师是参与学校重大事项表决的关键组成，学校章程赋予教师参与学校理事会或董事会的责任。另一方面，非营利性民办学校教师可以通过教职工代表大会、工会、监事会等形式对学校管理进行民主监督，维护合法权益。新《民办教育促进法》也明确规定：民办学校依法通过以教师为主体的教职工代表大会等形式，保障教职工参与民主管理和监督，民办学校的教师和其他工作人员，有权依照工会法，建立工会组织，维护其合法权益。

（二）获得相应的劳动报酬和社会保障

获得相应的工资待遇和福利保障是非营利性民办学校教职员工的基本权利。新《民办教育促进法》规定："民办学校应当保障教职工的工资、福利待遇和其他合法权益，并为教职工缴纳社会保险费。国家鼓励民办学校按照国家规定为教职工办理补充养老保险。"《民办教育促进法实施条例》规定："民办学校应当依法保障教职工待遇，按照学校登记的法人类型，按时足额支付工资，足额缴纳社会保险费和住房公积金。国家鼓励民办学校按照有关规定为教职工建立职业年金或者企业年金等补充养老保险。实施学前教育、学历教育的民办学校应当从学费收入中提取一定比例建立专项资金或者基金，由学校管理，用于教职工职业激励或者增加待遇保障。"这些规定，都为切实保障学校教职员工待遇提供了政策依据。

（三）工作环境舒心，专业发展机会多

享受培训等专业发展方面的服务，是非营利性民办学校教师的权利也是义务，民办学校教师与公办学校教师享有同等权利主要体现在机会平等和标准同等两方面。同等权利实现的关键在于地方教育行政部门对《实施条例》相关规定的落实，如第三十五条规定："民办学校应当建立教师培训制度，为受聘教师接受

相应的思想政治培训和业务培训提供条件。"第三十九条规定："民办学校及其教师、职员、受教育者申请政府设立的有关科研项目、课题等，享有与同级同类公办学校及其教师、职员、受教育者同等的权利。相关项目管理部门应当按规定及时足额拨付科研项目、课题资金。"第四十条规定："教育行政部门、人力资源社会保障行政部门和其他有关部门，组织有关的评奖评优、文艺体育活动和课题、项目招标，应当为民办学校及其教师、职员、受教育者提供同等的机会。"

四、学　生

学生是非营利性民办学校的主要服务对象，学生的实际诉求是非营利性民办学校办学的基础，学生诉求的变化是非营利性民办学校办学模式创新的主要动力。这就需要非营利性民办学校从学生的视角，回答好几个核心问题：学生作为受教育者的基本权利是否得到了有效保障？学生的基本诉求能在多大程度上得到满足？学校办学模式创新是否与学生全面发展的需要相匹配？

（一）学校教育教学质量较高

调研发现，民办中小学学生对教育教学的满意度较高，较为认可一些非营利性民办学校的高口碑、高教学质量，愿意花费较高学费选择民办学校，甚至将民办中小学视为入学的第一选择，有的地方出现"公弱民强"的局面。这背后折射出家长与学生对高质量教育的强烈诉求，不惜较高的学费来获取高质量的教育服务。不同于中小学，民办高校的办学质量总体上低于同级同类公办高校，多数非营利性民办高校学生对教育教学的满意度不高，远低于重要性水平，非营利性民办高校的教育教学质量仍有较大的提升空间，通过创新办学模式，推动学校教育教学深层次变革，着力解决制约非营利性民办高校发展的教师队伍、人员编制、社会地位等问题，显得尤为紧迫。

（二）各项权益依法得到保障

基于《宪法》《教育法》等法律，我国学生权利主要包括受教育机会平等权、享有教育资源权、获得物质帮助权、获得相应的公正评价权、获得学业证书与学位证书权、受教育申诉权与诉讼权。[①]《实施条例》又对民办学校学生权益进行了明确规定，如第三十九条明确指出："民办学校受教育者在升学、就业、

---

① 陈鹏、王君妍：《从权利到地位：学生法律地位的法律追溯与权利保障》，载于《华东师范大学学报（教育科学版）》2021 年第 1 期。

社会优待、参加先进评选，以及获得助学贷款、奖助学金等国家资助等方面，享有与同级同类公办学校的受教育者同等的权利。实施学历教育的民办学校应当建立学生资助、奖励制度，并按照不低于当地同级同类公办学校的标准，从学费收入中提取相应资金用于资助、奖励学生。"这既是法律法规对政府、学校的基本要求，更是民办非营利性学校学生的基本诉求。当前，非营利性民办学校学生权益保障主要存在两方面问题：一是部分非营利性民办学校的学生不知道自身的合法权益是什么，实际上，非营利性民办学校学生首先是受教育者，应当依法享有受教育者所有的权益，二是非营利性民办学校学生权益受损时的维权意识和维权能力较为薄弱，学生的法律素养、知识储备、经济条件等无力抗衡。

此外，非营利性民办学校的校友，包括曾在学校学习或工作过的、被学校授予荣誉学位和荣誉职衔的人员，都是非营利性民办学校的重要利益相关者，他们希望学校办得越来越好，希望享有开放的平台，能够积极参与学校建设与发展，了解学校的重大变革。行业协会、专业学会、基金会等各类社会组织，在非营利性民办学校的外部治理中发挥着重要作用，他们对非营利性民办学校毕业生的需求和评价，直接影响非营利性民办学校办学模式的调整。

第二节 非营利性民办学校办学模式创新的赋能途径

我们往往倾向于认为，创新来自雄厚的资金支持，并通过制度体系、发展规划、技术提升等方式来实现。对于非营利性民办学校而言，办学模式的创新取决于资本、技术、政策、观念等方面，能否使非营利性民办学校最大限度地发挥自身潜能、释放自身活力，而非被动接受、受到压制。那么，当前资本、技术、政府、制度、文化等因素如何赋能非营利性民办学校办学模式创新？本部分将基于前期调研和相关文献，分析资本、政府、制度、社会观念、体制机制等因素赋能特征，全方位呈现非营利性民办学校办学所处的内外部环境。

一、资本赋能

当前，民间资本对非营利性民办学校办学模式创新的影响是多重的，既有显著的正向作用，也产生了不少负面效应，是一把"双刃剑"。

从正面影响来看，民间资本进入非营利性民办学校，一方面提供了源源不断的经费支持，壮大了我国非营利性民办学校的数量和办学规模，提供了多种多样的教育服务，很大程度上缓解了财政压力，丰富完善了我国的教育层次和类型。另一方面，民间资本的逐利性特质，要求非营利性民办学校提高办学效率、增强办学活力、持续提高综合竞争力。调查发现，不少非营利性民办学校套用"公司化"的运营方式，制定了精细化、流程化的人事管理方式，努力打造守规矩、求进步的队伍，持续提高学校的声誉和影响力。

民间资本对非营利性民办学校的负面影响主要表现为：第一，资本进入非营利性民办学校（上市）需耗费高昂费用，加重非营利性民办学校的经济负担。教育企业上市是一种以雄厚资金为支撑的经济活动。只有少数资金实力雄厚的民办学校能承担如此高昂的成本，且需要承担发行不成功产生的巨额沉没成本，给学校乃至师生带来巨大经济负担。第二，资本逐利性助推民办学校开展关联交易，非营利性民办学校借助 VIE 架构上市变相"营利"。近年来，内地教育类企业上市增多，且多采用 VIE 架构模式在香港上市，实现对境内非营利性民办学校的"协议控制"，通过关联交易从学校获得超额收益，非法转移学校办学结余，使相关法律规定"形同虚设"。通过股份代持、交叉控股等等方式，进一步隐藏真正持股人身份，增大了监管难度。第三，资本的短期增值诉求促使民办学校加快扩张规模，办学质量无法保证。资本市场追求在短期内快速获利，非营利性民办学校上市后，就要遵循资本市场的游戏规则，必须时刻关注自身营业收入，持续扩大办学规模，实施兼并重组，迅速提高市场占有量。第四，资本市场的不确定性干扰学校教学秩序，师生权益保障不力。一旦上市的教育企业被摘牌或退市，或投资的企业或个人出现资金链断裂等情况，民办学校的运行发展、师生权益就会受到严重影响。

未来，最大限度地发挥民间资本对非营利性民办学校的赋能，引导资本的逐利性进行转向，真正体现民办教育事业的公益性；不仅要加强办学规范，而且要厚植育人使命，始终铭记教育的公益性，构建有温度、人性化的内部治理制度。

二、政府赋能

政府赋能非营利性民办学校办学模式创新，主要表现为两方面：一是支持和鼓励，二是规范与管理，二者并不冲突，而是互为前提、互相促进。

一方面，政府通过政策倾斜、资金支持、师生权益保障、税收优惠、土地划拨、信贷申请等举措，支持和鼓励非营利性民办学校办学。例如，最新颁布的《民办教育促进法实施条例》第五十二条明确，各级人民政府及有关部门应当依法健全对民办学校的支持政策，优先扶持办学质量高、特色明显、社会效益显著的民办学校。县级以上地方人民政府可以参照同级同类公办学校生均经费等相关经费标准和支持政策，对非营利性民办学校给予适当补助。地方人民政府出租、转让闲置的国有资产应当优先扶持非营利性民办学校。

实地调研发现，有的教育行政部门存在思想认识误区，对非营利性民办学校的社会贡献和独特价值认识不深。一些教育行政主管者仅把公办教育当作分内之事，如把中央关于"公平而有质量的教育"等系列政策理解为公办教育系统内部的公平，而未把民办教育及民办学校教师纳入整个教育系统中统筹规划，有的部门尚未真正认同非营利性民办学校及教职工在教书育人中的突出贡献，对公、民办教育的公平性问题认识不足。

另一方面，中央和地方各级政府主要通过颁布政策文件、科学配置资源、进行顶层设计、评价学校建设情况等，直接或间接规范非营利性民办学校办学行为。以民办高校为例，政府是高等教育资源的掌控者和分配者，政府无疑是民办高校改革发展过程中的重要影响因素。为了获得政府支持，民办高校需要对政府的期待做出积极反应，对政府的正式决策或非正式意见进行积极回应。政府对民办高校的影响主要体现在有形资源和无形资源分配两大方面，有形资源包括财政性教育经费分配、教师编制分配、土地划拨等，无形资源的范围更广，主要体现在社会层面，包括知识、社会关系等。从有形资源的分配上看，虽然国家明确了民办高校享有与公办高校同等的财政资助、税收优惠、土地政策，并对非营利性民办高校的财政资助给予了更大的支持力度，对非营利性民办高校推行诸多免税政策，但多数非营利性民办高校与同级公办高校间有形资源差距较大。从无形资源上看，这种不平等现象更为突出，教育行政部门的"有色眼镜"尚未摘除，非理性认知依然根深蒂固，民办教育还无法获得充分、公正的承认，更难以获得"合法性"地位。

三、制度赋能

制度能大大赋能非营利性民办学校办学模式创新，且能产生多重影响，非营利性民办学校的办学模式也主要通过制度来表达，依赖制度使其定型，不断增强标志性。良好的政策制度环境对非营利性民办学校办学模式的创新至关重要。

当前，随着《实施条例》的出台，我国民办教育的制度供给已较为完善，但民办教育的制度环境尚有较大的优化空间，这突出表现为民办教育政策的执行效果差强人意。一般而言，评价政策执行效应的指标有二：一是可操作性，即在技术层面，政策自身不存在如政策内容空泛、政策目标不明确等阻碍其贯彻执行的

"硬伤";二是政策执行力,即新政策在一定时限内得到落实的范围和程度。[①] 事实上,我国民办教育政策的执行效果不尽如人意,政策执行成效与政策预期出现诸多偏离。其一,部分地方教育行政部门"有法不依",未能严格按照民办教育政策的根本要求行事,依法行政的宗旨多停留在政策文本上,民办教育执政"真空"现象时有所闻,民办学校教师无法享受到法定的基本权益。其二,民办教育政策执行的合力不足。不同部门对民办教育的地位作用和民办学校教师的角色认识不一,导致各地民办教育扶持政策共识度不高、延续性不强,教师权益保障、学生权益保障等问题被搁置。例如,有的省份建立了地方性民办教育扶持资金,教育行政部门建议加强资金后期监管,但财政部门不愿投入多余的监管力量,无法及时出台相应的财政资金使用管理办法,使扶持资金的后期效益疏于精细管理,资金的使用范围受限,难以发挥财政扶持的最大效益;某直辖市的政府扶持资金只能用于购买学校设施设备,不能用于发放教师工资、奖金和基建项目;再如,某地方教育行政部门建议以生均拨款的形式支持民办教育发展,但财政部门以资金安全性无法保证为由给予否决。再如,东部某省会城市的民办学校管理者指出,当前民办学校教师招聘与管理政策存在诸多不足,如中小学教师招聘信息很不对称,政策偏向明显、规范设计不足,如对民办学校和公办学校的招聘顺序、生源分布、基本流程等,各地尚未形成系统规范的制度设计。为尽快补齐教师资源、确保学校教育教学工作的正常运转,很多民办学校只能以"摘桃子"的心态,高薪"挖取"公办学校或其他民办学校的优秀教师,无形中打破了整个中小学教师队伍的良性生态,不利于教师供给系统的有序循环。

四、观念赋能

观念是人对客观事物的认识和反映,观念变革是办学模式、体制机制创新的思想基础。如果办学模式创新缺少广泛的观念支撑,办学模式创新也将失去存在基础。传统、落后的办学观念是制约办学模式创新的现实阻力,办学模式创新的前提是破除观念障碍,激发观念对办学模式变革的正向内化与形塑作用。

非营利性民办学校办学模式创新是新时期民办教育分类管理制度的重要体现,它的设计和实施必然受到当前社会观念的影响。只有所有利益相关者树立了正确、一致的认识,这项创新才有可能实现,才能最大限度地发挥创新价值。尤其是非营利性民办学校办学模式创新涉及教育行政部门、社会用人单位、家长等不同主体,寻求多元主体的共识较为困难。实际上,长期以来,社会对民办非营

① 涂端午、魏巍:《什么是好的教育政策》,载于《教育研究》2014年第1期。

利性学校存在误区，同时对于分类管理改革的认识程度不深，对非营利性民办学校的地位和属性更是认识不到位，加上非营利性民办学校尚未树立良好的办学形象，在维护社会声誉方面也仍需加强，导致观念成为阻碍非营利性民办学校办学模式创新的深层阻力。值得注意的是，随着国家对公办学校财政投入的增加和公办学校教师待遇的提升，非营利性民办学校的体制、待遇优势被不断稀释，某民办学校教师指出"民办学校教师的专业发展虽然有所好转，但与公办学校教师的差距越来越大，民办学校教师还是处于不平等的地位"。不少民办非营利性学校师生并没有切实感受到自己和同级同类公办学校的同等地位，依然认为自己"低人一等"，社会、家长、学生的心理认可与积极评价依然有待加强。教育观念的真正转变必须来自个体在遇到问题时所产生的主动的思考和需求，来自个体在遇到问题时进行的积极思维和寻求解决问题办法时所采取的行动。

五、体制赋能

古德莱德说过，"改革在实质上是每个学校自己的事情，最有希望的改革方法就是寻求开发学校自身的能力来解决自己的问题，以成为基本上可以自我更新的学校"。[①] 在新的时代背景下，为更好地应对新形势与新任务，非营利性民办学校自身需主动做出哪些改变，是需要认真思考的重要问题。学校是办学模式创新的受益人，更是学校变革的发起者、执行者和参与者，应当成为一个积极赋能的平台。创新非营利性民办学校办学模式，最根本要发挥学校的主导作用。

一方面，民办教育天然的体制机制优势，有利于创新办学模式，加快教育改革进程。改革开放以来，我国基础教育经历了教学变革、课程变革和治理变革三个阶段，体现出实践操作到制度变革、从点到面逐渐深入的特征。学校变革更加强调学校的主体性，更加尊重学校的办学自主权。其中，民办学校在学校变革尤其是办学模式创新中发挥了重要作用，不少民办非营利性学校探索教育的本土化发展路线，在复兴传统文化、引导学生阅读经典书籍方面取得了突出成绩；另有一些国际学校，借鉴国外育人模式的优势，有机融合了中国本土文化，研制了颇具竞争力的课程体系。还有的学校在育人模式方面积极创新，采取小规模教学方式，教学内容更加强调经验的综合化和去学科化，努力超越传统的教育评价和选拔性考试。[②]

另一方面，非营利性民办学校办学模式创新的内生动力不足，面临不少现实

[①] 古德莱德：《一个称作学校的地方》，苏智欣等译，华东师范大学出版社 2005 年版。
[②] 程红艳：《中国基础教育学校变革的现状与前瞻》，载于《人民教育》2021 年第 10 期。

挑战。在民办学校分类登记的背景下，民办学校难逃其内生的投资回报动机。受市场机制影响，"物竞天择，适者生存"仍是民办学校生存发展的铁律，尤其是在应试教育导向势头不减、教育综合改革遭遇"深水区"的宏观背景下，增强学校竞争力、稳定生源、提高办学质量成为民办学校安身立命的必然选择，更是保持民办学校不竭动力的根本。因此，除少数具有强烈教育情怀、公益之心的非营利性民办学校之外，绝大多数民办学校的办学落脚点仍是学生升学率。为保持学校稳定的升学率和良好的社会声誉，多数民办学校建立起严苛、紧凑的校内管理模式以提高管理效率、节省办学成本，有的学校打着"教师的本职工作便是以学生为中心"的旗号，不顾教师的身心承受力，一味增加教学和管理工作量；有的学校忽略了教师在学校重大决策中的参与权、表达权和监督权，教师的情感劳动得不到有效的正向回馈，教师的辛勤付出与自身权益保障程度渐行渐远。某民办初中老师负责教师日常管理，她说"我会根据班主任每天得到的小分，换算出班主任的月绩效，一般每个月每个年级都有班主任要被扣工资，就算扣 50 块钱，班主任也觉得特别委屈，我想以后班主任逐渐习惯之后，应该也会理解学校。"与公办学校有所不同，非营利性民办学校内部管理的"公司化"倾向较多、人性关怀有所不足，过于巨细、严苛的治理方式，没有真正做到以师生发展为中心，也就无法激发教职工、学生、校友等利益主体建言献策、主动参与的积极性，难以形成创新办学模式的最强合力。

第三节　非营利性民办学校办学模式创新的未来走向

组织行为学论者认为，每到一个新的历史阶段，组织都应更新结构，以新的组合与互动模式应对新形势与新挑战。新时期，非营利性民办学校面临多重挑战，如新科技革命对人才培养模式多样化、超前性、过程性的挑战，公办高校办学竞争力增强对生源的吸引，民办教育法律法规对办学规范化的要求等。从非营利性民办学校办学实践看，一些学校的办学方式尚未做出适应性改变、传统办学行为依然存在，使非营利性民办学校难以适应利益相关者的诉求，无法满足社会对非营利性民办学校的办学期待，难以实现办学模式的新突破。创新不仅体现在简单的创新要素重新组合上，更体现在参与者之间复杂的相互依赖关系上，从而创造具有更大价值的产品和服务，这种相互依赖关系包括合作、竞争和共同演化。

面对错综复杂、充满不确定的内外部环境，规划或预测不是唯一的路径，更有效的办法是培养韧性，重新布局办学模式，以应对未知的世界。非营利性民办学校办学模式创新的走向应是赋能或授权，而不是管理或激励。实际上，真正的创新往往来自组织内外部的赋能。赋能的核心是寻找到价值观认同的成员，给予平台与资源，帮助员工释放创造力，进而促进组织整体的发展。

一、观念认同：达成使命共识，凝聚改革合力

充分凝聚共识、聚集改革创新合力，既是深入推进非营利性民办学校办学模式创新的思想基础和实践根基，也是非营利性民办学校改革的重点所在。一方面，先进的办学理念是学校的价值追寻和目标归属，它关系到一所学校为何而办、为谁培养人、培养什么样的人、怎么培养人等根本性问题。习近平总书记指出，教育是民族振兴、社会进步的重要基石，对提高人民综合素质、促进人的全面发展、增强中华民族创新创造活力、实现中华民族伟大复兴具有决定性意义。[①]作为"国之大计，党之大计"，全体教育系统工作者都应该高度认识到教育事业的崇高性，认识到教育事业对党和国家事业发展的决定性意义，真正把教育现代化当作各级各类学校的共同目标，坚定推动立德树人根本任务，着力提高人才培养能力，深化教育改革创新。因此，有什么样的办学理念，就会有什么样的办学模式。以才育人为办学理念，其办学定位一般不会仅仅满足个人商业发展需求，往往会努力为社会培养合格人才，心系社会和国家长远发展，而以谋利为目标的办学理念，往往不做无利可图的事，较难站在为党育人、为国育才的高度上，较难一心只为师生发展做服务。另一方面，取得办学理念共识、达成共同目标是学校改革创新的基础。在正义的组织中，每个人都应当享有自由基础上的平等权利，职务和地位向所有人开放，具有类似天赋才干和意愿的个体，能在同等条件的竞争中获得公平机会。学校办学理念的共识度主要涉及学校治理层面，也就是学校管理层内部、党委和学校之间、管理层和执行层之间的办学理念能否保持相对一致。例如，学校举办者秉持"重奉献轻回报""重公益轻私利"的办学理念，所有利益相关者能否认同，并将之体现在学校管理者选聘、学校硬件建设、师资队伍建设、人才培养与课程改革、对外交流合作等各个方面，学校相关职能部门能否积极担当、着眼大局、不计得失。

当前，不少非营利性民办学校的办学理念尚不够纯粹，公益性不足、营利性有余，奉献性不足、功利性有余，规范性不足、失范性有余。同时，不同利益相关者的价值主张有所不同，尚未有健全的机制，凝聚起各方的共同价值，形成相

---

① 人民网：《坚持中国特色社会主义教育发展道路 培养德智体美劳全面发展的社会主义建设者和接班人》，2018－09－11，http：//edu.people.com.cn/n1/2018/0911/c1053－30286253.html。

对一致的办学共识。新形势下，创新非营利性民办学校办学模式，需要首先树立科学、可持续的办学理念，保持正确的办学方向和办学目标，同时还要努力围绕不同利益相关者的价值诉求，探求办学理念的一致性。

第一，转变思路，明确利益相关者的范围。教育观念的转变并不是简单的告知和被告知的关系，而是相关主体不断自我建构的过程，这种转变往往是外因引起的，且观念必须成为一个已知的事实或知识，当个体遇到问题或冲突时，会产生主动的思考和需求，并努力寻求解决问题的方法和行动，通过个体的进一步思考和探究，个体观念才会发生转变。社会整体观念的转变，有赖于利益相关者对某一事物形成一致共识。不同于当前传统的办学模式，非营利性民办学校办学的利益相关者范围更广，不仅包括民办学校的举办者，还应包括家长、学生、校友，其他民办学校竞争者，以及其他相关机构等。非营利性民办学校的创新，应重点关注学校能否为了满足服务对象的需求，通过动态协调利益主体之间的关系，通过价值共创和分享，实现共同的办学目标。也就是说，此时学校的组织行为与协调机制，已不能再用传统创新研究方法应对。同时，师生、政府、社会其他组织等其他主体需明确共同目标，了解学校改革发展面临的未来挑战，对学校发展的未来蓝图做出共同承诺，从而协同推进办学目标的实现。

第二，尊重不同利益相关者提供的服务及价值，探寻共同办学诉求。观念转变是在内外部因素共同作用下，个体不断地深入思考现实问题和做出选择的过程。外因引起内因的变化是观念转变的现实基础，个体主动的思考、探索和选择在观念转变中具有重要的作用，不能仅靠观念的单向传输和宣传，而是要联合诸多核心利益相关者，搭建良性的多元互动关系，引发自主思考和转变，是扭转社会各方思想观念的关键环节。基于广泛的思维变革，利益相关者能抛弃固有的思维方式，用一种甘于奉献、充满人文关怀的新思路，共同打造集成共享、协同合作、包容共生的新文化。非营利性民办学校办学模式创新不能仅靠学校举办者，需要民办学校、社会团体、学校职能和教学部门共同参与，这就凝聚各方的一致共识，这种共识可以是一项政策的出台、一种教学方式的改革、一项师生服务的创新。只有参与者都能有效率地协作，才能创造性地寻找新的治理方式、盘活现有体制机制、开拓新的对外联络网络，站在学生全面发展的立场，不断为学生的德智体美劳创造有利环境，为学校资源的高效利用提供必要基础。因此，创新非营利性民办学校办学模式是循序渐进的，是利益相关者围绕共同价值追求，在与外部环境的互动中，不断突破内部治理的惯性，促进创新能力的共同演化，最终创造更多的社会价值、提供更优质的服务。

第三，基于一致的价值目标，共同践行学校办学目标。寻找到不同利益相关者的最大公约数后，民办学校需要基于各方的共同诉求，将其融入学校办学行为的各个方面，比如内部治理结构优化、办学体制优化、重大事项决策参考、教育教学方式调整等方面。比如"一流"的办学目标和"特色"的办学目标指引下，民办学校的办学行为是不同的，也是有所侧重。同时，为了更好实现非营利性民办学校的办学目标，举办者、管理者、教师、学生、校友等主体要更加明确各自职责，各司其职、各尽其责，朝着同一个目标，做出应有的贡献。

二、组织共创：突破层级结构，构建网状组织

当前，非营利性民办学校的组织架构多和公办学校等组织相似，也是由若干垂直相对独立的部门组成，每个纵列是一个部门，每个部门负责一个领域；还有若干水平的分层，最顶层、最有权力的一层是唯一可以调用全部纵列的层级。高层级的人被认为应当负责战略决策，低层次的人被认为应根据指示行动。每个层级的管理者，都会检视目标，将目标分割成互相剥离的任务，并且将任务分派出去。如同马奇诺防线一样，传统的管理方式不足以应对新时代的挑战，单纯追求效率已经不能满足现代的需要了。非营利性民办学校具有天生的灵活、多样等体制优势，理应成为办学模式创新的先行者，借助自身灵活高效的特征，激发学校各类主体的积极性。

第一，优化完善现有制度，从制度上寻找突破口。制度系统包括基本制度和派生制度两部分，基本制度决定制度的大体性质和形态，派生制度则指向制度内部的行为规则，是基本制度的操作性规定。非营利性民办学校办学的基本制度－分类管理制度已确定，接下来如何研制派生制度，使派生制度能够重塑非营利性民办学校的组织结构，促进办学资源整合，释放办学活力。这就需要各地根据非营利性民办学校的办学实践和诉求，从顶层设计上重新思考非营利性民办学校治理模式，通过治理制度的创新推动学校办学模式的创新，为学校办学模式的创新奠定基础。

第二，融合价值理性与工具理性，激发民办教育政策的乘数效应。首先，要着力清理歧视性、滞后性政策，增强民办教育政策的价值理性。与纷繁复杂的民办教育形态相比，民办教育政策的目标较为单调，比较关注产权、制度等办学机构本身的问题，但对教师、学生等利益主体的权益重视不够。在全面贯彻落实民办教育新法新政之际，各地宜广泛排查、及时清理现有法规政策中的歧视性、滞后性政策，避免工具理性逻辑下民办教育政策的唯目标化，将教育公平作为民办教育政策目标中的首要价值，避免民办教育政策的自说自话或一己之见，通过协商民主的形式集思广益，通过广泛的调查研究揭示、反映真问题，保证民办教育政策的科学性、公正性，重塑价值理性在民办教育政策中的必要地位，使民办教育政策真正体现以人为本，助推民办教育的内涵式发展。其次，建议构建多元的民办教育政策监测与评估体系，激发政策执行效应。长期以来，我国民办教育政

策过多关注政策本身是否执行，但对政策执行的实际效果特别是政策监控的调整作用关注不够，政策舆情监控对政策的修正作用亟待提高，亟待构建多元、系统的民办教育政策监测与评估体系。要深入了解民办教育利益主体的内生需求与价值偏好，比照民办教育政策执行与师生需求的契合度，寻找政策执行中的改进空间，动态考察利益主体对政策执行效果的满意度。最后，利用可行手段和技术收集政策执行的相关数据，密切关注民办教育政策执行同社会、公众互动后产生的影响结果，其中包括直接影响和间接影响、正面影响与负面影响、整体影响与局部影响等，考察民办教育政策是否达到预期成效，在何种程度上实现了预期目标，如何减弱政策执行中的负向效应，为民办教育政策的调整与优化奠定坚实基础。

第三，控制管理层级扩张，构建网状组织。对任何一个组织来说，随着规模扩大，受管理范围的限制，必然增加管理层级。随着管理层级的增加，贯彻执行一级一级的命令和要求便成为自然，加上同级部门的职能互相分割，导致相关工作的协调难度加大、工作效率低下，不利于办学效益的提高。这种相对稳定的结构很难适应纷繁复杂的内外部挑战，可能并不利于自身调整适应能力的持续提升。

为此，未来非营利性民办学校可以采用一种更加灵活、敏捷的办学模式，也就是努力打造一种网状组织，这种网状组织能够自我压缩、自我伸展，能演变成任何必要的形态。可以在目前的实体科层结构内衍生若干单元，以委员会、项目组等形式存在，通过日趋复杂、创新的任务相关联。在这种网状组织中，个体的角色更加多元化。无论是管理者还是教职工，都在本职岗位工作外，随时还有可能成为重要项目的负责人或参与者。在这种多元化角色下，个体对学校的贡献往往更加多元，其评价者也趋于多元化。当然，如何有效定义和衡量学校中日趋复杂的、虚实交织的角色与任务，合理、有效地认可个人在学校与虚拟组织的多维绩效贡献，可能成为绩效管理的一个新难题。这就需要根据不同阶段非营利性民办学校的战略目标和任务要求，将不同部门的绩效目标进行分解，并进一步形成若干不同的绩效管理模块；还应进行更加差异化的专项评价，设定若干评价方式，如办学初期、中期和长期评价，日常绩效管理评价和战略绩效评价等。

三、资源共用：打通资源壁垒，促进资源共用

资源是支撑组织生存的各种要素，包括但不限于不断补充的人员、设备及其他物质资源、资金、知识、市场、公共政策、社会认可等。民办学校相对来说更加依赖资源投入，如民办高校的持续发展主要依靠获得如人力、物质和社会资源等投入。其中，教师和学生是主要的人力资源，数量充足、质量较高的师生资源

是学校快速发展的基本条件；资金、设施设备等是主要的物质资源，是学校办学的基础和条件；国家政策、社会声誉等是主要的社会资源，是学校持续发展的重要保障。尽可能持续争取和扩大这些资源，对于民办高校的健康可持续发展十分重要。[1] 从改革实践来看，非营利性民办学校办学模式的创新，需要按照公益逻辑、育人逻辑和特色发展逻辑优化资源配置方式。

第一，按照公益逻辑盘活现有资源，优化资源配置方式。举办者首先要明确非营利性民办学校在整个教育事业中发挥着不可或缺的作用，坚持正确的办学方向，坚持党对民办教育的领导，这是非营利性民办学校办学模式创新的基本前提。同时，政府要加大对民间资本的引导和规范，各地要立足地方实际，进一步细化民间资本进入非营利性民办学校领域的细则，引导民间资本进入职业教育和高等教育学段，有效限制民间资本对义务教育阶段民办学校的影响，最大限度地发挥民间资本对非营利性民办学校的正向赋能，引导民间资本的逐利性进行转向，更多体现教育事业的公益性。值得注意的是，合理回报被分类管理政策取代后，关联交易成为非营利性民办学校举办者实现违规获取收益的重要方式，部分非营利性民办学校惯常采用"资源利用效率最大化"的办学思路，导致这些学校极易走向另一个极端，即"以非营利之名行营利之实"，借助非营利性民办学校的产权属性外衣，进行违法违规的关联交易，危害师生合法权益，动摇非营利性民办学校的办学方向。例如，非营利性民办学校比较容易在租赁、餐饮住宿服务、后勤物业管理、教育教学类服务、委托管理、品牌授权、资金借贷等领域进行关联交易。

第二，坚守育人逻辑，增强资源利用效率。非营利性民办学校要始终将立德树人作为学校的核心任务，努力使学校的办学理念、课程教学、学科发展、经费管理等工作紧紧聚焦育人这一中心任务。一要扭转办学功利性倾向，将资源配置向教育教学工作倾斜。受功利主义的影响，不少非营利性民办学校的办学出发点仍是取得经济回报，教书育人工作本身尚未成为举办者的最大关切，导致办学资源过度向学校规模扩张、办学硬件购置等倾斜，过度关注外部学校和学科评估等外部性因素，对教育教学过程本身关注不足，对学校教师专业发展、学生全面成长等关注不足。为此，必须统筹考虑学校各类人力资源，将资源重点向教育教学工作本身倾斜，引导教师将更多精力和时间向教育工作转移；切实按照民促法及实施条例的要求，将办学结余全部用于办学，不得非法取得办学收益，不断优化学生奖助体系，为学生的全面发展提供有力保障，大力提高教师福利待遇、着力

---

[1]　马凤岐：《对高等学校的第二轮放权：基于资源依赖理论的视角》，载于《高等教育研究》2015年第 10 期。

减少教师队伍不稳定等突出问题。二要下放校级权力，赋予二级机构更大办学自主权。因为办学体制的特殊性，非营利性民办学校尤其民办高校蕴藏着较强的办学活力，能够采取公办学校无法实施的办学方式，例如非营利性民办学校完全可以突破现有的权力高度集中的管理方法，赋予二级学院更大的办学自主权，给予其充分的人力、物力、财力配置权，各二级学院在经费允许的情况下，自主决定教师聘任标准、数量、薪资等，在符合学位制度的情况下，自主决定学科专业设置数量等，从而使二级学院或机构成为一个高度自治、自我管理、自我约束的有机组织，能够更加明确与学校之间的权利责任关系，实现权、责、利统一，能够享有高度的资源配置权力，根据学科专业需要、劳动力市场情况，快速、灵活做出决策，及时调整人才引进标准、学科专业方向，增强二级学院或二级机构独立决断、有效应对外界风险的能力。

第三，遵循特色发展逻辑，拓展学校资源。新形势下，非营利性民办学校多处于求生存、求稳定的初始阶段，不仅面临着自身改革发展的内生需求，承担着立德树人的使命，还面临着强大的外在压力，需要与区域内公办学校与其他民办学校竞争生源、教师等资源，维持学校的生源稳定和教育教学秩序的稳定。对于非营利性民办学校而言，选择什么样的办学方式，就会形成什么样的办学模式，选择与公办学校同样的办学方式，就会形成和公办学校同样的办学模式，即当前比较普遍存在的民办学校办学同质化问题；基于自身的办学实际和条件，探索出个性化、差异性的办学方式，则会形成独具特色的办学模式。但目前非营利性民办学校管理者和教师队伍的流动性较大，学校办学的稳定性和改革的持续性无法得到保证，有的学校办学模式尚未形成管理者就已经更换，办学理念的延续性不强。对此，非营利性民办学校首先要加强学校章程建设，通过特色化的章程建设明确学校办学方向、办学理念和办学模式，形成相对稳定的办学模式，使得学校办学模式既不因举办者变更、管理者更换等因素受到影响，也不因管理者的个人意志影响到学校办学模式的变革，逐渐形成相对稳定的学校文化和办学特色；同时，还要充分认清非营利性民办学校的资源依赖型特质，加强与地方政府、公办学校和行业协会的沟通联络，在法律法规的框架内探索合作点，不断为学校争取更多、更优质的办学资源，助力解决非营利性民办学校办学过程中的教师队伍建设不力、学校办学特色不明显、社会认可度不高等现实问题，为非营利性民办学校潜心办学、探索新型办学模式提供可能。

四、文化认同：承认独特价值，重塑教育文化

作为一种新生事物，发展非营利性民办学校需要雄厚的文化根基。从实践来

看，非营利性民办学校办学模式创新需要付出大量的协调成本、耗费较多的时间精力，以达成一致共识。例如，有的政府相关部门无法快速摆脱长期以来形成的管理惯性，在非营利性民办高校管理中倾向采用审慎、保守乃至消极的态度进行日常管理；还有的非营利性民办学校举办者成了捐资者，学校办学收益全部用于学校教育发展而不能用于个人分配。这都需要利益相关者走出观念误区，最大限度地减少协调成本，减少非营利性民办学校办学模式创新的观念阻力。

第一，承认和肯定民办教育的独特贡献。当前，民办学校办学质量已经成为我国教育高质量发展的短板，其中重要的原因之一便是社会各界对民办教育的低认同度，各级各类民办学校的高收费固然满足了一部分家庭的多样化需求，但也加重了多数家庭的教育支出负担。尤其是处于我国高等学校低端的非营利性民办高校，更是长期得不到社会的同等认可，非营利性民办高校很难在一个公平公正的环境中安心办学。实际上，给予民办教育基本的心理承认是社会公平正义的必然要求，是提升我国教育质量的思想基础，更是保障教师合法权益的基本前提。尤其是在分类管理之后，很多非营利性民办学校的办学动机出现正向转变，持续提高办学质量、挖掘自身特色、促进高质量发展正在为一些非营利性民办学校实践。必须从思想上充分认识到中国民办教育的重要社会贡献，充分肯定民办学校在完善公办教育供给不足、提供多样化教育服务、满足社会多元化教育需求等方面的不可或缺作用，一视同仁地看待民办学校及师生，给予他们足够的心理承认。

第二，认清民办教育的社会公益属性，建立公平公正的文化标准。当前，社会普遍对民办教育的公益属性认识不足，尚未把民办教育当作公共教育事业的重要组成部分，也未能把提高教师待遇、保障教师合法权益等事项纳入地方教育总体规划中。事实上，对非营利性民办学校而言，只要将办学收益依法用于学校教育教学活动便是合法合规的，民办教育绝不等于营利教育，更不等同于单纯的投资回报，民办教育同样承担着为社会培养人才的基本职责，满足了不同群体接受教育的诉求，理应是公共教育事业中不可或缺的部分。恰逢民办教育分类管理改革，亟须扩展民办教育的理论研究领域、提高民办教育的社会地位，及时匡正学界和业界对民办教育核心概念的不合理认知，避免将民办教育与"赢利教育"画等号等思想观念的蔓延，为民办教育分类管理改革扫除思想障碍，营造公民办教育共同发展的社会环境。

第三，重塑赋能型文化，促进制度变革。新时期，非营利性民办学校面临着更加错综复杂的内外部环境，新的形势对非营利性民办学校提出了更多要求。保守地看，目前教育治理工作多采用预测的方法，提前谋划未来几年教育发展战略，研判未来学校发展可能遇到的风险和挑战，这种办法固然适用于民办非营利性民办学校的办学实际，但从有效性的角度看，提前谋划并不是唯一的解决之道，因为其应变和调整能力相对较弱。更有效的办法或许是突破传统科学理论的限制，将个体真正视为可以自我激励、自我约束的对象，而不是天性懒惰、需要外部刺激、严密监控才会工作的个体。非营利性民办学校要培育"韧性文化"，即学会如何重新布局以应对未知的世界，管理者的作用不仅是提前谋划学校未来发展方向，单纯寻找一种"最佳的解决办法"，而是将规划与执行合二为一，避免管理者与执行者之间的二元对立，缩短管理者与师生之间的距离。

非营利性民办学校办学模式创新研究

参 考 文 献

［1］2019 年全国教育事业发展统计公报，2020 - 05 - 20，http：//www. moe. gov. cn/jyb_sjzl/sjzl_fztjgb/202005/t20200520_456751. html.

［2］2020 年全国教育事业发展统计公报. 中华人民共和国教育部政府门户网站 http：//www. moe. gov. cn/.

［3］阿尔特·巴赫、李梅：《民办高等教育主题和差异》，载于《科学决策》2003 年第 1 期。

［4］别敦荣、石猛：《民办高校实施分类管理政策面临的困境及其完善策略》，载于《高等教育研究》2020 年第 3 期。

［5］财新网. 全国民办义务教育规模大调减，中部县城是风口浪尖. https：//www. caixin. com/2021 - 07 - 03/101735478. html.

［6］蔡春、王寰安：《京津冀基础教育合作办学模式研究》，载于《中国教育学刊》2021 年第 3 期。

［7］蔡学辉：《我国民办高校融资及相关问题探讨》，载于《广西财经学院学报》2014 年第 2 期。

［8］曹振国：《教育股份制助推民办学校健康发展——以九州职业技术学院教育股份制办学实践为例》，载于《天津中德应用技术大学学报》2018 年第 5 期。

［9］陈放：《民办幼儿园教师专业发展困境与路径探析》，载于《教育评论》2018 年第 5 期。

［10］陈国权、谷志军：《决策、执行与监督三分的内在逻辑》，载于《浙江社会科学》2012 年第 4 期。

［11］陈鹏、王君妍：《从权利到地位：学生法律地位的法律追溯与权利保障》，载于《华东师范大学学报（教育科学版）》2021 年第 1 期。

［12］陈知宇：《当前中国高中民办教育存在的问题和对策》，载于《才智》2017 年第 5 期。

［13］成实外教育. 公司概况，2021 - 05 - 24，http：//www. virscendeducation.

com/cn/about/virscend – eduction – 8. html.

　　[14] 程红艳:《中国基础教育学校变革的现状与前瞻》,载于《人民教育》2021 年第 10 期。

　　[15] 邓超、蔡迎旗:《民办幼儿园的治理困境及解决策略——基于多中心治理理论》,载于《教育理论与实践》2021 年第 29 期。

　　[16]《邓小平文选》第二卷,人民出版社 1994 年版。

　　[17] 邓祎、罗岚、杜红春:《蒙台梭利教育本土化的探索》,载于《学前教育研究》2016 年第 7 期。

　　[18] 丁秀棠:《义务教育阶段"公参民"学校:问题与治理——基于合法性与合理性的视角》,载于《教育科学研究》2020 年第 11 期。

　　[19] 董圣足:《教育领域探索"混合所有制":内涵、样态及策略》,载于《教育发展研究》2016 年第 3 期。

　　[20]《独立学院设置与管理办法》,载于《中华人民共和国国务院公报》2008 年第 26 期。

　　[21] 方芳:《评述美国"教育财政充足"的发展》,载于《比较教育研究》2010 年第 1 期。

　　[22] 方建锋:《公立转制中小学未来发展走向的政策研究——以上海地区为个案》,上海人民出版社 2017 年版。

　　[23] 方建锋:《近年来上海市民办中小学招生工作的问题及对策》,载于《上海教育科研》2009 年第 1 期。

　　[24] 菲利普·阿尔特巴赫、郭勉成:《跨越国界的高等教育》,载于《比较教育研究》2005 年第 1 期。

　　[25] 枫叶教育集团. 集团简介. http://www. mapleleaf. cn/about/561. html.

　　[26] 傅维利、刘磊:《构建政府统一资助管理的新型普惠性学前教育体系》,载于《教育研究》2021 年第 3 期。

　　[27]《高等教育自学考试试行办法》,载于《中华人民共和国国务院公报》1981 年第 1 期。

　　[28]《高等特殊教育院校（系）介绍》,载于《现代特殊教育》2018 年第14 期。

　　[29] 高俊华、姜伯成:《分类管理改革背景下民办学校内涵式发展的困境与突围》,载于《教育与职业》2018 年第 20 期。

　　[30] 龚怡祖:《大学治理结构:现代大学制度的基石》,载于《教育研究》2009 年第 6 期。

　　[31] 古德莱德:《一个称作学校的地方》,苏智欣,等译,华东师范大学出

版社 2005 年版。

[32] 顾美玲：《美国私立大学办学模式对促进中国民办高等教育发展的启示》，载于《四川师范大学学报：社会科学版》2010 年第 4 期。

[33] 关世雄：《开创社会力量办学的新局面》，载于《北京成人教育》1983 年第 3 期。

[34]《关于发布〈中外合作办学暂行规定〉的通知》，载于《中华人民共和国国务院公报》1995 年第 3 期。

[35]《关于鼓励民主党派、人民团体兴办职业教育的建议》，载于《教育与职业》1986 年第 4 期。

[36]《关于加快推进独立学院转设工作的实施方案》，2020 年。

[37]《关于加强社会力量办学管理工作的通知》，载于《山西成人教育》1996 年第 7 期。

[38]《关于进一步加强和规范教育收费管理的意见》，教育部门户网，2020 年。

[39]《关于印发〈关于进一步加强和规范教育收费管理的意见〉的通知》。

[40] 管培俊：《建设高质量教育体系是教育强国的奠基工程》，载于《教育研究》2021 年第 3 期。

[41] 光明网. 加强党的全面领导民办教育怎么做，2021 – 08 – 04，https：//m. gmw. cn/baijia/2020 – 08/04/34054470. html.

[42] 郭万牛、伏永祥、乔旭：《独立学院创业型人才的培养》，载于《学海》2005 年第 6 期。

[43] 国家教育发展研究中心：《2001 年中国教育绿皮书——中国教育政策年度分析报告》，教育科学出版社 2001 年版。

[44]《国家教育委员会财政部联合发布〈社会力量办学财务管理暂行规定〉》，载于《财务与会计》1988 年第 4 期。

[45]《国家职业教育改革方案》。

[46]《国家中长期教育改革和发展规划纲要（2010——2020 年）》，载于《人民日报》，2010 年 7 月 30 日（13）。

[47]《国务院关于筹措农村学校办学经费的通知》，载于《中华人民共和国国务院公报》1984 年第 31 期。

[48]《国务院关于鼓励社会力量兴办教育促进民办教育健康发展的若干意见》。

[49] 国务院. 关于学前教育深化改革规范发展的若干意见，2021 – 12 – 25，http：//www. gov. cn/xinwen/2018 – 11/15/content_5340776. htm.

［50］国务院. 关于印发"十三五"推进基本公共服务均等化规划的通知，2017 - 03 - 01，http：//www. gov. cn/zhengce/content/2017 - 03/01/content_5172013. htm.

［51］《国务院关于〈中国教育改革和发展纲要〉的实施意见》，载于《中华人民共和国国务院公报》1994 年第 16 期。

［52］郝金磊、尹萌：《员工组织公民行为影响因素研究》，载于《武汉商学院学报》2017 年第 31 期。

［53］郝亮、金怀梅：《关于多元化发展背景下中国民办高等教育改革破局的思考——以西湖大学设立为例》，载于《长春师范大学学报》2020 年第 7 期。

［54］何丹：《民办幼儿园发展状况分析及对策研究——以湖北省民办幼儿园十年发展为例》，载于《湖北师范大学学报（哲学社会科学版）》2020 年第 6 期。

［55］何国伟：《我国非营利性民办高校基本意涵及发展态势》，载于《现代教育管理》2016 年第 9 期。

［56］贺向东、蔡宝田：《中国社会力量办学概论》，首都师范大学出版社 2000 年版。

［57］红黄蓝教育. 集团概况. http：//www. rybbaby. com/about#jtgk。

［58］洪秀敏、魏若玉、缴润凯：《民办幼儿园园长专业素养的调查与思考》，载于《现代教育管理》2019 年第 1 期。

［59］洪秀敏、朱文婷、钟秉林：《不同办园体制普惠性幼儿园教育质量的差异比较——兼论学前教育资源配置质量效益》，载于《中国教育学刊》2019 年第 8 期。

［60］胡大白：《中国民办教育通史（当代卷）》，社会科学文献出版社 2019 年版。

［61］胡东芳、蒋纯焦：《"民办"咋办？——中国民办教育忧思录》，福建教育出版社 2001 年版。

［62］胡平、刘俊：《心理契约发展与教师职业生涯管理》，载于《清华大学教育研究》2007 年第 4 期。

［63］胡卫、何金辉、朱利霞：《办学体制改革：多元化的教育诉求》，教育科学出版社 2010 年版。

［64］胡卫、张歆、方建锋：《营利非营利分类管理下民办学校税收问题与建议》，载于《复旦教育论坛》2020 年第 4 期。

［65］滑红霞：《增强幼儿教师职业吸引力的策略》，载于《教育理论与实践》2014 年第 29 期。

［66］黄洪兰、姬华蕾：《共同治理：非营利性民办高校内部治理模式走向》，载于《现代教育科学》2013 年第 7 期。

[67] 黄洪兰：《基金会举办非营利性民办高校的现实基础、产权保障与推进策略》，载于《黑龙江高教研究》2021 年第 5 期。

[68] 黄俭：《可持续发展视角下民办高校职业教育的定位思考》，载于《职教论坛》2014 年第 8 期。

[69] 黄健、蒋怡：《适合学生：民办高中多元发展的教育探索》，载于《上海教育科研》2013 年第 1 期。

[70] 黄瑾、熊灿灿：《我国"有质量"的学前教育发展内涵与实现进路》，载于《华东师范大学学报（教育科学版）》2021 年第 3 期。

[71] 黄琳：《我国中职教育发展定位的争论与反思》，载于《职业技术教育》2018 年第 19 期。

[72] 黄藤主编、房剑森著：《中国民办教育发展报告》，中国社会科学出版社 2003 年版。

[73] 黄迎新：《关于校企合作的几点思考》，载于《中国培训》2006 年第 12 期。

[74]《我国普惠性学前教育公共服务体系建设的突出问题与破解思路——基于 ROST 文本挖掘系统的分析》，载于《湖南师范大学教育科学学报》2019 年第 4 期。

[75] 季晓华：《教师专业自主发展的内部困境及其策略》，载于《中国成人教育》2017 年第 3 期。

[76] 贾国强、宋杰：《给教育资本立规矩：教育类上市公司的"危"与"机"》，载于《中国经济周刊》2018 年第 10 期。

[77] 贾西津：《对民办教育营利性与非营利性的思考》，载于《教育研究》2003 年第 3 期。

[78]《江苏省政府关于鼓励社会力量兴办教育促进民办教育健康发展的实施意见》，江苏省人民政府网，2018 年。

[79] 姜勇、庞丽娟：《我国普惠性学前教育公共服务体系建设的突出问题与破解思路——基于 ROST 文本挖掘系统的分析》，载于《湖南师范大学教育科学学报》2019 年第 4 期。

[80] 姜宇、辛涛、刘霞，等：《基于核心素养的教育改革实践途径与策略》，载于《中国教育学刊》2016 年第 6 期。

[81] 蒋洁蕾、夏正江：《我国重点高中制度变革的路径选择》，载于《基础教育》2017 年第 2 期。

[82] 焦新：《教育部印发〈关于规范并加强普通高校以新的机制和模式试办独立学院管理的若干意见〉》，载于《中国教育报》，2003 年 5 月 15 日。

［83］教育部.2019 年全国教育事业发展统计公报，2020 － 05 － 20，http：//
www. moe. gov. cn/jyb_sjzl/sjzl_fztjgb/202005/t20200520_456751. html.

［84］教育部财务司、国家统计局社会科技和文化产业统计司：《中国教育
经费统计年鉴 2008 － 2019》，中国统计出版社。

［85］教育部法制办公室：《教育法律法规规章汇编（2004 年版）》，教育科
学出版社 2004 年版。

［86］《教育部关于鼓励和引导民间资金进入教育领域促进民办教育健康发
展的实施意见》。

［87］《教育部关于加快发展中等职业教育的意见》，载于《中华人民共和国
教育部公报》2005 年第 4 期。

［88］教育部网站：《2020 年全国教育事业发展统计公报》，2021 年。

［89］接剑桥、杨小彬：《非营利性民办高校工会独立专设法律服务部门探
究》，载于《延边教育学院学报》2020 年第 4 期。

［90］金忠明：《中国民办教育史》，中国社会科学出版社 2003 年版。

［91］《天津市人民政府关于学前教育深化改革规范发展的实施意见》，天津
市人民政府，2019 年。

［92］《关于本市民办幼儿园收费管理有关问题的通知》，天津市发改委，
2018 年。

［93］《天津市普惠性民办幼儿园生均经费补助项目和资金管理办法》，天津
市教委，天津市财政局，2019 年。

［94］《北京市市级财政支持学前教育事业发展补助资金管理使用实施细则
（暂行）》，北京市教委，北京市财政局，2017 年。

［95］景安磊、周海涛：《我国民办教育改革发展的回顾与思考》，载于《宁
波大学学报（教育科学版）》2020 年第 2 期。

［96］九派新闻.周口：全面启动规范民办义务教育专项工作，2021 － 10 － 03，
https：//baijiahao. baidu. com/s？id ＝ 1707769863768917566&wfr ＝ spider&for ＝ pc.

［97］句华：《社会组织在政府购买服务中的角色：政社关系视角》，载于
《行政论坛》2017 年第 2 期。

［98］柯佑祥、薛子帅：《我国民办高校发展定位现状的调查分析》，载于
《高等教育研究》2012 年第 10 期。

［99］匡瑛、石伟平：《职业教育集团化办学的比较研究》，载于《教育发展
研究》2008 年第 3 － 4 期。

［100］雷世平：《我国职业教育混合所有制办学体制改革研究》，载于《职
教论坛》2020 年第 10 期。

［101］李春玲：《教育不平等的年代变化趋势（1940－2010)》，载于《社会学研究》2014 年第 2 期。

［102］李国杰：《多元主体参与办学模式下产业学院内部运作机制研究》，载于《教育科学论坛》2020 年第 18 期。

［103］李洁：《大学捐赠基金投资的困境和优化路径》，载于《江苏高教》2010 年第 5 期。

［104］李静、李锦、王伟：《普惠性民办幼儿园教育质量评估与提升策略——基于对 C 市 15 所幼儿园的调查数据分析》，载于《学前教育研究》2019 年第 12 期。

［105］李虔、张良：《亚洲一流私立大学发展的主要特征与经验启示》，载于《国家教育行政学院学报》2021 年第 2 期。

［106］李虔：《国外私立学校分类管理怎么做——世界主要国家的改革经验与启示》，载于《教育发展研究》2015 年第 13－14 期。

［107］李虔：《国外一流私立大学发展的多元模式研究——基于对美国、韩国、土耳其和拉美经验的考察》，载于《外国教育研究》2018 年第 8 期。

［108］李盛兵：《高等教育市场化：欧洲观点》，载于《高等教育研究》2000 年第 4 期。

［109］李先军、陈琪：《英国私立高校第三方评估模式及其借鉴》，载于《重庆高教研究》2019 年第 5 期。

［110］李晓科：《创新非营利性民办高校体制机制研究》，载于《北京城市学院学报》2016 年第 4 期。

［111］李沿知：《美、英、澳三国基础教育教师绩效工资制度实施对办学质量的影响分析及启示》，载于《教师教育研究》2010 年第 4 期。

［112］李莹莹、潘奇：《民办高校探索"小规模、高质量"发展模式的路径与策略》，载于《中国高等教育》2015 年第 12 期。

［113］李钊：《论民办高等教育公益性的实现》，载于《高等教育研究》2009 年第 9 期。

［114］李卓、罗英智：《幼儿园集团化发展的形态、矛盾及其消解》，载于《现代教育管理》2017 年第 11 期。

［115］李子江、李卓欣：《哈佛大学章程溯源》，载于《大学教育科学》2013 年第 6 期。

［116］《辽宁省政府关于鼓励社会力量兴办教育促进民办教育健康发展的实施意见》，辽宁省人民政府网，2017 年。

［117］廖苑伶、周海涛：《普及化趋势下国外高等教育系统变革研究综述：

理论与实践》，载于《江苏高教》2021 年第 1 期。

[118] 廖镇卿：《企业办高职院校可持续发展的困惑与对策》，载于《中国职业技术教育》2006 年第 20 期。

[119] 林崇德：《面向 21 世纪的学生核心素养研究》，北京师范大学出版社 2016 年版。

[120] 林崇德：《中国学生核心素养研究》，载于《心理与行为研究》2017 年第 2 期。

[121] 刘翠兰：《企业集团办学经营模式特征分析——民办山东万杰医专案例分析》，载于《中国成人教育》2008 年第 4 期。

[122] 刘凤泰：《民办高等教育面临的机遇与挑战》，载于《中国高教研究》2001 年第 7 期。

[123] 刘辉雄：《高校合作办学风险的后大众化反思——兼论多元产权办学制度的探索》，载于《教育与考试》2017 年第 2 期。

[124] 刘金存：《高职院校多元合作办学平台的构建》，载于《教育与职业》2015 年第 35 期。

[125] 刘金娟、方建锋：《我国基金会参与非营利性民办高校办学探索》，载于《复旦教育论坛》2019 年第 6 期。

[126] 刘磊：《民办高等教育属性界定演变路径依赖与突破的博弈研究——基于 1978 年以来国家政策法规文本的历史制度主义分析》，载于《中国高教研究》2018 年第 7 期。

[127] 刘磊：《新〈民促法〉背景下政府对民办园的有效治理——基于对学前教育市场功用与限度的分析》，载于《教育科学》2018 年第 6 期。

[128] 刘亮军、王一涛：《民办高校举办者变更：诱因、影响及规制》，载于《江苏高教》2021 年第 2 期。

[129] 刘玲娴、田高良：《高校基金会发展问题研究——以陕西高校为例》，载于《会计之友》2012 年第 1 期。

[130] 刘兴国：《中国企业平均寿命为什么短》，载于《经济日报》，2016 年 6 月 1 日（9）。

[131] 刘焱、郑孝玲、宋丽芹：《财政补贴对普惠性民办幼儿园教育质量的影响路径》，载于《教育研究》2021 年第 4 期。

[132] 刘颖、张斌、虞永平：《疫情背景下普惠性幼儿园的现实困境及其化解——基于全国 4352 所普惠性幼儿园的实证调查》，载于《中国教育学刊》2021 年第 6 期。

[133] 刘永林、杨小敏：《非营利性民办学校权益保护的基石、核心与关

键》，载于《浙江树人大学学报（人文社会科学）》2018 年第 2 期。

[134] 刘元园：《京津冀协同发展战略视角下河北省民办高校应用型人才培养》，载于《教育与职业》2017 年第 18 期。

[135] 刘云生、张晓亮、胡方：《民办中小学教育发展的趋势、挑战与对策》，载于《中国教育学刊》2021 年第 4 期。

[136] 刘运芹：《民办高校核心竞争力构建的对策研究——以江西省为例》，载于《中国成人教育》2015 年第 4 期。

[137] 刘志华、孙剑：《名校办民校办成"挂牌名校"》，载于《广州日报》，2004 年 2 月 13 日。

[138] 龙正渝：《幼儿园教师的主观社会地位及其改善》，载于《学前教育研究》2014 年第 2 期。

[139] 娄自强：《新时代民办高校高质量发展的问题及对策研究——以山东省为例》，载于《湖北经济学院学报（人文社会科学版）》2020 年第 5 期。

[140] 吕宜之、周海涛：《畅通民办学校融资路径对策探究》，载于《教育理论与实践》2020 年第 9 期。

[141] 吕宜之：《非营利性民办高校基金会办学模式探究》，载于《江苏高教》2020 年第 9 期。

[142] 吕宜之：《民办高校融资路径优化与选择策略》，载于《教育发展研究》2019 年第 5 期。

[143] 罗士琰、陈朝东、宋乃庆：《"名校办民校"的有关问题及对策》，载于《中国教育学刊》2015 年第 4 期。

[144] 罗仲伟、李先军、宋翔，等：《从"赋权"到"赋能"的企业组织结构演进——基于韩都衣舍案例的研究》，载于《中国工业经济》2017 年第 9 期。

[145] 马春玉：《与幼儿发展连接：幼儿园课程理念落实的关键》，载于《学前教育研究》2020 年第 4 期。

[146] 马尔立、樊伟伟、王振华，等：《大型企业办学的体制改革与机制创新研究》，载于《中国职业技术教育》2012 年第 27 期。

[147] 马凤岐：《对高等学校的第二轮放权：基于资源依赖理论的视角》，载于《高等教育研究》2015 年第 10 期。

[148] 马君、李姝仪：《企业作为职业教育重要办学主体的制度困境与再造》，载于《职教论坛》2020 年第 11 期。

[149] 马镛：《传统与再生：中国私立和民办中小学的本土成长》，山东教育出版社 2007 年版。

[150] 毛晨蕾、胡剑锋：《应用型人才培养模式在民办高校中的实践与创新

研究》，载于《教育评论》2018 年第 2 期。

[151] 米红、李小娃：《公益性：民办高校发展的现实观照——兼论高等教育的产业属性》，载于《山西大学学报（哲学社会科学版）》2009 年第 3 期。

[152] 《民办高等学校设置暂行规定》，载于《北京成人教育》1993 年第 11 期。

[153] 闵教字〔2021〕26 号：《闵行区普惠性民办幼儿园认定和管理办法》，上海市闵行区教育局 2021 年。

[154] 明航：《民办学校办学模式——产权配置与治理机制研究》，教育科学出版社 2008 年版。

[155] 木须虫：《民办园"转公转普"不能违背办园规律》，载于《济南日报》，2020 年 8 月 25 日（F02）。

[156] 倪振良：《普及教育春风催新花——各地贯彻中共中央、国务院〈关于普及小学教育若干问题的决定〉情况综述》，载于《人民教育》1981 年第 5 期。

[157] 宁本涛、杨柳：《从"政策依赖"到"制度自觉"："公民同招"新政的利弊分析》，载于《湖南师范大学教育科学学报》2021 年第 2 期。

[158] 《宁夏回族自治区人民政府关于鼓励社会力量兴办教育促进民办教育健康发展的实施意见》，宁夏回族自治区人民政府网，2018 年。

[159] 欧以克、陈秀琼、付倩：《广西边境地区民办高中教育发展境况及优化路径——基于正义论视角》，载于《民族教育研究》2020 年第 6 期。

[160] 潘海生、程欣：《基于成本与收益分析的国有企业职业教育办学困境的形成与破解路径》，载于《高校教育管理》2020 年第 4 期。

[161] 潘懋元、别敦荣、石猛：《论民办高校的公益性与营利性》，载于《教育研究》2013 年第 3 期。

[162] 潘懋元、邬大光：《世纪之交中国高等教育办学模式的变化与走向》，载于《教育研究》2001 年第 3 期。

[163] 潘懋元、左崇良：《高等教育治理的衡平法则与路径探索——基于我国高教权责失衡的思考》，载于《清华大学教育研究》2016 年第 4 期。

[164] 潘奇、董圣足：《VIE 架构在教育领域的应用、问题及其对策》，载于《教育发展研究》2018 年第 5 期。

[165] 潘奇：《混合所有制职业院校改革的进展、路径及值得关注的问题——基于 4 所案例院校的分析》，载于《教育与经济》2018 年第 2 期。

[166] 庞丽娟、洪秀敏：《教师自我效能感：教师自主发展的重要内在动力机制》，载于《教师教育研究》2005 年第 4 期。

[167] 濮琼：《非营利性民办高校产教融合方式探索》，载于《高教学刊》

2021 年第 10 期。

[168] 戚德忠、卢志文、董圣足主编：《温州民办教育发展报告（2010 - 2015)》，科学出版社 2017 年版。

[169] [美] 乔尔·L. 弗雷施曼著，北京师范大学社会发展与公共政策学院社会公益研究中心译：《基金会——美国的秘密（平装合订本)》，上海财经大学出版社 2015 年版。

[170] 秦和：《对提升我国民办高校发展水平的认识》，载于《北京城市学院学报》2007 年第 2 期。

[171] 秦和：《基金会：非营利性民办高校制度创新的一种探索》，载于《教育发展研究》2019 年第 21 期。

[172] 秦涛，吴义和：《民办幼儿园政府依法监管的困境与出路》，载于《湖南师范大学教育科学学报》2019 年第 1 期。

[173] 曲恒昌：《独具特色的印度大学附属制及其改革》，载于《比较教育研究》2002 年第 8 期。

[174] 全国人大教科文卫委员会教育室、香港大学中国教育研究中心：《民办教育研究与立法探索》，广东高等教育出版社 2001 年版。

[175]《全国人民代表大会常务委员会关于修改〈中华人民共和国民办教育促进法〉的决定》，载于《中华人民共和国全国人民代表大会常务委员会公报》2016 年第 6 期。

[176] 阙明坤、段淑芬：《新形势下民办教育的转型发展》，载于《人民政协报》，2021 年 7 月 28 日，第 010 版。

[177] 阙明坤、潘奇、朱俊：《探索发展混合所有制职业院校的困境及对策》，载于《中国职业技术教育》2015 年第 18 期。

[178] 阙明坤、潘奇：《发展混合所有制职业院校初探》，载于《职业技术教育》2015 年第 4 期。

[179] 阙明坤、王华、王慧英：《改革开放 40 年我国民办教育发展历程与展望》，载于《中国教育学刊》2019 年第 1 期。

[180] 阙明坤：《独立学院混合所有制办学模式研究》，载于《高等教育研究》2017 年第 3 期。

[181] 任芳：《刍议民办高等院校公益性与营利性的内在联系》，载于《中国高教研究》2011 年第 9 期。

[182] 任国平：《公民同招新政效应》，载于《人民教育》2020 年第 19 期。

[183] 任慧娟、边霞：《普惠性学前教育公共服务体系构建困境及政府治理对策研究——以普惠性民办幼儿园为例》，载于《教育理论与实践》2021 年第 29 期。

［184］任莉娟：《非营利性民办高校发展规划研究》，载于《教育现代化》2019 年第 58 期。

［185］任庆雷：《民办高中办学质量探析》，载于《牡丹江教育学院学报》2009 年第 5 期。

［186］单大圣：《非营利性民办学校的法人实现形式与治理机制》，载于《浙江树人大学学报（人文社会科学）》2021 年第 2 期。

［187］单大圣：《非营利性民办学校治理机制设计》，载于《浙江树人大学学报（人文社会科学）》2017 年第 6 期。

［188］《山东省人民政府关于鼓励社会力量兴办教育促进民办教育健康发展的实施意见》，山东省人民政府网，2018 年。

［189］《上海市人民政府关于促进民办教育健康发展的实施意见》，上海市人民政府网，2017 年。

［190］《社会力量办学条例》，载于《人民教育》1997 年第 9 期。

［191］沈亚平、刘澜波：《模糊性治理：我国民办高等教育政策变迁的逻辑》，载于《现代教育管理》2021 年第 5 期。

［192］施立奎、郑勇：《新时代民办高等教育高质量发展刍议》，载于《山东教育（高教）》2019 年第 Z2 期。

［193］石伟平、李鹏：《"普职比大体相当"的多重逻辑、实践困境与调整方略》，载于《中国职业技术教育》2021 年第 12 期。

［194］石伟平：《新时代我国中等职业教育发展若干重大问题再思考》，载于《中国职业技术教育》2018 年第 25 期。

［195］司法部：中华人民共和国民办教育促进法实施条例（修订草案）（送审稿），2018 - 08 - 10，http：//www. moj. gov. cn/government_public/content/2018 - 08/10/tzwj_38281. html.

［196］苏令：《"国十条"如何化解"入园难"》，载于《中国教育报》，2010 年 12 月 30 日（2）.

［197］孙玉丽、杨建超：《政府与普通高中多样化发展的三种关系——基于 N 市的考察》，载于《湖南师范大学教育科学学报》2016 年第 2 期。

［198］孙中伟：《从"个体赋权"迈向"集体赋权"与"个体赋能"：21 世纪以来中国农民工劳动权益保护路径反思》，载于《华东理工大学学报（社会科学版）》2013 年第 2 期。

［199］索成林：《提高幼儿教师专业素养的基本策略》，载于《教育理论与实践（中小学教育教学版）》2016 年第 8 期。

［200］谈婕、郁建兴、赵志荣：《PPP 落地快慢：地方政府能力、领导者特

征与项目特点——基于项目的连续时间事件史分析》，载于《公共管理学报》
2019 年第 4 期。

［201］唐立波、于泳：《市场经济背景下企业办学的新探索及途径》，载于
《企业管理》2017 年第 12 期。

［202］陶西平、王左书：《中国民办教育发展报告（2003－2009）》，上海人
民出版社 2010 年版。

［203］涂端午、魏巍：《什么是好的教育政策》，载于《教育研究》2014 年
第 1 期。

［204］万翼、叶清：《加快普及高中阶段教育背景下的民办普通高中发展策
略》，载于《教育学术月刊》2009 年第 12 期。

［205］王朝阳：《企办民办高校的公益与营利性矛盾研究》，陕西师范大学
硕士学位论文，2011 年。

［206］王丹：《陕西非营利性民办高校发展现状研究》，载于《电子制作》
2014 年第 14 期。

［207］王烽：《职业教育混合所有制办学的制度基础和突破路径》，载于
《中国职业技术教育》2021 年第 12 期。

［208］王海英、刘静、魏聪：《"普惠之困"与"营利之忧"：民办幼儿园的
两难困境与突围之道》，载于《教育发展研究》2020 年第 12 期。

［209］王海英：《分类改革背景下促进民办幼儿园良性发展的政策建议》，
载于《人民教育》2017 年第 24 期。

［210］王华、阙明坤：《建立现代大学公私混合所有制产权制度》，载于
《中国高等教育》2018 年第 Z3 期。

［211］王华、王一涛、樊子牛：《非营利性民办高校的四维内部治理结构研
究》，载于《宁波大学学报（教育科学版）》2020 年第 2 期。

［212］王玲：《三边联动：中国的教育理念及其运行研究》，南京大学博士
学位论文，2020 年。

［213］王默、洪秀敏、庞丽娟：《聚焦我国民办幼儿园教师队伍的发展：问
题、影响因素及政策建议》，载于《教师教育研究》2015 年第 3 期。

［214］王帅、吴霓、郑程月：《民办教育分类管理的推进概况、突出问题与
对策建议——基于对国家和地方 29 省相关政策的文本分析》，载于《当代教育论
坛》2019 年第 6 期。

［215］王为民、尚晨晨：《职业院校混合所有制改革中的产权问题研究》，
载于《中国职业技术教育》2021 年第 7 期。

［216］王为民、俞启定：《校企合作"壁炉现象"探究：马克思主义企业理

论的视角》，载于《教育研究》2014 年第 7 期。

[217] 王为民：《合作产权保护与重组：职业教育校企合作机制创新》，载于《教育研究》2020 年第 8 期。

[218] 王秀军：《稳步推进普通高中多样化发展》，载于《辽宁教育》2016年第 6 期。

[219] 王一涛、刘洪：《公办型独立学院转设的困境、路径及对策建议》，载于《复旦教育论坛》2021 年第 3 期。

[220] 王一涛、徐绪卿、宋斌、邱昆树：《非营利性民办学校举办者权益的合理保护》，载于《中国教育学刊》2017 年第 3 期。

[221] 王一涛：《非营利性民办高校内部治理结构创新》，载于《浙江树人大学学报（人文社会科学）》2021 年第 2 期。

[222] 王一涛：《民办高校的内部治理与国家监管——基于举办者的视角》，中国社会科学出版社 2019 年版。

[223] 王一涛：《义务教育"公民同招"政策的制定、执行与路径优化——兼论我国民办教育政策变迁》，载于《教育与经济》2021 年第 5 期。

[224] 王志远、祁占勇：《企业作为职业教育重要办学主体的逻辑演进与基本特征》，载于《职业技术教育》2021 年第 7 期。

[225] 王志远、祁占勇：《"去企业化"与"再企业化"的博弈：企业举办职业教育政策的历史透视及其反思》，载于《职教论坛》2020 年第 11 期。

[226] 魏建国：《教育公益性、非营利性教育与营利性教育》，载于《教育经济评论》2016 年第 7 期。

[227] 吴华、马燕萍：《非营利性民办学校市场竞争力的约束条件研究》，载于《教育与经济》2020 年第 3 期。

[228] 吴晶、郅庭瑾：《促进义务教育阶段民办学校与公办学校协同发展：现状分析与对策建议》，载于《人民教育》2020 年第 9 期。

[229] 吴绍芬：《民办教育的办学模式分析》，载于《湖北成人教育学院学报》2003 年第 6 期。

[230] 吴泽友：《新形势下民办职业教育发展对策研究——以郑州电子科技中等专业学校发展为例》，载于《国家林业局管理干部学院学报》2018 年第 17 期。

[231] 西湖大学网站．https：//www.westlake.edu.cn/.

[232] 席东梅、刘亚荣：《混合所有制：职业教育活力所在——齐齐哈尔工程学院多元化办学探索之路》，载于《中国职业技术教育》2014 年第 28 期。

[233] 夏冰：《民办学校的"营利性"与"公益性"》，载于《教学与管理》

2006 年第 33 期。

[234] 夏季亭、贾东荣：《民办教育的探索与实践——山东民办教育发展战略研究》，齐鲁书社 2004 年版。

[235] 夏鲁惠：《充分发挥我国高等教育中介组织的作用》，载于《国家教育行政学院学报》2003 年第 3 期。

[236] 线联平：《北京市民办教育发展研究》，北京出版社 2006 年版。

[237] 辛展：《谈谈义务教育阶段民办学校招生自主权》，载于《人民教育》2021 年第 11 期。

[238] 熊丙奇：《西湖大学的办学模式和办学制度设计值得关注》，载于《上海教育评估研究》2018 年第 3 期。

[239] 熊建文、张丽娜：《美国私立大学办学模式对我国民办高等教育的启示》，载于《长春工业大学学报（高教研究版）》2013 年第 2 期。

[240] 徐兴林、赵梅莲：《学分制下应用型民办高校人才培养方案的创新优化》，载于《教育与职业》2018 年第 1 期。

[241] 徐莹莹、王海英、刘静：《普惠性学前教育：文化意蕴、现实遭遇与路径创新》，载于《当代教育论坛》2021 年第 1 期。

[242] 许洁、张安：《义务教育资产被剥离后，枫叶教育等上市公司转型路在何方？》，载于《证券日报》2021 年 12 月 28 日，第 B2 版。

[243] 薛晗、何锋、江山：《我国民办高校人才培养现状及对策研究》，载于《中国软科学》2020 年第 S1 期。

[244] 闫丽雯：《优化与新发展格局相适应的高等教育结构——基于对民办高等教育结构的分析》，载于《中国高教研究》2021 年第 6 期。

[245] 严仲连：《幼儿园课程实施适应取向的内涵、特点及影响因素》，载于《学前教育研究》2010 年第 2 期。

[246] 阎凤桥、闵维方：《从法人视角透视美国大学治理之特征：〈学术法人〉一书的启示》，载于《北京大学教育评论》2016 年第 2 期。

[247] 颜薇：《非营利性民办高校内部控制问题研究》，载于《经济师》2018 年第 12 期。

[248] 杨德岭、楚英英：《非营利性民办高校财务监管的若干思考》，载于《国际商务财会》2020 年第 12 期。

[249] 杨冬梅、王默：《发展不同产权结构幼儿园的意义及其分类治理探讨》，载于《教育与经济》2016 年第 2 期。

[250] 杨建华：《对新时代职业教育企业办学的几点认识》，载于《中国职业技术教育》2021 年第 12 期。

［251］杨生斌、侯普育、黄勇虎：《民办中等职业教育发展战略研究》，载于《教育与职业》2006 年第 30 期。

［252］杨素萍、朱勇见：《日本私立大学教育经费的筹措和使用》，载于《中国高等教育》2017 年第 2 期。

［253］杨雄：《扩招：高教大众化跨出重要一步》，载于《探索与争鸣》1999 年第 9 期。

［254］杨秀治，何倩：《印度创建世界一流大学政策研究》，载于《比较教育研究》2016 年第 6 期。

［255］杨雪梅：《转移—改造—提升：民办高校向应用科技大学转型的演进及意义》，载于《中国成人教育》2013 年第 12 期。

［256］杨玉新：《民办高校研究生教育面临的机遇与挑战》，载于《经济研究导刊》2013 年第 26 期。

［257］杨泽皇：《园丁赞——怀念乐天宇同志》，载于《新闻天地》2009 年第 11 期。

［258］易彬彬：《城市中等收入家庭精细化教育的生成逻辑与风险》，载于《南京社会科学》2020 年第 12 期。

［259］易小明、赵永刚：《论效率的公平之维及其限度——以差异性正义与同一性正义理论为视角》，载于《天津社会科学》2010 年第 6 期。

［260］尹玉玲：《基础教育办学体制机制改革及对雄安新区的启示》，载于《天津市教科院学报》2020 年第 5 期。

［261］尤守东：《平台型企业价值共创实现路径》，安徽财经大学博士学位论文，2020 年。

［262］余晖：《小区配套幼儿园产权之争背后的博弈》，载于《中国教育报》，2012 年 10 月 14 日。

［263］俞可平：《国家治理的中国特色和普遍趋势》，载于《公共管理评论》2019 年第 3 期。

［264］俞明雅：《义务教育学校"公民同招"实施现状、问题与对策建议——基于江苏省的分析》，载于《上海教育科研》2021 年第 2 期。

［265］曾智飞、喻国英：《我国民办高校借鉴美国私立高校筹资方式研究》，载于《黄河科技大学学报》2014 年第 6 期。

［266］翟雅楠、李锦云：《河北省民办中学师资建设的问题与对策》，载于《河北师范大学学报（教育科学版）》2013 年第 9 期。

［267］占盛丽、沈百福：《影响我国民办普通高中发展规模的因素分析》，载于《教育发展研究》2009 年第 24 期。

[268] 湛中乐、马梦芸：《论英国私立高校的内部权力结构》，载于《国家教育行政学院学报》2015 年第 3 期。

[269] 张宝歌、韩嵩、焦岚：《后普及时代普通高中多样化制约机制及对策思考》，载于《教育研究》2021 年第 1 期。

[270] 张斌贤、张弛：《美国大学与学院董事会成员的职业构成——10 所著名大学的"案例"》，载于《比较教育研究》2002 年第 12 期。

[271] 张迪晨：《美国私立大学发展对我国民办高校发展的启示》，载于《中国成人教育》2010 年第 2 期。

[272] 张国霖：《我国普通高中教育发展中的政府角色》，载于《教育理论与实践》2009 年第 10 期。

[273] 张宏博：《中国私立大学有效经营的制度研究》，人民出版社 2009 年版。

[274] 张宏亮：《现代职业教育体系下企业办学实施路径及保障机制研究》，载于《成人教育》2017 年第 7 期。

[275] 张健：《论校企合作多元主体的治理》，载于《中国职业技术教育》2018 年第 18 期。

[276] 张丽敏，叶平枝，李观丽：《公共话语中的幼儿园教师形象——基于网络媒体新闻的内容分析与话语分析》，载于《学前教育研究》2020 年第 3 期。

[277] 张丽娜：《民办高校办学模式的困境及应对策略》，载于《现代教育科学》2019 年第 6 期。

[278] 张宁娟、武向荣：《国际视野下的高质量基础教育及其体系构建》，载于《教育科学研究》2021 年第 9 期。

[279] 张琴秀、周潘伟：《高宽课程一日常规本土化的"症状"分析》，载于《陕西学前师范学院学报》2018 年第 10 期。

[280] 张善飞、严霞、余萍，等：《基金会办大学的德国启示》，载于《江苏高教》2018 年第 12 期。

[281] 张守礼：《阳光与阴影——新政下的中国学前教育发展》，载于《教育经济评论》2019 年第 5 期。

[282] 张晓辉：《幼儿教师的社会地位》，载于《学前教育研究》2010 年第 3 期。

[283] 张勇：《非营利性民办学校内生发展的路径》，载于《河北大学学报（哲学社会科学版）》2015 年第 5 期。

[284] 张悦红、闫祯：《论高等教育办学模式多样化》，载于《陕西师范大学学报（哲学社会科学版）》2005 年第 S1 期。

[285] 赵传兵、李仲冬：《自我效能感与教师专业发展》，载于《教育探索》2006 年第 2 期。

[286] 赵华：《教育集团发展模式与机制研究》，湖南师范大学博士学位论文，2005 年。

[287] 赵南：《发展普惠性学前教育应考虑的两个基本问题》，载于《教育发展研究》2020 年第 24 期。

[288] 赵应生、钟秉林、洪煜、姜朝晖、方芳：《国外及港澳台地区私立高等教育发展的经验与启示——我国民办高等教育改革与发展探析（五）》，载于《中国高等教育》2011 年第 3 期。

[289] 浙江吉利控股集团. 吉利教育，2021 - 05 - 23，http：//zgh. com/geely-education/.

[290] 郑军：《陕西民办高等院校办学模式研究》，西北农林科技大学博士学位论文，2009 年。

[291] 郑淑超：《独立学院转设的新选择：基金会办学》，载于《黄河科技学院学报》2021 年第 9 期。

[292] 韩志明：《在模糊与清晰之间——国家治理的信息逻辑》，载于《中国行政管理》2017 年第 3 期。

[293] 中共中央国务院印发《中国教育现代化 2035》，载于《人民教育》2019 年第 5 期。

[294] 中共中央办公厅国务院办公厅印发《加快推进教育现代化实施方案（2018 - 2022 年）》，载于《人民教育》2019 年第 5 期。

[295] 《中共中央关于教育体制改革的决定》，载于《中华人民共和国国务院公报》1985 年第 15 期。

[296] 《中共中央关于经济体制改革的决定》，载于《中华人民共和国国务院公报》1984 年第 26 期。

[297] 《中共中央关于制定国民经济和社会发展第十二个五年规划的建议》，载于《求是》2010 年第 21 期。

[298] 《中共中央、国务院关于加强职工教育工作的决定》，载于《中华人民共和国国务院公报》1981 年第 10 期。

[299] 中共中央　国务院关于印发《中国教育改革和发展纲要》的通知，载于《中华人民共和国国务院公报》1993 年第 4 期。

[300] 中共重庆市纪委，重庆市监察委员会：《中共重庆市委工作委员会关于巡视整改进展情况的通报》，2020 - 08 - 05，http：//jjc. cq. gov. cn/html/2020 - 08/05/content_51030736. htm.

［301］《中国共产党第十一届中央委员会第三次全体会议公报》，载于《实事求是》1978 年第 4 期。

［302］中国幼儿教育发展网．国家教委关于社会力量办学几个问题的通知．(2008 - 02 - 21). http：//www. ccesol. com/Info/View. Asp? id = 2031.

［303］中国政府网：《民政部关于〈基金会管理条例（修订草案征求意见稿)〉公开征求意见的通知》．(2016 - 05 - 26). http：//www. gov. cn/xinwen/2016 - 05/26/content_5077075. htm.

［304］中国政府网：《中华人民共和国国民经济和社会发展第十四个五年规划和 2035 年远景目标纲要》．(2021 - 03 - 13). http：//www. gov. cn/xinwen/2021 - 03/13/content_5592681. htm.

［305］中华人民共和国公司法（2018 年修正）。

［306］中华人民共和国国家发展和改革委员会、商务部．外商投资准入特别管理措施（负面清单）（2020 年版）。

［307］中华人民共和国教育部：《2020 年全国教育事业发展统计公报》，2021 - 08 - 27，http：//www. moe. gov. cn/jyb_sjzl/sjzl_fztjgb/202108/t20210827_555004. html.

［308］中华人民共和国教育部：《对十三届全国人大四次会议第7977 号建议的答复》．http：//www. moe. gov. cn/jyb _ xxgk/xxgk _ jyta/jyta _ jijiaosi/202111/t20211102_577168. html。

［309］中华人民共和国教育部：《国务院关于鼓励社会力量兴办教育促进民办教育健康发展的若干意见》，2017 - 01 - 18，http：//www. moe. gov. cn/jyb_xxgk/moe_1777/moe_1778/201701/t20170118_295161. html.

［310］中华人民共和国教育部，教育统计数据：http：//www. moe. gov. cn/jyb_sjzl/moe_560/2020/.

［311］中华人民共和国教育部：《民办学校分类登记实施细则》，2020 - 01 - 18，http：//www. moe. gov. cn/srcsite/A03/s3014/201701/t20170118_295142. html.

［312］中华人民共和国教育部：《全国教育事业"九五"计划和2010 年发展规划》，1996 - 04 - 10，http：//www. moe. gov. cn/jyb_sjzl/moe_177/tnull_2485. html.

［313］中华人民共和国教育部：《营利性民办学校监督管理实施细则》，2020 - 01 - 18，http：//www. moe. gov. cn/srcsite/A03/s3014/201701/t20170118_295144. html.

［314］中华人民共和国教育部政府门户网站：《2019 年全国教育事业发展情况》，2020 - 08 - 31，http：//www. moe. gov. cn/jyb_sjzl/s5990/202008/t20200831_483697. html.

［315］中华人民共和国教育部政府门户网站：《各级各类学校数、教职工、专任教师情况》，2015 – 08 – 31，http：//www. moe. gov. cn/jyb_sjzl/moe_560/jytjsj_2014/2014_qg/201508/t20150831_204489. html.

［316］中华人民共和国教育部政府门户网站：《国务院关于学前教育事业改革和发展情况的报告》，2019 – 08 – 22，http：//www. npc. gov. cn/npc/c30834/201908/1c9ebb56d55e43cab6e5ba08d0c3b28c. shtml.

［317］中华人民共和国教育部政府门户网站：《社会力量办学教学管理暂行规定》，1991 – 08 – 21，http：//www. moe. gov. cn/s78/A02/zfs__left/s5911/moe_621/tnull_4256. html.

［318］《中华人民共和国民办教育促进法》，载于《中华人民共和国国务院公报》2003 年第 2 期。

［319］《中华人民共和国民办教育促进法实施条例》，载于《中华人民共和国国务院公报》2021 年第 15 期。

［320］《中华人民共和国民办教育促进法实施条例》，载于《人民日报》，2004 年 3 月 19 日。

［321］《中华人民共和国民办教育促进法实施条例》，2021 年。

［322］《中华人民共和国民法典》第一编，第三章：法人。

［323］《中华人民共和国义务教育法》，载于《中华人民共和国全国人民代表大会常务委员会公报》2006 年第 6 期。

［324］中华人民共和国中央人民政府：《中华人民共和国民办教育促进法实施条例》，2021 – 04 – 07，http：//www. gov. cn/zhengce/content/2021 – 05/14/content_5606463. htm.

［325］中新网.中国民营企业可平均寿命 7.5 年为何会患上国企病，2006 – 10 – 31，http：//www. chinanews. com/cj/news/2006/10 – 13/803796. shtml.

［326］《中央有关部门贯彻实施〈国务院关于鼓励社会力量兴办教育促进民办教育健康发展的若干意见〉任务分工方案》，教育部门户网，2017 年。

［327］钟秉林、周海涛、景安磊，等：《民办高校集团化办学的发展态势、利弊分析及治理路径》，载于《中国高教研究》2020 年第 2 期。

［328］钟秉林、周海涛：《独立学院发展再审视》，载于《教育研究》2019 年第 4 期。

［329］钟秉林：《贯彻实施条例推进民办教育高质量发展》，2021 – 05 – 17，http：//www. moe. gov. cn/jyb_xwfb/moe_2082/2021/2021_zl38/202105/t20210517_531845. html.

［330］仲春梅：《民办高校教育基金会筹资的探讨》，载于《会计之友》2014年第5期。

［331］周凤华：《民办职业教育的现状分析与策略研究》，载于《中国职业技术教育》2017年第6期。

［332］周海涛、景安磊：《让社会力量办学迸发出新活力》，载于《中国高等教育》2018年第20期。

［333］周海涛、廖苑伶：《民办高校高质量发展的基础》，载于《复旦教育论坛》2021年第3期。

［334］周海涛、张墨涵：《如何突破民办高校筹资的困境》，载于《国家教育行政学院学报》2015年第2期。

［335］周海涛、郑淑超、施悦琪、廖苑伶、康永祥、王艺鑫：《非营利性民办教育发展创新的逻辑与路径（笔谈）》，载于《现代教育管理》2022年第1期。

［336］周海涛、钟秉林，等著：《民办教育发展报告2020》，科学出版社2020年版。

［337］周海涛：《民办教育分类管理政策实施跟踪与评估研究》，经济科学出版社2019年版。

［338］周海涛：《中国教育改革40年：民办教育》，科学出版社2018年版。

［339］周海涛：《中国教育改革开放40年：民办教育卷》，北京师范大学出版社2019年版。

［340］周均旭、杜亚楠：《回归公益：21世纪以来我国学前教育的变迁逻辑与进路》，载于《山东行政学院学报》2021年第5期。

［341］周仕国、母中旭：《利益相关者视域下政府主导型职教集团发展机制探究》，载于《教育与职业》2021年第5期。

［342］朱沁怡：《江苏民办教育发展存在的问题与策略研究》，载于《教育现代化》2020年第18期。

［343］邹珺：《国内外职业教育集团化办学实践发展研究与启示》，载于《中国校外教育》2013年第12期。

［344］Aalto University. 2018 Annual Board Report and Financial Statements［R/OL］.［2019 - 10 - 29］. https：//www. aalto. fi/sites/g/files/flghsv161/files/2019 - 03/board_report_and_financial_statements_2018_aalto_university. pdf.

［345］Al - Hamarneh, Günter Meyer. Globalisierung von Hochschulbildung in der arabischen Welt：eine Chance für die international Expansion deutscher Hochschulen？［A］. Institutfür Auslandsbeziehung en Stuttgart und Universität Karlsruhe, Tagungdes Wissenschaftlichen Initiativkreises Kultur und Außenpolitik［C］. Karlsruhe：

Universitätsverlag Karlsuhe，2007：12 – 24.

[346] Altbach 1999_Article_Private Higher Education：Themes and Variations in Comparative Perspective [J]. *Prospects*，1999（3）：311 – 322.

[347] Altbach. Private Higher Education：Themes and Variations in Comparative Perspective [J]. *Prospects*，1999（3）：311 – 322.

[348] Anderson D M，Taggart G. Organizations，Policies，and the Roots of Public Value Failure：The Case of For – Profit Higher Education [J]. *Public Administration Review*，2016（5）：779 – 789.

[349] Baars S. Lessons from London Schools：Investigating the Success [Z]. Reading：CfBT Education Trust，2014.

[350] Benveniste L. A. ，McEwan，P. J. . Constraints to Implementing Educational Innovations：the Case of Multigrade Schools [J]. *International Review of Education*，2000（1 – 2），31 – 48.

[351] Boeskens L. Regulating Publicly Funded Private Schools：A Literature Review on Equity and Effectiveness [R]. OECD Education Working Papers，2016：15 – 23.

[352] Centre for Educational Research and Innovation How Much Public and Private Investment is There in Education? [R]. Source OECD Education & Skills，2011（16）：232 – 241.

[353] Chalmers University of Technology. Arsberättelse，Hållbarhetsrapport Arsredovisningar Chalmers 2018 [R/OL]. （2019 – 2 – 28）. https：//www. chalmers. se/SiteCollectionDocuments/om% 20chalmers% 20dokument/Chalmers% 20% C3% A5rsber% C3% A4ttelse/% C3% 85rsber% C3% A4ttelse% 202018. pdf.

[354] Conger J. A. ，Kanungo R. N. . The Empowerment Process：Integrating Theory and Practice [J]. *Academy of Management Review*，1988，13（3）：471 – 482.

[355] Constitution of Massachusetts（1780）[EB/OL]. （2011 – 11 – 7）. http：//www. nhinet. org/ccs/docs/ma – 1780. htm.

[356] Daniel Fallon. Europe Inches Forward on Higher Education Reform，Focus：Germany [J]. *Social Research*，2012（9）：712 – 740.

[357] DfE. Measuring the Performance of Schools within Academy Chains and Local Authorities [EB/OL]. （2015 – 09 – 01）. https：//www. gov. uk/government/uploads/system/uploads/ attachment_data/ file/ 415659/SFR09_2015. pdf.

[358] Estelle James. Why Do Different Countries Choose a Different Public –

Private Mix of Educational Services? ［J］. *Journal of Human Resources*, 1993（3）：571－592.

［359］Fielden J, LaRocque N. *The Evolving Regulatory Context for Private Education in Emerging Economies* ［M］. Washington DC：World Bank, 2008：3－9.

［360］G. A. Hegde. *Privatization in Higher Education in India：a Reflection of Issues* ［M］. Mahsood Shah and Chenicheri Sod Nair（Ed）A Global Perspective on Private Higher Education：Glyn Jones, 2016：157－163.

［361］Gauri, V., Vawda, A.. Vouchers for Basic Education in Developing Economies：an Accountability Perspective ［J］. *World Bank Res. Obs*, 2004（2）：259－280.

［362］Geiger R. L.. Public and Private Sectors in Higher Education：A Comparison of International Patterns ［J］. *Higher Education*, 1988（6）：699－711.

［363］GIBB N. The Role of Leadership in School Improvement. Speech given at Brighton College Educational Conference, May 5, 2016 ［EB/OL］.（2016－05－05）. https：//www. gov. uk/government/speeches/nick-gibbthe-role-of-leadership-in-school-improvement.

［364］Harvard University. Harvard Financial Report 2020 ［R］. https：// finance. harvard. edu/files/fad/files/fy20_harvard_financial_report. pdf.

［365］Harvard University. Leadership and Governance ［EB/OL］. https：// www. harvard. edu/about－harvard/leadership-and-governance/.

［366］Hatcher. Privatization and Sponsorship：the Re-agenting of the School System in England ［J］. *Educ. Policy*, 2006（5）：599－619.

［367］James E. The Private Nonprofit Provision of Education：A Theoretical Model and Application to Japan ⌊J⌋. *Journal of Comparative Economics*, 1986（3）：255－276.

［368］Jochen K., Deutsche. *Hochschulenim Ausland：Organisatrische Gestaltung Transnationaler Studienangebote* ［M］. Wiesbaden：Deutscher Universität Verlag, 2006：13.

［369］K. Guruz. *The Development of Private Higher Education in Turkey* ［M］. International Higher Education, 2006, 45（6）：11.

［370］Kumari J. Public-private Partnerships in Education：An Analysis with Special Reference to Indian School Education System ［J］. *International Journal of Educational Development*, 2016（47）：47－53.

［371］Kwiek M. From Growth to Decline? Demand-absorbing Private Higher Education when Demand is over ［J］. *A Global Perspective on Private Higher Education*, 2016 （3）：53 – 75.

［372］LaRocque N. Public-private Partnerships in Basic Education：An International Review ［M］. Reading：CfBT Education Trust, 2008：9 – 23.

［373］Levy, Daniel C. Global Private Higher Education：an Empirical Profile of its Size and Geographical Shape ［J］. *Higher Education*, 2018 （76）：701 – 703.

［374］Levy, Daniel C. Public Policy for Private Higher Education：A Global Analysis ［J］. *Journal of Comparative Policy Analysis Research & Practice*, 2011 （4）：383 – 396.

［375］Levy D. Private Higher Education：Patterns and Trends ［J］. *International Higher Education*, 2015 （50）：7 – 9.

［376］Levy D. The Global Growth of Private Higher Education. ASHE Higher Education Report ［R］. 2010 （3）：121 – 133.

［377］Levy D C. The New Institutionalism：Mismatches with Private Higher Education's Global Growth ［R］. Program for Research on Private Higher Education, 2004：6 – 19.

［378］Mahsood Shah, Hai Yen Vu & Sue – Ann Stanford Trends in Private Higher Education in Australia ［J］. *Perspectives：Policy and Practice in Higher Education*, 2019 （1）：5 – 11.

［379］Miron G. , Gulosino C. Profiles of For – Profit and Nonprofit Education Management Organizations. 2011 – 2012 ［R］. National Education Policy Center, 2013：1 – 23.

［380］Mizikaci F. . Isomorphic and Diverse Features of Turkish Private Higher Education. Prophe Working Paper Series. WP No. 18 ［R］. Program for Research on Private Higher Education, 2011：9 – 11.

［381］Mizikaci F. Quality Systems and Accredition in Higher Education：An overview of Turkish Higher Education ［J］. *Quality in Higher Education*, 2003 （1）：95 – 106.

［382］Molly N. N. Lee. Restructuring Higher Education：Public-private Partnership ［J］. *Journal of Asian Public Policy*, 2008 （2）：188 – 198.

［383］Muammer. Universities in Turkey – Past, Present and Future ［R］. 3rd International Conference on Islam and Higher Education （ICIHE 2012）Kuantan, Malaysia, 2012：1 – 14.

［384］National Center for Education Statistics. Digest of Education Statistics 2019

［R/OL］. https：//nces. ed. gov/programs/digest/d19/tables/dt19_333. 50. asp? current = yes.

［385］ OECD, Education at a Glance 2020：OECD Indicators ［R］. Paris, 2020：174 – 176.

［386］ OECD. 2019 Share of Students Enrolled by Institution. OECD Statistics, https：//stats. oecd. org/.

［387］ OECD. Education at a Glance 2014：OECD Indicators ［R］. OECD, 2015：412.

［388］ OECD. Education at a Glance 2017：OECD Indicators ［R］. Paris, 2011：191 – 195.

［389］ OECD. School Choice and School Vouchers：An OECD Perspective ［R］. 2017：13 – 25.

［390］ Patrinos, H. A. Market Forces in Education ［J］. *European Journal of Education*, 2000（1）：61 – 80.

［391］ Patrinos H. A. Public – Private Partnerships：Contracting Education in Latin America ［R］. World Bank Working Paper Washington, 2006：5 – 23.

［392］ Raynor J. , Wesson K. The Girls'stipend Program in Bangladesh ［J］. *Journal of Education for International Development*, 2006（7）：1 – 9.

［393］ Shah M. , Vu H. Y. , Stanford S A. Trends in Private Higher Education in Australia ［J］. *Perspectives：Policy and Practice in Higher Education*, 2019（1）：5 – 11.

［394］ The British University in Dubai. Organizational Structure ［EB/OL］. (2019 – 09 – 02). https：//buid. ac. ae/wp-content/uploads/policies/1. 7. 1% 20 Organisation% 20Structure. pdf.

［395］ The Cross – Border Education Research Team, Branch Campuses Data, ［EB/OL］（2019 – 07 – 08）［2021 – 07 – 08］. http：//cbert. org/resources-data/branch-campus/.

［396］ Töllinen A. , Järvinen J. , Karjaluoto H. . Opportunities and Challenges of Social Media Monitoring in the Business to Business Sector ［A］. The 4th International Business and Social Science Research Conference ［C］. 2012：1 – 14.

［397］ UNESCO Institute for Statistics. ［EB/OL］. (2021 – 06 – 12)［2021 – 6 – 22］. http：//stats. uis. unesco. org/unesco/TableViewer/table View. aspx.

教育部哲学社會科学研究重大課題攻関項目
成果出版列表

序号	书　名	首席专家
1	《马克思主义基础理论若干重大问题研究》	陈先达
2	《马克思主义理论学科体系建构与建设研究》	张雷声
3	《马克思主义整体性研究》	逄锦聚
4	《改革开放以来马克思主义在中国的发展》	顾钰民
5	《新时期　新探索　新征程 ——当代资本主义国家共产党的理论与实践研究》	聂运麟
6	《坚持马克思主义在意识形态领域指导地位研究》	陈先达
7	《当代资本主义新变化的批判性解读》	唐正东
8	《当代中国人精神生活研究》	童世骏
9	《弘扬与培育民族精神研究》	杨叔子
10	《当代科学哲学的发展趋势》	郭贵春
11	《服务型政府建设规律研究》	朱光磊
12	《地方政府改革与深化行政管理体制改革研究》	沈荣华
13	《面向知识表示与推理的自然语言逻辑》	鞠实儿
14	《当代宗教冲突与对话研究》	张志刚
15	《马克思主义文艺理论中国化研究》	朱立元
16	《历史题材文学创作重大问题研究》	童庆炳
17	《现代中西高校公共艺术教育比较研究》	曾繁仁
18	《西方文论中国化与中国文论建设》	王一川
19	《中华民族音乐文化的国际传播与推广》	王耀华
20	《楚地出土戰國簡册［十四種］》	陈　伟
21	《近代中国的知识与制度转型》	桑　兵
22	《中国抗战在世界反法西斯战争中的历史地位》	胡德坤
23	《近代以来日本对华认识及其行动选择研究》	杨栋梁
24	《京津冀都市圈的崛起与中国经济发展》	周立群
25	《金融市场全球化下的中国监管体系研究》	曹凤岐
26	《中国市场经济发展研究》	刘　伟
27	《全球经济调整中的中国经济增长与宏观调控体系研究》	黄　达
28	《中国特大都市圈与世界制造业中心研究》	李廉水

序号	书　名	首席专家
29	《中国产业竞争力研究》	赵彦云
30	《东北老工业基地资源型城市发展可持续产业问题研究》	宋冬林
31	《转型时期消费需求升级与产业发展研究》	臧旭恒
32	《中国金融国际化中的风险防范与金融安全研究》	刘锡良
33	《全球新型金融危机与中国的外汇储备战略》	陈雨露
34	《全球金融危机与新常态下的中国产业发展》	段文斌
35	《中国民营经济制度创新与发展》	李维安
36	《中国现代服务经济理论与发展战略研究》	陈　宪
37	《中国转型期的社会风险及公共危机管理研究》	丁烈云
38	《人文社会科学研究成果评价体系研究》	刘大椿
39	《中国工业化、城镇化进程中的农村土地问题研究》	曲福田
40	《中国农村社区建设研究》	项继权
41	《东北老工业基地改造与振兴研究》	程　伟
42	《全面建设小康社会进程中的我国就业发展战略研究》	曾湘泉
43	《自主创新战略与国际竞争力研究》	吴贵生
44	《转轨经济中的反行政性垄断与促进竞争政策研究》	于良春
45	《面向公共服务的电子政务管理体系研究》	孙宝文
46	《产权理论比较与中国产权制度变革》	黄少安
47	《中国企业集团成长与重组研究》	蓝海林
48	《我国资源、环境、人口与经济承载能力研究》	邱　东
49	《"病有所医"——目标、路径与战略选择》	高建民
50	《税收对国民收入分配调控作用研究》	郭庆旺
51	《多党合作与中国共产党执政能力建设研究》	周淑真
52	《规范收入分配秩序研究》	杨灿明
53	《中国社会转型中的政府治理模式研究》	娄成武
54	《中国加入区域经济一体化研究》	黄卫平
55	《金融体制改革和货币问题研究》	王广谦
56	《人民币均衡汇率问题研究》	姜波克
57	《我国土地制度与社会经济协调发展研究》	黄祖辉
58	《南水北调工程与中部地区经济社会可持续发展研究》	杨云彦
59	《产业集聚与区域经济协调发展研究》	王　珺

序号	书　名	首席专家
60	《我国货币政策体系与传导机制研究》	刘　伟
61	《我国民法典体系问题研究》	王利明
62	《中国司法制度的基础理论问题研究》	陈光中
63	《多元化纠纷解决机制与和谐社会的构建》	范　愉
64	《中国和平发展的重大前沿国际法律问题研究》	曾令良
65	《中国法制现代化的理论与实践》	徐显明
66	《农村土地问题立法研究》	陈小君
67	《知识产权制度变革与发展研究》	吴汉东
68	《中国能源安全若干法律与政策问题研究》	黄　进
69	《城乡统筹视角下我国城乡双向商贸流通体系研究》	任保平
70	《产权强度、土地流转与农民权益保护》	罗必良
71	《我国建设用地总量控制与差别化管理政策研究》	欧名豪
72	《矿产资源有偿使用制度与生态补偿机制》	李国平
73	《巨灾风险管理制度创新研究》	卓　志
74	《国有资产法律保护机制研究》	李曙光
75	《中国与全球油气资源重点区域合作研究》	王　震
76	《可持续发展的中国新型农村社会养老保险制度研究》	邓大松
77	《农民工权益保护理论与实践研究》	刘林平
78	《大学生就业创业教育研究》	杨晓慧
79	《新能源与可再生能源法律与政策研究》	李艳芳
80	《中国海外投资的风险防范与管控体系研究》	陈菲琼
81	《生活质量的指标构建与现状评价》	周长城
82	《中国公民人文素质研究》	石亚军
83	《城市化进程中的重大社会问题及其对策研究》	李　强
84	《中国农村与农民问题前沿研究》	徐　勇
85	《西部开发中的人口流动与族际交往研究》	马　戎
86	《现代农业发展战略研究》	周应恒
87	《综合交通运输体系研究——认知与建构》	荣朝和
88	《中国独生子女问题研究》	风笑天
89	《我国粮食安全保障体系研究》	胡小平
90	《我国食品安全风险防控研究》	王　硕

序号	书　名	首席专家
91	《城市新移民问题及其对策研究》	周大鸣
92	《新农村建设与城镇化推进中农村教育布局调整研究》	史宁中
93	《农村公共产品供给与农村和谐社会建设》	王国华
94	《中国大城市户籍制度改革研究》	彭希哲
95	《国家惠农政策的成效评价与完善研究》	邓大才
96	《以民主促进和谐——和谐社会构建中的基层民主政治建设研究》	徐　勇
97	《城市文化与国家治理——当代中国城市建设理论内涵与发展模式建构》	皇甫晓涛
98	《中国边疆治理研究》	周　平
99	《边疆多民族地区构建社会主义和谐社会研究》	张先亮
100	《新疆民族文化、民族心理与社会长治久安》	高静文
101	《中国大众媒介的传播效果与公信力研究》	喻国明
102	《媒介素养：理念、认知、参与》	陆　晔
103	《创新型国家的知识信息服务体系研究》	胡昌平
104	《数字信息资源规划、管理与利用研究》	马费成
105	《新闻传媒发展与建构和谐社会关系研究》	罗以澄
106	《数字传播技术与媒体产业发展研究》	黄升民
107	《互联网等新媒体对社会舆论影响与利用研究》	谢新洲
108	《网络舆论监测与安全研究》	黄永林
109	《中国文化产业发展战略论》	胡惠林
110	《20世纪中国古代文化经典在域外的传播与影响研究》	张西平
111	《国际传播的理论、现状和发展趋势研究》	吴　飞
112	《教育投入、资源配置与人力资本收益》	闵维方
113	《创新人才与教育创新研究》	林崇德
114	《中国农村教育发展指标体系研究》	袁桂林
115	《高校思想政治理论课程建设研究》	顾海良
116	《网络思想政治教育研究》	张再兴
117	《高校招生考试制度改革研究》	刘海峰
118	《基础教育改革与中国教育学理论重建研究》	叶　澜
119	《我国研究生教育结构调整问题研究》	袁本涛 王传毅
120	《公共财政框架下公共教育财政制度研究》	王善迈

序号	书　名	首席专家
121	《农民工子女问题研究》	袁振国
122	《当代大学生诚信制度建设及加强大学生思想政治工作研究》	黄蓉生
123	《从失衡走向平衡：素质教育课程评价体系研究》	钟启泉 崔允漷
124	《构建城乡一体化的教育体制机制研究》	李　玲
125	《高校思想政治理论课教育教学质量监测体系研究》	张耀灿
126	《处境不利儿童的心理发展现状与教育对策研究》	申继亮
127	《学习过程与机制研究》	莫　雷
128	《青少年心理健康素质调查研究》	沈德立
129	《灾后中小学生心理疏导研究》	林崇德
130	《民族地区教育优先发展研究》	张诗亚
131	《WTO 主要成员贸易政策体系与对策研究》	张汉林
132	《中国和平发展的国际环境分析》	叶自成
133	《冷战时期美国重大外交政策案例研究》	沈志华
134	《新时期中非合作关系研究》	刘鸿武
135	《我国的地缘政治及其战略研究》	倪世雄
136	《中国海洋发展战略研究》	徐祥民
137	《深化医药卫生体制改革研究》	孟庆跃
138	《华侨华人在中国软实力建设中的作用研究》	黄　平
139	《我国地方法制建设理论与实践研究》	葛洪义
140	《城市化理论重构与城市化战略研究》	张鸿雁
141	《境外宗教渗透论》	段德智
142	《中部崛起过程中的新型工业化研究》	陈晓红
143	《农村社会保障制度研究》	赵　曼
144	《中国艺术学学科体系建设研究》	黄会林
145	《人工耳蜗术后儿童康复教育的原理与方法》	黄昭鸣
146	《我国少数民族音乐资源的保护与开发研究》	樊祖荫
147	《中国道德文化的传统理念与现代践行研究》	李建华
148	《低碳经济转型下的中国排放权交易体系》	齐绍洲
149	《中国东北亚战略与政策研究》	刘清才
150	《促进经济发展方式转变的地方财税体制改革研究》	钟晓敏
151	《中国—东盟区域经济一体化》	范祚军

序号	书 名	首席专家
152	《非传统安全合作与中俄关系》	冯绍雷
153	《外资并购与我国产业安全研究》	李善民
154	《近代汉字术语的生成演变与中西日文化互动研究》	冯天瑜
155	《新时期加强社会组织建设研究》	李友梅
156	《民办学校分类管理政策研究》	周海涛
157	《我国城市住房制度改革研究》	高 波
158	《新媒体环境下的危机传播及舆论引导研究》	喻国明
159	《法治国家建设中的司法判例制度研究》	何家弘
160	《中国女性高层次人才发展规律及发展对策研究》	佟 新
161	《国际金融中心法制环境研究》	周仲飞
162	《居民收入占国民收入比重统计指标体系研究》	刘 扬
163	《中国历代边疆治理研究》	程妮娜
164	《性别视角下的中国文学与文化》	乔以钢
165	《我国公共财政风险评估及其防范对策研究》	吴俊培
166	《中国历代民歌史论》	陈书录
167	《大学生村官成长成才机制研究》	马抗美
168	《完善学校突发事件应急管理机制研究》	马怀德
169	《秦简牍整理与研究》	陈 伟
170	《出土简帛与古史再建》	李学勤
171	《民间借贷与非法集资风险防范的法律机制研究》	岳彩申
172	《新时期社会治安防控体系建设研究》	宫志刚
173	《加快发展我国生产服务业研究》	李江帆
174	《基本公共服务均等化研究》	张贤明
175	《职业教育质量评价体系研究》	周志刚
176	《中国大学校长管理专业化研究》	宣 勇
177	《"两型社会"建设标准及指标体系研究》	陈晓红
178	《中国与中亚地区国家关系研究》	潘志平
179	《保障我国海上通道安全研究》	吕 靖
180	《世界主要国家安全体制机制研究》	刘胜湘
181	《中国流动人口的城市逐梦》	杨菊华
182	《建设人口均衡型社会研究》	刘渝琳
183	《农产品流通体系建设的机制创新与政策体系研究》	夏春玉

序号	书　名	首席专家
184	《区域经济一体化中府际合作的法律问题研究》	石佑启
185	《城乡劳动力平等就业研究》	姚先国
186	《20世纪朱子学研究精华集成——从学术思想史的视角》	乐爱国
187	《拔尖创新人才成长规律与培养模式研究》	林崇德
188	《生态文明制度建设研究》	陈晓红
189	《我国城镇住房保障体系及运行机制研究》	虞晓芬
190	《中国战略性新兴产业国际化战略研究》	汪　涛
191	《证据科学论纲》	张保生
192	《要素成本上升背景下我国外贸中长期发展趋势研究》	黄建忠
193	《中国历代长城研究》	段清波
194	《当代技术哲学的发展趋势研究》	吴国林
195	《20世纪中国社会思潮研究》	高瑞泉
196	《中国社会保障制度整合与体系完善重大问题研究》	丁建定
197	《民族地区特殊类型贫困与反贫困研究》	李俊杰
198	《扩大消费需求的长效机制研究》	臧旭恒
199	《我国土地出让制度改革及收益共享机制研究》	石晓平
200	《高等学校分类体系及其设置标准研究》	史秋衡
201	《全面加强学校德育体系建设研究》	杜时忠
202	《生态环境公益诉讼机制研究》	颜运秋
203	《科学研究与高等教育深度融合的知识创新体系建设研究》	杜德斌
204	《女性高层次人才成长规律与发展对策研究》	罗瑾琏
205	《岳麓秦简与秦代法律制度研究》	陈松长
206	《民办教育分类管理政策实施跟踪与评估研究》	周海涛
207	《建立城乡统一的建设用地市场研究》	张安录
208	《迈向高质量发展的经济结构转变研究》	郭熙保
209	《中国社会福利理论与制度构建——以适度普惠社会福利制度为例》	彭华民
210	《提高教育系统廉政文化建设实效性和针对性研究》	罗国振
211	《毒品成瘾及其复吸行为——心理学的研究视角》	沈模卫
212	《英语世界的中国文学译介与研究》	曹顺庆
213	《建立公开规范的住房公积金制度研究》	王先柱

序号	书　名	首席专家
214	《现代归纳逻辑理论及其应用研究》	何向东
215	《时代变迁、技术扩散与教育变革：信息化教育的理论与实践探索》	杨　浩
216	《城镇化进程中新生代农民工职业教育与社会融合问题研究》	褚宏启 薛二勇
217	《我国先进制造业发展战略研究》	唐晓华
218	《融合与修正：跨文化交流的逻辑与认知研究》	鞠实儿
219	《中国新生代农民工收入状况与消费行为研究》	金晓彤
220	《高校少数民族应用型人才培养模式综合改革研究》	张学敏
221	《中国的立法体制研究》	陈　俊
222	《教师社会经济地位问题：现实与选择》	劳凯声
223	《中国现代职业教育质量保障体系研究》	赵志群
224	《欧洲农村城镇化进程及其借鉴意义》	刘景华
225	《国际金融危机后全球需求结构变化及其对中国的影响》	陈万灵
226	《创新法治人才培养机制》	杜承铭
227	《法治中国建设背景下警察权研究》	余凌云
228	《高校财务管理创新与财务风险防范机制研究》	徐明稚
229	《义务教育学校布局问题研究》	雷万鹏
230	《高校党员领导干部清正、党政领导班子清廉的长效机制研究》	汪　曛
231	《二十国集团与全球经济治理研究》	黄茂兴
232	《高校内部权力运行制约与监督体系研究》	张德祥
233	《职业教育办学模式改革研究》	石伟平
234	《职业教育现代学徒制理论研究与实践探索》	徐国庆
235	《全球化背景下国际秩序重构与中国国家安全战略研究》	张汉林
236	《进一步扩大服务业开放的模式和路径研究》	申明浩
237	《自然资源管理体制研究》	宋马林
238	《高考改革试点方案跟踪与评估研究》	钟秉林
239	《全面提高党的建设科学化水平》	齐卫平
240	《"绿色化"的重大意义及实现途径研究》	张俊飚
241	《利率市场化背景下的金融风险研究》	田利辉
242	《经济全球化背景下中国反垄断战略研究》	王先林